班主任专业基本功书系
丛书主编 齐学红 黄正平

# 主题班会

黄正平 主编

第2版

南京师范大学出版社

图书在版编目(CIP)数据

主题班会／黄正平主编. --2版. --南京：南京师范大学出版社，2024.6
(班主任专业基本功书系／齐学红，黄正平主编)
ISBN 978-7-5651-6290-9

Ⅰ.①主… Ⅱ.①黄… Ⅲ.①中小学-班主任工作 ②班会-中小学 Ⅳ.①G635.16 ②G635.5

中国国家版本馆 CIP 数据核字(2024)第 087696 号

| 丛 书 名 | 班主任专业基本功书系 |
| --- | --- |
| 丛书主编 | 齐学红　黄正平 |
| 书　　名 | 主题班会 |
| 主　　编 | 黄正平 |
| 丛书策划 | 张　春 |
| 责任编辑 | 秦　月 |
| 出版发行 | 南京师范大学出版社 |
| 地　　址 | 江苏省南京市玄武区后宰门西村9号(邮编：210016) |
| 电　　话 | (025)83598919(总编办)　83598319(营销部)　83598332(读者服务部) |
| 网　　址 | http://press.njnu.edu.cn |
| 电子信箱 | nspzbb@njnu.edu.cn |
| 照　　排 | 南京凯建文化发展有限公司 |
| 印　　刷 | 南京迅驰彩色印刷有限公司 |
| 开　　本 | 710 毫米×1000 毫米　1/16 |
| 印　　张 | 28.5 |
| 字　　数 | 466 千 |
| 版　　次 | 2022 年 7 月第 1 版　2024 年 6 月第 2 版 |
| 印　　次 | 2024 年 6 月第 1 次印刷 |
| 书　　号 | ISBN 978-7-5651-6290-9 |
| 定　　价 | 75.00 元 |

出版人　张　鹏

南京师大版图书若有印装问题请与销售商调换
版权所有　侵犯必究

# 序言一

　　国运兴衰,系于教育,教育的根本在教师。班主任是教师中的骨干,是学校德育工作的中坚力量。班级是学校教育的基层组织和教学活动的基本单位,班主任工作是学校进行日常思想品德教育和指导学生健康成长的重要途径。班主任与学生朝夕相处,对班级学生的全面发展负有重要责任,对学生成长发挥着举足轻重的作用。学校各个部门的工作,各科任课教师的教学,几乎都离不开班主任,都需要通过班主任或者在班主任的支持协调下进行。因此,班主任工作的重要性怎么强调都不为过,怎么重视也不为多。

　　班主任工作很重要。在学校,条条渠道通向班主任,"上面千条线,下面一根针"。通过班主任的协调,可以将校内各项工作在班级范围内组织成为一个整体,以整体的力量对学生施加教育影响。班主任是桥梁,连接着学校、家庭和社会。学生是鲜活的,是家庭、社会中的人;教育是立体的、多维的,不是学校单方面的。班主任必须关注社会,走向家庭,对来自各方面的繁杂信息进行鉴别、筛选,给予必要的协调和正确的引导。可以说,班主任是学校各项工作的聚焦处,是学校、家庭、社会协同育人的交汇点。

　　班主任工作很辛苦。班主任既要做教学工作,又要做班主任工作。无数班主任忘我地、全身心地投入到忙碌而烦琐的教育工作之中,投入到对学生敏锐的观察与细致入微的关心之中。为了完成建班育人的任务,班主任需要付出数倍于他人的努力,以辛勤的劳动和无私的奉献教育学生、感染学生,从而成为促进学生全面健康成长的重要力量。

　　班主任工作很光荣。随着社会的不断进步和发展,当代学生的思想意识也在不断发生着变化。在教育教学工作中,班主任肩负的使命既光荣又神圣,班主任不仅应是一名好老师,成为学生的良师益友,更要关心学生的发展,成为学生健康成长的引路人,引导学生在德智体美劳诸方面得到全面而充分的发展。为此,江苏省及长三角地区从2012年起组织开展中小学班主任基本功比赛,不仅是为了选拔出一批优秀班主任,表彰先进,树立典型,为班

主任成长发展搭建平台,更重要的是,通过比赛在校内外营造"尊重班主任、关心班主任、发展班主任"的良好氛围和生态环境,增强班主任的成就感和幸福感。

党的十八大以来,以习近平同志为核心的党中央高度重视教育工作,始终关注教师队伍建设。习近平总书记2014年同北京师范大学师生代表座谈时指出:"各级党委和政府要从战略高度来认识教师工作的极端重要性。"在2020年9月教师节到来之际,习近平总书记希望广大教师"不忘立德树人初心,牢记为党育人、为国育才使命,积极探索新时代教育教学方法,不断提升教书育人本领,为培养德智体美劳全面发展的社会主义建设者和接班人作出新的更大贡献"。面对"十四五"发展新目标,面对社会主义现代化建设新阶段,面对实现中华民族伟大复兴新征程,广大班主任要积极融入,积极作为,积极贡献。

新形势需要新担当,新时代呼唤新作为。我们正处在向着全面建成社会主义现代化强国的第二个百年奋斗目标迈进的新时代。我国教育改革发展站在新的历史起点,既面临着前所未有的机遇,也面临着前所未有的挑战。广大班主任和教育工作者要坚持立德树人、全程育人,不断探索教书育人的方法与途径,为推进社会主义现代化建设、为实现中华民族伟大复兴培养更多的优秀人才。

一是以生为本,做有温度的班主任。人无德不立,做人是做学问、干事业的前提。立德树人是中国教育的根本任务,作为"中小学日常思想道德教育和学生管理工作的主要实施者""中小学生健康成长的引领者",班主任更要大力加强德育工作,推进社会主义核心价值观教育,将德育工作融入教育教学全过程。要"眼中有人、心中有德",自觉把学生发展放在第一位,关注学生的身心健康和人格的全面发展,将"以生为本"落实到班主任工作的方方面面。

二要加强研学,做有深度的班主任。苏霍姆林斯基说:"只有当教师的知识视野比学校教学大纲宽广得无可比拟的时候,教师才能成为教育过程中的真正能手、艺术家和诗人。"班主任要成为自觉的学习者,不断提升自己的学习能力,向同行学,向专家学,在书本中学,在实践中学,还要向学生学,与学生一起学,成为学生的良师益友,与学生一起享受成长的快乐。"学而不思则罔,思而不学则殆"一句话道出了学习与思考的关系。班主任应具备较强的研究意识和研究能力,善于将日常的工作转化为学习和研究的资源,通过研究来促进班主任专业素养和能力的全面提升。2021年7月,中共中央办公厅、国务院办公厅印发了《关于进一步减轻义务教育阶段学生作业负担和校外培训负担的意见》,受到了社会的广泛关注,对教育教学产生了重大影响。作为班主任,更要主动加强研究,抓住"双减"契机更好地促进学生素质的全面发展。

三要组织协调,做有广度的班主任。教育离不开先进的理念,同时也离不开接地气的资源整合。一个优秀的班主任,应该在自己的工作实践中不断提升教育资源整合能力,让各种资源在同向同行中形成协同效应。作为新时代的班主任,要积极转变观念,充分借助家长委员会、家长支持小组、社会教育基地、社区教育工作者等资源,加强与家庭、社会的有效沟通,形成家校社合作协同育人的良好局面。

四要信念常在,做有高度的班主任。一个优秀的班主任,应该志存高远,对自己的班主任工作有信念,始终坚守理想;有追求,永远憧憬明天;有希望,持续寻求突破。一个优秀的班主任,会认真规划发展蓝图,清楚自身现状与班主任专业素养要求之间的差距,不断提升自己的专业道德、专业知识、专业技能,树立强烈的神圣感、责任感、使命感,全身心投入工作,创造诗意的教育生活,享受班主任工作的幸福。

为学习贯彻习近平总书记关于教育的重要论述,落实立德树人根本任务,展示新时代班主任的综合素质、专业水平和育人能力,2021年7月,教育部基础教育司印发《关于开展2021年全国中小学班主任基本功和思政课教师教学基本功展示交流活动的通知》,组织开展全国中小学班主任基本功展示交流活动。这一举措对于推动中小学校加强班主任队伍专业化建设,发挥班主任在落实立德树人根本任务中的骨干作用,提高班集体建设、学生发展指导、家校沟通合作等方面的专业化水平,切实增强班主任的职业认同感、荣誉感、责任感,起着非常重要的作用。

为了帮助广大中小学班主任准确理解和把握班主任基本功展示交流活动的要求与特点、理念与策略、做法与经验,基于班主任基本功展示交流活动,切实提升班主任的专业素养,南京师范大学出版社组织编写了《班主任

专业基本功》的配套用书《育人故事》《带班方略》《主题班会》，该系列图书吸纳了德育和班主任工作领域专家学者的最新成果，以及近年来在江苏省中小学班主任基本功比赛中获奖并参加长三角地区中小学班主任基本功比赛选手的鲜活案例和典型经验。相信该丛书的出版将对江苏省乃至全国中小学班主任的专业成长，促进基础教育的高质量发展起到积极的推动作用。

是为序。

2022 年 5 月

# 序言二

为学习贯彻习近平总书记"七一"讲话重要精神，落实立德树人根本任务，展示新时代中小学班主任和思政课教师队伍的综合素质、专业水平和育人能力，教育部基础教育司发布了《关于开展2021年全国中小学班主任基本功和思政课教师教学基本功展示交流活动的通知》（以下简称《通知》）。《通知》将中小学班主任基本功与思政课教师教学基本功放在同等重要的位置，凸显了班主任育人工作地位的重要性，开启了班主任专业化成长的实践路径。

在全国范围内进行班主任基本功展示活动是史无前例的，旨在为全国中小学班主任提供展示交流的平台，推动班主任队伍建设和班主任专业素养的提升。该举措是我国班主任制度史上的一件大事，有着深远的历史意义和现实意义。

## 一、引领生活：促使班主任工作从经验走向专业

中小学班主任基本功展示活动意在将班主任作为专业，以班主任日常工作中的育人故事、带班方略、主题班会为研究内容，通过文本和视频呈现的方式，将班主任日常工作"可视化"，使之成为研究与反思的对象，进而达到提升班主任带班育人意识和能力的目的。中小学班主任基本功展示活动意在引领班主任在日常工作与生活中开展研究与思考，把班主任工作变为研究的田野，班级不仅是青少年进行社会性学习与发展的场所，更是班主任开展研究、提高自身专业意识和水平、体验班主任职业幸福、获得专业成长的重要场所，彰显出班主任带班育人工作的专业性、系统性、计划性和情境性。

作为长三角地区中小学班主任基本功大赛的评委，我在十年间目睹了长三角地区班主任基本功大赛中涌现出的一批优秀班主任的教育智慧和专业风采，见证了基本功大赛对于班主任专业成长及队伍建设发挥的重要作用。

 主题班会

结合评审中发现的问题,我对全国中小学班主任基本功展示交流的三项内容,即育人故事、带班育人方略和主题班会,作简要的内容辨析和观念澄清,希望帮助大家更好地定位和把握班主任基本功展示的相关要求。

## 二、情境再现:带班育人故事的叙事表达

育人故事要求以爱岗敬业、价值观教育、班级管理、师生沟通、家校共育等为切入点,讲述班主任工作中的育人故事,并结合新时代学生成长过程中的新情况、新变化,彰显班主任的人格魅力,体现班主任的专业素养和教育情怀。

育人故事的内容一般包括案例素描、原因分析、方法策略等要素。在案例素描部分,应尽可能详细呈现案例学生(个体或集体)的背景性知识,以及班主任对学生的认识与了解过程;在原因分析部分,应体现学生问题形成的复杂性、获取信息渠道的多样性、分析诊断的全面性;在方法策略层面,应体现教育手段的多样性、方法策略的针对性。优秀的育人故事为我们展现了班主任与学生沟通的艺术,以及润物无声的教育智慧,是班主任带班育人能力的集中体现。

从班主任专业化视角来看,育人故事是面向学生个体或集体的教育,将班主任的育人理念和方法策略以叙事的方式加以呈现,凸显了班主任育人工作的情境性、丰富性,在细节处见精神,考察的是班主任对自己育人过程和方法策略的批判反思意识,以及对于教育问题的敏感与觉察,而不是成功经验的简单介绍。

《育人故事》一书结合大量班主任基本功比赛中的优秀育人目标制定育人故事文本,立足小学、初中、高中不同学段,着重围绕班主任育人工作的几个方面,分别从个别教育、集体教育、特别教育、青春期教育、家校共育、与学生共成长这些版块,加以具体呈现,体现学生身心发展的规律性以及班主任育人工作的阶段性,从而在看见学生的同时,也看到班主任自身的教育觉察与生命成长历程。

### 三、整体思维：带班育人方略的计划性和系统性

带班育人方略要求以学生思想品德教育为重点，通过班集体建设达成育人目标，梳理并总结班主任带班过程中的育人理念、思路和具体做法，做到成体系、有特色、有创新、有实效，其文本包括育人理念、班情分析、班级发展目标、实践做法、特色和成效等内容。

育人理念应遵循育人规律，目标符合学情，实践做法体现系统性和针对性，要求特色突出、可操作性强。

带班育人方略意在体现班主任带班育人的计划性、系统性、操作性及创新性；它不是一系列活动的简单堆积，更不是预设性的方案设计，而是班主任育人理念与方法的浓缩和凝练，是班主任开展班集体建设与管理实践的系统思考和整体设计。

《带班方略》一书将班主任的带班方略作为研究对象，结合优秀的带班方略文本，分别从带班育人理念的确立、育人目标的制定、育人实践的拓展，以及带班育人特色和成效的总结与提炼，对带班育人方略进行了全面深入的解析。带班育人方略特别考验班主任的专业功底和经验积淀，体现了班主任工作的整体思维，要求班主任从学生身心发展规律出发，充分认识班级在青少年社会性发展中的作用与影响，据此制定有针对性、阶段性的班级发展目标，并通过一系列主题化、序列性的活动加以实施，体现班主任面向集体开展教育的意识和能力。

### 四、活动育人：主题班会的学生发展指向

主题班会要求落实《新时代爱国主义教育实施纲要》《中小学德育工作指南》等文件要求，开展爱党爱国、中国特色社会主义和中国梦、国情和形势政策、中华优秀传统文化等方面的教育，引导学生践行社会主义核心价值观，树立正确的理想信念，养成良好的思想品德和行为习惯。

主题班会的基本理念应体现为：立德树人、以生为本、能力为重和生活教育。主题班会作为践行社会主义核心价值观，对青少年进行世界观、人生观、

价值观教育的重要载体,以其活动内容的丰富性、活动形式的多样性与灵活性等特征,体现了活动育人的独特性以及学生发展的针对性,进而发挥着学科教学难以替代的作用。为此,主题班会的设计应具有明确的问题意识,把握好时代发展、社会需要、学校培养目标的方向性,以及中小学生学习生活与认知水平之间的内在张力,从大处着眼,从小处入手,将班会课的实施建立在对学生个体发展和班级集体发展状况的综合分析与判断基础之上,体现班会课的价值引领性和青少年身心发展的适切性,体现面向个体与面向集体教育的有机结合。

《主题班会》一书围绕养成良好习惯、拥抱美好生活、热爱伟大祖国、奏响青春序曲、倡行文明生活、筑牢理想信念、拥抱奋斗人生、共建和谐社会、厚植家国情怀等核心主题,结合长三角地区班主任基本功大赛中的优秀班会课课例,按照不同年段、年级加以呈现和深入解析。其中,班主任的专业意识首先体现为面向全体学生的研究意识,没有长期以来对学生深入细致的调查研究,班主任就不可能走进学生的内心世界,了解学生的所思所想,以及学生在成长过程中可能面对的困惑和烦恼;缺少基于学生立场的同情同理心,势必无法写出有针对性的学情分析,也无法形成清晰的育人目标和带班理念。

为此,班主任应自觉成为儿童研究的专家,深入研究不同年龄阶段学生身心发展的规律和特点,准确把握青少年在认知、情感、社会性交往以及世界观、人生观、价值观等方面的发展规律,确立班级育人理念,并通过主题化、系列化的主题教育活动加以具体实施,充分发挥学生的主体作用,进而达成良好的教育效果。

**五、课程领导:整合班级教育资源的意识和能力**

如果说育人故事更多指向学生个体,体现班主任育人工作的情境性、复杂性,那么带班育人方略就是面向集体、针对集体开展的教育,应体现班主任工作的系统性、整体性。二者之间是点与面的关系。主题班会则是立足学校教育的培养目标,关注立德树人,关注学生的个体发展或班集体发展,可以开展"四史"教育、社会主义核心价值观教育等内容,可以研讨手机管理、网络安全、青少年交往等问题,重在以青少年的社会性学习与发展为目标开展主题教育活动。主题班会与学科教学的最大区别是问题指向而不是知识取向。

无论是主题班会还是带班育人方略的形成，都集中体现了班主任整合班级教育资源的意识和能力，即班主任的课程领导力。

班主任作为班级的主任级教师，除了面对学生及其家长之外，还承担着建设班级教育团队的责任，需要沟通与协调班级任课教师、家长、社区的教育力量，形成校家社共育的教育合力。

为此，班主任应树立整合教育资源的意识和课程开发意识，将班级学生客观存在的问题转变为教育资源；善于发挥班级教育团队的力量，借助心理教师、家长委员会的力量，创造性地开展系列班级教育活动，从而将随机的、分散的班级活动转化为促进青少年社会性发展的系列课程，增强班级育人工作的科学性和有效性。

在班主任基本功展示活动的各项内容中，带班育人方略具有统领性和综合性，是班主任带班育人意识和能力的集中体现，育人故事凸显了班主任工作的复杂性、情境性以及方法策略的针对性，主题班会则体现了班主任面向集体开展教育的意识和能力。在此基础上，一些地区还开展了情景模拟展示活动，通过对班主任工作中真实问题情景的体验与思考，反映了班主任解决问题的实践智慧。总之，班主任应在认真总结提炼自己的带班育人理念、班级发展目标、实践做法以及特色与成效的同时，提升班主任的专业意识和专业能力，使班主任工作不断从经验走向专业。

"班主任专业基本功书系"自出版以来，受到广大读者的欢迎。为了与时俱进，我们对这套图书既有修订又有推新，一方面充分体现党的二十大报告精神与国家近年来有关政策文件内容，另一方面充分反映班主任工作的最新理论与实践发展，使全书更具理论的严谨性、案例的典型性与现实的指导性。我们希望通过"班主任专业基本功书系"这套图书，体现班主任工作的理念、方法与策略，推动班主任专业素养的全面提升。

齐学红

2024 年 4 月

# 前　言

主题班会是指围绕一个教育主题,在班主任的组织和指导下,根据学生的兴趣和身心发展特点,以班集体的智慧和力量为依托,以学生为主体,经过一系列精心设计、策划的班级教育活动。主题班会是班主任综合素质和教育实践智慧的集中体现,因此主题班会方案设计与实施就成为班主任基本功比赛的一项重要内容。

## 一、主题班会的基本类型

"主题班会"的界定,在本质上离不开"班会"的概念。班会是以班级为单位召开的会议或以班级为单位的集体活动或班会活动。最常见的班会类型有三种:固定班会或常规班会(如周会、晨会等班级例会),临时班会,主题班会。

按有无预先准备和计划,班会又可分为固定班会和临时班会。临时班会与固定班会的不同之处在于前者具有偶发性。

按班会的主题性和功能性,班会分为主题班会和常规班会。主题班会是在班主任的主导下,全体学生共同参与的,围绕某个主题而实施的班级活动,主要是为了解决班级中的教育问题。主题班会不同于常规班会,其主要功能不是进行常规教育和一般的班级工作部署、安排和总结,而是侧重于围绕主题对学生进行品格和心理教育,实现有效的价值引领。

可见,主题班会和常规班会、固定班会之间是有较大区别的,它们在目标、实施方式、计划性等方面都有所不同,但是它们之间也存在一定的关联:在固定班会期间我们可以实施主题班会,在常规管理内容中我们可以借助主题班会的形式来提升教育效果。主题班会也可以采取灵活的方式,借助临时班会的模式,召开偶发主题的班会。

从活动形式看,主题班会可以分为以下几种类型。一是体验型。通过对一个主题进行比较深入的体验,学生可以达到对这个主题的深入理解。二是讨论型。对一个问题进行深入的讨论或者争论来领会相关主题的内容,通过讨论使学生对某一问题形成更清晰的认识。三是表演型。通过让学生模拟一定的生活场景,扮演某一生活场景中的角色来获得关于某一问题的深刻体验。四是叙事型。通过一个事件、一个故事的讲述调动学生对这个故事的体验,唤起学生的共鸣。五是综合型。前面介绍的体验型、讨论型、表演型、叙事型,实质上都是一种理论上的划分,在真正的实践中往往是多种类型的组合。比如要开一个感恩主题的班会,过程中会用到叙事、讨论、体验等多种形式。

从主题内容看,可以把主题班会分为以下几种类型。

一是日常性主题。即主题班会的主题选择来自学生的生活场景或内容。从日常生活中选择主题是主题班会最常见的形式。日常生活中的很多主题都可以作为主题班会的主题来使用。

二是政治性主题。即以思想政治教育为主要目的的主题班会。如2021年7月,教育部基础教育司印发通知,组织开展全国中小学班主任基本功展示交流活动,主题班会的内容要求是落实《新时代爱国主义教育实施纲要》《中小学德育工作指南》等文件要求,开展爱党爱国、中国特色社会主义和中国梦、国情和形势政策、中华优秀传统文化等方面教育,引导学生践行社会主义核心价值观,树立正确的理想信念,养成良好的思想品德和行为习惯。

三是阶段性主题。即依据学生的年龄特点和学习阶段的不同,在特定的时期设立阶段性的主题。比如,在初中阶段,学生在即将中考的时候会面临一定的心理压力。这时班主任老师组织的"怎样以正确的心态去应对中考?"就属于比较典型的阶段性主题班会。

四是节日性主题。即选取生活中重要的、有教育意义的节日或纪念日作为主题班会的内容。现实生活中有很多节日适合作为主题开展班会,如清明节、国庆节、端午节等,通过这些节日相关背景知识的介绍,可以深化学生对相关主题内容的理解和认识。

五是偶发性主题。即因突然出现的一些偶然事件所引发的主题班会。如校园欺凌、学生违纪等事件,对学生具有普遍教育意义,班主任可以结合这些问题组织召开相关的主题班会,加强正确引导,使学生明辨是非,从中受到教育。

**二、主题班会的基本定位**

主题班会是"课"还是"活动",在实践中人们的认识还并不一致,有的称之为"主题班会课",有的称之为"主题班会活动"。从性质上说,主题班会活动应该是班会的最主要形式,主题班会活动更能体现班会的主体性、参与性和互动性的原则与要求。如果把主题班会单纯上成"课",就很容易套用学科教学的模式,变成"一言堂"式的说理课。一般来说,主题班会既是"课",也是"活动",它具备"课"的特点,但"活动性"是它的主色调。作为"课",班主任在实施主题班会时必须遵循课堂教学规范,充分发挥教师的主导作用,凸显学生的主体地位;作为"活动",班主任在实施主题班会时要充分体现学生的参与性,但又不能使之变成一种课堂表演。

主题班会不是课程思政,而是思政课程;不是学科思政,而是活动思政。活动课程是与学科课程并列的课程类型。主题班会作为活动课程是与学科课程相辅相成的思政课。德育课程在"学科"课程上有道德与法治、思想政治等,在"活动"课程上有晨会、班会、团队活动、社会实践活动等。主题班会是班会的一种类型,其最重要的目的在于对学生进行思想品德教育,要实现的是德育功能。因此,主题班会是活动课程中的思政课。

有的老师会问:思政课与班会课有什么区别?我们认为,一方面思政课与班会课的区别在于思政课的内容注重系统性,而班会课的内容注重主题性;思政课是学科思政,而班会课是活动思政。主题班会的活动形式更加灵活多样一些。思政课的教学目标可以从学科三维目标(知识与技能、过程与方法、情感态度与价值观)来确定,而主题班会课的教育目标则从认知、情感、行为三个方面来设计。

另一方面,思政课(学科思政)与班会课(活动思政)两者又是相互联系、相互促进、相得益彰的。学科思政为活动思政提供价值引领和理论支撑,活动思政为学科思政提供实践空间和情感体验,因为没有活动就没有教育。主题班会是班主任必须上好的"活动思政"课。

在主题班会功能定位上,班主任老师必须厘清以下几个问题:主题班会不是班级的联欢会,而是围绕一个主题实施的、需要达到一定教育效果的教育活动,不能把主题班会变成表演秀;主题班会不同于班级的常规班会,它是为了完成主题教育而实施的特殊教育活动,要充分凸显其教育功能;主题班会不是课堂教学的延伸,有其特殊的活动要求,需要创新活动形式,充分发挥学生的主体性,不能把主题班会演绎成"活动"外衣下的文化知识"灌输";主题班会要摒弃追求"大场面"和"轰动效应"的设计思路,要让主题班会回归常态化,成为简便易行、不必兴师动众就可以轻松实施的常态化教育形式。

### 三、主题班会的基本理念

由于教育理念的缺位,以往的主题班会设计与实施中也存在一些问题。一是模式僵化。大多数都由学生(一男一女)来主持;活动形式过分依赖发言讨论。二是倚重表演。简单采用"拼盘"设计方式,把学生的活动简单地拼凑在一起,搞成一场表演。三是单向灌输。大部分学生成了听众,主持人、班主任"一头热",学生缺乏参与热情和活动兴趣。四是缺乏共鸣。缺少激发学生情感的恰当素材和合适的活动形式,平铺直叙,没有节奏的变化。

理念是行动的先导。只要有教育行为发生,就一定有教育理念在起作用(也就是我们做法背后的想法和理念支撑)。理念是一个人观念、思想的总和,它决定了一个人看问题的角度、态度和行为方式。主题班会设计与实施的理念集中体现在三个现实的教育命题中,即怎样定位德育,怎样理解活动,怎样看待学生的改变。因此,班主任设计实施主题班会时需要树立科学的教育理念。

#### 1. 立德树人

培养什么人、怎样培养人、为谁培养人是教育的根本问题。党的十八大以来,以习近平同志为核心的党中央高度重视立德树人,明确提出要"把立德树人作为教育的根本任务",并要求"把立德树人融入思想道德教育、文化知识教育、社会实践教育各环节,贯穿基础教育、职业教育、高等教育各领域,学科体系、教学体系、教材体系、管理体系要围绕这个目标来设计,教师要围绕这个目标来教,学生要围绕这个目标来学"。主题班会是对学生进行思想品德教育的重要阵地和载体,属于活动课程,是班主任老师必须上好的思政课。我们要根据《中小学德育工作指南》的要求和中小学生的思想实际,组织开展理想信念教育、社会主义核心价值观教育、中华优秀传统文化教育、生态文明教育和心理健康教育。

### 2. 以生为本

学生是有思想、情感、欲望、需求以及各种能力的活生生的人,是发展中的人、整体性的人、过程中的人,是品德发展的主体。组织实施主题班会的出发点和落脚点就是要不断满足学生的全面需求,促进他们的全面发展。主题班会内容的选择要与时代的发展,与学生的生理心理、思想品德发展状况紧密联系,要关注他们关心和需要解决的问题。只有当主题班会契合中小学生的实际需要并使他们感兴趣的时候,才能真正激发起他们主动参与的热情和欲望。

### 3. 能力为重

能力是教育理念与专业知识的载体。在主题班会活动中,班主任除了要注重培养学生的良好思想品德外,还要提升他们的各种能力,如锻炼学生组织、合作、演讲、表演、辩论等方面的能力,在此基础上还要培养学生的道德实践能力,包括道德判断能力、道德选择能力、道德行动能力和自我反思能力等。当今社会要求人应在多元中立主导,在多样中谋共识,在多变中定方向,这就需要培养学生道德判断、道德选择等方面的能力。这也符合发展学生核心素养的要求,是学生将来走向社会、适应生活所必须具有的重要品质和必备能力。

### 4. 生活教育

陶行知先生提出"生活即教育"的思想,他强调:生活教育是给生活以教育,用生活来教育,为生活向前向上的需要而教育。"生活即教育"不是要把生活与教育等同起来,而是生活决定教育,教育改造生活。中小学生的生活是丰富多彩的,有学习生活、日常生活、交往生活,有私人生活、公共生活,有物质生活、精神生活,等等。生活是中小学生品德形成与发展的源泉,学生的品德来源于生活,过什么样的生活,就接受什么样的教育,就有什么样的道德。美国教育诗人诺尔蒂的教育长诗《孩子们在生活中学习》,曾影响了很多教师关于教育影响机制的思考,其中第一句是"如果一个孩子生活在批评之中,他就学会了谴责",最后有一句是"如果一个孩子生活在友爱之中,他就学会了愉快地生活",这说明生活对学生品格和心理成长产生的影响。因此,主题班会要充分注意主题内容与中小学生现实生活的联系、与中小学生经验世界的联系,要关心他们的学习生活、指导他们的交往生活、引导他们的日常生活,注重学生的情感体验,在生活教育中培养他们的良好品德和健全人格。

总之,在科学的教育理念指导下,主题班会的目标制定、方式选择就能更加符合教育规律和教育原则,班会实施过程中就能最大限度地调动学生的主体性,班会的吸引力和感染力就能得到提升,从而增强主题班会的实效性。

### 四、主题班会的基本内容

如何确定主题班会内容是一个值得关注和深入思考的问题。自2012年长三角地区、2013年江苏省中小学班主任基本功比赛开展以来,直至2019年,都是采用闭卷笔试的方式进行,要求在近2个小时的时间内完成方案设计,难度较大。2020年、2021年长三角地区中小学班主任基本功比赛采取线上线下相结合的方式进行,因此,主题班会的内容提前一个月便告知参赛选手,选手可根据要求在规定的时间内完成文本和视频,具有开放的特点,选手发挥的空间较大。

主题班会的核心是德育,因此,主题班会内容的确定应从两个维度进行思考,即一个依据和一条主线。

**1. 一个依据：党和国家的有关方针政策和教育面临的形势与任务**

以习近平总书记关于教育的重要论述为基本遵循,贯彻党和国家有关教育方面的重大方针政策,如《中小学德育工作指南》《中小学生守则》(2015年修订)的有关要求,培育和践行社会主义核心价值观,以及当前教育改革发展面临的形势与任务。

例如,2012年至2019年长三角地区中小学班主任基本功大赛主题班会方案设计的主题分别为：诚信(2012年),梦想(2013年),中华优秀传统文化/学校安全教育(2014年,二选一),友善(2015年),生活靠劳动创造/保护环境(2016年,二选一),珍惜时代/我与新时代(2017年,二选一),幸福都是奋斗得来的/垃圾分类我先行(2018年,二选一),弘扬劳动精神、开展劳动教育/防止校园欺凌(2019年,二选一)。

又如,2020年初暴发的新冠疫情,是中华人民共和国成立以来发生的传播速度最快、感染范围最广、防控难度最大的一次重大突发公共卫生事件,给人们留下许多思考和值得吸取的教训。为此,一些班主任结合我国抗击新冠疫情和班级学生的实际情况,组织开展了爱国主义教育、规则意识教育、生命健康教育、生态文明教育、时代英雄和先进人物教育以及养成良好卫生习惯等方面的主题教育活动。通过主题班会活动的开展,引导学生认识和了解我国抗击新冠疫情斗争取得了重大战略成果,彰显了伟大抗疫精神,充分展现了中国共产党的正确领导和我国社会主义制度的显著优势,充分展现了中华民族的伟大力量,充分展现了中华文化的深厚底蕴,充分展现了中国作为大国的国际担当,从而极大增强了学生的民族自信心和自豪感,激发了学生的爱国主义热情。

### 2. 一条主线：尊重生命、学会生存、健康生活

根据中小学生身心发展的特点与规律,以尊重生命、学会生存、健康生活为主线。1968年,美国学者杰·唐纳·华特士首次明确提出生命教育思想。生命教育即直面生命和人的生死问题的教育,是帮助学生认识生命、尊重生命、珍爱生命,促进学生主动、积极、健康地发展生命,是帮助学生提升生命质量,实现生命的意义和价值的教育。

1972年,埃德加·富尔任主席的国际教育发展委员会向联合国教科文组织提交了题为《学会生存：教育世界的今天和明天》的调研报告,自此生存教育开始受到重视。生存教育是帮助学生学习生存知识,掌握生存技能,保护生存环境,强化生存意志,把握生存规律,提高生存实践能力、适应能力和创造能力,树立正确生存观念的教育。

而陶行知先生的生活教育理念则强调教育要同实际生活相联系。生活教育就是来自生活、为了生活的教育。生活教育是帮助学生了解生活常识,掌握生活技能,实践生活过程,获得生活体验,树立积极的生活观念,确立正确的生活目标,养成良好的生活习惯,追求个人、家庭、团体、民族、国家和人类幸福生活的教育。

通过生命教育、生存教育和生活教育("三生教育"),引导学生珍爱生命、学会生存、享受生活,树立正确的生命观、生存观、生活观。"三生教育"的内

涵极其丰富、深刻,涉及教育工作的各个方面、各个层次、各个环节,是一个系统工程。它是素质教育的基础工程,是德育工作的基本内容,是培育和践行社会主义核心价值观的基本要求。

"三生教育"的三者之间具有一定的逻辑关系,其中,生命教育是前提是根本,生存教育是基础是关键,生活教育是方向是目标,三者之间互为条件、密不可分、相辅相成,是一个有机统一的整体。

班会主题的选择与确定可以有多个维度,如有的班主任提出可以从"已然"(已发生的事件或已暴露的问题)、"未然"(可能出现而暂时未出现的事件或问题)、"必然"(一定会出现的事件)三个维度选择和确定班会的主题,也是值得借鉴的。[①]

**五、主题班会的基本要求**

主题班会是班主任开展班级德育工作的一个重要载体,是学生自我教育的一种有效方式,具有思想性、参与性、主体性和教育性等基本特点。班主任要在科学的教育理念指导下设计和实施好主题班会。

**1. 主题班会设计的要求**

主题班会设计方案一般包括活动题目、教育背景、教育目标、活动准备、实施过程等基本内容,要求体现活动过程的教育性和完整性,对每一项内容都有明确的要求。

活动题目要根据主题来设计。题目表达要准确清楚,用陈述句,不用疑问句。题目如用正、副标题,虚实结合也可以。例如,以"梦想"为主题设计的主题班会方案中,有的选手设计的题目是"寻找明天的自己——放飞梦想,坚定前行"。

教育背景的分析是主题班会方案设计的重要内容之一。在顺序上,它处于整个方案的第一部分;在地位上,它是整个方案的基础。教育背景的分析不能大而空,要有问题意识,可从宏观和微观两个方面,即党和国家的有关方针政策,以及班级和学生的实际情况等方面进行论述,要有现实针对性。

---

① 黄振华.班会主题确定的三个维度[J].江苏教育,2021(49).

教育目标应明确、具体、可测。根据品德构成的三个因素（道德认知、道德情感、道德行为）来制定，从认知、情感、行为三个方面进行撰写。教育目标要体现班主任的教育理念和设计思路，应与教育背景相呼应。

活动准备重在组织，切忌零碎。要体现教育资源的综合利用，整合家长、社会、学生资源，可利用各种媒体资源。既可从氛围营造、组织准备、素材准备三个方面，也可从物质准备、心理准备、教师准备、学生准备四个维度进行表述。

实施过程是主题班会方案设计的重点、是主体部分，应包括导入、展开、提升等环节。各环节之间要逻辑自洽、内在关联、层层推进。内容要丰富充实，避免空洞无物，体现班主任的学识修养和经验积累。实施环节的表述要简单、清晰、完整。重点说明这一环节是什么（有环节名称）、做什么（概述活动内容）、怎么做（简单描述教师和学生活动）、为什么这么做（说明这一环节的设计意图和期望达成的效果）。需要强调的是，实施过程要有可操作性，不能变成表演，如果是方案设计就不能写成实录。

在主题班会实施过程中，要认真考虑主题的深化与巩固，这就需要做好主题班会的总结。做好总结是班主任的一项重要任务。在主题班会中，学生的认识有时并不是一致的，有积极的，也有消极的，有时还有分歧。学生受年龄、知识和认识水平方面的限制，有些发言往往有片面性和局限性。对此，班主任要利用总结来启发、诱导和点拨，使学生能认识到事物的本质，认识到召开班会的目的，认识到自己今后努力的方向。在总结时，要针对学生的认识给以集中、分辨、提炼和升华，使学生的认识有提高、行动有准则、前进有方向。

活动延伸是主题班会实施后需要进一步巩固或深化取得的效果而采取的措施，有的是继续解决活动过程中没有来得及解决的问题，有的是主题班会的系列拓展之一，与后续开展的主题班会相衔接。

一般在主题班会实施后需要进行总结反思，2021年教育部基础教育司组织开展的全国中小学班主任基本功展示交流活动的方案中要求有"班会反思"这一环节。"班会反思"主要从三个方面进行：一是班会活动方案的反思。班会活动结束后，应该对此次活动的方案进行反思，主要包括活动的主题选得是否合理，主题提炼的深度是否得当，活动时间的安排如何，人员挑选、落实得如何，活动过程中是否对方案进行了调整，活动中是否还有情况是预设时没有考虑到的,活动的过程设计是否恰当等。二是活动过程的反思。主要包括:过程进展是否按预设顺利进行,如果没有,原因是什么;方案中的每项活动与实际开展是否有差异,如果有,原因是什么;活动中存在哪些困难,针对这些困难以后该如何调整;有哪些活动在实施中根本就不可能开展,哪些地方需要改进等。三是活动效果的反思。主题班会活动都需要达到一定的预期目标,在活动结束后,必须对活动效果予以评价。同时,活动中还会产生意想不到的效果,有正面的,有负面的,这些都需要班主任老师认真总结,以便在以后的班级活动中加以改进。"班会反思"切忌长篇大论写成小论文,应尽量精简,字数一般在500字左右。

### 2. 主题班会实施的要求

主题班会的实施要做到主题鲜明、贴近学生、贴近生活、贴近实际;主题班会实施过程应包括导入、展开、提升等环节;各环节之间要逻辑自洽、内在关联、层层推进,做到切入点巧妙、导入方式新颖、环节名称别致、实施环节相扣,体现主体性、针对性、适切性、操作性、创新性和规范性。

主题导入是主题班会实施的第一阶段,导入的形式要新颖,要简洁、朴实、生动,"良好的开端是成功的一半"。我们可以用故事导入、视频资料导入、趣味活动导入、问题情境导入等,导入的活动要有趣味性,能引发学生的情感共鸣和思考,为接下来的主题活动打下良好基础。

主题展开阶段是在主题导入以后,通过有效的活动,让学生深刻体会主题教育的内容,获得关于主题的态度、体验和经验的过程。在这个环节中,班主任要根据班会主题和学生的特点选择适宜的活动形式,创设体验空间,丰富学生的感受。常用的活动形式有以下几种。① 体验型活动。即给学生提供相应的体验空间,使他们获得对某个主题内容比较深入的体验,从而加深他们对相关教育内容的理解。② 讨论型活动。即学生在班主任老师的正确引导下,围绕某个主题进行深入的探讨或辩论,从而获得对某一问题的深入理解和清晰认识。③ 表演型活动。即通过让学生模拟一定的生活场景,扮演某一生活场景中的角色,来获得对某一问题的深刻体验,比如心理剧、情景剧就是班级活动中常用的体验方式。④ 叙事型活动。即通过讲述故事,调动学生对故事内容的体验,唤起学生的情感共鸣。⑤ 综合型活动。在真正的主题班会中,往往是体验型、讨论型、表演型、叙事型等两种或几种类型的综合。

主题提升阶段是在班会结束时由班主任和学生共同总结班会的体悟,进行主题的深化和提升,有助于学生获得关于班会主题的清晰印象,同时也是充分发挥班主任主导作用的重要体现。班主任必须事前准备好"总结发言",要凸显主题、深化体验和定向引领。班主任在总结发言中要真情投入,能够感染学生,营造更好的情感氛围,进一步增强主题班会的效果。

主题班会实施过程中需要处理好以下四种关系。

一是处理好静态预设与动态生成的关系。一方面班主任老师对主题班会活动要进行充分的计划与准备;另一方面也要灵活机动、相机行事,重视主题班会活动过程的生成性。预设是一种态度,生成是一种智慧;预设需要简约,生成需要灵动。

二是处理好学生主体与教师主导的关系。主题班会是学生自我教育的一种形式,应以充分发挥学生主体性作为最根本的出发点,充分调动学生的主动性、积极性、能动性。但要使主题班会活动顺利进行,达到应有的教育效果,班主任老师对主题班会活动的整个过程也要有充分的掌控力,发挥主导作用,并根据主题班会的开展情况利用总结来启发、引导和点拨。总结时,要针对学生的认识给予分析、提炼、升华和价值引领。

三是处理好情感体验与价值引领的关系。主题班会要取得教育实效,应当根据中小学生的特点,注重生动活泼、形式多样,形成浓烈的氛围,具有感染力和震撼力。体验是学生道德生成的基础。但主题班会是培养学生品德的活动,更要重视价值引领。主题班会的主题必须鲜明,导向必须正确,要坚持以立德树人为根本任务。

四是处理好遵循规范与开拓创新的关系。经过长期的教育实践,在主题班会活动的组织实施过程中形成了一些行之有效的基本规范,必须加以遵循。同时,也需要在继承传统、遵循规范的基础上不断开拓创新,培养学生的创新精神和实践能力。

总之,班主任在设计实施主题班会时,在对活动的理念作深刻反思的基础上,对实施过程和活动形式要做深入的研究。以研究的视角看待主题班会,可以确保主题班会设计与实施的理念符合科学性原则,促使班主任认真推敲设计理念是否正确,是否符合学生的年龄特征,是否符合学生品格和心理发展的一般规律。以研究的视角看待主题班会,可以使班主任通过对典型案例的研究,掌握现象背后的规律。班主任通过寻找班会主题，制定主题班会的实施方案，总结和反思班会方案的实施等行动研究过程，能够全面提升自己的教育素养。以研究的视角看待主题班会，还可以帮助班主任形成独立解决问题的能力。主题班会的创新路径需要班主任在不断总结和反思的基础上生成，通过总结主题班会设计实施中的实践经验，班主任能够逐渐发现主题班会设计与实施中的问题，并通过科学分析，独立寻找解决这些问题的基本方略。

## 六、主题班会的基本方法

主题班会实施过程中，根据中小学生的身心发展特点和主题班会的内容，一般采取以下四种常用的方法。

### 1. 说理讨论法

说理就是向学生讲清道理，帮助学生分析问题，明辨是非。说理需要与讨论相联系，如果没有学生参与讨论，说理往往就成了教师的说教和灌输。因此，班主任在说理的过程中应该鼓励学生参与讨论，在说理讨论的过程中，向学生讲解、阐述、分析道理，引导学生在思考和辨析中厘清问题。

在说理讨论的过程中，班主任要注意以下两点。首先，说理要有"三心"，即入心、在心、动心。"入心"，就是指说理要说到点子上，能让学生愿意听，能听进去，避免假、大、空，避免一味地训斥或规劝，否则容易引起学生反感和排斥。"在心"，是指说理不仅要让学生听进去，还要让学生把"理"放在心里，自己能进行琢磨、思考。"动心"，则是要求说理能激发学生的情感共鸣，让学生认同并愿意遵从老师所说的道理，即要在认知、认同和认真上下功夫。其次，讨论的话题既要联系学生的实际，又要具有挑战性；讨论的过程中要对学生循循善诱，耐心倾听。

### 2. 情感陶冶法

人的思想品德常常是在自觉或不自觉地接受环境或情境影响的过程中形成的。因此，在主题班会活动中，班主任要善于利用情感陶冶法，通过设置情境、营造氛围让学生融入道德教育的环境，使学生在潜移默化中受到感染和熏陶，在耳濡目染中心灵受到感化。情感陶冶法的方式是多样的，主要分为三种类型，即人格感化、环境熏陶和艺术感染，也就是"以情育情""以境育情"和"以形育情"。实践表明,重视并善于利用环境育人、情境育人往往会使教育产生深刻而持久的影响。实施情感陶冶法要注意以下三点:一是要创设良好的教育情境,能够引人入胜,具有感染力;二是提高教育者的自身修养,以自己的高尚品德和人格感化学生;三是引导学生参与情境建设,在净化、美化环境中提升思想境界和品德修养。

### 3. 价值澄清法

价值澄清理论产生于 20 世纪 60 年代的美国,其主要代表人物是美国纽约大学教育学院教授路易斯·拉斯。价值澄清理论源于道德教育过程中的师生对话,它主张教师通过对话引导学生自己思考并选择价值立场。这一过程不是教师告诉学生某种价值观,而是通过相关步骤来引导学生更加清晰地思考自己的观念。这种引导的方法充分尊重了学生的自主性,而且容易实施。在主题班会活动过程中,班主任可以利用价值澄清法帮助学生梳理和确认自己的价值观念,体验和澄清自己的人生态度,提高学生自身的道德修养。

### 4. 理想激励法

理想信念教育是中小学德育的一项重要内容。理想激励法是指班主任通过理想信念愿景等促进学生形成道德理想、道德信念的一种教育方式。理想激励法能够发挥作用的重要原因是人的社会性需要。任何人的自我实现都离不开对理想的追求。因此,理想、信念、信仰对人们的行动具有推动力。理想指引未来,信念决定成败。习近平总书记指出:"信仰、信念、信心,任何时候都至关重要。小到一个人、一个集体,大到一个政党、一个民族、一个国家,只要有信仰、信念、信心,就会愈挫愈奋、愈战愈勇,否则就会不战自败、不打自垮。"中小学生正处在世界观、人生观、价值观形成的重要时期,他们的人生和未来充满了未知数和可能性,他们对自己的能力和成就充满了想象和期待。班主任可以很好地利用中小学生的这种心理特点,用理想和愿景激励学生奋发进取、积极向上。

## 七、主题班会的基本评价

思想的教育着力于灵魂的唤醒与培育,是教育的核心。主题班会是一种育人的方式和载体,是对学生进行思想品德教育的有效形式。学生是主题班

会最直接的学习者、感受者、获益者,评价主题班会应基于供给侧、投入端考查,更应该在需求侧、产出端考查。要基于学生的成长发展来评价主题班会的有效性,审视主题班会教育目标的达成度。

组织主题班会是班主任的一项基础性工作。许多班主任都注重利用各种资源智慧地开好主题班会,使班会充分发挥对学生的教育引领作用。主题班会的评价应当把握以下几个方面。

### 1. 主题具有思想性

主题班会是对学生进行思想品德教育的有效形式,因此,要明确召开主题班会是为了什么,要挖掘思想内涵,精心提炼,突出重点。班会的主题要与时代的发展,与学生的生理心理、思想品德发展状况联系紧密,应该反映学生心灵深处的需要和热点。主题是主题班会的灵魂,导向要鲜明,要贯穿主题班会活动的始终,对学生具有激励和鼓舞作用。

### 2. 内容具有真实性

主题班会不能教师一言堂、贴标签、搞表演。主题班会的内容要紧密结合学生的生活实际,选择的材料、讲述的故事等都应该是贴近学生生活的,能感知的,也就是要有儿童立场,不能成人化,否则就不能激发学生的激情和热情。选择的典型事例要真实,可信度高。缺乏真实性的主题班会会产生极大的负面影响,使本来求真、求善、求美的主题班会变成虚假的活动。

### 3. 形式具有新颖性

形式为内容服务,素材为主题服务。一节主题班会有了好的主题、好的内容,还要选择适当的形式,才能使学生乐于接受,入耳入脑入心。为了满足青少年学生求新、求异、求变的心理特点和发展需要,主题班会的形式要生动活泼、丰富多彩。

### 4. 氛围具有感染性

主题班会要能使学生有体验感,否则就会印象不深。德育要取得预期效果,必须使受教育者产生情感体验。因此,在准备主题班会的过程中,选择的材料要有典型性,能使学生产生情感共鸣与价值认同。主题班会形成的浓烈氛围,应具有感染力和震撼力。主题班会要能打动学生、感动学生、教育学生,给学生留下难忘的印象,对他们的为人处事产生积极影响。

### 5. 师生具有互动性

主题班会面对的是全体学生,要体现学生是主体,教师是主导,活动中既要有师生互动,还要有生生互动,简单的师生互动给人感觉是按照预设的内容"走过场"。主题班会过程中每个学生都要积极主动参与,都要扮演一定的角色,表现自己的才能。但同时也不能忽视教师的主导作用,在师生互动中班主任也是主体。

主题班会要取得理想效果,一是取决于学生能广泛参与,二是学生能在班会中有所感悟,心有所动,从而有效促进班集体建设和学生道德成长。好的主题班会未必有立竿见影的效果,但往往会对学生的一生产生积极影响。所以,组织实施主题班会时要坚持问题导向、目标导向和结果导向的统一。成功的主题班会往往融合了多种教育元素,是班主任教育智慧的结晶,也是班主任综合素质的集中体现。班主任要充分挖掘主题班会丰富的教育内涵和特有的教育功能,为中小学生的全面发展和健康成长创设更加有利的机会、发挥更加积极的作用。

# 目 录

序言一 ———————————————————————————— 001
序言二 ———————————————————————————— 001
前言 ————————————————————————————— 001

## 小学篇

导语 ————————————————————————————— 003

### 第一部分　养成良好习惯 ——————————————— 005

1. 友善从"自律"开始 ———————————————————— 007
　　——三年级"学习交往,和谐相处"主题班会
2. 日行一善,善行一生 ———————————————————— 014
　　——四年级"拥抱友善的温暖"主题班会
3. 规则守护,文明花开 ———————————————————— 023
　　——五年级"增强规则意识"主题班会
4. 不负"粮"心,拒绝"剩"宴 —————————————————— 032
　　——五年级"厉行节约,反对浪费"主题班会
5. 追"光"少年,引领"食"尚 —————————————————— 038
　　——五年级"制止餐饮浪费,培养节约习惯"主题班会

### 第二部分　拥抱美好生活 ——————————————— 045

6. 劳动创造美·班级变变变 —————————————————— 047
　　——四年级主题班会
7. 争做绿色使者,播种绿色未来 ———————————————— 057
　　——五年级"点亮绿色未来"主题班会

主题班会

8. 给"我们的家"美个容 —— 064
　　——五年级"保护环境"主题班会
9. 鉴"网""智"来 —— 070
　　——五年级主题班会
10. 优秀家风代代传 —— 077
　　——五年级主题班会
11. 走进青春，解密成长 —— 085
　　——六年级"青春期男女生正确交往指南"主题班会

## 第三部分　热爱伟大祖国 —— 095

12. 航天梦，共赴一场梦想之约 —— 097
　　——四年级主题班会
13. 祖国在我心中 —— 106
　　——四年级"我爱我的国"主题班会
14. 漫漫长征路，拳拳奋斗心 —— 112
　　——五年级"传承红色基因"主题班会
15. 走好中国特色路 —— 120
　　——五年级主题班会
16. 增强责任之心，勇于担当作为 —— 128
　　——六年级主题班会

**专家点评**　主题鲜明生动，形式新颖多样（黄正平）—— 137

# 初中篇

导语 —— 145

## 第一部分　奏响青春序曲 —— 147

1. 弘扬劳动精神，奏响青春乐章 —— 149
　　——八年级"劳动教育"主题班会

2. 征途漫漫,唯有奋斗 —————————————————— 157
　　——八年级主题班会

3. 扬工匠精神,习劳动品质 ————————————— 164
　　——九年级"劳动教育"主题班会

4. 传承航天精神,追寻青春梦想 ———————————— 171
　　——九年级"学四史,追梦想"主题班会

5. 未来已来:用拼搏定义青春 ————————————— 181
　　——九年级"我奋斗我进步"主题班会

## 第二部分　倡行文明生活 ———————————————— 189

6. 舌尖上的文明 ——————————————————— 191
　　——七年级"餐饮之礼"主题班会

7. 谦和礼让促团结 —————————————————— 198
　　——七年级"中华传统美德"主题班会

8. 寻善,向善,尚善 —————————————————— 205
　　——八年级"友善"主题班会

9. 这张名片叫"燃烧的雪花" —————————————— 214
　　——八年级"志愿服务"主题班会

10. 承担时代责任,熔铸不凡青春 ———————————— 222
　　——八年级"责任担当"主题班会

## 第三部分　筑牢理想信念 ———————————————— 231

11. 筑梦前行,共赴未来 ———————————————— 233
　　——七年级"理想信念"主题班会

12. 少年攀百尺,手可摘星辰 —————————————— 240
　　——七年级"理想信念"主题班会

13. 中国式的浪漫 —————————————————— 249
　　——七年级主题班会

14. "红色精神"永传承,勇担使命向前进 ————————— 256
　　——七年级主题班会

15. 与国共成长，立志正当时 ......................................................... 263
　　——八年级主题班会

16. 自信的中国，自信的我 ............................................................. 271
　　——八年级主题班会

**专家点评**　　树人：主题班会的核心价值与追寻（张俊平） ................ 279

## 高中篇

导语 ...................................................................................................... 285

### 第一部分　拥抱奋斗人生 ........................................................ 287

1. 踔厉奋发，执梦而行 ................................................................. 289
　　——高一年级"中国梦·我的梦"主题班会

2. 时间里面"挤"空间 ................................................................. 296
　　——高一年级"珍惜学习时光"主题班会

3. 纳百川碧水，奏青春华章 ........................................................ 303
　　——高二年级"劳动教育"主题班会

4. 唤醒学生的学习内驱力 ............................................................. 310
　　——高三年级主题班会

5. 立志·守心·有得 ........................................................................ 320
　　——高三年级"理想与坚持"主题班会

### 第二部分　共建和谐社会 ........................................................ 327

6. 美丽的自由，自由的美丽 ........................................................ 329
　　——高一年级"社会主义核心价值观之自由"主题班会

7. 蓝白韵里绘匠心 ........................................................................ 336
　　——高二年级"珍惜青春，锤炼过硬本领"主题班会

8. 月是故乡明 —————————————————————— 344
　　——高三年级主题班会

9. 事老以情,敬老以心 ———————————————— 351
　　——高三年级"中华优秀传统文化教育"主题班会

## 第三部分　厚植家国情怀 ———————————————— 359

10. 爱我中华,强我国防 ————————————————— 361
　　——高一年级"爱国主义教育"主题班会

11. 百年报国志,一生爱国情 ——————————————— 368
　　——高一年级"爱国主义教育"主题班会

12. 小小的我,大大的国 ————————————————— 377
　　——高一年级"爱国主义教育"主题班会

13. 学习弘扬"新旅精神",争做新时代好青年 ——————— 383
　　——高一年级主题班会

14. 赓续"红色精神",争做红色种子 ———————————— 390
　　——高二年级"传承'红色精神'"主题班会

15. 以奋斗青春,共绘祖国绚丽版图 ———————————— 397
　　——高二年级"珍惜青春,锤炼过硬本领"主题班会

16. 以信念之光,照亮理想之路 —————————————— 406
　　——高三年级主题班会

**专家点评**　主题班会:作为班集体建设主渠道的价值体现(齐学红)
———————————————————————————————— 414

**后记** ——————————————————————————— 418

# Primary School

小学篇

# 导　语

从心理学的角度来划分,小学生所处的阶段属于童年期或学龄初期,年龄大约在 6—12 岁。我国著名的儿童心理学家朱智贤教授认为:学龄初期是儿童发展上的一个重大转折时期。因此,班主任必须了解和掌握小学生的身心发展特点,认识和理解小学生,树立正确的儿童观。一是尊重儿童。尊重儿童的人格和自由,尊重儿童的生活和想象,尊重儿童的权利和隐私,尊重儿童的独特和多样,尊重儿童的试错和困顿,没有尊重,就没有教育。二是学会等待。班主任应当了解儿童发展的状况和时机,及时促进儿童的当下发展。好的儿童教育应该成为一种守候和陪伴儿童成长的教育。三是重在唤醒。教育是一种心灵的唤醒。儿童的成长是其心灵中真善美的种子不断生长、自主发展的过程。班主任的教育应该是用一个灵魂唤醒另一个灵魂的工程,是对学生学习、创造潜能的唤醒,是对学生自信心和进取精神的唤醒,更是对学生尊严、人格的唤醒,做人力量的唤醒,这是教育追求的理想境界。

《中小学德育工作指南》指出,小学低年级的德育目标是:"教育和引导学生热爱中国共产党、热爱祖国、热爱人民,爱亲敬长、爱集体、爱家乡,初步了解生活中的自然、社会常识和有关祖国的知识,保护环境,爱惜资源,养成基本的文明行为习惯,形成自信向上、诚实勇敢、有责任心等良好品质。"小学中高年级的德育目标是:"教育和引导学生热爱中国共产党、热爱祖国、热爱人民,了解家乡发展变化和国家历史常识,了解中华优秀传统文化和党的光荣革命传统,理解日常生活的道德规范和文明礼貌,初步形成规则意识和民主法治观念,养成良好生活和行为习惯,具备保护生态环境的意识,形成诚实守信、友爱宽容、自尊自律、乐观向上等良好品质。"

小学生正处在"拔节孕穗期",小学阶段是世界观、人生观、价值观形成的关键期,最需要精心教育引导。班主任是学生成长的引路人,是学生的主要精神关怀者。小学班主任要树立正确的教育理念,从发展小学生全面素质的角度,对小学生的品德、学习、生活、心理、交往、健体等各方面进行全面的指导,为学生成长发展奠定坚实的思想基础。

本书小学篇中的16位班主任根据党和国家的教育方针政策以及《中小学德育工作指南》的相关要求,结合小学生身心发展特点和班级实际情况,通过主题班会这一有效载体对学生进行思想品德教育,我们根据主题将其分为"养成良好习惯""拥抱美好生活""热爱伟大祖国"三个部分。

# 第一部分　养成良好习惯

1. 友善从"自律"开始
   ——三年级"学习交往,和谐相处"主题班会

2. 日行一善,善行一生
   ——四年级"拥抱友善的温暖"主题班会

3. 规则守护,文明花开
   ——五年级"增强规则意识"主题班会

4. 不负"粮"心,拒绝"剩"宴
   ——五年级"厉行节约,反对浪费"主题班会

5. 追"光"少年,引领"食"尚
   ——五年级"制止餐饮浪费,培养节约习惯"主题班会

# 1 友善从"自律"开始
## ——三年级"学习交往，和谐相处"主题班会

陈海宁

## 一、背景分析

### 1. 主题解析

社会主义核心价值观的"爱国、敬业、诚信、友善"为每一位国人树立了信仰，其中"友善"对于小学生来说，尤为重要。友善是一种品质，是一种交往方式，是一种共存氛围，更是一种幸福情感。在《新时代爱国主义教育实施纲要》和《中小学德育工作指南》等文件中都提到"中华民族优秀传统文化教育"，强调要传承优秀民族精神。"修己慎独"是中华民族传统美德之一，包含着自我约束、自我管理，不因恶小而为之，不因善小而不为，有了"自我约束"，才能达到"和谐友善"，这需要师生携手共同创造。

### 2. 学情分析

小学中年级阶段的学生，因为年龄的增长、心智的发育，逐渐有了自己的思想，他们常常因为缺乏自律，彼此间发生矛盾，影响同学情谊，更影响班集体和谐。作为班主任，我们要有意识地结合时代精神，进行美德传承和社会主义核心价值观教育，帮助学生学会自律，让生生、师生之间和谐、友善相处。

## 二、班会目标

### 1. 认知目标

通过情境创设、亲身体验，引导学生了解自律，能结合生活实际明白自律的内涵。

### 2. 情感目标

通过小调查、情境表演等形式，激发学生生成学习自律、培养友善的责任意识。

### 3. 行为目标

通过研讨交流、情境再现等方式,引导学生学习自律的行为方法,将外在的道德规范内化为自觉的道德行为。

## 三、班会准备

1. 教师准备:(1)预选学生主持人,并给予课前指导;(2)制作PPT、"彩虹图",购买"自律小标兵"胸卡;(3)收集相关资料,复印《三字经》《弟子规》中关于美德的内容。

2. 学生准备:(1)开展关于友善的调查;(2)收集关于严于律己的小故事和名人名言。

## 四、班会过程

主持人上场,宣布"友善从'自律'开始"主题班会开始。

### 环节一:晓之以理,引出"自律"

#### 活动1:感受"友善"

主持人:亲爱的同学们,我们来到学校学习知识,也认识新朋友,收获友谊。让我们和身边的同学握个手,拥抱一次,微笑点头吧!(学生相互握手、拥抱、微笑点头,用行动渲染快乐氛围)

#### 活动2:发现"问题"

主持人:可是,同学们,在收获友谊时,我们的身边也出现了一些不和谐的声音,你听(播放音频)——

"老师,同桌总是随便拿我的东西用。"

"老师,我考得不好,王明嘲笑我!"

"老师,我不要和陈芳做朋友了,她总是扯我的辫子!"

主持人:听听这些声音,我们的友谊正发生着变化,我们该怎么办?

#### 活动3:动画引导

主持人:有一首大家都耳熟能详的儿歌或许会给我们一点启发。

1. 播放动画《找朋友》。

2. 主持人提问。

同学们在儿歌中得到启发了吗？怎样才能做到友善呢？（学生交流）

3. 教师提升。

沟通、宽容、欣赏、谦让、自律都能增进彼此友谊。那么，我们班级同学在友善相处中目前存在的最大问题是什么呢？

**活动4：确定主题**

主持人：课前我们就同学间的友善相处做了一些调查。

1. 出示课前小调查的问题。

问题一：你与朋友相处，最喜欢他（她）什么方面？

A. 讲诚信　B. 不干涉你的生活　C. 不说别人坏话　D. 遵守纪律　E. 其他

问题二：你与朋友发生矛盾，通常有哪些原因？

A. 说了伤害你的话　B. 随便拿你的东西　C. 总是恶作剧地欺负你　D. 打扰你学习　E. 其他

2. 出示调查结果。

问题一，全班52人中有32人选择了"讲诚信"，有11人选择"不说别人坏话"，有9人选择"遵守纪律"。问题二，绝大部分人的选择是"说了伤害你的话"。

3. 教师小结。

从小调查可以看出，严于律己、讲诚信、不伤人，是朋友间友善相处的重要原则，我们这节班会课就一起来讨论如何通过自律实现与他人友善相处。

**【设计意图】**利用两种氛围的对比、生动的视频展示以及实际的小调查，引出班会的主题，激发学生思考应如何维护同学间的友谊，做到友善相处，明白自律内涵。

## 环节二：动之以情，懂得"自律"

### 活动1：收集故事，学习自律

1. 故事分享与讨论。

主持人：课前，我们收集了许多关于自律的故事。请大家交流一下。（引导学生讨论故事中的主人公是怎么与朋友友善相处的）

2. 小结过渡。

古今中外,每一个成功的人都离不开自律,每份珍贵的友谊也离不开自律。人们因为自律成功,因为自律与人为善,在我们身边也有这样的同学。

**活动 2:发现故事,树立榜样**

主持人:像这样的自律故事,我们身边也有。

1. 播放事先拍摄的视频。

内容均为班上同学在行为上体现自我约束、自我管理的片段,如自习课时专心学习不打扰别人、按序排队用餐等。

2. 采访视频中的学生。

采访内容:为什么你会这样做?(引导学生明白自律关系到友善、关系到安全、关系到个人修养、关系到班级和谐)

3. 主持人向全班提问。

你愿意和他们做朋友吗?为什么?(引导学生感悟自我约束、自觉遵守规定的必要与可贵)

4. 为视频中提到的学生颁发"自律小标兵"胸卡。

**活动 3:表演故事,澄清价值**

主持人:第二小组同学为本次班会课准备了一个小品,想通过小品帮助大家进一步明白自律的重要性。

1. 小品表演《没人看到我》。

内容简介:一个孩子趁没人看见,将自己的垃圾扔到同桌的抽屉里。

2. 讨论交流。

你喜欢和小品里的同学做朋友吗?为什么?(根据学生回答,引导学生明白只有在独处时也做到严于律己,才能赢得他人的尊重,才能获得真正的友谊)

【设计意图】贴近学生生活实际,将抽象的美德具体化,拨动学生心灵深处的琴弦,激发学生的自律意识。

**环节三:导之以行,学习"自律"**

**活动 1:小组合作,获得方法**

1. 主持人:如何才能做到严于律己,为人友善呢?让我们与小组同学集思广益,寻找方法吧。

2. 小组讨论并汇报。根据学生的汇报情况,教师总结提升。

管好手,别人的东西不拿;

管好脚,危险的地方不去;

管好嘴,伤人的话语不说;

管好眼,朋友的隐私不看;

管好心,损人的事情不做。

3. 学生展示课前收集的关于自律的名言,全班朗读。

4. 出示江苏省中小学"八礼",巩固"八礼"具体要求。

**活动2:情境体验,导之以行**

主持人:大家真正懂得如何做到自律了吗?我们一起行动起来吧!

1. 情境展现。

情境一:刚刚发的小礼品坏了,同桌喊我一起去老师办公室悄悄再拿一个。

情境二:陈宁今天数学作业得了"优秀",嘲笑我作业错得多,真想把他的作业本扔了。

2. 情境表演。

学生分组进行情境表演。

3. 辨析引导。

对于情境表演中呈现的解决方法,请大家发表看法。(根据学生的辨析内容,引导学生学习正确、合适的自律方法)

4. 班会总结。

我们在生活中,只有严于律己、修己慎独,才能与他人友善相处,生活才会像彩虹一样五彩缤纷、和谐美丽。

【设计意图】引发学生思考,汲取教训,明白自我约束、严于律己的必要性,并导之以行,将理论转化为实践,在体验中感悟。

## 五、活动延伸,践行"自律"

1. 阅读经典,传承精神

分发《三字经》《弟子规》相关资料,每日诵读经典,引导学生在经典阅读中传承文化、传承美德，营造"文化润德"的德育格局。

## 2. 美德色彩，润泽童年

结合江苏省"八礼"要求，设计"严于律己 描绘童年多彩图"（简称"彩虹图"，如图1所示），每种色彩代表自己完成自律的情况。请同学们根据"彩虹图"中的自律项目，为自己设定当周自律内容，每日通过自我检查、组员检查、家长监督，填写"严于律己"个人践行记录表（如表1所示）。根据自己的完成情况，将姓名或照片贴在"彩虹图"的相应颜色中。

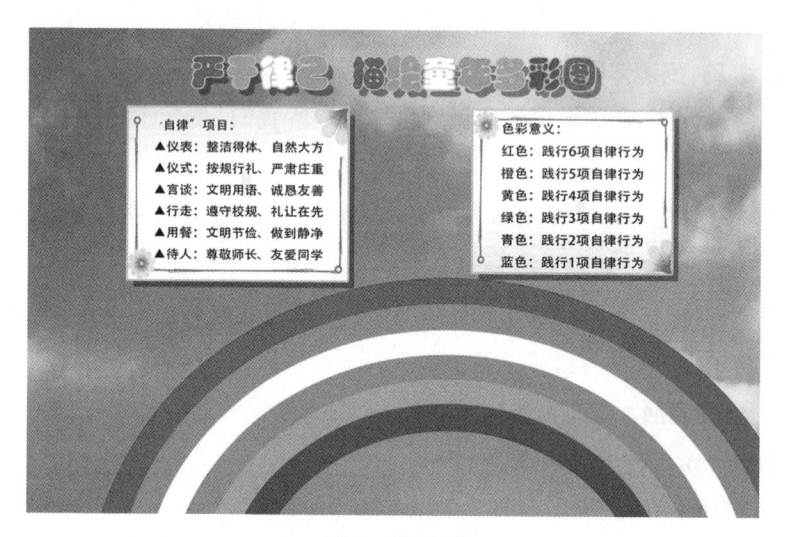

图1 彩虹图

表1 "严于律己"个人践行记录表

| "严于律己"个人践行记录表 姓名_____ ||||||
|---|---|---|---|---|---|
| 自律项目 | 时 间 | 自我评价 | 班干部评价 | 家长评价 | 总评 |
| 仪表□<br>仪式□<br>言谈□<br>行走□<br>用餐□<br>待人□ | 第（ ）周 | 星期一 |  |  |  |
| ^ | ^ | 星期二 |  |  |  |
| ^ | ^ | 星期三 |  |  |  |
| ^ | ^ | 星期四 |  |  |  |
| ^ | ^ | 星期五 |  |  |  |

## 六、班会反思

"友善"是社会主义核心价值观中"个人层面"的内容之一。中年级阶段的小学生,往往由于自控能力弱而引发矛盾,这个阶段正是培养学生自律能力的最佳时期。为了将自律内化到学生的心里、落实到行动中,我们设计了"友善从自律开始"这个班会主题。

### 1. 班会不是纸上谈兵而是一次次体验的感悟

班会课最忌纸上谈兵式的空洞说教,唯有发挥学生的主体性,方能有效落实"知情意行"目标,获得良好教育效果。"情境体验"是本次班会的重点,通过鼓励学生在体验中感悟、分享,进行自我教育与反思、自我约束与发展、自我提高与完善,培养友善情感。在班会课中,每一个活动环节都是情感教育的契机,班主任要积极引导学生去觉察、去应对、去调适,在课堂上,将认知学习与道德传输转化为提升学生的社会生活能力。

### 2. 班会不是一人独唱而是多重合奏的交响乐

班会课的成功,离不开班主任扎实的教育功底,但也不是班主任或者主持人的表演。本次班会课通过多个环节的情境创设,促使更多学生加入活动中来。课后延伸注重发挥家校合作的力量,促使学生进一步提高自律能力。只有家庭、学校、社会都参与进来,才能奏响多方合作、协同育人的美丽交响乐。

### 3. 班会不是短暂的课堂而是螺旋上升的阶梯

班会课的实质是促进道德完善与生命发展,班会课只是一个"中转站",在短暂、有限的时间里,要达到最佳的德育效能,就需要班会课以外的拓展和延伸,学生的自律意识、能力才能得到更大限度的发挥,从而实现螺旋上升的阶梯式发展。本节课的"活动延伸"就体现了这一目的。

---

【作者简介】

陈海宁,南京市江宁实验小学教师,南京师范大学班主任研究中心兼职研究员,南京市首届德育工作带头人,南京市第三届"南京工匠",南京市五一劳动奖章获得者,2021年江苏省教育系统优秀教师,曾获第三届长三角地区中小学班主任基本功大赛(小学组)一等奖第一名。全国情感教育与班集体建设研究会"专家型领跑者",光明网、《教育家》杂志共同评选的"大国良师",《班主任》杂志封面人物,《江苏教育》杂志2009—2019十年"卓越班主任"。

# 2　日行一善,善行一生
## ——四年级"拥抱友善的温暖"主题班会

祝祖岗

### 一、背景分析

#### 1. 主题解析

开展友善教育是党和国家政策层面要求的教育活动,是提升整个社会、家庭、个人道德素养的重要方式。学生是国家与民族未来的希望,是祖国腾飞的后备力量,对学生开展友善教育是必然要求。党的十八大对社会主义核心价值观做出了重要论述,倡导爱国、敬业、诚信、友善。因此,对广大学生开展友善教育,是建构社会主义核心价值体系的内在要求。

#### 2. 学情分析

小学生的世界观、人生观、价值观还没有形成,目前社会、家庭和学校在友善教育方面存在一定的不足,对此必须进行正确的引导,否则会影响学生健全人格的形成。友善教育有利于培养学生乐观向上、积极进取、真诚友好、宽厚大度、善解人意等良好性格,能使学生创建与他人的和谐关系,有助于促进学生的身心健康。

### 二、班会目标

#### 1. 认知目标

了解什么是友善,认识到友善在生活中的魅力。通过交流、反思、测验,明白如何做一个友善的人。

#### 2. 情感目标

让学生感受"人人为我,我为人人"的友善真谛,增进同学间的友情、与家人的亲情,形成和谐美好的社会风尚,为学生的幸福人生奠定基础。

3. 行为目标

让学生通过寻找自己身边的友善之举,感受友善的价值,树立友善的观念,挖掘友善的真谛,传承和发扬中华民族优良传统。

### 三、班会准备

1. 教师准备:(1) 设计"日行一善"卡;(2) 制作主题班会活动的 PPT。
2. 学生准备:(1) 收集身边的好人好事,准备小组交流;(2) 课前完成一份调查问卷(见附件 1);(3) 课前学唱歌曲《永远是朋友》。

### 四、班会过程

#### (一) 思善,学会理解善意

1. 教师导入。

同学们,"友善"这个词语大家一定都不陌生。有人说,友善是纯洁、和平的象征;有人说,友善能给人温暖,能让我们生活的环境更加美好。你们理解友善吗?谁来试着说说它的含义?(友善是指朋友之间的亲近、和睦。2012年,党的十八大正式提出的社会主义核心价值观中就包含了"友善"。它是处理人际关系的基本准则,是公民基本的道德规范)

2. 分享交流。

那么,你们觉得什么样的行为是友善之举呢?(请学生各抒己见)

3. 讲述故事并讨论。

(1) 教师:同学们,你们说的各种友善的行为,真是让人难忘。心怀友善,每天都是开心的。生活中的很多时候,友善的行为就像有魔力,常常会产生一种神奇的效果。我们来看一个真实而感人的故事。(PPT 展示故事的文字内容,见附件 2)

(2) 教师:同学们,看了这个简短的故事,你有什么话想说吗?

4. 教师小结。

友善是我们内心最宝贵的财富,是我们民族文化中最珍贵的传统,是我们彼此心灵相通的桥梁。

【设计意图】处在学龄期的儿童有着较为强烈的求知欲望。引导儿童通过听故事的形式理解"友善",既能激发学生的思考,又能引发学生对"友善"的真切感悟,激发学生内心对"友善"内涵的真正认同。

### (二) 寻善,学会思辨善行

1. 教师引导。

有人说,生活不缺乏美,只是缺少发现美的眼睛。友善和美一样,只要你用心地去观察,就一定会发现,在我们的生活中,"友善"无处不在。同学们,你们有发现"美"的眼睛吗?

2. 小组分享交流自己身边关于友善的小故事。

3. 请同学介绍自己知道的最感人的小故事。

4. 教师进行情境分析。

听了这样的故事,我心里充满了感动。有些时候,我们在与朋友交往的过程中,难免会有一些小摩擦,这个时候,我们该怎么办呢?我们来看一个情境表演,面对此情此景,想想自己应该怎么做。(请学生以小品的形式,演绎生活中的场景,内容见附件3)

5. 小调查。

请大家拿出课前让同学们完成的调查表,根据得分标准,核算一下,自己能得几分,并看看自己有多少友善度。(教师随机抽取十人的调查表,并相机评述)

6. 教师小结。

生活在一个友善的环境里,人就会变得快乐轻松,干起活来也会变得积极、有干劲。如果身边的人都和和气气,彼此友善相待,获得成绩了一同庆祝,遇到了困难互相关心,我们的生活就会变得更加美好。

【设计意图】引导学生带着观察和思考去关注生活,充分发掘自己生活中关于友善的正能量,懂得友善的重要性,友善待人是我们少年儿童自己的一分责任,从小事做起,用友善立学,用友善立行。

### (三) 言善,学会善待生活

1. 阅读文章,讨论交流。

(1) 教师:我曾看过一篇关于友善的文章,它用独特的视角向我们解释了

什么是友善,让我们一起来读一读。(出示《友善是……》,内容见附件 4)

(2) 教师:同学们,读了这些文字,关于友善,你们最喜欢哪一种说法呢?为什么?(请学生谈谈自己的理解或感想)

2. 完成作业单。

(1) 教师请学生表达自己的想法,并请学生拿出课前作业单(如图 1 所示)。

---

请同学们根据自己的生活体验,认真填写。

友善是_____

友善是_____

友善是_____

友善是_____

---

**图 1　课前作业单**

(2) 学生完成作业单,教师巡视,随机挑选学生作品,全班展示。

3. 教师小结。

同学们说得真好!友善就是别人口渴时你端去一杯水,就是别人打闹时你去劝架,就是别人伤心时你送去安慰,就是别人困难时你伸出援手……友善既能带给别人欢乐,同时我们自己也会感到快乐。

【设计意图】德育的生成过程需要儿童的静思和默默的吸纳。引导儿童学习前人的智慧,往往能带给他们更多的思考和感悟。由学习到体悟再到表达,这个过程正是儿童德行不断发展的过程。

### (四) 行善,学会真诚生活

1. 教师引导。

伟大的音乐家贝多芬曾经说过,"没有一个善良的灵魂,就没有美德可言"。(PPT 展示)友善是我们不可或缺的品德,那么,如何在生活中去表达自己那颗真诚友善的心灵呢?

2. 分内容进行小组专项讨论。

讨论分享,什么时候可以表达真诚的善意。(善待自己、善待家人、善待老师、善待同伴、善待环境、善待小动物……)

3. 每组选取代表,全班交流。

4. 教师小结。

心存友善,积极行善,其实不难,比如每天对身边的人多一点真诚的微笑,每天积极地做一件帮助他人的好事。当别人让你感到不愉快时,尽量去理解他,多想想他曾经的好处。

【设计意图】儿童所有德行的培养都需要生活的锤炼,更需要在生活中不断去表达和实践。在这样的过程中,儿童才会慢慢体悟到"友善"是中华民族的传统美德,也是我们每个少年儿童立身做人的基本道德准则。

### (五)扬善,学会感恩生活

1. 记录与分享。

(1)教师:同学们,心存友善,就会与人为善,我们的心中就会常有愉悦之感。老师这里有张"日行一善"卡,我想送给大家,你们会用好这张卡吗?(学生各抒己见,表示将积极认真记录自己每天做的善事)

(2)教师:说得真好!老师希望你们能坚持下来,"勿以善小而不为",每天坚持做一件善事,别人就会因为你的存在而幸福无比!

2. 教师总结。

孩子们,今天的班会课就要结束了,我想送给大家一段话,既用这段话来照亮我,也照亮你们以后的生活!(教师朗诵《点亮友善之灯》,内容见附件5)

(请全体同学起立)同学们,像老师一样,举起你们的右手,让我们宣誓:从今天起……(齐读PPT上展示的文字内容)

友善对待他人,友善对待自然,友善对待社会,让我们点亮友善之灯,让这个世界变得明亮温馨,让这个世界不再寒冷,让爱洒满每一个角落,让这个世界成为更加美好的人间!

## 五、活动延伸

1. 教师:同学们,让我们永远记住友善的魅力,把"善"的种子,播撒在我们的生活里,人人行善,时时行善,善行一生!

2. 布置作业。(如图2所示)

> 快乐生活作业单：
>
> 学会友善——
>
> 1. 每天对身边的人多微笑三次，把欢乐传递下去。
> 2. 每天原谅一个伤害你的人，让"痛苦"到你为止，做"痛苦的终结者"。
> 3. 每天做一件帮助他人的好事。
> 4. 当别人让你感到不愉快时，尽量去理解他，试着去了解他的苦衷。
> 5. 为别人的成绩鼓掌，而不去嫉妒。
> 6. 每天写出一个令你反感的人的一个优点。

**图 2　快乐生活作业单**

## 六、班会反思

与人为善，是个体处理人际关系的基本准则，我们应做到助人为乐、平等待人、尊重他人。人的本质是社会关系的总和。每个人都作为一个节点身处于极其复杂的社会关系网络中，友善是处理个体与他人、个体与社会关系的重要道德品质和规范。

### 1. 培育小学生友善品质，提升校园道德水平

随着经济的不断发展，物质水平的不断提高，社会现代化的进一步推进，社会"个体化"趋向更加明显，社会生活中不时出现道德冷漠现象。这在一定程度上表明当前社会道德建设力度不足，社会整体道德水平尚未达到社会经济发展水平的要求。小学生作为未来国家建设的中坚力量，其道德素质的高低直接关系着社会整体道德水平的高低。培育小学生的友善品质，能提升小学生群体道德的素质水平，让校园更加和谐美好。

### 2. 培育小学生友善品质，实现社会和谐美好

为人友善，能理性处理人际关系，同时树立正确的生态文明观，这些不仅是一名社会主义接班人应具备的基本品质，更是实现社会主义和谐社会的必然要求。

**附件 1**

1. 你友善吗？下面一起来做一个友善度小测验。

以下各项,如果你赞同,请打"√";如果你不赞同,请打"×"。

(1) 有很多人总是故意跟我过不去。

(2) 遇到熟人,我向他打招呼时,他视而不见最令我难堪。

(3) 我讨厌和沉默寡言的人一起学习。

(4) 有人哗众取宠,说些浅薄无聊的笑话居然也能博得喝彩,我听到看到都很生气。

(5) 我能原谅对我态度很差的人。

(6) 晚上躺在床上,我会回想白天与人发生争执的情景。

(7) 有很多人自己不怎么样却总是嘲笑他人。

(8) 我不能理解为什么自以为是的人也能得到赏识。

(9) 有的人笨头笨脑反应迟钝,真让人窝火。

(10) 我不能忍受上课时老师为照顾听不懂的学生而把讲课的速度放慢。

(11) 和事事争强好胜的人待在一起使我感到紧张。

(12) 我不喜欢独断专行的人。

(13) 有不少人明知方法不对,还非要别人按照他的意见行事。

(14) 有的人成天满腹牢骚,我认为这种处境全是他们自己造成的。

(15) 和怨天尤人的人打交道会使自己的生活变得灰暗。

(16) 有不少人总喜欢对别人百般挑剔,而不顾他人的情绪。

(17) 当我辛辛苦苦做完一件事情却得不到认可和赏识时,我就会大发雷霆。

(18) 有些蛮横无理的人常常事事畅通无阻,这真令我看不惯。

2. 评价标准:打"√"得 1 分,打"×"得 0 分。

总分为 13—18 分的:十分友善。

总分为 7—12 分的:容忍度低。

总分为 0—6 分的:不能容忍。

**附件 2**

一名少年企图进屋行窃时,被躺在床上的一个男孩发现了。

男孩并没有报警,而是机智地装作并不知道他是小偷的样子,热情地邀请他与自己聊天。他们聊得很开心。少年临走前,男孩用自己的小提琴为他拉了一首曲子,然后又把琴送给了少年。后来,当少年再去找男孩时,得知男孩因患骨癌已离开了人世,少年在他青色的墓碑上看到镌刻着"把友善奉献给这个世界,所以我快乐"的墓志铭。这件事深深地触动了这个少年,他从此变了样,在贫困和苦难中,他重拾自尊,心中燃起了走出逆境的熊熊烈火!后来,这名昔日的少年成才了,在世界一流的悉尼大剧院,他深情地拉起了悠扬的曲调——献给那个男孩。小男孩善待少年,是为了体面地维护他的尊严。他的友善、宽容和爱心,温暖了一个迷途少年的心,让少年重新树立了信念,扬起生活的风帆。一次友善的交谈,一首优美的曲子,就这样改变了一个人的一生。

### 附件 3

#### 短剧《口渴》

体育课下课回到教室,陈明口渴极了,可是自己的水喝光了,难受得不得了。王宏有一瓶水还没有喝呢,他在一旁暗暗地想:反正陈明又不知道我有水,他又没有向我要!我不能给他喝,万一我自己口渴了怎么办?于是假装自己有事,走开了。

情境表演:

……王宏积极主动地倒半瓶水给陈明喝。从那以后,两人成了好朋友。

### 附件 4

#### 友善是……

友善是湛蓝的天空,包容天地间的万物;
友善是清新的氧气,孕育新的生命;
友善是灿烂的阳光,是甘甜的雨露。

友善是人与人和谐相处的润滑剂,
它有一种神奇的改变人的力量。
友善就像春风化雨,它悄无声息地渗进人的心田,
使无助的弱者得到力量,使悲哀者感到振奋,
使有缺点的人自觉地向往真、善、美。

友善是心平气和地与别人探讨问题,
友善是在别人遭遇困难时你伸出一只手,
友善是对陌生人的一个真诚微笑。

生活是一面镜子。
你友善,镜中的那个人也会满怀善意地向你微笑;
你粗暴,镜中的那个人也会向你挥舞拳头。
人生在世,请拥有一颗友爱之心,保留一份友善之情吧!

**附件5**

### 点亮友善之灯

  友善犹如一段优美动人的乐曲。友善待人让这段乐曲更加生动。当你伸出一双援助之手,送上一份问候,拯救一条生命时,这段友善之歌将会为你而唱。

  友善好比一幅栩栩如生的山水画。友善让这幅画更加美丽。当你种下一棵小树,当你拾起乱丢的垃圾,当你拒绝使用一次性筷子,当你劝阻在草坪上胡乱踩踏的小朋友时,这幅友善之画将会为你而画。

  友善就像一首令人回味无穷的诗。友善使这首诗更加韵味无穷。当你为公益活动捐出自己的零花钱,当你参与社会活动做一名志愿者时,这首友善之诗将会为你而写。

  友善对待他人,友善对待自然,友善对待社会,让我们点亮友善之灯,让这个世界变得明亮温馨,让这个世界不再寒冷,让爱洒满每一个角落,让这个世界成为更加美好的人间!

**【作者简介】**

  祝祖岗,南通市海门区海门港新区实验小学校长,江苏省特级教师,江苏省教育科研先进个人,江苏省小学教育专业委员会理事,全国新教育实验先进个人,全国榜样教师提名奖获得者,南通市教师发展学院特聘教授,南通大学学科基地导师,南通市"226"高层次人才培养对象,南通市陶研会理事,南通市学科带头人,南通市学科培训专家组成员,南通市基础教育质量监测学科命题专家。

# 3 规则守护，文明花开

## ——五年级"增强规则意识"主题班会

郭 敏

## 一、背景分析

### 1. 主题解析

古语云：没有规矩，不成方圆。无论是一个国家，还是一个集体，都需要一定的规则来维持秩序。改革开放 40 多年来，我国法治建设逐步完善、规则体系日趋成熟，如何培养出更具有规则意识的公民，提升社会整体精神文明水平，成为摆在我们面前的重要课题。习近平总书记指出："注重培育人们的法律信仰、法治观念、规则意识，引导人们自觉履行法定义务、社会责任、家庭责任，营造全社会都讲法治、守法治的文化环境。"可以说，捍卫以法律和公序良俗为基础的规则文明，是建设中国特色社会主义进程中的一道必答题。

### 2. 学情分析

小学阶段是打下精神底子的重要阶段，"不以礼，无以立"，只有从小养成遵守规则的良好习惯，才能展示文明有礼的现代人形象。很多学生的自我意识较强，不能较好地遵守规则，个别学生甚至有违反班规校规的行为。针对班级学生的这一现状，开展遵守规则的教育十分重要和必要。

## 二、班会目标

### 1. 认知目标

通过人们遵守规则的正反面故事，让学生懂得遵守规则的重要性，明白"没有规矩，不成方圆"的道理。

### 2. 情感目标

通过欣赏表现规则之美的视频等，感受规则给人视觉、听觉上的审美愉悦,激发学生遵守规则的热情和积极性。

3. 行为目标

通过情境演练、辨析导行等,引导学生将遵守规则的意识落实到日常实实在在的行动中,与文明同行。

## 三、班会准备

1. 教师准备:(1) 召开班委会,商讨具体活动方案;(2) 设计、制作《规则意识调查问卷》,进行调查统计。

2. 学生准备:(1) 学生按照能力、爱好分小组,围坐成一圈;(2) 查阅资料,搜集相关名人故事,准备交流。

## 四、班会过程

**环节一:有一种无奈叫规则之殇——现状调查,呼唤规则**

**活动1:"包剪锤"游戏**

1. 游戏情境:各小组分别玩"包剪锤"游戏。

2. 教师巡视观察时,发现有同学对游戏结果意见不一致。

3. 讨论:为什么会产生意见分歧?

归纳:不了解规则,不遵守规则。

4. 交流:"包剪锤"游戏有哪些规则?

5. 再次游戏,并请获胜的同学上台领奖。

6. 现场采访:现在还有不同意见吗?为什么?(遵守规则,秩序井然)

**活动2:生活万花筒**

1. 展示学生QQ留言。

为什么排队了反而迟到?我还要遵守规则吗?

2. 展示家长电子邮件。

反映孩子规则意识淡薄、没有遵守规则的现象。

3. 集体交流。

在我们的生活中,确实还存在着许多不遵守规则的现象。对此,你怎么看?

预设1：生活中，有一些人过多地关注个人利益，漠视规则，扰乱秩序，我们不能学他们，我们要有自己的规则意识。俗话说，没有规矩，不成方圆。作为新时代的小学生，我们一定要遵守规则。

预设2：我们不仅要遵守规则，还要敬畏规则。因为规则不仅是约束，更是一种保护。比如，不闯红灯就是保护我们每个行人的安全。

预设3：只有人人都遵守规则，我们的社会才会更加和谐、更加文明。

### 活动3：数据对对碰

1. 学生完成《规则意识调查问卷》（见附件1）。
2. 现场生成学生规则意识调查统计分析图（如图1所示）。

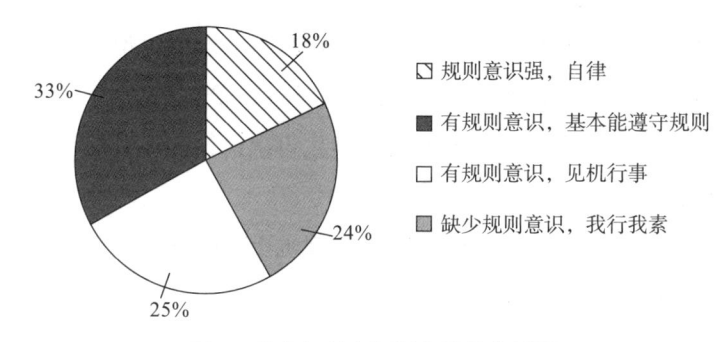

**图1　学生规则意识调查统计分析图**

（1）数据告诉我：看到这一组数据，你读懂了什么？

预设1：在我们同学中，规则意识强的只占18%，说明同学们的规则意识需要加强。

预设2：有33%的同学有规则意识，基本能遵守规则，说明这些同学绝大多数情况下能自觉遵守规则，但在有些情况下还没有做到。这让我想到了一篇课文《你必须把这条鱼放掉》，汤姆钓到了一条很大的鱼，但是他将它放掉了。因为还有2个小时才能允许钓鱼。不管有没有人看见，我们都应该遵守规则。

预设3：我想对这25%的"有规则意识，见机行事"的同学说，你们的"见机行事"就是想"占便宜"，以为"没人知道""没人管理"，就自以为是地违反规则。这样做，可能会获得一时的"好处"，但是一旦被发现或者是造成伤害，就会造成一世的伤害。规则没有弹性，我们必须严格遵守。

（2）感受我来说：听了同学们的交流和分享，想一想，你的观点在图片上是哪一个区域？请谈谈自己的感想和收获。

【设计意图】创设学生玩"包剪锤"游戏的真实情境,发现学生在活动中"出招"的速度有快有慢,还有反悔的情况,导致一些同学有意见。于是,现场展开讨论:为什么会产生意见分歧?启发学生在真实的情境中明晰游戏规则,之后再玩游戏,人人遵守规则,秩序井然。游戏活动后,引导学生反思自己平时的言行举止,学会严格遵守规则。

### 环节二:有一种情怀叫规则之美——师生交流,感受规则

**活动1:数字列队,吟唱规则美**

1. 教师出示数字:16431355245612。

同学们,你们在这些数字中发现了什么规律?(学生讨论交流)

2. 教师调整顺序,再次出示数字:11556654433221。

这一次,你们发现了什么规律吗?(学生再次讨论交流)

3. 教师小结。

这样一调整,看上去排列更有规则,有视觉上的整齐美。

4. 吟唱数字,感受韵律美。

试着唱一唱,看看能不能唱出这组数字呢?1155｜665－｜4433｜221－｜(学生练唱,饶有兴趣地体味)

**活动2:跑操队列,展示规则美**

1. 播放视频。

学生集体跑操时喊出的铿锵的口号,迈出的整齐有力的步伐,给人强烈的震撼。

2. 交流讨论。

为什么跑操队伍如此之美?

3. 教师小结。

只要我们每个人都遵守规则,就能创造出生活中的美。

【设计意图】从音乐的节奏美、跑操的整齐美,带给学生听觉、视觉的强烈冲击和美的享受,引导学生感受、体会到:美好生活要靠遵守规则来创造,进而增强学生的规则意识。

**环节三:有一种努力叫规则之约——辨析讨论、遵守规则**

**活动 1: 情境演练**

1. 学校里,排队打饭。

(1) 创设情境:学生排队准备打饭。

(2) 现场采访,讨论规则:① 你为什么要排最后一个呢? ② 你去拿勺子,位置该不该保留?

(3) 学生评议,达成共识:遵守规则,就是时时刻刻把规则牢记心间,并努力去做——时时遵守规则。(为学生颁发"文明之花")

2. 社会上,等红绿灯。

(1) 创设情境,学生排队演练。

(2) 比一比,评一评,议一议:虽然是红灯,可是路口的两边都没有人,为什么不走呢?

(3) 集体交流,教师小结:遵守规则,就是不管有没有人看到,我都要做到——处处守规则。(为学生颁发"文明之花")

**活动 2: 辨析导行**

辩题:规则是"死"的,人是"活"的,在遵守规则时是否可以变通。

正方:遵守规则可以灵活变通,为我所用。

反方:遵守规则必须牢记于心,落实于行,不可变通!

学生联系生活实际,展开辩论。

达成共识:遵守规则应成为我们每个人时时处处都内化于心、外践于行的自觉行为。

【设计意图】在情境演练的过程中,引导学生将规则意识落实到实际行动中,通过情境采访、辨析导行活动,强化对规则刚性体系的认识,提高学生遵守规则的自觉性。

**环节四:有一种坚守叫规则之伴—— 拓展延伸,践行规则**

**活动 1: 制定班级公约**

1. 讨论同学们每天的生活:晨读、出操、上课、阅读、午餐、课外活动……

2. 四人小组任选一项,讨论制定规则。

3. 集思广益,形成《班级公约》(见附件 2)。

**活动2：规则伴我成长**

学生认真填写"规则伴我成长"记录表(如表1所示)，并完成自我评价、同伴评价和家长评价。

表1 "规则伴我成长"记录表

| "规则伴我成长"记录表 ||
|---|---|
| 主题执行人及时间： ||
| 规则内容 | 完成情况 |
| 1. | |
| 2. | |
| 3. | |
| 自我评价： | 同伴评价：　　　　　家长评价： |

【设计意图】通过设计与落实规则记录表等形式，引导学生在每天的生活与学习中遵守规则，人人争当"文明之星"。

## 五、活动延伸

**1. 成长记录表**

认真记录"规则伴我成长"记录表，在每天的点滴进步中逐渐养成严格遵守规则的习惯，并评选班级"文明之星"。

**2. 布置黑板报**

收集、整理与"规则"有关的谚语、故事，结合自己的体会与收获，以"守护规则，文明花开"为主题，出一期黑板报。

**3. 落实《班级公约》**

整理《班级公约》，制作成海报并张贴，便于学生对照执行。

## 六、班会反思

小学阶段是孩子养成好习惯的关键期。在平时的班级管理中，我发现部分孩子规则意识薄弱，给自己和班级带来了不少负面影响，因此设计了这一堂班会课，意在培养学生的规则意识。

1. **班会教育源于生活**

通过"包剪锤"游戏活动,引导学生反观自身的言行,尊重规则,敬畏规则。开展规则意识的调查,现场呈现调查结果,鲜明的数字令学生震撼,这样的教育更具针对性、实效性。

2. **注重学生的体验**

通过数字排序的吟唱及观看跑操视频,让学生真切地感受到美好生活要靠遵守规则来创造。对比鲜明的正反事例冲击着学生们的心灵,引起了强烈的情感体验。此时课堂已达到高潮。

3. **引导学生走向生活**

通过排队打饭和等红灯的情境表演,设置问题,让学生去自行解决。此时,学生已深知遵守规则,就是时时刻刻把规则牢记心间,并努力做到。通过制定《班级公约》,制定晨读、出操、上课、阅读、午餐、课外活动等规则,使同学们领会到规则无处不在,体会遵守规则的重要性。

这节课整体比较成功,达到了预期的目标,通过课堂"文明之花"的奖励,激发了学生的学习兴趣。其中的辩论赛环节若时间能更充分一些,学生们的辩论将展开得更有说服力。

**附件 1**

### 规则意识调查问卷

1. 你知道什么是规则吗?(　　)

a. 知道　　　　b. 不知道　　　　c. 不太清楚

2. 你了解哪些规则?可以多选(　　)

a. 学生一日常规　　　　　　b. 小学生行为规范

c. 交通规则　　　　　　　　d. 班级制度

e. 国家法规

3. 你的规则意识是如何培养的?(　　)

a. 父母教导　　b. 学校老师教育　　c. 通过其他方式

4. 你觉得在哪些场所要讲规则?可以多选(　　)

a. 家里　　　　b. 班级里　　　　c. 校园里　　　　d. 公共场合

5. 你遵守规则的意识强吗?(　　)

a. 很强　　　　b. 比较强　　　　c. 一般　　　　d. 不太强

6. 你认为我们学校的学生遵守规则做得怎么样?(　　)

a. 很好　　　　b. 一般　　　　c. 较差　　　　d. 有待加强

7. 看到别人违反规则,你通常会去制止吗?(　　)

a. 会　　　　b. 一般不会　　　　c. 看情况

8. 你认为我们学校在学生遵守规则上管理得如何?(　　)

a. 很好　　　　b. 一般　　　　c. 较松　　　　d. 太松

9. 你认为以下哪种方式最有利于同学养成遵守行为规范的习惯?(　　)

a. 增加扣分　　　　　　　　b. 适当进行处罚

c. 严格检查评比制度　　　　d. 加大宣传教育力度

10. 你认为不讲规则会造成哪些不良后果?可以多选(　　)

a. 扰乱社会秩序　　　　　　b. 损坏学校形象

c. 影响班集体　　　　　　　d. 不利于自己的健康成长

11. 结合学校情况,你认为还应该制定哪些规则?

_____

_____

_____

_____

## 附件2

### 班级公约

1. 不迟到、不早退。
2. 课堂上遵守纪律,认真听讲,按老师要求做好笔记。
3. 课后课前做好复习、预习工作。
4. 按质按量完成各科作业与自选资料。
5. 在学习中遇到任何问题务必当天解决。
6. 体育课上用心配合老师进行训练,不旷课。
7. 在班级、学校组织活动中,用心配合,主动发扬自己的个性与创新精神。
8. 尊敬老师,团结同学,互相关心,互相帮忙,共同努力奋斗。

9. 谨记"博学、笃志、切问、近思"的校训，每天反思一次。

10. 生活俭朴，讲究卫生，不随地吐痰。

11. 对人有礼貌，不骂人，不打架。

12. 热爱老师同学，爱护公物，不做对他人有害的事。

【作者简介】
　　郭敏，江苏省南通师范学校第二附属小学教师，中学高级教师，浙江大学教育硕士，江苏省特级教师，南通市"十佳园丁"奖获得者，南通市小学德育学科专家组成员，江苏省中小学班主任基本功大赛一等奖获得者。

# 4 不负"粮"心,拒绝"剩"宴
## ——五年级"厉行节约,反对浪费"主题班会

邓晓凡

## 一、背景分析

### 1. 主题解析

习近平总书记始终高度重视传承勤俭节约的优良传统,指出"浪费粮食的不良风气必须坚决刹住",提倡全社会"厉行节约,反对浪费"。党的二十大报告着眼"培育时代新风新貌",提出在全社会弘扬勤俭节约精神。教育部办公厅印发的《教育系统"制止餐饮浪费 培养节约习惯"行动方案》中要求,坚决制止学校餐饮浪费行为,切实培养青少年勤俭节约习惯。《中小学德育工作指南》的生态文明教育中也明确要求加强对学生的勤俭节约教育。

### 2. 学情分析

结合课前调查统计,本班学生基本都在城市中长大,家庭条件相对优越;虽然祖辈、父辈有农民出身的,但家长对培养孩子的勤俭节约的意识普遍不强,学生虽然有一定的节约意识,但对于粮食的来之不易没有切实体会,对节约的意义体悟不深,餐饮浪费现象较为普遍。因此,召开本次班会十分必要。

## 二、班会目标

### 1. 认知目标

利用新闻故事和调查问卷等方式了解餐饮浪费现状,认识到节约粮食的必要性。

### 2. 情感目标

在小组合作与探究中强化节约意识,尊重劳动成果,以节约为荣,以浪费为耻。

### 3. 行为目标

依托"共创节粮储蓄银行"等活动,践行节粮行动,杜绝餐饮浪费,从日常生活做起。

## 三、班会准备

1. 教师准备:(1) 发放前置性学习任务单及问卷;(2) 准备视频《舌尖上的浪费》;(3) 搜集相关数据;(4) "节粮银行"储蓄罐一个,"节粮币"若干。

2. 学生准备:(1) 思考前置性学习任务单上的问题(见附件);(2) 小组合作探究"一粒米的旅行";(3) 完成问卷《"粮"心小调查》;(4) 准备计算器;(5) 完成食堂小调查。

## 三、班会过程

### 环节一:聚焦——餐饮浪费知多少?

**活动 1: 新闻速递——舌尖上的浪费**

1. 播放视频《舌尖上的浪费》。该视频显示了某些餐馆的餐饮浪费情况,有的餐桌上的菜几乎一口未动。

2. 小组代表谈看法和感受。

**活动 2: 问卷反馈——调查中的自知**

1. 展示学生问卷调查结果,以环形图呈现。

问卷内容举例:在校就餐时,你身边的同学有浪费情况吗?_____

A. 经常　　　B. 偶尔　　　C. 从不

2. 根据问卷调查结果,师生共同分析餐饮浪费现状。

**活动 3: 实地探访——心坎上的触动**

1. 播放视频:学生就餐完后倒餐盘,最终镜头定格在厨余桶称重的数据上,该数据是两个班级剩饭剩菜的重量。

2. 学生用计算器计算:全校共 72 个班级,一天中午大约要浪费多少斤食物?一学年大概 180 天,会浪费多少斤食物?(学生计算,记录好数据并汇报)

3. 学生根据计算出来的数据谈感受。

【设计意图】将目前社会、家庭以及校园存在的餐饮浪费现状直观地呈现给学生,引发学生对餐饮浪费现象的关注,触动学生的心灵,为接下来的学习做好认知铺垫。

**环节二:感知——餐饮浪费该不该?**

**活动1:一笔"粮"心账——假如不浪费**

1. 从一个学校食堂的餐饮浪费数据,放眼全国和世界。(展示相关数据)

(1) 中国每年浪费的粮食约够2亿人吃一年。

(2) 世界上每6秒就有1名儿童死于饥饿。

2. 学生自由交流听完以上数据的感受。

3. 教师引导讨论:假如没有浪费,我们可以利用这些食物,或者折算的钱,为这个社会做些什么?

**活动2:一个小探究——《一粒米的旅行》**

1. 教师讲述故事《一粒米的旅行》,然后提问:一粒米是怎么来到我们的餐桌上的?(根据前置性学习任务,引导小组进行合作探究,共同完成以下思维导图,丰富、完善一粒米的旅行历程,如图1所示)

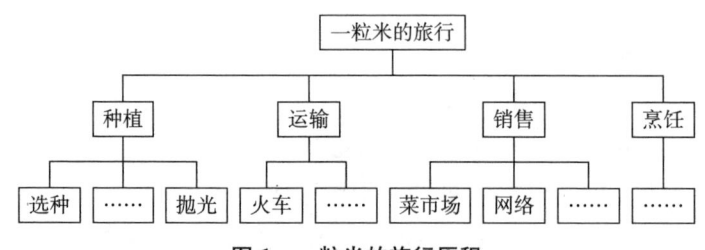

**图1 一粒米的旅行历程**

2. 学生展示小组成果并汇报,交流分享课前的小组合作探究过程、方法等。

3. 继续交流讨论对于食物是如何来到餐桌上这一问题有哪些新的认知。

**活动3:一场小争辩——节约的意义**

1. 小剧场:一位学生想把刚吃了两口的包子扔掉,别人劝他节约粮食,他却反驳道:"我家不缺钱,为什么不能浪费?"

2. 小争辩:生活水平提高了,就可以不用节约粮食了吗?(学生用自己的理由劝说这位同学节约粮食)

【设计意图】将浪费掉的食物转化为直观的数据；小组合作探究使学生对粮食的来之不易体悟更深；小剧场的内容和问题贴近学生生活，在沉浸式的劝说中学生更易认识到不浪费食物、节约粮食的必要性，强化"节约为荣，浪费为耻"的意识。

**环节三：笃行——餐饮浪费我说"不"！**

**（一）共商节粮小贴士**

1. 分小组（家庭组、食堂组、餐馆组）讨论在日常生活中如何减少餐饮浪费。

2. 组长收集、整理组员写好的小贴士，将小贴士贴在黑板的板贴上（如图2所示）。全班分享交流。

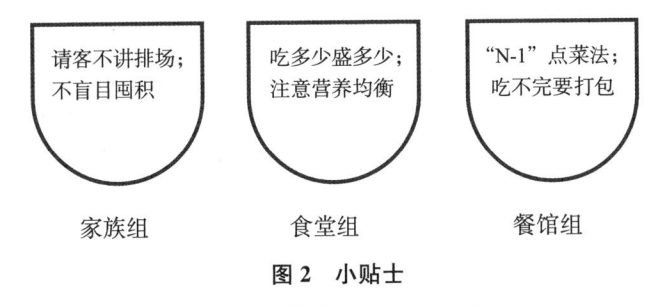

| 家族组 | 食堂组 | 餐馆组 |
|---|---|---|
| 请客不讲排场；不盲目囤积 | 吃多少盛多少；注意营养均衡 | "N-1"点菜法；吃不完要打包 |

图 2　小贴士

3. 整理展示《"粮"心小调查》节粮贴士中出现的高频词。

**（二）共创节粮储蓄银行**

1. 展示"节粮银行"储蓄罐和节粮币。

2. 介绍"节粮银行"储蓄罐和节粮币的用法：将得到的节粮币存入节粮储蓄银行，节粮币攒到一定数量可以兑换成爱心基金，为西部山区某小学的学生午餐一人加一个鸡蛋。

3. 分组制定节粮储蓄银行储蓄规则，例如：

（1）在学校光盘一次可存入1枚节粮币；

（2）在家光盘后拍照传至"晓黑板"，可存入2枚节粮币……

4. 节粮储蓄银行启动仪式（配乐）：师生共同宣布——"五（3）班节粮储蓄银行正式成立！"

【设计意图】引导学生将节粮意识落实到生活中，需要有切实可行的行动指南。节粮储蓄银行的创立为活动增加了仪式感,也是学生遵守承诺和坚持节粮的动力,同时也将节粮转化成对学生发展及社会发展有益的行动。

5. 教师总结。

一粥一饭,当思来之不易。诸葛亮在《诫子书》中写道:"夫君子之行,静以修身,俭以养德。"节约是中华民族的传统美德,米粒虽小,照见文明修养;节约事微,可助兴国安邦。我们要践行习近平总书记"厉行节约,反对浪费"的倡议,努力做到不负"粮"心,拒绝"剩"宴!

## 五、活动延伸

1. 在班级中每周评比"节粮之星",奖励 2 枚节粮币。
2. 利用"晓黑板"开展家庭光盘拍照打卡活动,评选每月"节约美德家庭",奖励 5 枚节粮币。
3. 利用节假日走进社区,以节粮海报、节粮桌签、倡议书等宣传形式分小队开展活动,评选"优秀节粮小队",奖励每名队员 1 枚节粮币。

## 六、班会反思

对于在城市中生活的学生来说,如何让他们认识到节约粮食的必要性从而在生活中做到"厉行节约,反对浪费",这既是本节课的重点,也是本节课的难点。

1. 问题意识,引发思考

前置性学习任务单让学生对本节班会课的主题有了一个初步感受和浅层理解,给学生充分的时间及空间进行提前研究和探索。第一环节的三个小活动不仅有新闻事件和实地探访的呈现,还有调查的数据,都真实且直观地反映出餐饮浪费的现状,这直接引发了学生对这个问题的关注和思考,为接下来的学习做好了认知和情感上的铺垫。

2. 儿童立场,强化体验

前置性学习任务单、小探究《一粒米的旅行》、剧场小争辩等活动,结合了学生的年龄特点,让学生根据自己现有的知识水平和生活经验进行尝试性学习,培养了学生相互倾听、合作探究和解决问题的能力,让学生在活动中实现了思维的碰撞、能力的提升和道德问题的澄清。不需要过多的言语说教，就突破了教学重难点，让学生体验到粮食的来之不易和节约粮食的必要性，充分体现了学生的主体地位。

### 3. 方法指导，满足发展

学生在对数据的计算分析中了解了浪费的粮食所对应的社会价值，在讨论交流中明晰了节约粮食切实可行的方法，在仪式和活动延伸中增强了节粮意识和行为动力。有了对节粮的合理建议和方法指导，既能帮助学生实实在在地解决餐饮浪费的问题，又能让学生从"光盘"行动关注到对社会发展有益的志愿活动，从而也满足了学生的发展需求。

**附件**

**前置性学习任务单**

1. 完成问卷《"粮"心小调查》。

2. 查阅相关资料，小组合作探究：一粒米经历了哪些旅程，才能来到我们的餐桌上？分工完成思维导图"一粒米的旅行历程"。

3. 在物质条件优越的今天，节约粮食还有必要吗？为什么？

4. 对于这节主题班会课，你有什么想问的吗？

---

【作者简介】

邓晓凡，苏州工业园区星洋学校小学语文教师、班主任，苏州工业园区优秀工作者，苏州市中小学心理健康教育教师，苏州市中小学家庭教育指导师，2020年长三角地区中小学班主任基本功大赛综合奖、论文评选一等奖获得者。

# 5 追"光"少年，引领"食"尚
## ——五年级"制止餐饮浪费，培养节约习惯"主题班会

郑 静

## 一、背景分析

### 1. 主题解析

习近平总书记高度重视粮食安全，对制止餐饮浪费行为做出重要指示，强调勤俭节约是中华民族的传家宝，必须"厉行节约，反对浪费"，切实培养节约习惯，全社会营造"以节约为荣，以浪费为耻"的氛围。《中小学德育工作指南》指出，加强节约教育和环境保护教育，开展节粮节水节电教育活动，养成勤俭节约、低碳环保的生活习惯，形成健康文明的生活方式。《中小学生守则》第九条指出，要"勤俭节约护家园"，做到节粮节水节电，低碳环保生活。

### 2. 学情分析

当今社会，餐饮浪费现象十分常见，就五年级学生而言，挑食、浪费现象严重，学生节约意识淡薄。优渥的物质环境，使青少年有了更多的选择，但缺少健康科学的膳食理念，因此召开本主题班会。

## 二、班会目标

### 1. 认知目标

通过小组搜集图片、数据等资料，拍摄餐饮浪费画面等，帮助学生了解家庭、学校、社会浪费食物现象的严重性，认识节粮的重要性、必要性。

### 2. 情感目标

通过搜集节约粮食小妙招，采访家中长辈的节约粮食故事等活动，引发学生主动节粮的想法，培养节粮意识。

3. 行为目标

通过学习长辈勤俭节约的品质,践行节粮打卡行动,争当追"光"少年,引领餐桌"食"尚,知行合一,内化于行。

## 三、班会准备

1. 教师准备:(1)小游戏"跟农民伯伯学插秧";(2)视频《一粒米的诞生》;(3)制作追"光"少年爱心勋章;(4)制作PPT。
2. 学生准备:(1)分组拍摄校园、家庭、社会上的浪费食物现象;(2)分组搜集我国、世界粮食安全现状的数据;(3)搜集避免浪费食物的小妙招;(4)采访家中长辈,了解他们节约粮食的小故事。

## 四、班会过程

**环节一:暖心·舌尖上的奉献**

**活动1:小视频,了解生长**

1. 看一看:从一碗白米饭引入,激发学生探究兴趣——一粒米是怎样诞生的呢?(播放视频《一粒米的诞生》)
2. 算一算:一粒米的诞生大约需要3 072个小时,请学生换算成天数,约128天,即3个月,分享看完视频、图片后的感受。
3. 说一说。
(1)一粒米的诞生要经过这么多道工序!(如图1所示)

发芽 → 育穗 → 收割 → 扬稻 → 碾米

图1 一粒米的诞生

(2)我们的白米饭真是来之不易呀!
(3)农民伯伯耕种很辛苦!这一粒米包含着农民伯伯的很多心血。

**活动2:小游戏,体验插秧**

1. 赛一赛:一粒米从育苗到蒸煮,每个环节都不简单,体验其中"插秧"这一环节,教师示范插秧动作,并说明插秧的动作要求。学生手中拿笔作秧苗,双腿分开站立,弯腰屈膝,地面相当于水田,把"秧苗"一下又一下地插进"泥土"里,计时30秒,比一比谁的动作最标准、插的秧最多。

2. 聊一聊:体验完"插秧",请部分学生聊一聊感受。

(1) 感到很辛苦、很累,腰酸、背痛、腿麻、头晕,半分钟都那么累,插一天秧,腰可能会受不了吧!

(2) 农民伯伯太不容易了,我们要珍惜他们的劳动成果!

3. 教师小结:同学们,我们只是体验短短30秒,而农民伯伯真正插秧时正值炎炎夏日,骄阳似火,他们卷起裤腿,双脚踩进淤泥里,一劳动就是一整天,汗流浃背,累得腰都直不起来,真是"粒粒皆辛苦"。

【设计意图】通过小视频、小体验等环节,引导学生了解一粒米诞生的背后故事,深切体会农民伯伯的辛苦,知道我们平时吃的白米饭是这么来之不易,在学生心中种下懂得珍惜与感恩的种子。

**环节二:惊心·心坎里的触动**

粮食来之不易,人们是怎么对待它们的呢?结合课前各小组搜集的资料,请各组成员在全班分享成果。

**活动1: 对比, 一组鲜明的图片**

1. 搜集小分队:关于饥饿人群的两张代表性照片。

第一张:一些非洲的小朋友,他们饿得皮包骨头,眼神里充满着对食物的渴望;第二张:塞尔维亚和科索沃难民老爷爷饿了好多天,只能从垃圾箱里找食物吃。

2. 采访小分队:关于浪费食物的三张代表性图片。

第一张:学校食堂每天盛剩饭剩菜的泔水桶。采访食堂阿姨后才知道,学校每天午餐倾倒的泔水桶高达36桶,每天浪费很多食物!第二张:烧烤店的浪费现象。有的菜还没吃完就被倒掉了,有的菜甚至还没吃,人就已经结账走了。第三张:快餐店的浪费现象。饭盒里的菜几乎没怎么动,看着真是令人心痛呀!这样的照片数不胜数,现在浪费食物的现象真的太严重了!

3. 谈感受。

(1) 感受到了饥饿的可怕,原来世界上真的会有人因为饥饿而死亡,我们要珍惜粮食,珍惜现在的美好生活。

（2）餐饮浪费现象实在太严重了，如果我们不浪费，将省下的粮食捐给非洲的小朋友，他们就不会挨饿了。

**活动2：震撼，一波惊人的数据**

1. 调查小分队：在家长的帮助下，进行网络数据调查并得到以下几组信息。①《2023年世界粮食安全和营养状况》报告指出，自2019年以来，各种危机层出不穷，全球新增1.22亿饥饿人口。目前全球约有7.35亿饥饿人口，而2019年，这一数字为6.13亿。② 2022年，粮食安全形势和营养状况依然严峻，按照中度或重度粮食不安全发生率衡量，全世界有24亿人无法持续获取食物，约占全球人口的29.6%，其中约有9亿人处于重度粮食不安全状况。

2. 计算小分队：现场对一个碗里的剩饭进行测量。以10克为例，同学们进行换算：10克是一小碗米饭的十分之一，如果一日三餐都浪费10克，每人每天会浪费30克，一年有365天，国家有14亿人，30克×365×14亿=153.3亿千克（1 533万吨）。

3. 说想法：学生自由交流。

（1）再不珍惜粮食，随着耕地减少，世界可能就没有多少种植粮食的土地，人类将陷入饥荒。

（2）节粮行动，势在必行。

**活动3：触动，一个灵魂的拷问**

同学们，今年是特殊的一年，由于一些特殊原因，粮食更加紧缺了，可为什么浪费现象依然这样严重呢？

（1）没有节粮意识。

（2）觉得打包丢人，请客就要场面大。

（3）身边没有挨饿的人，便觉得饥荒和自己没有关系。

教师小结：同学们，如此触目惊心的数据、震撼的画面，不能不引起我们的深思，人类在地球村中是一个命运共同体，雪崩时，没有一片雪花是无辜的，节粮行动势在必行！让我们一起争当追"光"少年，引领"食"尚。（板书：追"光"少年，引领"食"尚）

【设计意图】学生通过自己拍摄的照片，对食堂阿姨、餐饮店的采访，搜集图片及数据，亲自计算与换算，对比感受到当今世界粮食紧缺，浪费现象严重，将"光盘"的号召真正入脑、入心。

### 环节三：扪心·身边事的抉择

**活动1：两难题，危机四伏**

1. 情境一：在食堂用餐，遇见自己不喜欢的蔬菜，小A吃不下，不想吃，又要听老师的话，不浪费，真是犯愁。

2. 情境二：亲戚聚餐，爸爸请客，吃完就要走，你提出要打包，爸爸扯着你的手，让你不要多说，我们自己请客还打包，真是丢人。

针对以上情境中的困惑，请同学们支招。

（1）询问身边的同学，有没有喜欢吃这个菜的，可以和他分享，这样两全其美。

（2）慢慢吃掉，因为蔬菜有益健康，要保持营养均衡，不能挑食。

（3）很认真地和爸爸说要打包，不然浪费这么多粮食太可惜了。

（4）和爸爸说，我们不能因为排场、面子而浪费食物。

**活动2：思对策，见机行事**

针对学校、家庭、社会的浪费现象，亮出你们的小妙招。

1. 学校：(1) 颁发勋章。同学们给食堂阿姨每天的菜品进行投票，选出最喜爱的一道菜，学校给食堂阿姨授予星级厨师的勋章，这样阿姨们的饭菜就会越烧越好吃啦！(2) 制作标尺。每个班的小泔水桶上，都印上刻度标尺，这样每天倾倒的食物，就可以以直观的数据提醒大家，我们一定要争取让这个数据变成0！

2. 家庭：(1) "N－1"原则。也就是家中有四个人，就烧三个菜；有三个人，就烧两个菜，这样就能减少浪费。(2) 营养均衡。根据中国居民平衡膳食营养指南，健康用餐，营养均衡，身体棒棒！

3. 社会：(1) 理性点餐。外出用餐，吃多少点多少，点小份餐食，如果不够可以再加，如果是自助餐，更要吃多少、取多少，理性用餐。(2) 打包带走。请客吃饭，不讲排场，不好面子，吃不完打包带走，这才是最文明、最"食"尚的就餐方式！

【设计意图】两难题，对同学们既是考验，又是契机，通过抉择，学生学会正确面对"浪费"，做追"光"少年，同时经过学生自己动脑想出切实可行的对策，在班会中展示这些对策，为实践行动打下坚实基础。

### 环节四:比心·追着光的方向

**活动1:亮出承诺宣言**

以小组为单位,在"光盘"上写下自己的"光盘宣言",并大声宣读——"我承诺:珍惜粮食,尊重劳动。""我承诺:粒粒不易,倍加珍惜。"随后签上自己的姓名,按下手印,遵守自己的承诺。

**活动2:弘扬勤俭美德**

追"光"的含义不仅仅是追求"光盘",树立勤俭节约的意识,还应弘扬中华传统美德。请学生收集身边长辈勤俭节约的故事,挖掘他们身上的优秀品质,进行故事宣讲。

(1)勤俭节约,在爷爷的搪瓷碗里。

爷爷一生勤俭,能省则省,不给国家添麻烦,告诉我们有余粮也不能忘本,这样勤俭节约的品质值得我们学习。

(2)勤俭节约,在爸爸的抽屉里。

精心保存的粮票,是节俭,更是靠自己的劳动和双手,创造幸福的本分。

(3)勤俭节约,在我们的行动里。

祖辈的缝缝补补、父辈的用心良苦、小辈的接力传承,是美德,更是一代代中国人淳朴家风的体现!

**活动3:争当追"光"少年**

结合班级用餐情况,以及对长辈们勤俭节约的优良品质的传承情况,为符合条件的同学颁发爱心勋章。

教师小结:孩子们,这些追"光"者其实就在我们身边,他们勤俭节约的高尚品质,值得我们学习,让我们以他们为榜样,追求生活中勤俭节约的那道"光"!

【设计意图】学生通过亮出承诺宣言、宣讲勤俭故事等方式,发现追"光"者其实就在身边,他们勤俭节约的高尚品质,值得大家学习,要以他们为榜样,养成勤俭节约的好习惯。

教师总结:同学们,通过今天这节班会课,我们了解了现在浪费现象的严重,粮食的来之不易,愿今天的班会课后,我们可以积极争当追"光"少年,引领身边人,做好"食"尚践行者、监督者,让我们一起行动起来吧!

### 五、 活动延伸

1. 小手牵大手·家庭监督员：拍摄家中"光盘"照片发至班级圈，争当追"光"家族。
2. 大家手拉手·社区宣传员：纸短情长书倡议，诗情画意画节俭，在社区进行宣传活动。

### 六、 班会反思

主题班会课作为一门综合活动课程，遵循的不是学科的知识逻辑，而是以学生为出发点，以不同年龄阶段学生的身心发展特点和班集体建设发展的规律为依据的系列教育活动。班会课又区别于品德课，它不以外在的知识学习为目的，而是以学生的社会性发展为目标。

"追'光'少年，引领'食'尚"这一节班会课，学生从体验"插秧"、搜集浪费现象到亮出节粮妙招，传承勤俭作风，一气呵成。整个活动中，学生从自身的体验、感悟出发，再用自己的行动去落实，从中深刻理解了"厉行节约、反对浪费"的意义，自觉养成了珍惜粮食、文明用餐的好习惯，逐步形成了"爱惜粮食、厉行节约"的文明风尚。

本节主题班会旨在引导学生以自身行动，影响、带动更多身边的人节约粮食，做勤俭节约风尚的传播者、实践者和示范者。

【作者简介】
郑静，宜兴市红塔小学教师，宜兴市德育能手，无锡市五一劳动奖章获得者。2020年获江苏省中小学班主任基本功大赛一等奖和长三角地区中小学班主任基本功大赛论文一等奖、综合二等奖。

# 第二部分　拥抱美好生活

6. 劳动创造美·班级变变变
　　——四年级主题班会

7. 争做绿色使者，播种绿色未来
　　——五年级"点亮绿色未来"主题班会

8. 给"我们的家"美个容
　　——五年级"保护环境"主题班会

9. 鉴"网""智"来
　　——五年级主题班会

10. 优秀家风代代传
　　——五年级主题班会

11. 走进青春，解密成长
　　——六年级"青春期男女生正确交往指南"主题班会

# 6　劳动创造美·班级变变变
## ——四年级主题班会
严　悦

## 一、背景分析

### 1. 主题解析

教育部印发的《义务教育劳动课程标准(2022年版)》,强调劳动教育是中国特色社会主义教育制度的重要内容,要把劳动教育纳入人才培养全过程,并明确了劳动教育的目标框架及大中小学劳动教育的主要内容和具体要求等。党的二十大报告中,劳动教育被第一次写入,再次彰显其在"全面培养人、培养全面的人"中的重要地位。针对劳动教育在学校、家庭中被弱化、在社会中被淡化的现象,在班级教育中激发学生主动劳动的热情,塑造以劳动为荣的正确价值观就显得尤其重要。练就与时俱进的劳动技能,构建家庭劳动教育日常化、学校劳动教育常态化、社会劳动教育多样化的协同育人格局,实现劳动教育先行示范,是学校德育的应然取向和目标追求。

### 2. 学情分析

小学中高年级是学生世界观、人生观、价值观形成的重要阶段。从四年级开始,学生思维的独立性、主动性增强,想象的有意性和目的性迅速发展,独立性、创造性、概括性和逻辑性也开始得到发展。他们能够从多角度思考问题,对于外界的说教也不再简单地一味听从。而这个阶段的孩子对劳动的认知大多存在形式主义和利己主义,不明白劳动的真正内涵。因此,对他们进行劳动教育,必须与时俱进,用民主性、时代感的方式唤醒他们的劳动积极性,激发他们的责任感,利用班集体的精神文化和同辈文化,掀起崇尚劳动、尊重劳动的热潮,让孩子们自小从心底里根植"我想劳动""我爱劳动"的意识。

## 二、班会目标

### 1. 认知目标
通过对班级劳动制度的大胆变革,激发学生的班级主人翁意识,制定学生喜欢的、符合班情的特色劳动制度。

### 2. 情感目标
通过劳动技能小擂台,让学生感受劳动的魅力,进一步体会到拥有劳动智慧会让劳动事半功倍,也能最大限度地激发学生内心的劳动激情。

### 3. 行为目标
通过劳模榜样在身边等活动,激发学生从心底里对劳动的热爱,呈现"人人有岗位,人人爱劳动"的班级劳动新面貌。

## 三、班会准备

1. 教师准备:(1)根据教学需要制作PPT;(2)课前向学生发送电子调查问卷进行前期摸底,并统计问卷调查结果;(3)准备大拇指点赞卡、劳动技能Get卡、班级劳模夸夸卡等物品。

2. 学生准备:(1)课前认真进行调查和分组研究,按要求完成采访、调查,并填写调查记录单,小组进行研究成果的汇报准备;(2)根据汇报需要制作PPT,或带来与调查研究相关的物品。

## 四、班会过程

### 环节一:劳动制度变变变

**活动1:说一说——不简单的值日表**

瞧,教室的公告栏里有一张我们的老朋友,它一直与我们朝夕相处,看看它是什么(出示班级值日表)。说说看,它重要吗?(学生畅所欲言)重要的不是这张表,而是眼里有事情、肩头有责任、心中有集体,从而营造悦目愉心的班级环境。

**活动2：思一思——整洁环境引改变**

（出示班级角落打扫前后的对比照片）瞧，有时我们的教室经过40多位同学的一天学习生活后是这样，没过一会儿又会变成这样。感谢每一位用辛勤双手创造美丽的同学。每天在这样的环境里学习生活，你觉得会有什么不一样？

预设1：在干净整洁的环境里学习，学习效率会提高。

预设2：心情会变得十分愉悦。

预设3：同学矛盾甚至可能减少。

预设4：同学们共同打扫、维护的班集体会更有凝聚力。

**活动3：玩一玩——班级环境我打分**

我们都希望将班集体建设得更好。我们来玩一个游戏，回想一下现在班级劳动的情况，给班级的卫生总体情况打个星吧！（三星：非常满意；两星：比较满意；一星：不太满意）小组讨论并说说其中的原因。

预设：(1)值日生的劳动责任感；(2)值日生的劳动积极性；(3)班级值日制度（岗位设置、值日轮岗）；(4)值日生奖惩制度；(5)班级卫生工具及收纳；(6)班级清洁剂的选用。

**活动4：辩一辩：劳动岗位我来说**

在前期的问卷调查中（出示问卷调查统计结果柱状图），同学们提出最多的问题就是有关劳动岗位的设置。为了最大限度地调动每一个同学的劳动积极性，同学们有什么好想法、妙点子呢？

要求：先在小组里说一说，小组再选出代表向全班汇报。每一个汇报的同学，可以随时与大家互动，汇报结束，用大拇指点赞卡（如图1所示）进行实时点赞。

图1　大拇指点赞卡

预设1：结合每天的卫生情况，在上午第三节课放出今天仅有的劳动岗位，进行限时抢号"秒杀"。

预设2：责任承包制，可以固定把一周五天分别承包给五个团队。

预设3：小组之间进行合作，这样谁有急事也比较方便轮换。

预设4：根据同学们的特长定制一些特色岗位，例如桌椅专员、护绿小卫士、黑板板长、拖地合伙人等。

预设5：建议增加小劳模的评选，让爱劳动的同学分享心得和技巧，建立师徒结对制,去影响和带动更多的同学。

教师小结:哇,干货满满,你们不愧是班级的小主人,太让老师惊喜了。如果班级的劳动安排变成这样,你愿意申报吗?你想每一天都劳动吗?看来设置结合班情、与时俱进的劳动制度的确能激发我们积极性。刚刚获得实时点赞数最高的妙点子已经出炉,接下来我们班采用哪一个,可以投票决定。

**【设计意图】** 引导学生从身边的小事着手,发现班级劳动中存在的问题。勒温的"场论"告诉我们,人在感觉舒适的环境下,潜能会被大幅度地激发。由此让学生意识到班级环境的整洁优美是每个人的责任,更会为每个人带来变化。学生发散思维,大胆打破原先固定的"值日表",用自己的方式愉快地劳动。

### 环节二:劳动窍门秀秀秀

**活动 1: 选一选——劳动技能我 Get**

教师:有梦想就有动力,有动力就要去实现。班级劳动中最基本的技能,你都学会了吗?请按要求完成劳动技能 Get 卡(如图 2 所示)。

| 擅长打★ | 熟练打√ | 基本不会打△ |
| --- | --- | --- | --- |
| □扫地 | □擦黑板 | □擦桌子 | □擦窗户 |
| □拖地 | □套垃圾袋 | □排座位 | □物品收纳 |

图 2 劳动技能 Get 卡

**活动 2: 秀一秀——劳动擂台我来拼**

教师:看来同学们在劳动技能上还有不小的差距。别着急,一起进入"劳动技能大擂台"!前期的申报中,共有三组同学进行现场演示,分别是扫地组、擦黑板组、擦玻璃组。请上劳动研究小学者现场展示,仔细听、认真看,他们的智慧都藏在绝招里。点赞数最高的前三名获得"劳动小智者"徽章。

观察要求:他(她)的窍门是什么?你觉得效果如何?需要改进吗?(实时点赞)

预设1:

扫地①:我以前在家里从不扫地,但这学期的值日表上分配了扫地任务给我,我便开始观察。我发现平时同学们扫地大多从头拉到尾,不细致,没方法,糊弄的居多。经过反复实践,我研究出了扫地的技巧:第一步,从后往前扫;第二步,宽敞地面用扫把正面扫;第三步,桌脚、墙角巧用扫把的尖头进行

清扫。(工具:扫把套装)

扫地②:我发现教室中午擦黑板会有大量灰尘,我建议扫地时先扫大纸屑,增加一个洒水的步骤,这样可以有效避免扬尘,对我们小朋友的呼吸道是很好的保护。小细节里藏着大关怀!(工具:洒水壶、扫把套装)

扫地③:我发现如果我们中午扫地时,每个小朋友都随手把凳子架好,能给扫地的同学省很多事。扫地时从小块地面往教室中心扫,大块地面扫把横着扫,最后一起把垃圾清理掉。

扫地④:我发现他们的诀窍对付大垃圾有用,细小的纸屑还是"漏网之鱼"。妈妈启发我可以利用静电原理。于是我便突发奇想在扫把上绑上塑料袋,我试过打结可是不牢固,于是就用妈妈给的橡皮筋来固定。利用静电原理,就像这样一边扫一边可以吸附细小的纸屑和头发。(工具:扫把、塑料袋、橡皮筋)

预设2:

擦黑板①:我发现一个很奇怪的现象,不管我们擦得多用力,总是很难将黑板完全擦干净,总是会残留一些白色的粉尘,这是因为黑板表面并不光滑,写字时粉笔屑会进入凹坑中。经过反复实验,我总结了一个小口诀——清洁黑板擦,毛巾上下擦,一遍不够多几遍。(工具:装有一些水的盆、毛巾)

擦黑板②:我以前也擦过黑板,只会这样平着擦,但总是呛得一脸粉笔灰,爸爸提议让我将黑板擦与黑板成30度从上往下沿着一个方向擦,就像这样,咦,好像比以前省力也干净多了!劳动里还有大学问,你们喜欢吗?(工具:干净的黑板擦)

擦黑板③:我一直在想,为什么不能改造一下擦黑板的工具呢?黑板和镜子、玻璃一样都是平面的,是不是也可以用擦玻璃的刮水器来擦?只要在刮水器的另一头绑上抹布就可以,一边擦,一边刮,既能保护我们值日生的小手,又能顺带解决黑板上边缘过高的问题!

预设3:

擦玻璃①:仔细研究窗户清洁剂(玻璃清洁剂)的配方后,感觉都不怎么安全,于是我开动脑筋自制了安全清洁剂,就是它(手指着喷壶),里面有水、牙膏、白醋、酒精。牙膏去污,白醋去油,酒精消毒,像这样用干的不掉毛的抹布蘸一点反复擦,最后用干布一擦,玻璃就干净啦!(工具:玻璃清洁剂、装有

自制安全清洁剂的喷壶、抹布、干布)

擦玻璃②：爷爷知道我开始研究擦玻璃后，便拿出了很多他以前囤的报纸，旧报纸团成团可是擦玻璃的神器。先用湿抹布擦一遍玻璃，再用废旧的报纸慢慢擦干，这样玻璃就非常容易擦干净了。（工具：报纸、湿抹布、2—3个用旧报纸揉成的报纸团）

擦玻璃③：我还想介绍一个神器，那就是我们每层楼水房里常见的肥皂头。伙伴们，你们知道吗，在小水盆里放水将肥皂头溶化，将抹布充分浸泡进去，拧干后用这样的抹布擦就会特别干净。觉得不错的点赞哦！（工具：装切好的肥皂头的小袋子、小水盆、抹布两块）

**活动 3：理一理——劳动智慧我发现**

想一想，你发现了哪些劳动智慧？

预设：留心观察、大胆创新、反复实践、深入钻研、坚持不懈等。

**活动 4：迁一迁——我有劳动好创意**

你在平时的班级劳动实践中，肯定也发现过一些问题或积累了不少小窍门。可以在小组里说一说，大家一起来帮你解决或分享。

可以借助这样的思维框架（如图 3 所示）：

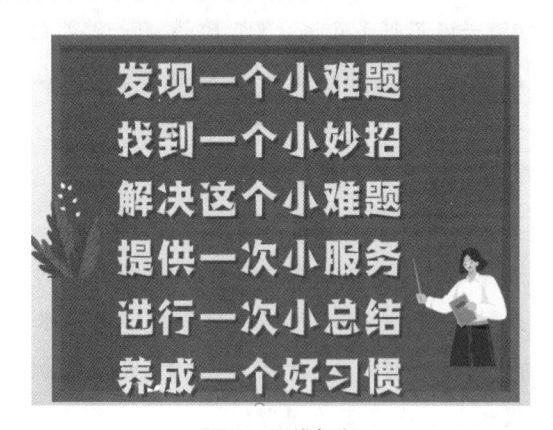

**图 3　思维框架**

【设计意图】这个环节意在启迪学生自主发现，劳动中也蕴含着各种各样的智慧，这些智慧又让劳动越来越简单高效。劳动与智慧的结合能最大限度地发挥各种优势与特长。

**环节三：劳模榜样赞赞赞**

**活动 1：讲一讲——我身边的劳模故事**

同学们，其实我们的周围就有许许多多的劳模，也许我们无数次和他们擦肩而过。据不完全统计，鼓楼区现有劳模 231 人，其中全国劳模 6 人、省劳模 58 人、市劳模 167 人。让我们一起走进这些平凡人的不平凡故事。

**脏一人，香万家**

老一辈人都记得掏粪工人时传祥，在如今家家都有抽水马桶的时代，很少有人知道，南京曾经也有掏粪工人群体，许昌付就是其中一员，他和十几名同事承担着鼓楼区 87 座公厕的粪池疏通工作。

化粪池在夏季臭不可闻，而环卫公司在用公共厕所 87 座，都需要定期清理，许昌付每天都顶着烈日前往一个又一个社区清理化粪池。2014 年南京青奥会举办期间，是许昌付特别难忘的一段时期。当时，公司增加了两项工作。一是提高了 87 座公共厕所的保障频率；二是承接了 7 个青奥场馆的化粪池清污工作，他的身体出现了不适，领导曾多次嘱咐他在家休息，但他带病坚持上岗。

"三百六十行，行行出状元。"作为外来务工人员中的党员先进典型，许昌付干一行爱一行，甘于奉献、不计较个人得失；以"宁用一人脏换来万人洁"的传统美德坚守自己的工作岗位，是一名想干事、能干事、会干事的好同志，为城市的环境卫生不遗余力地奉献着自己的光和热，为城市卫生的发展奋斗不息，在广大环卫工人中树立了良好的典型，发挥了模范带头作用。

**活动 2：夸一夸——咱们班的小劳模**

将一件小事坚持到极致就是伟大。在我们身边，你肯定也发现了这样的人。请你为心中的班级劳模写一两句颁奖词（如图 4 所示），然后送给他。

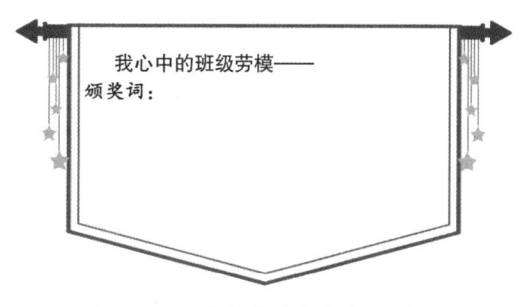

图 4　班级劳模夸夸卡

【设计意图】用榜样示范法让学生真切地感受到劳动带来的行为之美和精神之美，从而崇尚劳动，对劳动从心底燃起敬畏和尊重，珍惜自己的劳动机会，锤炼劳动品格。

### 环节四：劳动之美赏赏赏

**活动1：想一想——劳动之美我创造**

（结合板书）创制度、明责任、巧技能、重方法、树精神、立风范，作为班级的小主人就可以在劳动中创造出各种各样的美，带来一场场班级超级变变变。我们将欣赏到什么样的美呢？

预设：环境之美、整洁之美、行为之美、语言之美、背影之美、合作之美、和谐之美、风格之美等。

**活动2：抒一抒——劳动助力中国梦**

说得真好！在劳动中感悟美，创作美，我们会感受到前所未有的身心愉悦。中国梦，幸福梦，富强梦，实现梦想靠劳动；中国梦，你的梦，我的梦，共同筑起中国梦。汗水洒田野，飞船遨苍穹。高桥通天堑，深海潜蛟龙。哪里有我们勤劳的身影，哪里就有我们辛勤的劳动。

小结：劳动之美是汗水浸染过的秋实，是岁月滋润过的春花，是精益求精的工匠精神，是创造奇迹的雄心壮志……生活中的我们，能力有强有弱，本事有大有小，但只要具备劳动的技能和条件，纵然创造不了奇迹，也可以尽自己之所能，在平凡的付出中，回报社会，谱写荣耀；在快乐的奉献中，绽放美丽，体味精彩；在辛勤的劳动中，施展才干，演绎光荣。最后请每个同学结合这节班会课的所学所感，完成自己的个性化劳动小公式，与大家分享。

【设计意图】劳动不仅仅是出力流汗，它是一切幸福的源泉，光荣属于劳动者，幸福属于劳动者。知行合一是德育的终极目标，尊重每个学生对劳动的个性化解读，更期待孩子们相信劳动会让自己改变，劳动也会改变身边的人和事。

## 五、活动延伸

**1. "班级劳动我能行"**

儿童是祖国的未来，要从小树立劳动光荣的观念，自己的事自己做，他人的事帮着做，公益的事争着做，不断通过劳动来锻炼自己、提高自己，做集体、生活、学习的小主人。班级劳动中的"九个好"（如图5所示）技能达标活动开始了！

### 2. "劳动问题我解决"

在日常生活中,你一定有这样的经历:用劳动解决了一个小难题,收获了一个小妙招,养成了一种好习惯……用心记录下这一劳动创造的过程吧!请你详细、生动地描述劳动中遇到的难题,能够清晰且有创意地表达出最困难的地方。可以请教老师、同学,也可以网络查询、翻看书籍……寻找妙招,解决这些难题。

### 3. "劳动岗位我体验"

"劳动岗位体验日"时,你们可以组成小组,相约走上劳动者岗位,进行劳动体验。在这一天,也许你(们)是校园保洁员,为校园的整洁美丽付诸行动;也许你(们)是田野守望者,走入农田、果园,用劳动收获果实;也许你(们)会在博物馆中服务,用稚嫩的童音向往来的游客介绍古都金陵的文化与历史……劳动岗位我体验,这一刻,你就是光荣的劳动者,也一定会收获从未有过的感悟!

图 5 "九个好"

### 4. "劳动真美我拍摄"

美丽的劳动者,就在你的身边,是你,是我,是他。"人生在勤,勤则不匮。""劳动是财富的源泉,也是幸福的源泉。"让我们用影像记录下劳动者最美的瞬间。你可以是拍摄者,也可以是照片里的主人公。让我们用眼睛去发现,用心灵去感悟,让"劳动真美"在这一动人时刻定格!

## 六、班会反思

### 1. 让劳动成为生活

用班会的方式,真实、民主地讨论"班级劳动"这一话题,让会不会劳动、爱不爱劳动等问题真实地暴露,实在地讨论。结合本班班情真切有效地协商并解决问题,在和谐愉悦的公共生活中构建崇尚劳动的班级精神文化,从而形成以培养学生的劳动技能、劳动习惯为核心的班本德育劳动课程群,提升劳动实践的实效性,让课堂对接生活,回归生活,真正掌握智慧劳动的技巧。

### 2. 让劳动融入生活

劳动是做人的根本,"生活即教育",孩子们将在这里铸就耀眼的青春底色,铺下人生观第一块端正的基石。因此,只有将劳动融入他们的生活,才能真正收到实效。让劳动成为班级潮流,让创造性劳动、服务性劳动在班级火起来,让劳动成为日常生活的一部分,让学生能主动承担班级劳动、家务劳动,在劳动中融洽师生、同学、亲子关系。

### 3. 让劳动服务生活

从"我的劳动问题"小研究中不难发现,劳动教育要注重以任务驱动为中心的综合劳动能力的培养。创设真实情境,解决实际问题,让学生树立劳动观念、具备劳动能力、培养劳动精神、养成劳动品质。家庭、学校、社会一体,鼓励学生为"小家"与"大家"做贡献。

【作者简介】

严悦,南京市琅琊路小学教师、班主任,南京市德育工作带头人,南京市小学综合实践活动优秀青年教师。南京市五一劳动奖章获得者,被评为南京市"五一创新能手"、南京市"技术标兵"、南京市"青年岗位标兵"、江苏省第五期"333"高层次人才第三批次培养对象等。南京市、江苏省和长三角地区中小学班主任基本功比赛一等奖获得者。

# 7 争做绿色使者,播种绿色未来
## ——五年级"点亮绿色未来"主题班会

陈 卉

## 一、背景分析

### 1. 主题解析

随着2019年《绿色生活方式创建行动总体方案》的印发,文明健康的生活理念与生活方式逐渐深入人心,《中小学德育工作指南》明确提出将"生态文明教育"作为重要的德育内容之一,《中小学生守则》也要求学生"勤俭节约护家园",自觉节粮节水节电,低碳环保生活。可见,对中小学生进行生态文明教育,对推动人与自然和谐相处具有重要意义。

### 2. 学情分析

学校的生态文明教育常常局限于环境保护,导致学生忽略了对绿色发展、绿色生活的全面了解。观察现实生活可见,五年级学生存在以下问题:① 从情感上,他们没有感受到绿色发展为社会和国家带来的重大影响;② 从认知上,他们时常流露出"只要不乱丢垃圾、节约用水就是保护生态文明"的片面想法;③ 从行为上,部分孩子有环保意识,但不知该如何践行,没有意识到他们其实可以做许多事。因此,开展"点亮绿色未来"主题班会具有必要性与紧迫性。

## 二、活动目标

### 1. 认知目标

通过小调查、看新闻、小讨论等方式,认识身边形式多样的绿色发展方式。

### 2. 情感目标

通过看图片、听人物专访、看视频等活动,感受绿色生活带给人们的美好,激发争做绿色使者、践行绿色生活的情感。

### 3. 行为目标

通过小游戏、头脑风暴、贴卡片等活动,掌握绿色生活的具体方式,从身边的点滴小事做起,用实际行动践行绿色生活。

## 三、活动准备

1. 教师准备:(1) 三种形状的卡通板贴;(2) 搜集与环境保护相关的视频、图片;(3) 准备关于垃圾分类的童谣;(4) 邀请环保局工作人员和家长代表参与班会并发言;(5) 制作"点亮卡"。

2. 学生准备:开展小调查,围绕支付宝"蚂蚁能量"可通过何种方式获得、绿色发展如何体现等方面展开。

## 四、实施过程

**环节一:晓意——"绿色发展"在身边**

**活动1:调查呈现**

1. 小调查:支付宝"蚂蚁能量"的获取方式。

(1) 绿色出行——走路,采用共享单车、公交、地铁等公共交通工具出行。

(2) 线上支付——在网上购买电影票、生活缴费、预约挂号、购买火车票等。

(3) 减纸减塑——电子发票、环保杯等。

(4) 高效节能——ETC缴费等。

(5) 循环利用——二手回收、绿色包裹等。

2. 学生谈谈自己的发现。

3. 教师小结:原来,"蚂蚁能量"的获取旨在激励人们节能减排、低碳环保,倡导绿色生活方式。

**活动2:新闻现场**

1. 看新闻。

江苏省丹阳市家庭农场主介绍,如今,传统的喷药施肥已被家禽养殖取代,因为以前种植水稻,主要追求产量,就会多喷药多施肥,现在考虑绿色生产。

2. 分享:你有什么想法?

3. 讨论：你了解的"绿色发展"方式还有哪些？

（1）发展绿色经济：对传统工业的污染治理。

（2）发展绿色环境：保护自然资源免遭破坏、保护生态系统。

（3）构建绿色社会：垃圾分类、城市环境改造。

4. 教师小结：绿色发展表现在生活的方方面面，比如我们说到的保护环境、节约资源的生活方式，还有构建生态系统、发展绿色生产等理念，最终目的是实现人与自然的和谐相处。

**活动 3：分类游戏**

1. 呈现卡片。

内容包含不使用一次性制品，"光盘"行动，改进生产方式，减少使用私家车，节水节能节电，植树造林，不随意丢弃垃圾，垃圾分类，治理水污染，减少使用农药，循环利用水资源，等等。

2. 小组讨论：试着将上述卡片内容进行分类。

3. 贴一贴：分类后，依次贴在相应的板贴里（如图 1 所示）。

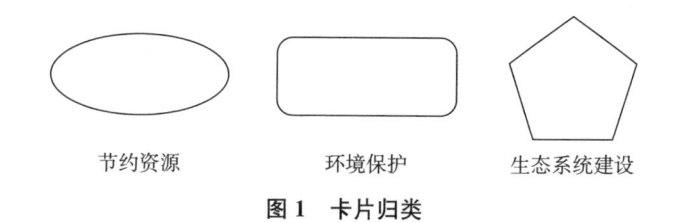

节约资源　　　环境保护　　　生态系统建设

图 1　卡片归类

【设计意图】通过调查和讨论，引导学生初步了解"绿色发展"的内涵及具体表现形式，认识到绿色生活也是绿色发展的一种表现形式。通过分类游戏"贴一贴"，加深学生对绿色发展不同表现形式的理解与认识。

**环节二：燃情——"绿色发展"我认同**

**活动 1：聚焦个人，绿色发展健身心**

1. 看图片，对比感悟。

组图 1：小区里被污染的河流和小区里清澈见底的河流。

组图 2：路过小区垃圾筒，人们掩鼻而过和老人、孩子在小区晨跑、锻炼。

2. 学生分享活动经历。

参加雏鹰假日小队活动——"'拯救'秦淮河"。活动之后,学生的环保意识提高了,不仅能做到自觉爱护环境,还能及时提醒身边的同学、家人提高环保意识。

3. 交流"绿色发展"带给人的影响。

主要有:① 生活环境更美好;② 身体健康,心情愉悦;③ 环保意识提升,有成就感。

**活动2:聚焦企业,绿色发展促经济**

1. 家长代表分享自己所在公司绿色发展的方式及效果。

2. 呈现数据:产量提高、效益提高。

3. 展示图片,呈现更多企业的绿色发展模式。

4. 教师小结:绿色发展方式,能有效提升企业的经济效益,推动社会可持续发展。

**活动3:聚焦国家,绿色发展可持续**

1. 环保局工作人员介绍城市环保工作的相关情况。

2. 观看视频《库布其国际沙漠论坛　治理和防治荒漠化》。

3. 展示习近平总书记的话:坚持人与自然和谐共生,绿水青山就是金山银山!

4. 教师小结:坚持走绿色发展道路,是推动国家可持续发展的必然之选,是构建人与自然和谐共生的有效途径。

【设计意图】通过图片对比、聆听人物专访、观看视频等活动,引导学生直观地感受绿色发展对于个人、社会和国家的重要意义,从心底认同绿色发展方式,激发学生争做绿色使者的强烈情感,为践行环节作铺垫。

**环节三:笃行——"绿色未来"我创造**

**活动1:问卷调查**

1. 呈现学生课前完成的关于绿色生活方式的调查问卷结果。

2. 调查结果显示同学们存在以下问题。

(1)部分同学觉得绿色发展是国家和社会的事,与个人无关。

(2)不知道该从哪些方面践行绿色生活。

(3) 部分同学无法自觉践行绿色生活。

### 活动2：互动游戏

1. 小组合作：每组发放一个垃圾分类包，组员合作进行分类。

2. 展示结果：依次展示每组的分类结果。

3. 现场"找茬"：指出错误的分类，并说出正确的归类。

4. 学唱童谣《垃圾分类》。

垃圾分类要仔细，四色垃圾桶分清；

绿色大桶是厨余，剩菜剩饭喂畜禽；

蓝色桶呀可回收；

变废为宝有口诀，牢记玻金塑织衣；

红色桶是有害品，电池灯管杀虫剂；

其他都装灰色桶，毛发纸张香烟蒂；

垃圾乱丢呀危害环境；

大家分类一条心，城市干净在点滴。

### 活动3："点亮"行动

1. 小组合作。

每组派代表抽取一个信封（信封中随机呈现三个空间中的一个：家庭、学校、社会）。

2. 头脑风暴。

思考：在这个空间，我们可以通过哪些方式践行绿色生活？

(1) 家庭："地球一小时"，"光盘"行动，全家种下一棵树，公共交通出行……

(2) 学校：及时关闭水龙头，及时关闭多媒体电源，保持教室整洁，午餐不挑食、不浪费……

(3) 社会：垃圾分类投放，鼓励不用塑料制品，参加环保公益活动……

3. 填写"点亮卡"（如图2所示）。

(1) 以小组为单位，将所想到的行动写在卡片上。

(2) 班会结束后，尝试践行卡片上的行动。

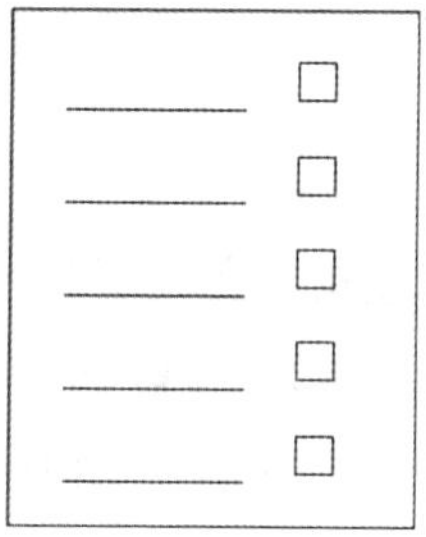

图2　点亮卡

(3) 每完成一条,在相应行动后面的框框里涂满黄色则视为"点亮"。

【设计意图】通过问卷调查呈现问题,借助小游戏寓教于乐,掌握垃圾分类的正确方法;通过头脑风暴,立足家庭、学校、社会三个空间,掌握从点滴小事践行绿色生活的方法;借助"点亮卡",激励学生积极行动,创造绿色未来。

## 五、活动延伸

### 1. 评选"绿色使者"

两周后,根据每个小组"点亮卡"的完成情况,评选"最佳小组"和"最佳成员",颁发"绿色使者"小勋章。

### 2. 我是小拍客

利用照片、视频等形式,记录下践行绿色生活的点滴瞬间,并呈现绿色生活方式给校园、家庭或社会带来的变化,下次班会课时在班级中分享。

### 3. "畅想绿色未来"征文比赛

20年后,我们的生活又会发生怎样的变化,又会有哪些新的绿色生活方式呢?请学生发挥想象,用文字描绘出来。

## 六、班会反思

《中小学德育工作指南》明确将"生态文明教育"列为德育内容,《中小学生守则》中也对学生提出了"勤俭节约护家园"的要求。

### 1. 源于生活,巧设环节

对于部分学生而言,绿色发展似乎离他们的生活比较遥远。因此,我们设计了"支付宝'蚂蚁能量'获取方式"小调查、垃圾分类小游戏"贴一贴"等环节,以贴近学生生活的素材激发学生探索和体验的兴趣,进而帮助他们初步了解绿色发展的内涵,感受绿色生活其实与我们的日常息息相关。

### 2. 聚焦问题,注重实践

课前针对"绿色生活方式"这一主题从认识、情感、行为实践等方面对班级学生进行调查,了解到部分学生并没有重视绿色生活方式,还有一部分学生尽管思想上认可和重视,但是落实到行动上做得不尽如人意。基于此,设计"点亮行动"环节,目的就在于通过激发学生的兴趣引起学生的重视,并鼓励他们立足家庭、学校、社会三个空间,切实掌握从点滴小事践行绿色生活的方法;并通过完成"点亮卡",激励学生积极行动,做绿色使者,"种"绿色未来。

### 3. 尊重孩子,学生本位

本节课的设计从课前布置学生探索支付宝中"蚂蚁能量"的获取方式,到课中引导他们分享自己曾经参与的环保行动,启发他们从调查问卷的结果中找出自身存在的问题,指导他们从垃圾分类小游戏中掌握垃圾分类的诀窍,再到课后鼓励他们立足家庭、学校、社会三个空间,积极行动,为环保做力所能及的事情,评选"绿色使者"……这些都充分突出了学生的主体地位,给予他们探究、思考、表达、分享的机会,使学生的思维处于积极活跃的状态,增强了他们的自我教育能力。

【作者简介】
陈卉,南京市陶行知学校教师,获评南京市"五一创新能手"、南京市"技术能手"、南京市"青年岗位能手"、第四届建邺区"德育学科带头人"、建邺区"优秀教育工作者"、第四届建邺区"最美教师"等。曾获南京市、江苏省和长三角地区中小学班主任基本功大赛一等奖。

# 8 给"我们的家"美个容
## ——五年级"保护环境"主题班会

吕晓丹

## 一、背景分析

### 1. 主题解析

大自然是人类赖以生存发展的基本条件。习近平总书记在党的二十大报告中指出：尊重自然、顺应自然、保护自然，是全面建设社会主义现代化国家的内在要求。必须牢固树立和践行"绿水青山就是金山银山"的理念。保护我们赖以生存的环境是每个公民应尽的责任。当然，保护环境不应该只是一句口号，应落实到每个人的行动中去。教育部《关于培育和践行社会主义核心价值观　进一步加强中小学德育工作的意见》提出，中小学校"要普遍开展生态文明教育，以节约资源和保护环境为主要内容，引导学生养成勤俭节约、低碳环保的行为习惯，形成健康文明的生活方式"。

### 2. 学情分析

小学高年级学生因其年龄特点和认知特点，已经有了环保意识，然而对他们而言，更多时候环保只是一个模糊的概念，甚至是一句口号。他们对如何保护环境还没有具象化的感知，特别是在学校和家庭生活中，尚未养成勤俭节约、低碳环保的行为习惯。为了发挥全班同学的主观能动性，培养他们保护环境的主人翁意识，针对本班学生思维活跃、热情活泼、喜欢创新等特点，经班委会商议，全班同学投票通过，举行"给'我们的家'美个容"主题班会。

## 二、班会目标

### 1. 认知目标

通过游戏体验、故事扮演、播放动画短片等，感知保护环境的迫切性，明确为什么要保护环境。

2. **情感目标**

通过互动剧场、图片直击、数据调查等,激发保护校园环境,给"家"美容的情感。

3. **行为目标**

以"教室大变身"为切入口,从"纸篓消失了""卫生角大变样"活动延伸开来,切实践行"美容计划",并启动"志愿者服务"项目,人人参与到"给校园妈妈美容"的行动中去。

### 三、班会准备

1. 教师准备:(1)召开班委会,商讨本次活动方案;(2)准备活动材料:圆形绿色环保纸、绿丝带、背景音乐等;(3)剪辑视频《PM2.5的自述》;(4)准备"志愿服务小队"聘书;(5)组织观看视频"2016年里约奥运会开幕式上的'环保树'"、《悬崖上的"蜘蛛侠"》。

2. 学生准备:(1)拍摄"伤心的校园"照片。(2)大家来支招:"纸篓去哪儿了",劳动委员总结"金点子"。(3)我来动动手"卫生角大变样",书记员负责收集"卫生角大变样"过程性资料。(4)出一期"给'我们的家'美个容"的主题黑板报、手抄报。(5)校园垃圾小调查(连续一周捡拾校园地面的果皮纸屑,对垃圾进行称重,访问同学和校值日生)。

### 四、班会过程

**环节一:惊——越来越小的家**

**活动1:暖场游戏"缩小圈地"**

1. 玩一玩:将全班分成五个小组,每组十人,全员参与。组员站在预先准备好的绿色圆形环保纸上——代表我们赖以生存的家园,组员可在环保纸上自由活动。

2. 视频播放:污水、垃圾、废气等污染导致了土地沙化、臭氧层遭破坏、气温变暖等严峻的环境问题。每呈现一个问题,绿色圆形环保纸的外圈会发生奇妙的化学反应——变成黑色，组员活动范围越来越小，从活动自如到抱团维稳，再到越来越多的人被挤出"绿圈"，逐渐失去"家园"。

3. 讨论游戏感受，集体归纳。

**活动2：播放视频《PM2.5的自述》**

1. 观看视频。结合最近的雾霾天气，谈一谈戴口罩上学，以及不能去室外自由活动的感受。

2. 小组讨论：为什么环境越来越差？生态环境遭到破坏，还会造成哪些后果？

3. 教师小结：保护环境，刻不容缓。

**活动3：课本剧表演《云雀的心愿》**

1. 现场表演课本剧《云雀的心愿》。

2. 讨论：小云雀的心愿是什么？你愿意帮助小云雀吗？应该如何帮助呢？

3. 教师小结：保护环境，不是一句空口号。

【设计意图】本环节利用学生喜闻乐见的体验活动、感兴趣的动画短片和积极主动参与的课本剧表演，通过独特体验和视觉冲击让学生感知环境污染带来的危害，让学生明白保护环境的迫切性。

**环节二：叹——越来越脏的家**

**活动1：校园妈妈的哭诉**

1. 播放学生参与创作的影音小品《校园妈妈的哭诉》，展示"伤心的校园"系列照片，揭露校园内仍然存在的纸屑果皮乱丢、灯不关、水龙头大开等不环保行为。

2. 提问：你看到了哪些不文明现象，使得校园妈妈不美了？

3. 全班讨论。

4. 教师小结：我们的一个随意举动，就有可能让校园妈妈变丑，她可是我们共同的家呀！

5. 现场称一称：一周内同学们捡到的校园地面垃圾的重量总和。

6. 展示如下数据：① 校园内保洁人员提供的全校同学一年内制造的生活垃圾的数据；② 总务处提供的学校一年的电费及用电量、水费及用水量数据。

7. 交流、分享自己的感受。

8. 各活动小组展示成果。

A组:校园垃圾情况小调查。

B组:寻访"垃圾治理站"带回的现场采访视频。

C组:随手扔垃圾原因调查小问卷。

D组:校园内亟须美容的重点区域。

**活动2:小乌龟搬家**

1. 情景剧表演:《小乌龟搬家》。

我们学校的天趣园里,住着龟老爹和他的孩子们,可是因为环境污染,在这里生活了一百多年的龟老爹决定搬家了。

2. 讨论:你听到了龟老爹的叹息,准备怎么挽留它们呢?

3. 互动剧场现场排演:《我来挽留龟老爹一家》。

【设计意图】通过播放影音小品《校园妈妈的哭诉》,采用现场体验、分组活动、集体归纳等方式,学生全员参与,产生共情,激发学生保护环境、美化校园的欲望。而用小学生喜闻乐见的情景剧表演方式,加上班级活动中学生擅长的互动剧场表演,可以进一步调动学生参与保护校园环境的积极性。

**环节三:盼——越来越美的家**

**活动1:"消失的纸篓"——真相大揭秘**

1. 班主任讲述《班级日志》记录情况。

(1) 明明教室前后都放有纸篓,可偏偏总有人把垃圾扔到纸篓外面,多次提醒无效,劳动委员一生气,扔掉了纸篓。

(2) 生活委员带来三个自制的环保纸篓,贴上"垃圾分类入篓"的标签。

(3) 分类太麻烦了,并且依然有同学把垃圾扔在纸篓外,有时候垃圾太多都掉出来了。

(4) 班长亲自设计并制作小型环保垃圾袋,送给部分同学。

(5) 个性环保垃圾袋在班级流行起来,人手一个自制的环保垃圾袋,纸篓成功地在我们班消失。

2. 讨论:你喜欢什么做法?为什么?

3. 集体支招:你还有什么可行性建议?

**活动 2："卫生角大变样"——一起动动手**

1. 教师引导：看，这是经同学们"美容"后的卫生角，请参与装扮的同学们说一说，你给卫生角施了怎样的"魔法"？（贴环保贴纸、带来可以净化空气的绿植、放上由可再生材料制作成的手工饰品……）

2. 提问：教室里还有哪些地方需要美化？

3. 讨论并小结，记录金点子。

**活动 3："校园美容院"——启动志愿服务岗**

1. 成立"给'我们的家'美个容"志愿服务中队，根据之前走访调查的"重灾区"，各志愿小队自主申报服务区域。

2. 各小队牵手一年级对应班级，定期帮助、指导他们打扫教室和包干区卫生，"小手拉大手"，共创美丽校园。

3. 争做"见纸就拾，见污就擦，见脏就扫，见乱就整"的校园环保志愿者标兵。

4. 颁发聘书，授予环保志愿者"绿丝带"。

【设计意图】以活动为载体，将环保大事化小——保护校园环境，落实到行动中去。

**教师总结**

同学们，首先祝贺你们，经过前期调查、寻访、分析、总结，你们发现并解决了校园里的一些环境问题。今天的班会课，所有同学积极参与，为保护校园环境献策献力，真是好样的！校园是我家，保护靠大家，环保是一条很长的路，但千里之行，始于足下，让我们行动起来，保护环境，从给校园妈妈美容开始！环保之路任重道远，我们能做的还有很多。今天，我们参与创建美丽教室、美丽校园；明天，我们还可以参与创建美丽社区、美丽家乡、美丽中国、美丽世界！

## 五、活动延伸

1. 制订志愿服务计划，并定期检查。

（1）公布事先通过问卷确定好的《小小美容师环保志愿者岗位书》，各志愿小组组长根据组内成员的劳动能力和服务优势申报不同的环境服务岗位，做到人人有岗、人人乐岗、人人爱岗。

（2）制订具体服务计划，进行"小小美容师环保志愿者"岗位服务品质的追踪和动态管理。

2. 画一画"我们的家"，向全校师生展示"美好的家"。
3. 借助校红领巾广播台、红领巾电视台宣传环保志愿小队活动。
4. 向全校师生发起"环保志愿倡议"。
5. 开展"环保进社区""环保进社会"系列志愿服务。

## 六、班会反思

《中小学德育工作指南》明确地对小学中高年级学生提出了"具备保护生态环境的意识"这一学段目标。聚焦校园，卫生"四见"——"见纸就拾，见污就擦，见脏就扫，见乱就整"，是学校对全体学生提出的要求，学校多角度、全方位的宣传，使每个学生都能熟练地背出这项要求，但践行过程中发现，乱丢果皮纸屑的行为依然存在，除了自己做值日的那天外，真正主动弯腰捡拾垃圾、擦拭污迹的学生并不多。

究其原因有二。一是因为"卫生四见"的要求只对环境污染后的处理提出了具体要求，并未从源头上解决问题。只要乱扔、乱涂的行为依然存在，学校的环境卫生问题就无法从根本上得到解决。二是因为小学生年龄小、认知不足，环保对他们来说只是一个模糊的概念，甚至是一句口号。他们对如何保护环境还没有具象化的感知，特别是在学校和家庭生活中，尚未养成勤俭节约、低碳环保的行为习惯。这节班会课从认知、情感、行为三方面入手，引导学生保护学校环境，进而保护社会环境，建立起一定的责任意识和社会担当。

然而，如何助力学生养成勤俭节约、低碳环保的行为习惯，从根源上解决乱扔、乱涂、浪费的行为，依然需要班主任和全体学生深入思考，共同探索出更有效的途径。

---

【作者简介】

吕晓丹，泰兴市襟江小学教育集团教师，泰州市首批"特级班主任"，泰州市学科带头人，泰州市"十佳班主任"，江苏省小学语文名师工作室成员，江苏省和长三角地区中小学班主任基本功大赛一等奖获得者。

## 9  鉴"网""智"来
### ——五年级主题班会
夏　令

### 一、背景分析

**1. 主题解析**

2024年1月1日正式施行的《未成年人网络保护条例》中明确指出:"学校、家庭应当教育引导未成年人参加有益身心健康的活动,科学、文明、安全、合理使用网络,预防和干预未成年人沉迷网络。"习近平总书记强调要坚持营造风清气正的网络空间。学校理应培养学生成为自己的"网络首席安全官",引导学生通过探讨鉴别、自控的有效方法来正确认识、科学对待网络,提升学生网络素养,增强学生的网络学习鉴别自控力。

**2. 学情分析**

小学五年级学生处在对外在信息敏感期和自我控制能力形成期,面对大量的学习类APP(应用程序),学生的鉴别能力不足,自控能力不强,很容易被APP内包含的不良信息所影响。针对这一现状,需要引导学生通过实践探索活动来正确认识网络世界,提升网络素养,当一名合格的"网络首席安全官"。因此,这节班会紧扣实践育人目的,注重通过实践活动增强学生的网络鉴别自控力。

### 二、班会目标

**1. 认知目标**

通过对教师、家长、学生的网络调查,了解班级同学使用学习类APP的情况。

2. 情感目标

通过小组讨论分析学习类 APP 的积极因素、诱惑因素,激发学生增强鉴别自控的意识。

3. 行为目标

师生共同讨论,提炼鉴别方法,帮助学生提高鉴别能力,争当"网络首席安全官"。

## 三、班会准备

1. 教师准备:(1)制作 PPT、表格、板贴,准备板书内容;(2)邀请信息骨干教师、班级家委会成员;(3)提前邀请家长填写调查问卷并汇总结果。

2. 学生准备:(1)参与完成网络调查问卷,了解身边的学习类 APP;(2)根据班级人数,分成 6—7 人的小组;(3)信息技术准备,未来教室,或 6 个小组的网络测试设备。

## 四、班会过程

**环节一:"网"事依依—— 调查诉说现状**

**活动 1:班级学习"网"事**

1. 教师导入,呈现网事之忧。

同学们,"文明绿色上网"想必一直在你的耳畔回响,无论是在疫情居家学习期间还是在学校,有时出自父母之口,有时来自课堂上老师的谆谆教导。但是近期,同学们的家长真切地为你们的上网情况感到忧虑,他们反馈给我的信息,我也想给各位同学看看。(出示家长问卷"关于您孩子对学习类 APP 使用情况的调查问卷"。)

2. 共同议议网事之虑。

PPT 呈现对学生使用学习类 APP 情况的调查问卷统计结果(如表 1 所示)。

表1 学生使用学习类APP情况的调查问卷统计结果

| 学习类APP | 内　容 | 数　据 |
| --- | --- | --- |
| 使用频率 | 经常使用 | 74.11% |
|  | 偶尔使用 | 21.13% |
|  | 不用 | 4.76% |
| 家长观点 | 借机玩游戏 | 68.15% |
|  | 影响视力 | 26.79% |
|  | 不担心 | 5.06% |

(1) 请学生谈谈对调查问卷结果的感受。

预设引导:通过以上表格反映出的信息引导学生谈谈对学习类APP的使用感受。

交流板书:同学们,老师也跟你们的家长一样担忧你们因为自控力差而误入这些软件的陷阱,担心你们因网络素养不高而影响学习,所以你们要学会鉴别网络,智慧地运用好网络,这才是消除父母担忧的良药。(板书课题:鉴"网""智"来)

【设计意图】呈现真实的调查数据,展示班级家长关注的"使用学习类APP上网"的话题,让学生从心底里感知到学校、家长对此问题的重视,引导学生重新审视自己平时接触的学习类APP,播下思辨的种子,为后面的学习作铺垫。

### 环节二:鉴"网""智"来——实践提升素养

#### 活动1: 鉴"网"之利弊

1. 师生交流。

同学们,学习类APP是信息时代的产物,也是疫情居家学习期间的有益补充,你们是真正的使用者,你能结合日常使用的经历来谈谈你们在使用过程中的真实感受吗?

2. 学生实践分享。

各小组学生操作教师准备好的测试用的平板电脑、手机等,之后小组代表发言讲述感受。

3. 集体展示交流。

要求：各小组同学通过讨论梳理法，最后以关键词的形式将小组有关学习类 APP 利弊的观点写在题板上展示交流。

（板书小组讨论梳理后的关键词）

4. 教师总结提炼。

各小组的交流很精彩，大家的观点充满智慧，有小组聚焦学习类 APP 的利，有小组聚焦学习类 APP 的弊。看！各小组的观点都鲜明地呈现在黑板上了。相同的观点我们整合一番，最终呈现出大家共同的鉴"网"智慧。

预设：将小组写好的关键词进行二次整合，重点聚焦"弊"的环节。引导学生从有无广告游戏植入、付费陷阱、不良信息、护眼提醒等方面来总结提炼。

### 活动 2：鉴"网"之实践

1. 师生交流。

同学们，古人倡导"知行合一"，因此要想真正做到"文明绿色上网"不仅要知其然，更要明晰"绝知此事要躬行"，让我们结合同学们讨论出来的利弊一起来实践鉴别。

2. 实践要求。

教师结合学生讨论的利弊观点形成"鉴'网''智'来评价表"。（如表 2 所示）

表 2　鉴"网""智"来评价表

| 评价因素 | APP 名称 | APP 种类 | …… |
|---|---|---|---|
| 有无广告游戏植入 | | | |
| 有无付费陷阱 | | | |
| 是否有不良信息 | | | |
| 是否有护眼提醒 | | | |
| 其他 | | | |
| 小组最终评测(可用/不可用) | | | |

3. 分工交流。

同学们，好活动要有好分工，人人有事做才能更加高效。请小组成员根据自身特点确定好分工，确保活动高质量、有序地开展。（如表 3 所示）

表3 小组分工表

| 小组建议分工 | 参考人数 | 职　责 |
| --- | --- | --- |
| 协调员 | 1 | 协调小组各项实践活动,控时高效 |
| 纪律员 | 1 | 负责小组成员实践纪律 |
| 操作员 | 2 | 操作学习类APP |
| 记录员 | 1—2 | 记录操作员的结果 |
| 汇报员 | 1—2 | 分析结果,编写提纲并汇报 |

4. 小组汇报。

各小组汇报学习成果,先到先得先奖励,不重复、不点评他人观点。

活动3：鉴"网"之提升

1. 交流。

今天的鉴别活动同学们都拿出了十足的热情,也取得了一定的成绩,我们的鉴别是不是比较专业呢？今天老师邀请到咱们学校的信息处骨干戴老师,让他对我们的鉴别提出宝贵的意见和建议。

2. 指导。

戴老师点评同学们的鉴别成果,提出专业化的建议。(板书:主动自控)

【设计意图】在开放式的班会课上,用小组的力量梳理、整合观点是有效的二次学习;通过小组分工合作鉴别学习类APP,使学生切身参与实践;让专业人士来教导学生,有说服力,也让信息学科和德育有机整合,有利于建立班级的良性网络文化共同体。

### 环节三：践"网"规则—— 践行夯实素养

活动1：践"网"之家庭倡议

1. 交流。

谢谢戴老师的专业指导,今天来到课堂的不仅有戴老师,还有咱们班的家委会成员,她一直很关心对学习类APP的鉴别、监督、使用工作,下面我们掌声有请。

2. 线上倡议。

班级家委员成员利用线上直播的方式直播主题班会,并在班级家长群发出倡议,建立家长对学习类 APP 的监督、指导机制。

**活动2:践"网"之学校评价**

1. 交流、分享。

同学们,"文明绿色上网"无小事,全员努力是大事,全社会很重视此项工作,近期教育部办公厅下发了《关于严禁有害 APP 进入中小学校园的通知》,足见对"文明绿色上网"的重视,今天学校开展"做学习类 APP 首席安全官"活动,老师诚邀你们一起参与。

教师出示"做学习类 APP 首席安全官"积分卡(如图1所示),并板书"乐享监管"。

2. 总结评价。

都说"21天养成一个好习惯",老师希望同学们做到主动自控、乐享监管,也请家委会代表将班级倡议发到班级群里,让我们一起行动起来,实现文明绿色上网。老师会根据每位同学的积分表现,每周评选"学习类 APP 首席安全官",期待同学们的精彩表现。

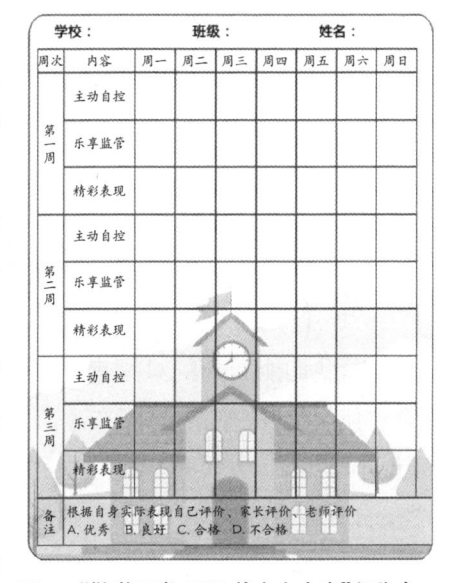

图1 "做学习类 APP 首席安全官"积分卡

【设计意图】实践育人是德育活动的最终目的。从家庭、学校两个层面出发开展教育活动,可以促进家长了解学校办学理念、教育教学改进措施,帮助家长提高教育水平,从而促进学生更好成长。

## 五、活动延伸

1. **养成:鉴"网""智"来之21天养成记教育活动**

表格记录留存:家校协同教育共同记录学生的学习类 APP 使用情况,建立监督指导机制,用文明绿色上网21天活动来巩固班会成果。

2. **激励:鉴"网""智"来之首席安全官评比活动**

班级颁奖激励:每周由小组推选,班级颁发"学习类 APP 首席安全官"奖状。

### 六、班会反思

本节主题班会紧扣时代脉搏,直击协同育人的难点——营造风清气正的网络空间。本节班会的"网"事话题取材于生活,鉴"网"成果服务于家庭,践"网"意义和谐于社会。聚焦常见的问题,直击家庭头痛的难题。如何真正切合高年级小学生的认知水平,直面网络问题的(谏、鉴、践),既是本节班会的重点,也是学生体验的难点。

1. 共话"谏"网:自省"漏网之鱼"

萨提亚家庭治疗中的"冰山理论"告诉我们,一个人的"自我"就像一座冰山一样,我们能看到的只是表面很少的一部分——行为。学习类 APP 披着"合法使用权"的外衣,隐藏在冰山之下的危险成人都不一定能完全防范,更别说小学生了,从取材于现实生活的数据中反观、共话"网"事依依,更能促进学生自省,查找在学习类 APP 另一面中的"漏网之鱼"。

2. 合作"鉴"网:自立"铁网珊瑚"

主题班会课中再辅以课程育人,结合综合实践活动课程中的相关元素,让学生在合作、交流、展示、总结中"鉴"网,学生每一次的合作"鉴"网都是对小组网络素养的提升,最终指向学生熟练地自立"鉴"网。

3. 协同"践"网:自强"网清气正"

即使是一节高质量的班会课,若没有后续的跟进,班会的成果也无法得到有效落实,一方面容易给学生造成"随堂应付一番"的不良印象,另一方面学生的鉴别自控能力无法得到有效落实。因此借鉴"21 天养成一个好习惯",家校协同跟进,在自评、互评、激励评价的多维评价中"践"网,从而促使学生养成文明绿色上网的好习惯。

本节课的重点在后续的跟进评价激励,延伸活动中积极、主动地和家长沟通、调整协同育人之策是班会教育成果得以延续的关键。

【作者简介】

夏令,苏州工业园区方洲小学,高级教师,国家家庭教育高级指导师,苏州市名班主任工作室主持人,苏州市优秀班主任,苏州市优秀家庭教育指导师,江苏省中小学班主任基本功大赛一等奖获得者。

# 10　优秀家风代代传
## ——五年级主题班会
方　艳

## 一、背景分析

### 1. 主题解析

2017年,中共中央办公厅、国务院办公厅联合印发的《关于实施中华优秀传统文化传承发展工程的意见》指出:文化是民族的血脉,是人民的精神家园。2019年,中共中央、国务院印发的《新时代公民道德建设实施纲要》强调:家庭是社会的基本细胞,是道德养成的起点;要弘扬中华民族传统家庭美德,让美德在家庭中生根、在亲情中升华。2023年,教育部等十三部门联合印发的《关于健全学校家庭社会协同育人机制的意见》指出:学校要充分发挥协同育人的专家作用。动员孩子的力量,引导学生自觉传承优秀家风,共同加入到建设社会主义家庭文明新风尚的行动中来,应成为学校德育工作中的重要内容。

### 2. 学情分析

五年级的学生对于中华传统美德有一定的了解,在家庭生活中能够遵守长辈提出的一些行为规范。但是,随着时代发展和社会变迁,"家风""家训"等词语在人们的生活中逐渐淡化。虽然大多数学生在家庭生活中能够懂规矩、守规矩,但他们大都是从听家长的话角度去行动的,对于其中渗透的优秀家风的内涵,传承和践行优秀家风对于自身成长、家庭和谐、社会进步等意义的理解较模糊和肤浅。因此,专门开展主题活动,可以引导学生学习、理解优秀家风的精神实质。同时,鼓励他们从小事和身边事做起,为良好家庭文明新风尚的建设贡献自己的力量。

## 二、班会目标

**1. 认知目标**

通过寻找优秀家风以及探索家风代代相传的秘密等活动,了解家风的内涵,知晓优秀家风中蕴含着中华传统美德。

**2. 情感目标**

通过不同时期的家书故事,感悟优秀家风对个人、家庭及民族发展的重要意义,激发参与优秀家风弘扬行动的情感动机。

**3. 行为目标**

通过制订行动计划等活动,懂得传承和弘扬优秀家风要从自己做起,并通过立家风等活动将所学落实到生活中。

## 三、班会准备

1. 教师准备:(1) 根据教学需要制作 PPT;(2) 制作学生用的课前研学单(见附件1);(3) 开展家风主题调查,制作数据图表。

2. 学生准备:(1) 按照课前研学单的要求开展观察、采访等活动,完成对研学单中问题的思考并填写;(2) 根据课堂汇报的需要,准备相关交流物品。

## 四、班会过程

**环节一:探优秀家风之内涵**

**活动1:我眼里的家风**

1. 教师:同学们,课前我们都在生活中尝试寻找家风,你们找到了吗?(呈现话题"我眼里的家风")下面,让我们分小组交流一下你们眼里的家风吧!

预设1:我们小组认为家风就是家里的规矩或者要求。比如我们小组成员李同学家的家风是孝敬长辈,他们家每次吃饭都要求让长辈先入座,早晨和晚上回来都要主动和长辈打招呼。人人都是按照这样的要求来做的。

追问:其他同学,你们家有和这个小组类似的规矩或要求吗?

预设2：我们小组认为家风就是一个家庭一代代传下来的美德。比如我爷爷是一名军人，他不管是做军人时还是退伍后，都一直保持着学习状态。而我的爸爸在爷爷的影响下，也是一个学习刻苦、工作认真负责的人。现在这种美德也影响到了我。

追问：其他同学也来分享一下你们家传下来的美德吧。

2. 教师：听了大家的分享，你对家风又有了哪些新的认识？

3. 教师小结：家风其实就是一种家庭或家族世代相传的风尚，家训家规、家里的老物件、代代相传的好习惯都是家风的表现形式。

**活动2：我为家风找源头**

1. 教师：通过大家的分享交流，我们发现其实每个家庭都有属于自己的家风，也有很多的相似之处，只是有时候没有明确提出来而已。那你知道这些家风的源头在哪儿吗？下面，让我们通过小组活动，为家风找找源头吧！

活动要求：① 以小组为单位，在纸上写下自己家的家风；② 选取共性的家风开展探寻活动；③ 可借助工具书或者网络等资源。

预设1：我们发现勤俭节约的家风自古就有。比如我们语文书上就提到过一句名言警句，"一粥一饭，当思来之不易；半丝半缕，恒念物力维艰"，这句话出自清代的《治家格言》。

预设2：我们发现好几个人家里都挂了"宁静致远"的书画，这四个字是出自诸葛亮《诫子书》中的名言——"非淡泊无以明志，非宁静无以致远"，表达了诸葛亮对儿子的期望。

预设3：我们发现诚实的家风自古就有，比如我们曾经学过的"曾子杀猪"的故事，就是曾子在教育孩子诚实守信。

2. 通过大家的分享以及课前你们小组的探究，你有什么发现？

3. 小结：时代虽然在变迁，但勤俭节约、诚实守信等优秀家风中蕴藏着的中华传统美德一直未变。这些都是中华民族代代相传的宝贵精神财富。

【设计意图】通过引导学生在生活中有意识地寻找家风，课堂上分享他们眼中的家风，既能够帮助老师了解学生的认知起点，同时也能通过伙伴分享帮助学生明晰家风的具体内涵。为家风找源头的活动更激发了学生的兴趣，激活了学生课前的学习经验，使他们进一步理解了优秀家风与传统美德的关系。

**环节二：明优秀家风之重要**

**活动 1：观点对对碰**

1. 教师导入。

同学们，这是在我们区街道设置的"优秀家风宣传馆"，你曾经去过这儿吗？你还在哪儿见过或者听说过和家风有关的布置或者活动？

预设 1：在街道的墙壁上会张贴有优秀家风的宣传标语。

预设 2：我们小区设置了最美家庭的宣传栏，里面会介绍这个家庭的故事。

预设 3：我妈妈是社区工作者，她每年都会参与筹备"最美家庭"的评选活动，听说从 2014 年开始，全国多个省市都会组织类似的活动。

2. 引发讨论。

其实除了你们平时看到的宣传布置，习近平总书记每年在出席重要场合活动时都提出要大力弘扬优秀家风，还专门出版了《习近平关于注重家庭家教家风建设论述摘编》。从中，你感受到了什么？

预设：国家非常重视对优秀家风的宣传。

3. 交流、分享。

弘扬优秀家风真的这么重要吗？结合你家的家风，你发现优秀家风对个人有哪些影响？

预设：它是一种无形的力量，影响着我的一言一行；它让我明白了很多做人的道理；它给我指明了成长的方向……

4. 教师小结：优秀家风对于个人成长、家庭和谐有着重要的作用。

**活动 2：研读家书明深义**

1. 探究"家书"。

优秀家风不只会对个人产生影响。课前，同学们通过小组合作的形式，分别在中国人民大学家书博物馆官网上选取了一封家书进行探究。想必大家已经找到了答案。现在请大家来分享你们的研究成果吧！

预设 1：我们小组研究的是聂荣臻元帅。聂荣臻是中国人民解放军创建人之一，中华人民共和国元帅，中华人民共和国开国元勋。这封家书是他在国外留学时写给自己的爸爸妈妈的，信中最让我感动的是当年聂荣臻出国留学为的不是自己过上好日子，而是心心念念着祖国人民。他不光是这样说的,后来也是这样做的。他为祖国的发展贡献了一生。

预设2:我们小组研究的是抗疫者家书。2020年新冠疫情暴发,无数逆行者远离家庭,奔赴前线,守护祖国。在这特殊的时期,很多逆行者给家人写下了宝贵的家书。这些家书保留在中国人民大学家书博物馆里,同时也收录在《逆行者家书》这本书里。

2. 交流、讨论。

听了大家的分享,你又有哪些想法?

3. 播放视频。

除了大家分享的这些,从1921年到2021年这百年征程中,无数小家庭的家风影响着国家的命运。(播放视频《时代之问,青春作答》)

4. 学生交流视频观后感。

5. 教师小结。

同学们,如今我们的国家能如此强大,离不开不同时代的无数家庭践行优秀家风,他们为了国家、民族不计个人得失,敢于牺牲自己、献身革命。一个个小家的优秀家风,铸就了我们中华民族这个大家庭的民族之魂。

【设计意图】本环节从学生出发,通过个人体验、小组研学等活动,用真实的人物、动人的故事感染学生,在帮助学生理解优秀家风对个人、民族的重要意义的同时,为学生树立时代榜样,激发学生立家风、学家风、扬家风的情感动机。

**环节三:弘扬优秀家风我先行**

1. 教师导入。

同学们,要想传承和弘扬优秀家风,我们可以做点什么呢?

预设1:我们可以先从自己家开始,我们家还没有明确的家风,我打算回家以后先和家人一起明确我们家的家风。

预设2:我想参加下一届的"最美家庭"评选活动。评选不是目的,重要的是我们在活动中讲出自己的家风,也可以学习别人家的家风。

预设3:从今天起,我觉得我要用行动践行自己家的家风。

2. 交流提炼,完善家庭会议活动单。

同学们,听了你们的话,我非常高兴。家是我们梦想启航的地方,每个小家都行动起来,我们的国家明天一定会更好！让我们拿出"我的家风"家庭会议活动单(见附件2)并完善。

3. 学生分享活动单。

4. 教师小结。

从现在开始,我们一起行动起来,让优秀家风代代传！

【设计意图】知行合一是学校德育的追求,本环节通过组织学生完善"我的家风"家庭会议活动单,引导他们能够从自身出发,从现在开始,将所思所想落到实处。同时,家庭会议的形式能够最大限度地调动全家的力量,保障教育目标的落实。

## 五、活动延伸

### 1. 召开家庭会议

课后请学生根据自己课堂上制订的计划,召开家庭会议,交流所学,确定自家的家风,并以可见的形式呈现,用自己的力量影响整个家庭。

### 2. 家风展

邀请同学和家长共同参与"我的家风展"活动,鼓励同学们采取不同的形式呈现家庭会议的研究成果,提升学生的学习热情,同时为家庭与家庭之间的互相学习提供机会。

### 3. 优秀家风系列宣讲

成立校园优秀家风宣讲小队,各小队选取不同时期的优秀家风故事进行宣讲,可以宣讲革命时期的,也可以是改革开放后的,或者是自己家的,用朋辈力量影响更多学生。

## 六、班会反思

这类主题的班会课极易走向一味"讲道理"的尴尬局面。找准起点,创新形式,显得尤为重要。设计本课前,执教班主任先对全校五年级的学生开展了主题调研。本课中涉及的问题,如"什么是家风""家风真的很重要吗""我们家有家风吗"等,都是学生关心的真问题,极大地调动了学生的探究热情。

借助调研数据,把握学情,找准问题,精准设计,是班会课成功的重要一步。

本课内容设计选取贴近学生生活的小切口,树立打动人心的现实榜样,让原本看不见的优秀"家风"具象化,变得可见、可亲、可学。学生的生活素材与话题的巧妙结合,既突显了学生的主体地位,又为目标的达成提供了极好的素材。

借助孩子的力量,影响家庭,推动社会发展。因此,本节课班主任不仅和学生共同学习成长,还专门给了学生回家指导家长的机会。这就借力班会课,在助力学生成长的同时,借学生的"小手"牵起父母的"大手",共同推动民族发展。

课堂上"为家风找源头"的活动,需要学生具备大量的资源支持。因此,本环节在实际操作时学生往往选取的是曾经学过的一些素材,对于没有学过的共鸣不深,在这方面可以进一步优化。此外,本节课的外延活动较深入,需要教师在课前和课后对班级各小组的探究活动进行深层次指导。

**附件1**

### 课前研学单

**一、生活观察**

1. 同学们,仔细观察你家里的墙壁上会挂什么字画?想一想,你的家人经常和你念叨什么话?你们家有什么样的规矩?或者想一想你曾经看过的书籍、学过的名言,你能找到家风的影子吗?

2. 仔细观察你生活的社区、街道,你看到哪些和家风有关的布置或者你知道哪些和家风有关的活动?

**二、小组探究**

1. 登录中国人民大学家书博物馆官网,选取你感兴趣的一封家书展开研究。

2. 思考:家书中蕴含的优秀家风是什么?有什么样的重要价值?

3. 可制作成PPT或其他形式,做好向全班介绍的准备。

**附件2**

### "我的家风"家庭会议活动单

1. 请同学们担任小主持人,根据流程主持整场会议。

2. 请初步确定以下内容。

活动时间：　　　　　活动地点：　　　　　参与人员：

3. 活动目标。

① 确定"我"家的家风并用具体的形式呈现出来。

② 落实家风,制定家庭行动指南。

4. 活动流程。

① 请学生向家人介绍什么是家风和优秀家风的重要意义。

② _____

③ _____

④ _____

5. 活动成效评价。

① 目标是否达成(是/否)。

② 成员是否能认真参与(是/否)。

6. 参加这次活动后,你有什么想说的?

【作者简介】

方艳,南京市陶行知学校教师,南京市优秀青年教师,南京市五一劳动奖章获得者,获评南京市"三八红旗手"、南京市"技术能手",南京市、江苏省和长三角地区中小学班主任基本功大赛一等奖获得者。

# 11 走进青春，解密成长

## ——六年级"青春期男女生正确交往指南"主题班会

刘 宁

## 一、背景分析

1. 主题解析

《中小学德育工作指南》中指出，教师在教育的过程中要有效地指导学生如何进行人际交往，培养学生健全的人格、积极的心态和良好的个性心理品质。六年级正处于青春发育期的伊始，是心理发展的关键期，社会的风尚和价值取向都在潜移默化地影响理性思考尚未成熟的少年儿童。异性同学之间如何交往是小学高年级学生中普遍存在的问题，这些需要教师进行适时正确的引导，促使学生形成健康、积极的交友观和价值观。

2. 学情分析

毕业在即，班级中的"氛围"逐渐微妙起来，表面上男女生之间界限划分得很明显，但不时又传出两个异性同学的"谣言"。为引导学生正确处理男女生的交往问题，帮助他们建立健康、纯洁的友谊，树立正确的价值观和情感观，特召开此次班会。通过此次班会，引导学生学会欣赏异性同学的优点，互帮互助、取长补短，开启美好的青春期生活。

## 二、班会目标

1. 认知目标

了解青春期男女生的生理和心理上的变化，认识到男女生正常交往的重要性，能够辨别交往中的不恰当行为。

2. 情感目标

树立正确的价值观和健康的异性交往观念，用积极阳光的心态去开启青春期生活。

3. 行为目标

学会用欣赏的眼光看待异性同学的优点,理性地解决男女生交友中的困惑,体验到异性同学正确交往带来的快乐。

### 三、班会准备

1. 教师准备:(1) 设计调查问卷,收集学生填好的问卷并进行分析;(2) 收集学生的照片并制作成长相册;(3) 准备歌曲《和你一样》并制作视频相册。

2. 学生准备:(1) 课前填写调查问卷;(2) 小组合作制作"成长树";(3) 准备红色和绿色卡纸并制作相应颜色的"灯牌"。

3. 环境准备:制作心愿树,布置班会场景(风格:清新、温暖)。

### 四、班会过程

**环节一:发现青春,问卷小调查**

1. 课前进行有关青春期异性交往的问卷调查,教师选择部分题目公布问卷结果,并分析存在的问题。

(1) 是否意识到自己已经进入到青春期了(如表1所示)。

表1 统计表①

| 选项 | 小计 | 占比 |
| --- | --- | --- |
| 是 | 18 | 69.23% |
| 否 | 1 | 3.85% |
| 不知道 | 7 | 26.92% |
| 本题有效填写人次 | 26 | |

(2) 需要帮助时,我_____请求异性同学(如表2所示)。

表2 统计表②

| 选项 | 小计 | 占比 |
| --- | --- | --- |
| 会 | 17 | 65.38% |
| 不会 | 9 | 34.62% |
| 本题有效填写人次 | 26 | |

(3) 我_____与异性同学争吵或打架(如表 3 所示)。

表 3　统计表③

| 选项 | 小计 | 占比 |
| --- | --- | --- |
| 从不 | 7 | 26.92% |
| 经常 | 3 | 11.54% |
| 有时 | 16 | 61.54% |
| 本题有效填写人次 | 26 | |

(4) 做游戏或体育课时,我_____跟异性同学分为一组活动(如表 4 所示)。

表 4　统计表④

| 选项 | 小计 | 占比 |
| --- | --- | --- |
| 不愿意 | 7 | 26.92% |
| 愿意 | 5 | 19.23% |
| 无所谓 | 14 | 53.85% |
| 本题有效填写人次 | 26 | |

(5) 我觉得自己长大了,开始注意自己的仪表和服装了(如表 5 所示)。

表 5　统计表⑤

| 选项 | 小计 | 占比 |
| --- | --- | --- |
| 是 | 20 | 76.92% |
| 否 | 6 | 23.08% |
| 本题有效填写人次 | 26 | |

(6) 我懂得青春期男女生之间如何正常交往了(如表 6 所示)。

表 6　统计表⑥

| 选项 | 小计 | 占比 |
| --- | --- | --- |
| 是 | 14 | 53.85% |
| 否 | 5 | 19.23% |
| 只知道一点点 | 7 | 26.92% |
| 本题有效填写人次 | 26 | |

2. 主持人总结:通过问卷调查,我们发现同学们开始在意自己的外表,大部分同学也意识到自己已经进入了青春期。但是面对男生和女生之间到

底该如何交往的问题大家依旧很茫然,今天的班会就是帮助大家化解困惑。

【设计意图】通过问卷小调查,让学生放下思想负担,更好地融入班会中。问卷调查的总结更有针对性地指出目前大家存在的问题,引起学生想要探究异性同学如何正确交往的好奇心。

### 环节二:感悟青春,青春纪念册
**活动 1:猜一猜**

伴随着歌曲《童年》,用幻灯片播放大家的成长照片。引导学生边看视频边猜测照片中是谁,感受彼此的变化。

**活动 2:说一说**

请学生说说这些年自己的变化(生理、心理)。

*预设回答:*长高了,变胖了,会思考了,戴眼镜了,变声了……

*主持人总结:*大家说得都很好,这些年我们发生了很多变化,我们长高了、长大了、懂事了,心思也开始变得细腻了,有了独立思考的能力,也有了更强的自我意识。

**活动 3:想一想**

*主持人:*成长的过程中,你能说出男女生之间的交往有哪些变化吗?

*预设回答:*体育课时男女生各玩各的,异性之间交往密集了就会有"闲话",男生会欺负女生……

*主持人总结:*低年级时,男生女生经常一起玩耍,那时的我们无忧无虑,天真无邪。随着年龄的增长,男女生之间发生了变化,有了各自的想法,彼此之间也出现了一些"不和谐"的现象。其实,这是每个人都会经历的过程,大家要学会理性地面对和处理。

【设计意图】通过播放学生成长的照片,引导学生在回忆中感受自己和同学的变化,在回顾过去的同时思考随着年龄增长男女生交往上的变化。通过初步感悟青春期,提出自己的困惑,为进一步探索与异性同学如何正确交往做铺垫。

**环节三：体验青春，青春正步走**

**活动 1：辨一辨**

向学生展示四幅图片。第一幅图：一个男生与一个女生在争吵；第二幅图：放学了，几个男生与女生一起做作业、讨论问题；第三幅图：一个男生拉着女生的手，单独在路上走；第四幅图：集体活动时，男女生手拉手欢快地进行游戏。

引导学生通过讨论说一说图中男女生相处时，哪些行为是恰当的，哪些是不恰当的，为什么？

预设回答：第一幅图中人物的行为是不恰当的，第二幅图中人物的行为是恰当的，因为男女生相处时要友爱互助，取长补短，不能恶语相向、互相伤害，这是不友善的表现。

预设回答：第三幅图和第四幅图中，虽然都是拉手，但是选择的场合不同，在公共场合进行集体活动时，由于活动的需要男女生手拉手是很正常的，但是在男女生单独相处时手拉手是不合适的，在我们这个年龄段，男女生之间应该保持单纯的友谊。

**活动 2：讲一讲**

主持人与同学们进行一个"真心话"的游戏：请三位同学选择"真心话"三个字当中的任何一个，每个字的背后有一个问题，必须"如实"回答。

问题1：有同学经常开你和另外一位男（女）生的玩笑，但其实你们只是要好的朋友，这时你该怎么办？

预设回答：和异性朋友相处时要注意方式和距离；坦然面对，自尊自爱，保持纯真的友谊。

问题2：小兰为了避免别人说闲话，她从不与男生交往，更不和他们交朋友，你会怎么办？

预设回答：邀请她多参加班集体活动，建议她广泛交朋友。

问题3：班上有个特别优秀的异性同学，你很欣赏他（她），你会怎么做？

预设回答：默默地放在心里；以他（她）为榜样好好学习。

**活动 3：想一想**

我们该如何与异性同学相处？请辨别下列行为（如图 1 所示），属于正确恰当的交往方式请亮"绿灯"，不恰当的行为方式请亮"红灯"。

| 请为下列的行为亮灯 | | | 读一读 | | |
|---|---|---|---|---|---|
| 过分随便 | 举止端庄 | 动手动脚 | 应该—— | | |
| 自然大方 | 大打出手 | 自尊自爱 | 互相尊重 | 自尊自爱 | 自然大方 |
| 言语冷漠 | 勾肩搭背 | 举止亲密 | 合作互助 | 保持距离 | 把握尺度 |
| 互相取笑 | 互相帮助 | 珍惜友谊 | 不应该—— | | |
| | | | 过分拘谨 | 过分冷淡 | 过分随便 |
| | | | 过分粗暴 | 过分轻佻 | 过分亲密 |

图 1　辨别行为　　　　　　图 2　异性同学交往规则

红灯：过分随便，动手动脚，大打出手，言语冷漠，勾肩搭背，举止亲密，互相取笑。

绿灯：举止端庄，自然大方，自尊自爱，互相帮助，珍惜友谊。

主持人进行总结，并让大家齐读异性同学交往规则（如图 2 所示）。

活动 4：演一演

小红和小明是不错的异性朋友，平时也会一起玩耍一起学习，有一天小明突然塞了一张纸条给小红，纸条上写着"我喜欢你"。小红……

请两组同学进行表演，同学们进行点评。

小组一：小红用简单粗暴的拒绝方式来解决问题。

小组二：小红委婉拒绝，礼貌大方地解决问题。

主持人总结：大家看一看，不同的处理方式就会产生不同的结果，青春懵懂阶段被优秀的异性同学吸引不是件丢人的事，我们可以把这种美好的情感放在心里，以对方为榜样努力学习。如果真的遇到了情境中发生的事情，我们也不要粗鲁对待，不然会伤害对方的自尊心。遇到这种情况，我们要冷静、大方，既注意保护对方的尊严，也要维护彼此纯洁的友谊。

【设计意图】通过对四幅不同的图片进行对比、判断，学生可以直观地感受到与异性同学相处的行为哪些是不恰当的，思考到底应如何正确与异性相处。"真心话"游戏环节中的三个问题都是学生实际学习生活中常见的问题，真实的情境问答可以激发新的认知和思维碰撞。最后通过情境演绎让学生体验不同的处理方式带来的不同结果，从而获得自我调节和解决问题的办法。

### 环节四:解密青春,青春不迷茫

#### 活动 1:看一看

观看青春期异性交往指南视频。(内容简介:青春期少年思维迅速发展,对异性产生好感,但由于各方面压力让自己很苦恼。这时不要害怕,要广泛交友,和异性交往时要放松,流露自然的性格特点,多参加集体活动。也可以把自己的忧虑和烦恼告诉朋友和家人)

主持人解释异性交往"五原则":"广而不狭"是广泛地进行交友;"疏而不远"是男女生之间要保持一定距离,但也不能高高在上;"奋而不颓"指的是正确的友谊可以给我们带来积极的力量;"淡而不深"就如古语所说"君子之交淡如水";"喜而不痴"是说健康的友谊会给我们带来愉快的心情。

#### 活动 2:悟一悟

如何与异性同学正确交往?请同学们自由发言。

主持人总结:男女同学之间的正常交往和纯真的同学友谊,有利于我们身心的健康成长,有利于形成团结的班集体氛围。交往中要自然大方,保持正常距离,自爱自重,建立纯洁真挚的友谊,快乐成长,开心学习!

【设计意图】感悟青春和体验青春在这个环节得到理论的升华,通过观看指导青春期异性交往指南视频,让学生认识到异性交往的重要性和意义,树立健康的异性交往观念。从感知、体验到解密,将异性同学如何正确交往的问题逐步清晰化,内化于学生心中。

### 环节五:畅想青春,青春圆舞曲

#### 活动 1:唱一唱

全班合唱歌曲《和你一样》,并观看视频相册。

视频相册收集了小学六年的学习生活中同学们集体活动的照片,"我和你一样,一样的坚强,一样的全力以赴追逐我的梦想",让学生在歌曲中体会友情的珍贵、青春的美好。

#### 活动 2:写一写

在《友谊地久天长》的悠扬旋律中写下自己的青春愿望,并粘贴在"成长树"上。

预设回答:我希望自己考上理想的大学;我希望能长得高一点;我希望

我们之间的友谊天长地久……

**活动 3：读一读**

由主持人读一读学生的青春愿望。

主持人总结：青春期是我们人生中最美好的时光，这个世界正是因为有了男女生的存在才变得更加多姿多彩，让我们携手共进，让我们的友谊天长地久。

【设计意图】通过男女生合唱同一首歌唤起学生对童年的回忆，对青春的向往，激起学生对良好异性友谊的美好感受。青春愿望的书写是对整节班会的总结，学生的心愿表达正是对未来的无限向往和憧憬，引导学生树立正确的人生观和价值观。

**教师总结**

六年的小学时光里，我们有缘聚在一个班集体，收获的不仅是知识还有友谊，这是命运赐给我们的宝贵财富。通过今天的这节班会，我们知道了青涩友谊的珍贵，明白了男女生相处的正确态度和原则，也学会了自我调节和处理事情的小技巧。希望大家能够珍惜美好的青春时光，以梦为马，不负韶华，拥抱美好的未来！

## 五、活动延伸

1. 将班会课中总结的异性同学正确交往原则书写在黑板报上，形成正确的交往行为规范。

2. 开展班级男女生学习竞赛活动，让学生在互相帮助、互相竞争的班级氛围中学会彼此坦然相处、取长补短，以平和健康的心态集中精力完成小学阶段学业任务的最后冲刺。

3. 由班主任收集学生的"青春愿望"并制作成精美的书签，在毕业典礼时赠送给学生。

## 六、班会反思

此次"青春期男女生正确交往指南"主题班会的开展，帮助学生了解自己在青春期的变化,把握青春期男女生正确交往的原则,能够在同学之间建立纯真的友谊。

本次班会取得了较好的效果。一是准确定位切主题,二是激趣导入现主题,三是自主感悟表主题,四是多元参与呈主题,五是真实演绎思主题。

在班会中的预设和真实情况总会有一定"偏差",但这才是班会生成中最真实的一部分。比如在"真心话"环节,学生的回答在预设之外,出现这种突发情况切不可直接批评学生,对他们的回答,我们应先肯定他们的勇气,再理性帮助他们分析并改进处理问题的方式。

通过这节班会,学生懂得了如何正确处理男女生交往问题,班级中男女生之间的关系也有了很大的改善。但一节课并不能解决学生实际生活中遇到的所有问题,所以班会课后班主任开展后续工作和巩固实施拓展活动是必要的。

【作者简介】
刘宁,扬州市仪征市月塘中心小学教师,扬州市2021年"教育新闻人物",仪征市学科带头人,仪征市班主任名师工作室和家庭教育名师工作室成员,仪征市优秀教育工作者,2021年江苏省中小学班主任基本功大赛一等奖获得者。

# 第三部分　热爱伟大祖国

12. 航天梦,共赴一场梦想之约
    ——四年级主题班会

13. 祖国在我心中
    ——四年级"我爱我的国"主题班会

14. 漫漫长征路,拳拳奋斗心
    ——五年级"传承红色基因"主题班会

15. 走好中国特色路
    ——五年级主题班会

16. 增强责任之心,勇于担当作为
    ——六年级主题班会

# 12　航天梦,共赴一场梦想之约
## ——四年级主题班会

张　雷

## 一、背景分析

### 1. 主题解析

《中小学德育工作指南》总体目标中提到,要培养学生爱党爱国爱人民,增强国家意识和社会责任意识。中国共产党百年征程,波澜壮阔。习近平总书记说:"探索浩瀚宇宙,发展航天事业,建设航天强国,是我们不懈追求的航天梦。"2021年6月,"神舟十二号"载人飞船携带三名宇航员成功升空,并与核心舱自主、快速交接,这意味着中国的航天事业迈入新的阶段。学党史,了解中国航天事业的发展进程和航天英雄背后的故事,就是要学生铭记历史、传承精神,激发学生崇尚科学、探索未知、敢于创新的热情,为实现中华民族伟大复兴的中国梦凝聚强大力量。

### 2. 学情分析

2021年4月中国空间站"天和"核心舱发射成功;2021年5月"天问一号"成功着陆火星,"祝融号"火星车驶抵火星表面并开展科学巡测,标志着我国首次火星探测任务取得圆满成功;2023年10月,"神舟十六号"与"神舟十七号"航天员乘组进行太空交接。在这些航天热点事件的冲击下,孩子们对宇宙和中国航天事业有了前所未有的兴趣。同时,学生通过统编教材中《千年梦圆在今朝》一课了解了中华民族千年飞天梦逐步实现的过程。因此,在本节班会课中,教师巧妙设计活动,让孩子们在实践中体会航天英雄的艰辛,明白个人梦想与国家梦想是紧密相连的,引导学生学习航天员坚韧不拔、忠诚爱国的精神。

## 二、班会目标

### 1. 认知目标

通过图片、视频、故事、诗歌、绘画等形式了解中国航天事业的发展进程，知晓航天英雄背后的故事。

### 2. 情感目标

通过聆听、观察、表达、思辨、体验等环节，激发学生的探索精神和民族自豪感，学习航天员热爱科学、坚定理想、忠诚奉献的爱国精神。

### 3. 行为目标

通过实践活动，看到自身的不足，明白实现梦想需要自己坚持奋斗和拼搏探索。通过航天梦认识"中国梦"，明白个人梦想与国家梦想是紧密相连的，引导学生为实现理想而脚踏实地不懈奋斗。

## 三、班会准备

1. 教师准备：(1) 准备地球与宇宙景观的视频；(2) 准备"旋转座椅"等体验道具；(3) 准备《钱学森》《太空一日》等文字资料；(4) 准备太空梦想留言条（每个学生一张）。

2. 学生准备：(1) 各小组课前认真进行调查，搜集中国航天事业相关资料，并根据需要制作PPT进行学习成果的汇报准备；(2) 学生代表朗诵赞美中国航天人的诗作《最高处的漫步》；(3) 学生自主制作创意航天秀作品。

## 四、班会过程

主持人1：一颗卫星，满载着期望与自信。

主持人2：一枚火箭，点亮了热情与骄傲。

主持人1：2021年，"天问一号"成功着陆火星，首次火星探测任务取得圆满成功。

主持人2：2023年，"神舟十七号"航天员安全返回问天实验室，出舱活动取得圆满成功。

主持人1:人民沸腾！祖国沸腾！

主持人2:我们为祖国的航天事业骄傲！我们为中华民族的腾飞而自豪！

合:向阳花班"航天梦,共赴一场梦想之约"主题班会现在开始！

**环节一:点亮星辰大海**

主持人1:让我们走进茫茫宇宙,见证宇宙的浩瀚。

(视频的画面依次呈现城市、地球、太阳系、银河系,地球在宇宙中宛如一粒尘埃)

**活动: 航天知识PK**

主持人1:人类对神秘的太空充满探索的欲望。从明朝的士大夫万户到今天的"神舟十七号"载人飞船上天,中国的航天事业取得了骄人的成绩。我来考一考大家。

依次出示问题:① 我国发射的第一颗卫星的名字是什么？② 我国的航天日是几月几日？③ 我国第一艘载人飞船是"神舟"几号？④ 我国首颗探月卫星叫什么名字？

主持人2:同学们真了不起！让我们一起走进中国的航天事业,和航天员们零距离,共赴一场梦想之约。

【设计意图】围绕中国航天以视频和竞答的形式导入本节课,新颖有趣,气氛活跃,旨在激发学生的积极性与兴趣,为后续内容的推进巧妙铺垫认知基础与情感基础。

**环节二:见证航天历程**

**活动: 小组特色汇报**

主持人1:同学们,你们对中国的航天发展有更多的了解吗？下面让我们听听各小组的汇报,感受中国航天事业的飞速发展。(板书:见证航天历程)

预设1:云霄小组讲述嫦娥奔月的故事,诵读和月有关的诗句,介绍自古以来中国人的探月情怀。

追问:你还知道哪些有关月亮的人物或故事？你发现了什么？

预设2:风云小组结合视频介绍钱学森的故事和第一颗人造卫星"东方红一号"的情况。

预设3:飞翔小组化身"神舟号"家族,讲述杨利伟和"神舟五号"开启了中国一个崭新的航天时代的故事。

交流:"神舟号"家族为什么会迅速发展呢?

预设4:希望小组介绍探月工程,对"神舟十二号"首次入驻"太空之家"、使用太空Wi-Fi、骑动感单车等情况进行介绍。

主持人2:听了四个小组的介绍,同学们对中国航天事业的发展有什么想说的吗?

主持人小结:跻身世界先进水平的中国航天从无到有、从弱到强,成功地发射了载人飞船,取得了举世瞩目的成就,实现了中华民族的飞天梦,身为中华儿女我们倍感自豪。

【设计意图】通过图片、视频、故事等形式,学生查阅大量资料后自主汇报中国航天事业的发展历程,引导学生在具象可感的认知中增强对祖国航天事业的兴趣,也点燃学生爱国情感的火苗,为后面激发爱国热情起到铺垫作用。

### 环节三:梦想承载汗水

主持人2:习近平爷爷说过,"探索浩瀚宇宙,发展航天事业,建设航天强国,是我们不懈追求的航天梦"。那么,这些航天们的日常生活是怎样的?

主持人1:让我们一起走进航天员的生活,了解他们背后的故事。请观看我们中国航天员们的日常训练视频。(板书:梦想承载汗水)

(视频展现宇航员日常体能训练,尤其是"模拟失重水槽训练""耐力高速转训练"的过程)

主持人2:看了航天员们的训练,你有什么想说的吗?

**活动:体验模拟训练**

主持人1:请老师带领我们一起进行模拟训练,体验航天员的训练生活。

教师:首先进入游戏"天旋地转",请同学们原地转10圈后,将"中国航天"四个字按照顺序排列。

(请一名同学到前面完成,其他学生在座位上完成游戏)

教师:参加体验的同学们,你们有什么样的感受?

预设:头晕眼花,根本分不清东西南北,而且身体不舒服,完成任务太困难了。

教师:接下来我们进行"耐力比拼"游戏,请同学们半蹲马步,平举双手,看看自己能坚持多久。

教师:参加体验的同学们,你们有什么样的感受?

预设:双腿发抖,手臂发酸,航天员的训练比我们不知道强多少倍,航天员们的意志力太坚强了!

主持人2:是的,航天员们要承受超重、低压等特殊环境下的严峻考验,挑战人体极限,中国航天事业的飞速发展离不开航天英雄的默默奉献。

【设计意图】"告诉式"德育,只是让浅层的信息流经学生的大脑,并未唤醒他们情感上的认同。所以这一环节通过体验、访谈等方式让学生切实体验航天员们的艰辛,引发思考。学生的品德形成不仅要有知识的构建,更要融入情感体验和认知感悟,这样才能由道德认知形成道德信念。

**环节四:榜样引领梦想**

主持人1:同学们,这么艰辛的训练生活,是什么支撑着他们日复一日地坚持呢?让我们走进航天员的内心世界,探索他们身上的精神,让榜样引领我们成长。(板书:榜样引领梦想)

### 活动1:故事背后的英雄精神

主持人2:20世纪,钱学森冲破阻挠回到祖国;2003年,中国第一艘载人飞船搭载杨利伟成功返回地面,请大家阅读资料。

《钱学森》:钱学森学成归来时受到了美国的严重威胁。面对危险,他义正词严,决心回国。回国后他为中国的航天事业做出了巨大贡献。

《太空一日》:描写了火箭起飞时杨利伟紧张的心理以及火箭产生共振时杨利伟经受的痛苦、回航时惊心动魄的过程。

主持人1:读了两篇文章,你有什么想说的吗?

预设1:为了祖国的强大,钱学森爷爷宁可放弃美国优越的条件也要回国,他的爱国之心让人感动。

预设2:杨利伟叔叔为了执行太空任务,不畏艰险,不怕牺牲,这既是他的勇敢坚强,也是对伟大祖国深深的热爱。

预设3:从"火箭之王"钱学森到杨利伟叔叔,每一位航天人身上爱国、奉献、创新的精神都值得我们学习。

主持人2:你认为是什么铸就了中国航天今日的辉煌?

主持人2:倘若没有视死如归的勇气、没有赤诚的爱国之心,就不会有"两弹一星"的成功发射,更不会铸就中国航天事业的丰碑。

(展示王亚平采访语录:我心里只想的就是一句话,我为祖国感到骄傲,祖国的利益高于一切)

学生深情朗读。

**活动2:英雄赞歌献给您**

主持人2:让我们把最美的赞歌送给英勇无畏、无私奉献的航天人吧!

学生代表朗诵赞美中国航天人的诗作《最高处的漫步》。

交流:你想对航天员们说什么?

主持人1:中国航天人在茫茫宇宙中实现了最高处的漫步,这一切都来源于他们的不断努力,我们要向他们致敬。

【设计意图】从名人故事入手,贴近学生认知水平,学生阅读完之后更是有感而发,正是由于一代代航天人的无私奉献才有了今天举世瞩目的中国航天事业。再通过王亚平的话语和诗歌朗诵,以文字的魅力将个人理想融入实现中华民族伟大复兴的航天梦、中国梦之中。此刻,爱国情在同学们心中油然而生,并愈发强烈。

**环节五:点燃少年梦想**

**活动1:创意航天秀**

主持人1:同学们,航天员们的梦想已实现,让我们一起点燃属于自己的少年梦!(板书:点燃少年梦想)

主持人2:同学们,请你们自主设计制作航天创意作品,展示自己的创意。(邀请每组的学生代表展示本组的作品)

主持人1:通过创意航天秀的活动,你有什么想说的吗?

预设1:我们每个人都要学习航天人的奉献和精益求精的精神,并把这种精神融入自己的学习生活中。

预设2:作为小学生,我一定要努力学习知识,坚持锻炼身体,长大以后为祖国做出自己的贡献。

预设3：中国航天科技的发展让世人惊叹，令国人自豪，我身为其中的一员与有荣焉，我会努力学习，为祖国发展做贡献！

**活动2：梦想留言条**

主持人1：同学们，让我们写下自己的梦想，一起放进"爱国者空间站"吧！

主持人2：请大家分享自己的太空梦想留言条。

预设1：我长大后想做一名医生，像屠呦呦奶奶那样，为更多的病人减轻痛苦。

预设2：我要做一名人民教师，把更多的知识教给我的学生，让他们成为对祖国有用的人。

学生交流后贴到"爱国者空间站"。

主持人1：习近平总书记说过，"我以为，实现中华民族伟大复兴，就是中华民族近代以来最伟大的梦想。这个梦想，凝聚了几代中国人的夙愿，体现了中华民族和中国人民的整体利益，是每一个中华儿女的共同期盼"。

主持人2：所有中国人的梦汇成了中国梦。同学们，让我们带上自己的梦想，努力拼搏，一起实现中国梦！

**活动3：向阳花宣誓**

主持人1：有请班长带领我们宣誓！

宣誓词：为了心中的梦想，刻苦勤奋，自强不息；报效祖国，脚踏实地；崇尚科学，努力学习；热爱劳动，强身健体；请党放心，强国有我！

**【设计意图】**通过创意航天秀、梦想留言条的形式，将孩子们对探索太空的兴趣和奋斗的目标、行动的规划以具体的形式表现出来；最后的宣誓，更是提醒学生将爱国情怀付诸脚踏实地的努力。

**教师总结**

同学们，实现自己的梦想需要付出艰辛的努力。每个人心中的梦想汇聚在一起就构成了中国梦。作为小学生，我们要好好学习，不断进取，请党放心，强国有我，共同努力实现中国梦！

## 五、活动延伸

### 1. 筑梦

结合小学阶段学到的科学知识,展开想象的翅膀,设计一个太空实验项目,向全班同学展示分享。

### 2. 晒梦

将梦想细化成短期行为目标,制成卡片,以小组为单位悬挂在教室文化墙,组长每周组织组员按每人所写的目标进行行为评定考核,评选"行动之星"。

### 3. 画梦

未来的"神舟号"飞船可以不用火箭来搭载吗?会成为"太空巴士"遨游宇宙吗?……请同学们把创想变成缤纷的图画,绘出心中的航天梦!

## 六、班会反思

千年梦圆在今朝!此次围绕航天为主题的班会活动,重视学生的生命成长与发展。从"忆梦"到"筑梦",通过活动激发学生对航天事业的浓厚兴趣,积极引导学生从小树立梦想,为梦想拼搏,培养他们爱党爱国、崇尚科学的情感,增强为实现民族复兴梦的责任感,落实行动,追逐梦想。

### 1. 教育契机善捕捉

本次班会活动的素材来源于当前的航天时事,指向未来,是一场关于创造梦想的对话。活动紧扣时代脉搏,聆听学生心声,让学生的思想迸发闪亮的火花。

### 2. 活动方式巧设计

采用小课题探究的方式,以问题为导向,让学生自己去发现,从自己的角度去思考,用自己的心灵去感受,培养学生的创新精神和综合能力。

### 3. 活动体验重感受

再精彩生动的讲授都无法代替个人的亲身感悟和直接体验。通过数据调查、亲身实验、动手制作、写留言条等方式,帮助学生多角度感受中国航天人的不朽精神。整节课设计得虽简单但效果明显,既保留了童言童趣,又追求有理有据,让孩子们在营造梦工场的同时,更感到责任在肩。

4. 重视感悟有提升

教育目标不仅是让学生了解中国航天发展的历程,更重要的是要让学生通过探究感悟,学习中国航天精神,激励学生把个人梦想和祖国的发展、富强联系在一起,用实际行动来谱写中国梦的美丽篇章。

【作者简介】

张雷,宿迁市泗阳双语实验学校教师,宿迁市学科带头人,宿迁市"千名拔尖人才培养工程"第三层次培养对象,泗阳县优秀教育工作者,江苏省中小学班主任基本功大赛一等奖获奖者。

# 13　祖国在我心中
## ——四年级"我爱我的国"主题班会

聂黎萍

## 一、背景分析

### 1. 主题解析

在2018年全国教育大会上,习近平总书记强调:"要在厚植爱国主义情怀上下功夫,让爱国主义精神在学生心中牢牢扎根。"《中小学生守则》中将"爱党爱国爱人民"列为九条守则之一。对学生进行爱国主义教育,是维护中华民族强大凝聚力的需要,是建设社会主义精神文明的需要,也是少年儿童健康成长、积极发展的需要。

### 2. 学情分析

班会前夕教师进行了问卷调查和个别访谈,发现四年级学生对于"爱国"二字仅停留在喊"口号"层面,甚至个别孩子对每周一的升旗仪式的意义都无法准确认知。在他们心中"祖国"的概念比较模糊,对"祖国"的认知单一且片面,鉴于这一现状,本节班会整合了多门学科资源,鼓励班级学生开展研究性学习,以小组合作的形式搜集与班会主题呼应的材料,并在主题班会中进行分享,从而通过多种活动形式帮助学生完善认知,点燃爱国之情,践行爱国之心。

## 二、班会目标

### 1. 认知目标

通过分工合作,调动学生的积极性,引导学生多角度感受祖国的地大物博、繁荣富强,知道祖国的强大是人民幸福的基石。

### 2. 情感目标

通过丰富的材料呈现及课前预热,让学生懂得爱国与责任的关系,明白爱国就是承担起自己应负的责任,坚定他们为中华民族的伟大复兴认真学习、努力奋斗的信念,树立远大的理想。

### 3. 行为目标

学生能够从现在做起、从点滴做起,明白爱国并不是遥不可及的事,而是随时随地都能做得到的。

## 三、活动准备

1. 学生分组合作,教师指导学生开展研究性学习。
2. 学生学唱《红领巾飘起来》、排演情景剧。
3. 晨会与夕会时组织学生交流讨论当天新闻,营造关注时事、关心国家大事的班级氛围。

## 四、班会过程

### 环节一:祖国知多少

**活动:头脑风暴**

教师导入:今天的"课前一首歌"同学们齐唱了《红领巾飘起来》,你们动听的歌声让我心潮澎湃,祝愿我们每位少先队员都能成长为祖国的栋梁!同学们,看到黑板上的"祖国"二字,首先印入你脑海中的是什么词语呢?

学生:(各抒己见)独立、骄傲、幸福、科技、地大物博、国庆节、长城……

(教师事先在黑板上画出一棵大树的简笔画,相机板书学生回答过程中涉及的内容)

教师:课前老师采访了许多同学,大家都说很爱我们的祖国,可是一问到具体是怎么爱的,一个个抓耳挠腮支支吾吾。同学们,我们可以通过多种方式表达对父母的爱,因为父母是有血有肉的人,能沟通能交流。其实,我们的祖国妈妈也是如此,走近她,就能发现她魅力非凡。

【设计意图】头脑风暴的活动让学生兴趣高昂,对"祖国"一词的发散思维让学生的课前研究有了用武之地,奠定了班会课良好的开端。同时,班会课的问题来自学生群体,通过问卷调查得知学生对班会主题存在的疑问之处,结合教师的主导,使得整节班会活动的针对性更强。

**环节二：秀秀我的"国"**

**活动 1：放大镜（学生研究性学习汇报）**

1. 祖国地大物博（从有形的层面感知国家）。

第一小组汇报。

（1）同学们，通过查阅资料，我们小组的同学了解到我们国家位于亚洲东部、太平洋的西岸。我国幅员辽阔，陆地面积约 960 万平方千米，水域面积约 470 多万平方千米，一共约 1 430 多万平方千米。我们国家人口总量大，民族众多，资源丰富。

（2）新闻播报：钓鱼岛之争。（学生交流讨论，初步形成领土意识）

2. 祖国繁荣富强（从无形的层面了解祖国）。

第二小组汇报。

（1）科技强国：（视频组展示）同学们，由于时间关系，我们呈现的是简略版的视频，完整的视频片段已经上传到班级 QQ 群，感兴趣的同学可以回家和家人一同观看。

这些都是我们中国人了不起的创造，人类历史上最大的单口径球面射电望远镜 FAST、全球最大的海上钻井平台"蓝鲸 2 号"——亮相，我们不断圆梦、不断创新，向世界人民展现了我国的大国风采。

（2）绿色中国：（展示图片）这是一场视觉盛宴，这些图片都呈现了祖国的壮美河山、良好的生态文明建设。

（3）文化大国：我们每位同学从入学就开始诵读古诗文，我们积累经典、学习经典，将我们的传统文化不断推广和传承，而我们的文化也会被更多的外国人欣赏和学习。

（4）体育大国：（展示图片）同学们，平时你们关注体育比赛吗？一个个好消息不断传来，一个个令人骄傲的奖牌被不断捧回，我们发扬体育精神，在赛场上乘风破浪，成长为让其他国家都敬佩的体育大国。

休息时段：合唱团同学演唱《歌唱祖国》。

3. 祖国大国风范（在纵、横向对比中感悟祖国的强大）。

第三小组汇报。

（1）祖国是我们坚强的后盾。

学生：同学们，2018 年日本大阪地震，关西机场滞留大量的旅客，我们祖国克服重重困难,高效撤离了我们的同胞,"祖国接我回家",这种效率和未雨绸缪的悉心准备让我们感动和自豪!

(2)祖国是我们幸福生活的重要基石。

学生:(展示叙利亚儿童的照片)这张照片非常有名,很多人看到了都会流泪,叙利亚儿童生活在水深火热之中,而我们成长在新中国的怀抱里,我们衣食无忧,我们快乐学习,正是因为祖国的强大,保障了我们每一天健康茁壮成长!

**活动2:聚光灯(整合学科资源)**

教师:每一个小组都精心准备了资料,让我们感受到祖国的繁荣和强大,心中情不自禁地燃起爱国之情。

同学们,生活中要做有心人,其实"祖国"就藏在我们各学科的课程内容里,给大家5分钟时间,以大组的形式展开交流,找出藏在语文、道德与法治、音乐、美术等学科里的"祖国",并用你们喜欢的方式呈现出来。

学生大组内交流(走下座位讨论),选择呈现方式,并派代表进行展示。

(1)"语文"——学生朗诵李白《望庐山瀑布》《望天门山》,感受祖国山河的秀美多娇。

(2)"道德与法治"——聆听"王二小的故事",感受当今幸福生活的来之不易。

(3)"美术"——运用班级网络,直接查找黄泽金《和谐中国》、刘文西《东方》等经典作品,感受祖国山河的如诗如画、宏伟壮观。

(4)"音乐"——歌曲合唱《我爱你,中国》。

【设计意图】学生对国家形象认知的单一和片面是他们目前存在的最大问题,所以在班会课前进行了分组,对班会活动的内容做好充分的预设。学生以小组的形式进行材料的搜集和准备,同时以小组展示的方式进行汇报,这些都有助于学生自我教育、点燃爱国之情。

**环节三:我爱我的国**

**活动1:发现爱国者**

1. 教师导入。

大禹治水,三过家门而不入,为国家做出了巨大的贡献。"路漫漫其修远兮,吾将上下而求索。"伟大爱国诗人屈原,一生心系家国社稷,不忍国破家亡,最终用生命谱写了一曲千古悲歌。"两弹一星"的成功研制,离不开那些爱国的先辈们,邓稼先、钱学森、钱三强等伟大的科学家,正因为他们有"国而忘家,公而忘私"的爱国精神,才使我们的国家越来越强大,才使中国能够屹立于世界强国之林。

生于和平年代的我们,不需要用流血的方式去表达对祖国的爱,我们的身边依旧有着一群爱国者,看看谁的眼睛最尖,能够发现他们。

2. 同学分享。

生1:我爸爸是警察,工作很危险,要抓坏人,维护治安。他不怕牺牲,他是爱国者。

生2:每次出国的时候许多人都会格外关注自己的言行,他们也是爱国者!

生3:我的爷爷是位老红军,一直到现在他都以此为荣,虽然他不能再为祖国而战了,但他心里一直装着国家,这次国庆他就特别期待,他想通过电视观看阅兵式,他也是一位爱国者。

生4:代表中国参加奥运会并取得荣誉的运动员们,他们也是爱国者,他们为国而战!

生5:社区里有许多志愿者,他们尽自己所能去帮助别人,他们也是爱国者。

……

**活动2:成为爱国者**

1. 爱要行动起来。

第四小组表演情景剧(教师给出前半段情境,学生续编)。

(1) 升旗时有同学抱怨站得太累,没意思,还不如回班级看书……

教师小结:做好分内事,提高真本领。

(2) 学校组织社区学雷锋义务活动,面向全校同学招募小小志愿者加盟……

教师小结:为他人服务,不计得失。

(3) 出国旅游,同行的朋友不注意个人礼仪,随地吐痰,大声喧哗……

教师小结:从点滴小事做起,维护国家形象。

2. 小小的我,大大的国。

(1) 填写"小小少年梦想卡"(如表1所示),思考个人理想与国家理想的关系。

(2) 教师小结:少年强则国强,少年智则国智,我们是祖国的未来和希望,今天我们以

表1 小小少年梦想卡

|      | 个人 | 社会 | 国家 |
| --- | --- | --- | --- |
| 梦想舞台 |  |  |  |
| 努力方向 |  |  |  |
| 阶段反馈 |  |  |  |

祖国为荣,明天祖国以我们为傲!爱国不仅是大人的事,更不是天天想着做大事,爱国是每个人最朴素的情感。从大家的谈论中我看到了每个人心中对祖国的爱。这些爱汇聚成我们为祖国发展贡献的微薄力量,展现了我们的爱国情怀,践行了我们的爱国之心。爱国情,强国志,报国行。老师期待每个人都能展开爱国的翅膀翱翔于蓝天!

【设计意图】国家形象丰富饱满之后,学生的爱国情感更具象化,此时,对于践行爱国行为的指导就水到渠成。同时引导学生认识到爱党爱国爱人民是中小学生的必备品质,少年强则中国强!

## 五、活动延伸

1. 光影时间:组织同学们观看有关爱国主义的影片。
2. 亲子社区:回家后与家长交流今天的主题班会,学会分享,同时听听他们的爱国故事。

## 六、班会反思

学校是青少年爱国主义教育的重要阵地,结合学校的主题活动月,我们开展了系列主题研究活动。本节班会课基于学生的研究性学习,以小组合作的形式展开,学生自主搜集与班会主题相关的材料,并在主题班会中进行分享展示,通过自主学习与教师引导完善认知,这样的班会形式能够让学生开展自我教育,教师适时参与学生的互动交流,或启发,或鼓励,或引导,增强学生的代入感、参与感。在40分钟的时间里,学生有体验、有行动、有提升,虽然在互动交流过程中部分学生的发言比较稚嫩,却能让人感受到他们从内心深处生发的对祖国的热爱,这样的效果为今后进一步展开爱国主义教育活动、厚植爱国主义情怀奠定了良好的基础。

【作者简介】
聂黎萍,南京市北京东路小学教师,南京市玄武区德育学科带头人,南京市德育优秀青年教师。曾获南京市职工职业(行业)技能大赛中小学班主任基本功技能竞赛(小学组)一等奖、江苏省中小学班主任基本功大赛(小学组)一等奖、长三角地区中小学班主任基本功大赛(小学组)一等奖,被评为南京市玄武区"优秀教育工作者"、南京市"五一创新能手"、南京市"青年岗位能手"、南京市"技术能手"等。

# 14　漫漫长征路，拳拳奋斗心
## ——五年级"传承红色基因"主题班会

陈　语

## 一、背景分析

### 1. 主题解析

《新时代爱国主义教育实施纲要》指出，要"大力弘扬民族精神和时代精神"，"广泛开展爱国主义、集体主义、社会主义教育"。长征精神，是红色革命精神之一。习近平总书记指出："伟大长征精神，是中国共产党人及其领导的人民军队革命风范的生动反映"，我们要不断结合新的实际传承好、弘扬好，"每一代人有每一代人的长征路，每一代人都要走好自己的长征路"。

### 2. 学情分析

二万五千里长征中，红军爬雪山、过草地的故事家喻户晓，日常的国家课程教学如语文、道德与法治中都进行过相关的主题教学，学校也结合相应主题开展过德育活动，但通过对课前关于长征的调查问卷分析后发现，学生对这段历史只有一些浅显、零散的了解。比如，对长征的总体印象较为模糊，难以理解长征为何如此艰辛，容易将长征孤立地看作历史事件，忽略对长征精神的传承。在班级"红领巾建议"征集中，学生也表达了想上"传承红色基因"这一主题班会的意向。因此，开展"传承红色基因"主题班会活动顺理成章。

## 二、班会目标

### 1. 认知目标

通过"故事串联"知长征、"百家讲坛"话长征等活动了解历史上长征的艰辛与不易。在长征路上感人瞬间的回顾中，在长征主题的歌曲合唱、长征主题的诗歌朗诵中回望历史，感知长征精神。

2. 情感目标

通过体悟故事中的长征精神、"主播说新闻"、找寻身边的榜样人物等方式,在感受当下热点事件中,理解不怕牺牲、百折不挠、浴血奋战、勇往直前的长征精神,从长征中汲取精神力量。

3. 行为目标

通过积极参与课前调查分析、小组合作自制锦囊解决问题、发出倡议等实践性活动,理解长征精神对学习生活的意义,主动继承和发扬长征精神,为社会主义现代化建设做贡献,在中华民族伟大复兴的道路上创造新的奇迹。

### 三、班会准备

1. 教师准备:(1)召开班委会会议,商量班会的具体细节;提前与邀请嘉宾做好沟通;(2)组织学生开展研究性学习,课前尝试多角度了解长征精神;(3)设计课前调查问卷并发放给学生填写;(4)准备视频《红军柳》。

2. 学生准备:(1)数据组统计课前调查的数据;(2)活动组完成班会课常规活动"主播说新闻";(3)全员参与问卷调查。

3. 环境准备:(1)在教室环境布置中融入长征元素,在教室的黑板上绘制红军的简笔画;(2)全班分小组坐,每组4—6人。

### 四、班会过程

教师导入。

(1) 讨论:师生围绕"走过最远的路"这个话题展开讨论。

(2) 引出课题:有这样一群人,他们经历了战斗、饥饿、寒冷等多种生死考验,最后用自己的双腿,走完了艰苦卓绝的二万五千里。这就是震撼世界的红军长征。(相机板书:漫漫长征路)

**环节一:回望历史,不忘长征初心**

**活动1:"故事串联"知长征**

1. 播放视频《红军柳》,学生说感悟。

故事梗概:红军来到了四川的若尔盖大草原。在红军队伍里,有一个七八岁的小男孩——侯德明。他从湖南老家出发的时候,折了一根青翠的柳条,走到四川的时候,把自己手中一直拿着的这根柳条插在了茫茫草原上。80多年过去了,当年这根青青的柳条,长成了青翠的柳树,当地的百姓都管它叫红军柳。

2. 呈现数据说长征,师生互动

内容:长征是指1934—1936年,中国工农红军主力从长江南北各苏区向陕甘革命根据地的战略转移。长征途中,红军经过14个省,战斗600余次,翻越40余座高山险峰,其中海拔4 000米以上的雪山就有20余座。

提问:同学们,看着红军这蜿蜒曲折的长征路线,你能感受到红军在长征中的哪些精神品质呢?(学生畅谈,相机板书:百折不挠勇往直前)

**活动2:"百家讲坛"话长征**

小组交流,分享长征中的感人故事,交流分享原因。

小组分享要求:① 各小组展示时间在2分钟左右;② 分享后说一说,你们为什么想和我们分享这个故事。

(1) 小组汇报一:一部舞台剧——《致敬长征英烈》。

师生探讨,交流长征中不怕牺牲的英烈:他们身上都有着一种不怕牺牲的精神。(相机板书:不怕牺牲)其实,像虎子这样的长征英烈还有很多很多,你还知道哪些?(学生交流)

(2) 小组汇报二:一张照片——血染湘江。

教师从分享中提取线索,进行讲解:为什么说"三年不饮湘江水,十年不食湘江鱼"?湘江战役十分惨烈,这一战后红军人数从8万多人锐减到3万多人。为了纪念湘江战役中牺牲的红军,湘江两岸的人民,自发地说出了这样的话语——"三年不饮湘江水,十年不食湘江鱼"。(板书:浴血奋战)

小组汇报三:一首诗——《七律·长征》。

红军不怕远征难,万水千山只等闲。

五岭逶迤腾细浪,乌蒙磅礴走泥丸。

金沙水拍云崖暖,大渡桥横铁索寒。

更喜岷山千里雪,三军过后尽开颜。

师生共同从诗文中提炼出勇往直前、不怕牺牲的长征精神。

(4) 小组汇报四：一曲歌——《映山红》。

师生共同从歌词中提炼出军民情深的主题思想。

2. 教师小结

感谢各小组为我们带来的分享。这是用热血和勇气谱写的史诗，是一次充满献身精神的集体英雄主义行动。回望历史，我们要不忘长征初心，要将勇往直前、不怕牺牲、百折不挠、浴血奋战的伟大长征精神铭记于心。

**【设计意图】** 学生通过课前行为作业的分享，了解长征这一历史事件；通过呈现长征过程中感人至深的场面，引发学生情感共鸣，引导学生体会长征途中红军战士勇往直前、不怕牺牲、百折不挠、浴血奋战的精神，并在小组讨论中深度把握长征精神。

### 环节二：担责于肩——回归现实，牢记使命担当

教师导入：长征路上那些枪林弹雨、出生入死的场景，是我们现在无法想象的。因为我们生活的时代是和平的、幸福的。那么在当今社会，我们应如何传承和弘扬长征精神？我们一起来听一听"主播说新闻"。

**活动1：主播说新闻**

1. 新闻播报，聚焦热点事件，感悟新时代长征精神。

新闻梗概：2021年10月16日，搭载"神舟十三号"载人飞船的"长征二号"F遥十三运载火箭，发射成功。从1964年10月16日我国第一颗原子弹爆炸成功，到2003年10月16日我国首次发射载人航天飞船圆满成功，再到2021年10月16日"神舟十三号"载人飞船发射圆满成功，10月16日记录着一代代中国人的奋进前行。

在2021年8月8日落幕的东京奥运会上，中国选手奋力拼搏，勇往直前。在为期17天的比赛中，中国代表团共取得了38金32银18铜共88枚奖牌。从1932年中国人第一次参加奥运会以来，在近90年的漫漫征程中，中国运动员不断拼搏，续写辉煌，实现着代代传承与超越。致敬奋勇向前的中国人！

2. 交流探讨新闻中的主人公践行长征精神的方式。

从上面的新闻中，你认为他们是怎么践行长征精神的？（学生畅谈）

3. 教师小结。

同学们，我们在他们身上看到了勇往直前，看到了百折不挠，这就是长征

精神的延续和传承,是我们中华儿女血脉中的红色基因。习近平总书记说:"一代人有一代人的长征,一代人有一代人的担当。"长征精神在今天渗透到了祖国建设的每一个行业当中,各行各业的人都在用自己的努力和奋斗,践行着长征精神。

**活动2:身边寻榜样**

1. 与同桌讨论身边奋勇拼搏的人和事。

我们的身边,有没有像这样勇往直前、百折不挠、奋勇拼搏的人和事?

2. 邀请××老师到班会课现场分享成长经历。

分享内容:我是一名老师,本着一颗对教育的初心,走进了课堂。这次参加比赛,是为了更好地磨炼自己的基本功,能够更好地把知识和技能传授给同学们。在备赛的过程中,我也遇到了许多困难,甚至是伤病。但是我始终坚定一个信念——我要成为你们的榜样,我要突破自己,把这种不畏困难、勇往直前的精神传递给大家。

3. 教师小结。

同学们,我们每个人都有自己的长征路。虽然可能不是坦途,但要感谢遇到的挫折与失败,因为只有逆境才能教会我们坚忍顽强。下面我们一起来读读习近平总书记对我们提出的希望。

红军长征创造了中外历史的奇迹。革命理想高于天,不怕牺牲、排除万难去争取胜利,面对形形色色的敌人决一死战、克敌制胜,这些都是长征精神的内涵。我们要继承和弘扬好伟大的长征精神。有了这样的精神,没有什么克服不了的困难。我们完全有信心有决心有恒心实现中华民族伟大复兴的中国梦。

回望历史,追寻长征精神的赤子初心。孩子们,你们是祖国的未来和希望,少年强则国强! 让我们明确责任担当,带着拳拳奋斗之心不断向上! (板书:拳拳奋斗心)

【设计意图】通过组织学生对当今时代是否需要长征精神进行思辨,理解长征精神的时代意义,引导学生关注国家大事、寻找身边的榜样,带领学生由历史到现实,由远及近地感受长征精神是深入每一个中华儿女骨子里的,如今的各行各业都需要发扬长征精神,我们每一个人都有自己的职责和使命。

**环节三:笃行于足——畅想未来,赓续长征精神**

呈现课前调查结果(如图1所示),教师引领思考:如何解决当下困难,走好自己的长征路。

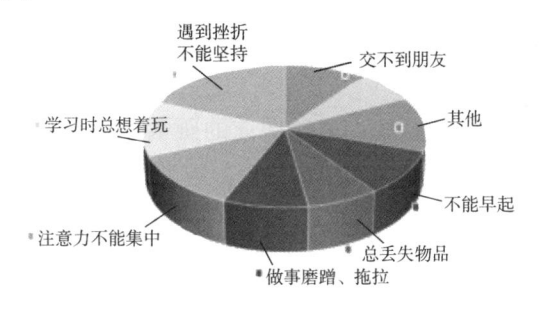

**图 1　课前调查结果**

**活动1: 小组合作, 自制锦囊**

1. 组长组织组内讨论,针对问题,提出对策。先进行组内交流,再进行全班分享。

通过这节课的交流,我们要学会用长征精神来寻找解决这些困难的办法。每个小组选择长征精神的一个方面,请同学们小组合作制作锦囊,完成:当_____的时候,我会_____(怎么做)。全班分享。(配乐:《我们都是追梦人》)

2. 师生共同小结。

克服了这些困难,就会让我们离目标更进一步。其实,大家分享的锦囊就是这节课中我们大家一起探讨出的长征精神品质的延伸。

**活动2: 宣读倡议, 发扬精神**

师生齐倡议:制作并张贴践行长征精神的倡议书(如图2所示)。

倡议书

让我们坚定信念,勇往直前;
让我们百折不挠,奋勇拼搏;
让我们携手共做"长征小使者"!

签名:_____

**图 2　践行长征精神的倡议书**

**【设计意图】** 通过呈现课前调查的结果、学生小组讨论如何解决困难、共同探讨和制作锦囊、发出倡议书等活动，引导学生真正践行长征精神，在生活的点滴小事中笃行于足，赓续长征精神。

### 教师总结

同学们，今天的班会课，我们通过课前的研学、课上的交流了解了历史上先辈们用他们的足迹为我们开路；今天我们要铭记长征精神，勇敢面对生活带给我们的挑战，珍惜当下，开创未来。新的长征已经在路上，让我们传承长征精神，传承红色基因，带着拳拳奋斗之心继续前行。

## 五、活动延伸

1. 班本课程。完成"我们都是追梦人"班本课程的相关快闪录制，制作微电影《我走进长征之路的瞬间》。评选奖励优秀创作者一颗"达人星"。

2. 亲子活动。回家后，跟爸爸妈妈一起走进社区，进行长征精神的宣讲，一个月后的班会课上全班展示。评选奖励优秀者一颗"达人星"。

3. 自我提升。把自己喜爱的文具整理好，赠送给云南省对口学校的同学们，在生活中践行互帮互助的友爱精神。评选奖励优秀者一颗"达人星"。

## 六、班会反思

教育的最大魅力在于唤醒。本次主题班会不采用说教的方式，而是从课前到课上，再到课后，持续性让学生去探究、发掘，极大地调动了学生主动性；同时也让学生更加理解长征精神，在复杂信息面前锻炼明辨是非的能力，在班级里树立敬畏历史、传承长征精神的良好氛围。

### 1. 走进长征巧思辨——学会用历史的眼光看待问题

长征精神与小学生的成长有着深层次的内在契合点，小学生的成长需要长征精神的指引，进而传承和弘扬长征精神。谈及长征精神在当下生活中的体现时，班主任运用学生最为熟悉的抗击疫情、航天事件等事例，将当下时事与长征精神进行联系，让学生感受到长征精神就在我们身边，认识到继承与发扬长征精神应当是自己肩负的一项使命。

### 2. 交流故事悟精神——学会借历史的情境引发共情

长征之所以感人的一个重要原因是红军在行军中挑战了人类的生存极限,以百折不挠和团结互助的精神品质克服了常人难以想象的困难。要想引起学生对这一历史背景的共情,首先应让学生了解并感受长征路上的困难。因此,课前让学生搜集有关红军长征的感人故事,并在课中让他们分享。

### 3. 长征精神代代传——学会将历史的经验用于学习生活

对于处在价值观形成关键时期的小学五年级学生来说,既要领悟长征精神内涵,更要懂得如何在新时代传承长征精神,如何将历史的经验用于现实生活。

当然,红色基因的传承是一个宏大的主题,一节课无法完全帮助每一个学生全面理解红色基因的内涵。因此,本节班会课只是一个开头,传承和弘扬长征精神还需要持之以恒的引导与实践。德育亦是"长征路",我们教育工作者也一直在路上。

【作者简介】

陈语,南京市小营小学教师,南京市玄武区德育工作带头人,南京市玄武区学科带头人,南京市玄武区优秀青年教师,南京市玄武区优秀班主任,南京市五一劳动奖章获得者,被评为南京市"青年岗位之星"、南京市"技术能手"。南京市、江苏省中小学班主任基本功大赛一等奖获得者,长三角地区中小学班主任基本功大赛"带班育人方略"一等奖获得者。

# 15 走好中国特色路
## ——五年级主题班会

姚国艳

## 一、背景分析

### 1. 主题解析

习近平总书记强调，青少年是中国特色社会主义事业的接力者、继承者，他们能否坚定中国特色社会主义的道路自信、理论自信、制度自信和文化自信，直接关系中国特色社会主义事业的生死存亡。因此，要引导青少年坚定"四个自信"，将爱国之情、强国之志、报国之行融入中国特色社会主义事业、建设社会主义现代化强国、实现中华民族伟大复兴的奋斗之中。从小涵养中国特色社会主义道路自信，引导学生将自己的世界观、人生观、价值观与国家命运密切关联起来，使其人生理想的实现与中国特色社会主义道路自信融合起来，这是学校德育的应然取向和目标追求。

### 2. 学情分析

小学高年级是学生世界观、人生观、价值观形成的重要阶段。学生生在新时代，对当下生活的巨大变化、物质富足的来之不易认识和体验都不够深刻，对中国特色社会主义道路的认知与理解尚浅，难以真正树立对中国特色社会主义道路的自信。针对学生的现状，需要通过相关活动，引导学生看生活、看世界，涵养出中国特色社会主义的道路自信。

## 二、班会目标

### 1. 认知目标

通过三代人生活的今昔对比，引导学生认识中国共产党领导的中国特色社会主义道路具有正确性。

2. 情感目标

通过比较中外战"疫"之路,引导学生从中国速度、中国温度、中国态度三个方面增强对中国道路的认同感、自信心。

3. 行为目标

通过反思与畅想,激发学生做最强自己、担负民族复兴大任的内驱力、行动力。

### 三、班会准备

1. 教师准备:(1)根据教学需要制作PPT、视频;(2)制作学生课前学习用的采访内容调查记录单(见附件)。

2. 学生准备:(1)课前认真进行调查,按要求完成采访、调查,并填写采访内容调查记录单,小组进行学习成果的汇报准备;(2)可根据汇报需要制作PPT,或带来与调查研究相关的物品。

### 四、班会过程

**环节一:回看走过的路,巨变不易**

**活动1:图说上学路之变**

1. 猜一猜:咱们先来玩个猜图游戏:谁能在最短的时间内猜出老师出示的图是哪里?(出示校门前的道路照片)太厉害了!对,这就是咱们每天上学的路(出示校门前的道路旧照片),这两条路你们见过吗?这是老师上小学时咱们校门前的路,这是你们爷爷奶奶上学时咱们学校门口的路,我们学校建校120多年,校门前的这条路见证了时代的变迁,今天我们的班会就从"路"说起。(板书:路)

2. 比一比:仔细比较这三条路,你从中可以看出我们的国家发生了哪些变化?

**活动2:今昔对比生活之变**

除了路越变越好,我们的生活还有哪些类似的变化呢?课前大家聚焦"三代人的生活之'变'"对长辈进行了采访、调查,有收获吗?一起来分享吧!

以小组为单位,学生交流课前关于"三代人的生活之'变'"调查。

思考:为什么会变?

预设1：我们小组围绕"生活方式的变化"进行了调查,研究了通信方式的变化、生活付费方式的变化,最想和大家分享的是我采访的奶奶的故事,她告诉我她们小时候只能靠蒲扇度过夏天。

追问：靠蒲扇过夏天,是什么感觉呢？我们不妨一起来体验一下：我们一起来做扇扇子的动作30秒。说说你的感受。你发现了什么？

预设2：我们小组围绕"出行的变化"进行了调查。发现人们出行的方式变化真大。爷爷奶奶小时候要到城里来,只能靠步行,需要走四五个小时。爸爸可以骑车出行,但那时都是砖头路、石子路,去一趟县城需要骑一个半小时左右。现在,家里有了小轿车,路也修得越来越宽,越来越平,回家非常方便。

预设3：我们小组围绕"吃的变化"进行了调查,大家采访了爷爷奶奶、爸爸妈妈,知道了很多原先不知道的故事,我的故事从这"小小的鸡蛋"说起。

交流：听了他们的分享,说说你的感受。

**活动3：悟脱贫攻坚路之变**

成长在新时代的我们,衣食无忧,幸福安康,好像生活本来就应该这样,但是一比较,我们才知道,我们已经从贫穷走向了富裕。不只是我们的小家,咱们的家乡也在发生着翻天覆地的变化。(出示：家乡今昔对比图)这些年为了让老百姓脱贫致富,我们的国家已经取得了怎样的成绩呢？一起来了解一下。(观看视频《扶贫攻坚变化》)

交流：你印象最深的画面是什么？

教师小结：回看过去的路,不管是三代人的各种生活之变,还是脱贫攻坚取得的成就,我们都深切地感受到老百姓的路越走越宽,越走越好,你觉得这条变化之路的领路人是谁？(板书：中国共产党的领导)中国共产党带领老百姓走在一条中国特色社会主义道路上。(板书：走好中国特色路)

【设计意图】儿童和儿童生活是德育的起点。从儿童熟悉的上学路切入,既激发了学生的兴趣,又自然导出"路"的话题。通过三代人生活的今昔对比,引发学生对生活的真关注、真思考,激发学生内心对中国道路的真正认同。

**环节二：比较别人的路,风景独好**

**活动1：中外对比战"疫"路**

导入：新冠疫情期间,我们每个人都是亲历者。课前大家通过研究战"疫"

有了不少的收获,咱们来交流一下。

(1) 分享课前搜集的资料,交流学习感受。

(2) 请从中国速度、中国温度、中国态度等不同的角度选择一种,可适当进行中外对比,分享交流研究发现。

预设1:我们小组研究的是中国温度。在疫情期间,发生了无数动人的故事。各行各业,一批又一批的人,从各地驰援武汉,有的放弃了婚礼,有的顾不上家中的婴儿,有的护士剪去了美丽的长发,有的志愿者敲门敲到手指都肿了。我们请×××与大家分享她和她妈妈的故事。

教师:疫情期间,你的身边也一定有像他们一样默默奉献的人,请与大家分享一下。

教师小结:爱和希望比病毒传播得更快,这些画面和故事,都将成为温暖无数中国人的最美瞬间。这,就是暖暖的中国温度。

预设2:我们小组研究的是中国速度。当驰援武汉的消息发出,几天内十几万救援大军从天而降,投入战斗。而美国就是否采取隔离措施竟然讨论了几天时间。疫情期间,我们用10天时间建成了"火神山",18天时间建成了"雷神山"。请大家观看"火神山""雷神山"建设动态图。

教师小结:为了保护人民的生命安全,举全国之力去和死神赛跑,这就是中国速度。从中国温度和中国速度,你感受到什么是中国态度呢?

预设3:我们小组研究的是中国态度。通过研究我们知道,疫情期间,无论初期检测还是治疗费用一律免费。而西方有些国家,对老人实行选择性治疗,拔呼吸机停止治疗,将生的机会让给青年人。通过中外对比,我们可以看到中国态度就是人民至上、生命至上!

教师小结:孩子们,抗疫就像一场大考,考出了中国速度之快、中国温度之暖、中国态度之强。这就是人民至上的中国特色路创造出来的奇迹!病毒不分国界,但应对病毒,不同的国家有不同的结果。孩子们,此生入华夏,何其之幸运!

**活动2:从点到面看中国路**

导入:不只是战"疫"这一件事,从1921年到2021年,中国共产党的百年路上取得了无数巨大的成就,每一个成就背后都凝聚着这样的中国力量。(播放视频《了不起的中国成就》)

交流：你还知道哪些中国成就？

教师小结：用数据与事实说话，可以看出中国特色社会主义道路风景独好！

【设计意图】培养小学生的道路自信，必须从小学生的特点出发，用真实的体验与富有冲击力、说服力的数据、事件，引发学生对中国道路产生油然而生的认同感，激发学生对中国共产党领导下中国特色社会主义的坚定信念，突出本节课的活动重点，突破难点。

**环节三：远眺前行的路，强国有我**

**活动1：明晰我的未来路**

导入：回望过去的路，对比别人的路，我们可以更加自信地走在中国特色社会主义道路上！未来，我们就是这条伟大复兴路的一颗又一颗铺路石（板书：复兴路）。孩子们，未来，我们该如何接力走好中国特色路？该从哪里做起？请用简短的话写下来。

（铺路石印纸写心声，配轻音乐）

撰写，交流，并贴到"中国特色路"上。

**活动2：走好中国特色路**

导入：孩子们，听了你们的畅想，我高兴地看到了中国道路未来的模样。到2049年中华人民共和国成立百年时，我们要建成富强、民主、文明、和谐、美丽的社会主义现代化强国。我们的心动必须化为行动、恒动，才能实现这样的伟大梦想。

（1）聆听期望：让我们一起聆听习近平爷爷对我们的期望（播放视频）——"新时代的中国青年要以实现中华民族伟大复兴为己任，增强做中国人的志气、骨气、底气，不负时代，不负韶华，不负党和人民的殷切希望！"

（2）强国有我：今天，我们一起回看走过的路，比较别人的路，远眺前行的路，内心变得更加自信、坚定，让我们起立，请自信地抬起头，挺起胸，大声喊出我们的决心！（出示文字，配音乐）

中国路之责任，

不在他人，

全在我少年！

请党放心,强国有我!

请党放心,强国有我!

【设计意图】知行合一是德育的最终目标。让学生意识到个人的未来之路与国家的未来之路是密不可分的关系,能更加激发起学生努力奋斗的内驱力和恒动力。引导学生从自己的理想出发,从当下出发,使践行目标落地更有保障。

## 五、活动延伸

### 1. 撰写计划书

将自己对未来的设想写成具体的计划书,以短时目标和长时目标为台阶,邀请助力小伙伴,在班级开展一次交流、展示活动,进一步明确"请党放心,强国有我"的行动路径。

### 2. 研究成果展

从中国的经济、外交、教育、航天等不同的领域进行相关的成果研究,在班级中开展一次"走好中国特色路"研究成果展,进一步提升走中国特色道路的自信。

### 3. 心得交流会

根据系列活动,进行各项活动的感受分享,撰写心得体会,配合新闻报道宣传,推送至学校微信公众号,辐射影响更多学生。

## 六、班会反思

班会课的起点和终点都是儿童成长。本节班会的话题宏大,与学生的生活距离、认知距离遥远,但"道路关乎党的命脉,关乎国家前途、民族命运、人民幸福"。因此,如何基于儿童,从儿童出发,又回到儿童,选择适切的活动让"党言党语"变成"童言童语",从而让孩子们理解、感悟、认同中国特色社会主义道路,培养学生的道路自信,既是本节课的重点,也是教学的难点。

### 1. 以"路"为题,立意高远

本节课以"路"为起点,从写实的生活之路,到隐喻的"中国特色路",把儿童的生活路与党的历史学习、道路自信巧妙地组合在一起,既关联儿童,又立意高远。

2. 以"路"为径,拾级而上

本节课基于儿童知情意行的德育发展规律,生动呈现的三代上学路、脱贫致富路、中国抗"疫"路……都是基于儿童生活,基于当下时事,基于数据、事实的证据,使"走好中国特色路"成为基于儿童又高于儿童的精神滋养。

3. 以"路"为向,情意升华

情动才能心动、行动,聚焦中国战"疫"这一学生有切身体验的视角,从中国温度、中国速度、中国态度的不同角度展开深入的研究学习,并让学生自主表达,使"中国特色路"更加具体、可感、生动、立体,从而提升了儿童的道路自信;同时,也激发了儿童做最强自己,担负民族复兴大任的内驱力,行动力,从而促使以"中国特色路"为方向,以"走好中国特色路"为目标,"请党放心,强国有我"成为情不自禁的情意升华,心之所向。

**附件**

**课前采访内容调查记录单**

调查内容 1:听长辈讲那过去的故事

(1) 问一问爷爷奶奶、爸爸妈妈,听听他们小时候的故事,聚焦衣食住行、生活物品、生活方式等,与我们的生活进行比较,思考:有什么变化?为什么会有这些变化?

(2) 以小组为单位,选择一个特别的角度,附上有说服力的实物、照片、数据、故事来呈现小组的调查成果,阐述调查感受。

采访内容:＿＿＿＿＿＿＿＿

采访对象:＿＿＿＿＿＿＿＿

采访时间:＿＿＿＿＿＿＿＿

采访问题:＿＿＿＿＿＿＿＿

采访记录:＿＿＿＿＿＿＿＿

采访感受：_____
_____
_____

调查内容2：中国抗疫故事

为什么中国的战"疫"能取得最有效的控制？请搜集有说服力的资料，从中国速度、中国温度、中国态度等不同的角度进行调查、研究，可适当进行中外对比，记录下你们的收获并进行汇报。

第____小组中国战"疫"故事调查记录单

调查、研究内容：_____
分工：_____
资料形式：_____
收获：_____
_____
_____
_____
_____
_____

【作者简介】

姚国艳，海安市实验小学教师发展中心副主任，南通市学科带头人，南通市小学德育学科专家组成员，南通市"226"高层次人才培养对象，被评为南通市"优秀教育工作者"、南通市"师德标兵"，江苏省、长三角地区中小学班主任基本功大赛一等奖获得者。

# 16  增强责任之心,勇于担当作为
## ——六年级主题班会

戴 琰

## 一、背景分析

### 1. 主题解析

"责任"意为"本分应该做好的事";"担当"意为"有魄力地承担并负起责任",后指遇到应该做的事就积极主动去做,不推让。近年来,习近平总书记在重要讲话中更是频频提及"责任""担当"等词。他指出,"有责任有担当,青春才会闪光","每一个中国人都有自己的责任","把使命担在肩膀上……主动担当、积极作为"。中国人民在中国共产党的领导下时时刻刻以无私无畏的担当作为、干事创业的实际行动传承历史责任,实现民族期望。可见,培养新时代的追梦人,培养担当民族复兴大任的时代新人,必先引导学生勇于担当,敢于作为。

### 2. 学情分析

六年级学生开始进入青春期,自我意识逐步增强,能认识和掌握一定的道德观念,逐渐形成监督、调节、控制自身行为的准则。在此成长关键期,开展课前访谈和调查问卷,得到以下结果:一是六(4)班学生对战汛、抗疫、奥运期间涌现出的担当榜样满怀崇敬也有心效仿,却因认识不够,未能将责任意识真正落实到自身。二是学生在参与学习、调整作息、进行锻炼方面具有责任意识,在了解社会信息、和亲友密切沟通、承担家务方面责任意识则有所欠缺。三是学生在学习与生活上担当不足,常会发生遇困难退缩、有责任推卸等状况。负责任、有担当,是引航班级精神、纠正学生行为的重要取向。因此,在本班开展责任与担当主题班会具有必要性与紧迫性。

## 二、班会目标

1. 认知目标

通过问卷调查、短剧辨析、联系现实,认识并明确自身需要肩负的责任。

2. 情感目标

通过游戏体验、学习榜样、讲述讨论,激发承担责任的勇气与情感。

3. 行为目标

通过爱国行动、特色作业、后续实践等,将责任行为落实到生活与学习中,为进一步勇于担当打好基础。

## 三、班会准备

1. 教师准备:(1) 制作词条、PPT,准备体验游戏的道具;(2) 制作《"我有几分责任"调查问卷》(设置情境,围绕自身、他人、家庭、社会几方面展开调查,具体内容见附件),分析调查结果;(3) 布置课前实践作业,整合学生上交的材料。

2. 学生准备:(1) 召开班干部小组会,商讨班会方案并分工;(2) 提前分好小组(数据统计组、资料搜集组、讲述演绎组),按照分工进行小组准备;(3) 排练短剧《他"担当"了吗》;(4) 完成调查问卷与课前活动"特色爱国行动"。

3. 物品准备:重新排列桌椅,备齐所需材料;建立"增强责任之心,勇于担当作为"主题班会学生素材库;共同商定,出一期"增强责任之心,勇于担当作为"的主题黑板报,营造仪式感与氛围感。

## 四、班会过程

教师导入:根据班干部小组搜集反馈的班级学生责任意识情况,进行"我有几分责任"问卷调查。(回顾研讨本次班会活动方案的过程,对学生在分工范围内尝试负责任、有担当的表现进行激励,提出师生在本次班会中共同成长的期望)

### 环节一:自立自强,对己负责——"唯正己可以化人"

**活动1:"责任"短剧辨析**

1. 猜一猜:《他"担当"了吗》。

剧情概要:一到暑假,小明的爸爸妈妈就免不了为小明烦恼。在家时,妈妈每天早上都会叫醒他,帮他准备好早餐,小明却习惯性地按下闹钟继续睡觉。虽然小明每天会自觉地完成相应的阅读与学习任务,但却不认真对待自己房间的打扫与整理工作。即使爸爸耐心提醒后,他也只是找借口推脱或草草完成。

2. 找一找:这是哪位同学主演的短剧?教师告诉大家主演同学课前反复打磨剧本,指出这名同学是为自己负责任的"演员"。

3. 议一议:这是暑假刚刚发生的事情,小明的哪些行为是对自己负责任的表现?哪些行为是不负责任的?

(负责任的行为:配合完成居家学习,按规定上报体温,乖乖地在家隔离。不负责任的行为:对爸妈说气话,不整理自己的床铺、书籍,外出不戴口罩,拒绝做核酸检测)

教师点拨,负责任就是指担负起应有的义务和任务。负责任,首先要对自己负责。

**活动2:"责任"问卷反馈**

统计员反馈:课前,我们刚刚进行了"我有几分责任"的问卷调查。以下是本次问卷调查的统计结果(如表1所示,简要介绍,不公开个人分值)。在这次问卷调查中,得12分的有1人,得14分的有16人,得16分的有8人,得18分的有9人。其中,分值越高代表责任意识越强,分值越低代表责任意识越弱。我们班的同学大多在参与学习、调整作息、进行锻炼方面很有责任意识,但在了解社会信息、和亲友密切沟通、承担家务方面的责任意识还有所欠缺。

表1 "我有几分责任"问卷调查结果

| 得分 | 人数 |
| --- | --- |
| 20 | 0 |
| 18 | 9 |
| 16 | 8 |
| 14 | 16 |

续表

| 得分 | 人数 |
|---|---|
| 12 | 1 |
| …… | …… |
| 2 | 0 |
| 0 | 0 |

**活动 3:"责任"反躬自问**

讲一讲:你还做过哪些对自己负责任的事?

预设:认真听讲、完成作业、举止文明等。

教师小结:对小学生来说,最基本的责任就是自己的事情自己做。对自己负责,是承担责任的起点。对自己负责,才能成为更优秀的人。(板书:对自己负责更优秀)

【设计意图】对自己负责是承担责任的基础。呈现与学生生活紧密相连的短剧表演引发共情,将责任意识以得分的形式呈现在学生面前,让学生在问卷反馈中察觉自身的担当不足,继而联系生活,对责任担当产生进一步认知,加深思辨。

**环节二:热心公益,服务社会——"后天下之乐而乐"**

**活动 1:体验"责任"游戏**

1. 玩一玩:责任人椅(提前做好安全教育)。

游戏规则:

(1) 将 6 张椅子围成圈摆放。

(2) 组织男、女生分成两个小组,每组 6 名队员,面朝顺时针方向围坐在椅子上,将自己的头靠在后面一个队友的腿上,同时用自己的腿支撑起前一个队友的头。

(3) 另找 6 名学生,按照老师指令撤走椅子,先坚持到 40 秒的一组获胜。

提醒:撑不住的时候可以先把手放在地上,然后撑起身体,以免摔倒。注意安全!

2. 全体同学计数,教师拍摄精彩瞬间分享到家校群。

3. 采访学生:活动过程中你咬紧牙关,脸都红了,为什么还不放弃?参加完游戏后,你有什么感想?

预设:我要对团队中的成员负责。他们为我负责,我也要为他们负责。

教师相机点拨:社会中的每个人都是息息相关的,牵一发而动全身。人人为我,我为人人。

**活动 2:坚守"责任"岗位**

1. 猜一猜:(出示关键词)"中共党员""人民教师""擅长英语""身高将近一米九"。

展示"学习强国"与《中国教育报》上的宣传文字和英语老师陈老师身着防护服的照片。

2. 访一访:各小组推选一名代表,想好一个问题,现场采访在疫情期间积极参加志愿服务的陈老师。

预设:① 陈老师,您在志愿服务的过程中遇到了哪些困难?② 陈老师,您又是怎么克服困难的呢?

追问:陈老师,通过这次特殊的经历,您还有哪些话想要分享给同学们呢?

教师小结:责任无大小。只有在对自己负责任的基础上,勇于为他人、社会负责任,才能发挥出巨大作用。

**活动 3:分享"责任"事件**

聊一聊:分享本人或身边人为他人、为社会承担责任的例子。

预设:① 保安师傅每天忙里忙外地帮助老师和同学们。② 小区的保洁阿姨每天凌晨就起来扫地了,她们认真地坚守着自己的岗位。

教师小结:责任密不可分,是责任串起你我他。在对自己负责任的基础上,对他人、对社会负责,是承担责任的集中体现。对他人、对社会负责,会帮助我们成为更全面的人。(板书:对他人、对社会负责更全面)

【设计意图】对他人、对社会负责,是承担责任的集中体现。在对自己负责任的基础上,采用六年级学生乐于接受的游戏、采访感言、分享经历等多种方式,以"动静结合——学练相生"的交叉组合强调参与体验和亲身经历,呈现承担责任的显性行为,为承担更远大的责任做准备。

**环节三:胸怀天下,报效祖国——"我以我心向轩辕"**

**活动 1:学习"责任"榜样**

开展"责任榜样我学习"活动(各小组当场展示)。

1. 第一组:14岁奥运冠军全红婵。

(播放采访视频)全红婵家的条件比较困难。爷爷身体不好,父母是普通农民,靠着几亩小果园养活一家人。妈妈由于遭遇过车祸,身体不好。整个家庭靠爸爸支撑。她努力训练提高成绩,想赚奖金帮妈妈治病,帮家庭减轻负担。后来她以六跳三跳满分总466.2分打破世界纪录,夺得2020年东京奥运会跳水女子单人10米跳台金牌。

推荐理由:全红婵是我们的同龄人,她的心愿朴实无华,一心想着为家人分担。她勤奋练习,增长实力,最终为国争光,实现了从"小责任"到"大担当"的转变,是我们学习的榜样。

2. 第二组:三次出征太空的航天员聂海胜。

聂海胜:

"2005年,'神舟六号',41岁。"

"2009年,'神舟十号',45岁。"

"2021年,'神舟十二号',57岁。"

"为何57岁仍坚持上太空探索,身体能承受吗?"

"祖国需要,为了航天事业,不管年龄多大,只要能飞,我都会全力以赴。"

"为航天事业肩负责任担当的心永远年轻!"

推荐理由:聂海胜为了祖国的航天事业勇于担当,克服了生理上的种种困难,三次出征太空。他的担当精神值得我们所有人敬佩!

教师补充:2022年6月5日,"神舟十四号"载人飞船点火发射;2022年12月4日,"神舟十四号"载人飞船返回舱成功着陆。2022年11月29日,"神舟十五号"载人飞船点火发射;2023年6月4日,"神舟十五号"载人飞行任务圆满成功。

3. 第三组:没有祖国的界碑,哪有我们的牛羊。

(播放拉齐尼儿女在《开学第一课》的视频)拉齐尼·巴依卡是红其拉甫执勤点的护边员。2021年1月4日,他为了救落入冰窟的儿童英勇牺牲。当人们把拉齐尼从冰冷的湖水中抬出来时,他的手仍保持着托举的姿势。为国戍边,是拉齐尼一家三代人守护了72年的共同事业。14岁的儿子和12岁的女儿也立志将这份事业继续传承下去。他们心中时刻铭记:"没有祖国的界碑,哪有我们的牛羊!"

畅所欲言:看完视频后,你有何感想?

推荐理由:对我们小学生来说,刻苦学习、挖掘潜能、坚持不懈,早日成为建设祖国的"实力干将",是最重要、最崇高的梦想。

教师小结:老师观察到,学习前面两位榜样人物时,同学们的表情是满满的自豪与快乐。在看最后一则故事时,大家同老师一样,红了眼睛,全体沉静,甚至响起了轻微的抽泣声。我想,是为国尽责、为国担当的精神真正融入了你们心里,才引发了这样的情感共鸣。我提议,让我们用热烈的掌声向这些为国担当的英雄们献出心底的敬意!

### 活动2:学会"责任"爱国

请学生分享课前完成的"特色爱国行动"。(实物呈现、图片展示、口头陈述)

预设:为新疆棉花代言、关注国家大事、文明旅游。

教师小结:《中小学生守则》中要求学生"爱党爱国爱人民"。对国家负责,是承担责任的最高境界。对国家负责,会让我们成为更伟大的人!(板书:对祖国负责更伟大)

### 活动3:落地"责任"实践

开展"责任担当大家做"活动,为他人、社会、祖国做一件负责任、有担当的事情并留存过程性资料,一个月后全班进行交流评定。

【设计意图】在对自己、他人、社会负责的基础之上,注重正面引导,强化学生的主体性,以学生自主搜集的"特色爱国行动"为线索,在小组分享的过程中提高他们对担当作为的深层认知,让学生在榜样的示范引领和个性化的作业中强化对责任意识的认同与升华,实现活动过程中的自我生成和创造性建构。

**教师总结**

为自己担责,管己言、控己行;为社会担责,知人情、解人忧;为祖国担责,助国力、扬国威!天下兴亡,匹夫有责。愿同学们心怀美梦、脚踏实地,在学习与生活中将无限的热情转化为担当作为的实际行动。铭责于心,担当于肩,我们一起加油!

## 五、活动延伸

1. 筹备布置:联系社区代表、校德育中心组成员、家长代表,共同商议活动可选主题、开放场所、注意事项、小组划分、保障措施。

2. 实施交流：在广阔的社会平台下，以个人或小组为单位践行责任担当，及时总结经验。关注动态，调整方案。

3. 展示分享：一个月后，邀请社区代表、家长代表、老师代表参加展示会，对成果进行梳理与展演。

4. 评比宣传：进行奖项评比，配合新闻报道宣传，推送至学校微信公众号。

## 六、班会反思

本节主题班会以丰富多彩的活动为载体，引导学生以小组形式开展活动，大大激发了学生增强责任的勇气与情感，为班级学生进一步勇于担当打下基础，取得了比较满意的成绩。

### 1. 以生为本，真实开展

六年级学生的身心发展从幼稚趋向自觉。为尊重学生的特殊需要和兴趣爱好，将责任担当的品质真正落实到言行，进行了"我有几分责任"的调查和访谈、布置课前担责活动、创设符合生活场景与责任疑虑的角色……凸显学生主体性，激发清醒而正确的认知，引导学生自主辨别，感悟责任担当，实现知行合一，创造了广阔的自我认识、自我反思、自我调节、自我教育的空间，班会课取得了较好的效果。

### 2. 切合兴趣，多点实施

根据教育规律与六年级学生特点，提供宽松的活动空间，以学生喜闻乐见的亲身体验促进他们充分发挥主观能动性，达到自主式、沉浸式的教育效果。加强正面引导，通过"讲述、讨论、游戏、实践"等链条式活动，让学生走近榜样，并在活动过程中实现自主性生成与创造性建构，培育良好的责任品质和责任意识。

### 3. 反思总结，不断完善

本节班会如能增加评述环节，让学生评述自己、家人在哪方面足够有担当，哪方面还可以改进，会更加贴近生活。这样有利于让学生在找寻与交流的过程中提升认知水平，检验对责任担当的理解程度，也能促进对后续学习与生活的深入思考。

**附件**

### "我有几分责任"调查问卷

假期里——

1. 我能做好个人清洁卫生。

   A. 经常　　　　B. 偶尔　　　　C. 很少　　　　D. 没有

2. 我能科学了解疫情信息。

   A. 经常　　　　B. 偶尔　　　　C. 很少　　　　D. 没有

3. 我能自愿进行核酸检测。

   A. 经常　　　　B. 偶尔　　　　C. 很少　　　　D. 没有

4. 我能每天开展室内锻炼活动。

   A. 经常　　　　B. 偶尔　　　　C. 很少　　　　D. 没有

5. 我能每天和亲友谈心交流。

   A. 经常　　　　B. 偶尔　　　　C. 很少　　　　D. 没有

6. 我能自己整理和清扫自己的房间。

   A. 经常　　　　B. 偶尔　　　　C. 很少　　　　D. 没有

7. 我能主动帮家人承担一些家务。

   A. 经常　　　　B. 偶尔　　　　C. 很少　　　　D. 没有

8. 我能调整好个人作息。

   A. 经常　　　　B. 偶尔　　　　C. 很少　　　　D. 没有

9. 我能认真进行学习。

   A. 经常　　　　B. 偶尔　　　　C. 很少　　　　D. 没有

10. 我能在家培养健康的兴趣爱好。

    A. 经常　　　　B. 偶尔　　　　C. 很少　　　　D. 没有

---

【作者简介】

戴琰,南京市中华中学附属小学教导处副主任,南京市五一创新能手,南京市青年岗位能手,南京市优秀共青团干部,建邺区优秀团支部书记、优秀党员、优秀青年教师,所带班级均获区"优秀班集体"称号。江苏省中小学班主任基本功大赛一等奖获得者,长三角地区中小学班主任基本功大赛班会课一等奖获得者。

## 专家点评

### 主题鲜明生动，形式新颖多样
——小学篇主题班会设计方案点评

黄正平

主题班会是班主任对学生进行集体教育以及学生进行自我教育的有效形式，也是创建良好班集体，营造团结进取班集体氛围的重要途径。组织开展主题班会是班主任工作的一项重要基本功。

小学篇的16位班主任老师，都是近年来在江苏省中小学班主任基本功大赛中获一等奖并参加长三角地区中小学班主任基本功大赛的选手。他们以落实《新时代爱国主义教育实施纲要》《中小学德育工作指南》等文件要求，开展爱党爱国、中国特色社会主义和中国梦、国情和形势政策、中华优秀传统文化等方面的主题教育活动，引导学生践行社会主义核心价值观，树立正确的理想信念，养成良好的思想品德和行为习惯。他们的主题班会方案设计主题鲜明生动，形式新颖多样，注重学生体验感和参与度，充分展现了新时代班主任老师的专业素养和教育情怀，给我们留下了深刻印象。

### 一、育人导向鲜明，突出思想性

小学生正处在"拔节孕穗期"，小学阶段是世界观、人生观、价值观形成的关键期，最需要精心教育引导。主题班会的特点是"德育"，是为解决班级学生学习、思想、生活等方面存在的各种问题而组织的活动，是对学生进行思想品德教育的有效形式和载体。主题班会有鲜明的主题，与时代的发展、与学生的生理心理和思想品德发展状况紧密联系。主题班会的内容与《中小学德育工作指南》和《中小学生守则》的要求相一致，认真贯彻党和国家的教育方针政策。如为了引导学生从小涵养中国特色社会主义道路自信，姚国艳老师在班级学生中组织开展了《走好中国特色路》主题班会。长征精神，是红色革命精神之一。陈语老师通过调查问卷，发现班级学生对这段历史只有一些浅显、零散的了解,于是结合学生思想实际,组织开展了《漫漫长征路,拳拳奋斗心》主题班会。习近平总书记对制止餐饮浪费作出了重要指示,提倡全社会"厉行节约,反对浪费",邓晓凡、郑静老师根据班级学生餐饮浪费现象较为普遍的情况,在学生中开展勤俭节约教育,设计了《不负"粮"心,拒绝"剩"宴》和《追"光"少年,引领"食"尚》的主题班会,培养学生勤俭节约的良好习惯和传统美德。张雷老师设计的《航天梦,共赴一场梦想之约》主题班会,让学生了解中国航天事业的发展进程和航天英雄背后的故事,教育学生铭记历史、传承精神,激发学生崇尚科学、探索未知、敢于创新的热情,为实现中华民族伟大复兴的中国梦凝聚强大力量。16位班主任老师设计的主题班会坚持"为党育人、为国育才"的这一初心与使命,具有鲜明的时代特点、准确的育人导向和价值引领,体现了主题的思想性。

## 二、坚持学生为本,体现主体性

主体性是指在尊重学生主体地位的前提下通过调动学生主体积极性的手段,以达到发挥学生主体作用的目的。苏霍姆林斯基说:"只有能够激发学生去进行自我教育的教育,才是真正的教育。"主题班会是全班的活动,是全班学生锻炼、成长的舞台。班主任老师的主题班会设计方案坚持"以生为本"的教育理念,凸显学生的主体地位,面向每一个学生的个性发展,尊重他们的特殊需要和兴趣爱好,调动他们的积极性和主动性,使全体学生能够参与、愿意参与、主动参与;注重学生的主体体验和亲身经历,重视学生在活动过程中的自我生成和创造性建构,为学生自主性的充分发挥开辟广阔空间。马克思指出:"道德的基础是人类精神的自律。"自律具有自觉性、自教性和自控性。陈海宁老师根据小学生年龄增长、心智发育、个性张扬,但缺乏自律意识,影响同学间友善,更影响班集体和谐的实际情况,组织开展了《友善从"自律"开始》的主题班会,帮助和指导学生学会自律,让生生、师生之间和谐、友善相处。吕晓丹老师设计的《给"我们的家"美个容》主题班会,经过前期调查、寻访、分析学生发现校园里的一些环境问题,并针对学生如何保护环境还没有具象化的感知,特别是在学校和家庭生活中,尚未养成勤俭节约、低碳环保的行为习惯的情况,用集体教育、体验实践、情景模拟等方式激发学生自我觉醒,增强环保意识,养成环保习惯,班会课让所有学生都积极参与,为保护校园环境献策分力,体现主体性。戴琰老师设计的《增强责任之心，勇于担当作为》主题班会，通过调查、访谈，布置课前担责活动，创设符合生活场景与责任疑虑的角色……凸显学生主体，引导自主辨别，感悟责任担当，实现知行合一，取得较好的效果。陈卉老师设计的《争做绿色使者，播种绿色未来》主题班会，充分调动学生的主动性、积极性，给学生提供探究、思考、表达、分享的机会，培养他们的自我教育能力，突出学生的主体性。严悦老师设计的《劳动创造美·班级变变变》主题班会，针对劳动教育在学校中被弱化、在家庭中被软化、在社会中被淡化的现象，结合本班班情创设真实情境，真切有效地协商解决问题，在和谐愉悦的公共生活氛围中构建崇尚劳动的班级精神文化，从而形成以培养学生的劳动技能、劳动习惯为核心的班本德育劳动课程体系，提升劳动实践的实效性，让课堂对接生活，回归生活，培养学生的劳动态度，掌握智慧劳动的技能。16位班主任老师设计的主题班会方案突出学生的主体地位和作用，把活动的主动权交给学生，放手让学生自主活动，体现了过程的主体性。

### 三、贴近学生实际，注重针对性

主题班会是班级德育的有效载体，要取得实效，必须贴近学生、贴近生活和贴近实际。主题班会的教育目标从认知、情感和行为三个方面设计，具有很强的针对性。班主任老师设计的主题班会聚焦一个主题，注重正面引导，坚持问题导向，紧密联系学生需求和班级实情开展教育活动。每一节主题班会都有背景分析环节，其中既有主题解析，又有学情分析，从宏观和微观两个方面，说明组织开展主题班会活动的重要性与必要性。如邓晓凡、郑静老师在学生中开展勤俭节约教育前，对班级学生勤俭节约情况进行了调查统计，了解到学生中餐饮浪费现象较为普遍，组织召开关于制止餐饮浪费，培养节约习惯的主题班会就具有很强的现实针对性。著名教育家叶圣陶说过：教育是什么？简单用一句话概括，就是养成良好习惯。行为习惯是人的"第二天性"，对人的一生发展具有十分重要的意义。针对学生大多数是独生子女，自我意识较强，规则意识淡薄，不能较好地遵守规则的现象，郭敏老师在学生中开展《规则守护，文明花开》的主题教育活动，对学生进行遵守规则教育，增强他们的规则意识。祝祖岗老师认为，友善是践行社会主义核心价值观的内在要求。由于小学生的世界观、人生观、价值观还没有形成，目前社会、家庭和学校在友善教育方面存在一定的不足，如果缺乏正确的引导，会影响其健全人格的形成，为此，他组织学生开展了《日行一善，善行一生》主题班会。教育学生"拥抱友善的温暖"，感受"人人为我，我为人人"的友善真谛，培养学生乐观向上、积极进取、真诚友好、宽厚大度、善解人意等良好性格和健康心理。聂黎萍老师为了增强《祖国在我心中》主题班会的针对性，在班会课设计前进行了问卷调查和个别访谈，了解到四年级学生在爱国方面存在的问题，发现"祖国"这一概念在他们心中较为模糊而遥远，对"祖国"的认知单一而片面，于是她整合了学科资源，鼓励班级学生开展研究性学习，以小组合作的形式搜集与班会主题相关的材料，并在主题班会中进行分享展示，帮助学生完善认知，点燃爱国之情，改变不能恰当践行爱国之心的现状。刘宁老师设计的《走进青春，解密成长》主题班会，根据六年级学生正处于青春发育期的伊始，而理性思维尚未成熟的情况，进行适时正确的引导，促使学生形成健康、积极的交友观和价值观；同时，通过主题班会帮助学生了解到自己在青春期的变化，把握青春期男女生正确交往的原则，学会欣赏异性同学的优点，互帮互助、取长补短，开启美好的青春期生活。16位班主任老师设计的主题班会都十分贴近小学生的实际生活，注重学生良好行为习惯的养成，体现了目标的针对性。

### 四、设计立意新颖，富有创新性

主题班会是一种创造性的教育活动。班级主题活动没有现成的固定的模式，它不受任何限制，为师生发挥自己的聪明才智进行创造提供了广阔的空间。16位班主任老师的主题班会设计方案立意新颖，方法和形式生动、多样，求新忌陈，不落俗套，具有时代特点，寓理于情、由情悟理、富有创意，体现新思路、新角度、新特色和新水平。如姚国艳老师的《走好中国特色路》，初看给人感觉主题有点宏大，内容有点空泛。但姚老师的设计贴近学生的生活和实际，从儿童熟悉的上学路导入。首先，通过回看过去的路，不仅有三代人的各种生活之变，还有脱贫攻坚取得的成就，让学生懂得剧变不易，激发学生对中国道路的情感认同；然后，比较别人的路，通过中外对比战"疫"路和从点到面看中国路，用真实的体验和富有冲击力、说服力的数据、事件，激发学生对中国道路的价值认同；最后，通过远眺前行的路，使学生明晰我的未来路，认识到个人的未来与国家的未来是密不可分的，内心变得更加自信和坚定，不负时代、不负韶华,强国有我,激发学生对中国道路的思想认同,引导学生从自己的理想出发,从当下出发,实现知行合一,使主题班会取得预期效果。夏令老师针对学生用网、上网、沉迷网络的现象,组织召开《鉴"网""智"来》主题班会,引导学生通过探讨鉴别、自控的有效方法来正确认识、科学对待,提升学生网络素养,增强学生的网络学习鉴别自控力,营造风清气正的网络空间环境。"家风""中华传统美德"等看起来离学生的生活较为遥远,学生的兴趣也不够浓厚。而方艳老师的《优秀家风代代传》主题班会,通过班会课前的主题调研,借助调研数据,把握学情,找准问题,精准设计,选取贴近学生生活的小切口,树立打动人心的现实榜样,将原本看不见的"优秀家风"具象化,变得可见、可亲、可学,并借力班会课,在助力学生成长的同时,借"学生的小手"牵起"父母的大手",指导家庭教育、形成家校合力。16位班主任老师设计的主题班会立意新颖,通过多种形式去深化主题,让参加活动的学生从中受到教育、有所裨益,体现了设计思路的创新性。

### 五、体例比较规范,具有操作性

班主任老师的主题班会设计方案体现结构化,具有清晰的层次感,富有内在的逻辑性;实施步骤具体,过程完整,操作性强。设计方案书写都有必要的元素,符合规范的设计体例;语言文字生动流畅,富有感染力。如主题班会教育目标的制定,就与学科课程教学的三维目标(知识与技能、过程与方法、情感态度价值观)不同。由于主题班会课具有思想品德教育的特点,主题班会把认知、情感和行为确定为其三维目标,这符合品德由认知、情感、行为构成的三要素理论,符合主题班会促进人的道德发展的价值追求,实现知识性与价值性的统一。同时,教育目标既体现教育理念和设计思路,又与教育背景相呼应,具有目标达成度,在这一点上班主任老师都达成了共识,体现了体例的规范性。

主题班会方案的框架结构,我们在征稿函中已加以明确,这也是遵照教育部《2021年全国中小学班主任基本功展示交流活动方案》中的要求,文本结构包括:班会题目、背景分析、班会目标、班会准备、班会过程、活动延伸和班会反思等。小学组班主任老师的主题班会方案基本上都按照这个要求进行了设计,体例规范,具有可操作性。主题班会的实施过程一般包括3—5个环节,各个环节之间具有内在的逻辑性,呈现循序渐进、螺旋上升的过程,在活动最后有班主任老师的总结提升,体现价值引领。与以往不同,因为是主题班会的设计与实施,所以方案中增加了"班会反思"环节。如果只是主题班会方案设计就不需要"班会反思"环节,只有在主题班会实施后才需要总结反思实施过程中的得失成败以及需要进一步改进的地方,这是设计与实施、预设与生成的区别。总体上讲,"班会反思"环节的设计应符合规范要求,一般500字左右,叙述简明扼要。

主题班会设计方案还有进一步提升的空间,如有的主题班会设计方案存在主题不够聚焦、内容比较宽泛的问题,标题应该细化,做到切口要小,挖掘要深;还有的班主任老师对班会"活动延伸"的理解有偏差,将其作为主题班会实施过程中的一个环节来设计,并且还有"设计意图"等,这显然是不恰当的,这些问题在统稿过程中都已进行了修改完善。

总之,小学班主任老师的主题班会方案设计与实施,应根据教育规律和小学生身心发展的特点,做到目标贴切、主题鲜明、内容丰富。此外,还应努力达到形式多样,生动活泼,富有时代气息和儿童情趣,唯美而诗意,新颖而动人,唤起学生参与的主动性和积极性,为学生所喜闻乐见,从而充分发挥主题班会的育人功能。

【作者简介】
黄正平,江苏第二师范学院研究员,兼任江苏省教育学会班主任专业委员会副理事长,江苏省陶行知研究会顾问。

# High School

初中篇

# 导　语

心理学研究表明，初中阶段学生的思维能力开始进入一个崭新的发展阶段，情感世界逐渐变得丰富复杂，初步形成了独立评价自己的意识与能力。

初中生年龄大体上是12—15岁。根据人的发展理论，这个阶段正是人的青春期，也是由儿童发育到成年人的过渡时期，会经历身高和体重的突增以及性发育和性心理发展的过程，这一时期人们称之为"生长突发期"，这也是人生的转折时期。生长突发期的教育在我国叫作青春期教育，是青少年发展到特定阶段所进行的有关教育。这一时期的教育具有独特性，主要体现在其教育对象、教育功能以及教育目标的特殊性。

《中小学德育工作指南》指出，初中学段的德育目标是："教育和引导学生热爱中国共产党、热爱祖国、热爱人民，认同中华文化，继承革命传统，弘扬民族精神，理解基本的社会规范和道德规范，树立规则意识、法治观念，培养公民意识，掌握促进身心健康发展的途径和方法，养成热爱劳动、自主自立、意志坚强的生活态度，形成尊重他人、乐于助人、善于合作、勇于创新等良好品质。"

根据初中生的身心发展特点和初中阶段的德育目标要求，班主任应切实加强对初中学生的政治思想、道德品质、心理健康、法制纪律等方面的教育，帮助他们安全度过青春期。初中篇里，16位班主任老师据此设计了相关的主题班会方案，我们将其分为"奏响青春序曲""倡行文明生活""筑牢理想信念"三个部分。

# 第一部分　奏响青春序曲

1. 弘扬劳动精神,奏响青春乐章
    ——八年级"劳动教育"主题班会
2. 征途漫漫,唯有奋斗
    ——八年级主题班会
3. 扬工匠精神,习劳动品质
    ——九年级"劳动教育"主题班会
4. 传承航天精神,追寻青春梦想
    ——九年级"学四史,追梦想"主题班会
5. 未来已来:用拼搏定义青春
    ——九年级"我奋斗我进步"主题班会

# 1 弘扬劳动精神，奏响青春乐章
## ——八年级"劳动教育"主题班会

冯　锟

## 一、背景分析

### 1. 主题解析

在全国教育大会上，习近平总书记明确表示要培养德、智、体、美、劳全面发展的社会主义建设者和接班人，号召"要在学生中弘扬劳动精神，教育引导学生崇尚劳动、尊重劳动，懂得劳动最光荣、劳动最崇高、劳动最伟大、劳动最美丽的道理，长大后能够辛勤劳动、诚实劳动、创造性劳动"。学校作为学生社会化培养的重要场所，必须担负起中小学生劳动教育的主体责任。

### 2. 学情分析

八年级的学生正处于价值观、人生观的形成期，在这个阶段澄清劳动价值观十分必要。发放调查问卷并经数据分析后发现，班级学生在劳动教育方面存在以下问题。

（1）劳动实践体验不丰富——不参与劳动（生活中的各种劳动实践参与频次少，参与时间少）。

（2）掌握的劳动技巧少——不会劳动（包含两个方面，一方面是娴熟掌握劳动技能的学生比例小，另一方面是学生掌握的劳动技能类别少）。

（3）认为劳动是长大后才要做的事，现在的重点是提升自己的学业水平——不热爱劳动。

针对以上问题，教师设计主题班会系列活动，引导学生重新正确认识劳动，热情参与劳动，在劳动中全面成长。

## 二、班会目标

### 1. 认知目标

通过音乐类的游戏体验,理解"劳动"的丰富含义,明白弘扬劳动精神的重要性。

### 2. 情感目标

通过小组话题思辨,激发学生对劳动的崇敬之情,树立并增强"劳动最光荣"的意识。

### 3. 行为目标

通过"校园职业一日体验"、"家务劳动小能手"论坛、社会实践志愿者活动等践行劳动,在实践中将劳动教育的知行合一落到实处。

## 三、班会准备

1. 教师准备:(1)提前两周制作并发放调查问卷,及时对结果做好分析、总结;(2)与班委会商量筹划主题班会,提前与家长、社区沟通好,邀请嘉宾。

2. 学生准备:(1)分小组承担子项目,完成课前的问卷调查,布置教室环境,班会主持人、PPT放映员做好相关准备等;(2)提前搜集有关劳动的歌曲,出好"劳动最崇高、最伟大、最光荣、最美丽"的主题黑板报和班级海报。

## 四、班会过程

### 环节一:觅知音,寻找劳动最美的音符

**活动 1:游戏体验**

1. 歌词/歌名接龙。

以小组为单位,每组 4 人,用与劳动有关的歌词或歌名进行歌曲接龙。限时 5 分钟,每组发一张音符纸(如图 1 所示)。(同时板书:知  寻  音符)

2. 歌声优美,曲声悠扬,通过这个游戏,请各小组用思

图 1  音符纸

维导图的形式画出刚才的歌曲中包含的劳动类型。

3. 胜出的第一小组展示音符图案的思维导图。

4. 教师总结。

第一小组为我们呈现了他们小组对于劳动的理解,这个美丽的音符为我们展示了他们小组辨别出来的劳动类型。

**活动 2：分类认知**

1. 填写《发现"劳动美"》表格(如表 1 所示)。

表 1　发现"劳动美"

| 劳动类型 | 美在何处 | 需要什么技能 | 我的熟悉程度 |
| --- | --- | --- | --- |
|  |  |  | ☆☆☆☆☆ |
|  |  |  | ☆☆☆☆☆ |
|  |  |  | ☆☆☆☆☆ |

2. 对于各小组呈现出的劳动类型,请大家思考:这项劳动美在何处？需要什么技能？你掌握了这项技能吗？

3. 请第二小组展示自己的成果。

4. 教师小结。

这个表格让我们发现劳动是美丽的,也让我们发现美丽的劳动需要习得的一定技能,我们也清晰地认识到自己对于这些技能的掌握程度不足,这也可以看作我们目前和"劳动美"的距离。(板书:美丽)

**活动 3："工匠"燃情**

1. 视频赏析:播放视频《大国工匠——周东红:用生命赓续传统》。

2. 引导讨论:通过视频,我们从周东红身上感受到了什么？你是如何看待这种精神的？

3. 小组讨论后,第三小组分享自己的感悟。

4. 教师小结。

这个视频让我们感受到一张又小又薄的宣纸邮票背后是一位吃苦耐劳的大国工匠,他以过人的敬业和执着对待宣纸事业,这种态度就是劳动精神。

【设计意图】认识劳动精神是燃起学生对劳动精神敬仰的基础,通过体验式活动引导学生认知劳动的类型,认知后思索劳动背后的美,帮助学生自发对劳动美形成感知,促使学生对劳动精神产生敬仰之情,营造弘扬劳动精神的氛围。

**环节二：解疑惑，谱写劳动崇高的曲谱**

**活动1：数据呈现**

1. 家长在微信群里完成线上调查问卷，学生完成纸质调查问卷。

2. 引导学生对其中一道调研问题进行分析。

对于家务劳动，孩子的参与度不高，主要原因是（　　）。

A. 特殊原因不宜做　　　B. 技能不过关不会做　　　C. 思想懈怠不想做

第三小组学生汇总全班数据，制成扇形图，并分析结果（如图2所示）。

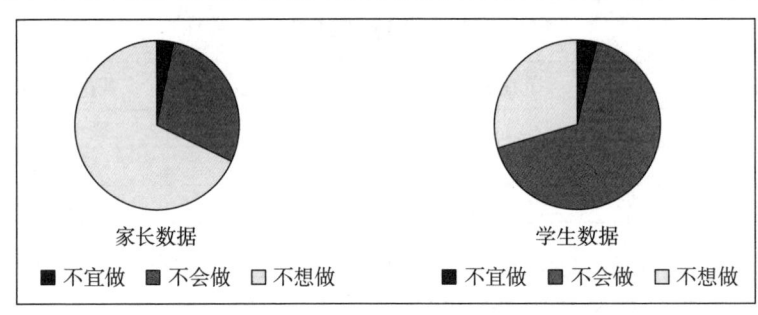

图2　家务劳动调查结果

3. 教师小结。

同学们，这个针对家务劳动的调查结果显示，同学们的答案中"不会做"是比例最大的，家长们的答案中"不想做"是比例最大的，哪一个才最接近真相呢？我们借助下一个活动来寻找答案。

**活动2：辨析论明**

1. 第四小组根据调查问卷，设计辩题。

辩题一：劳动是长大后的事，我们现在弄好自己学习就好了。

辩题二：我们每天学习就是脑力劳动，不需要再体力劳动了。

2. 微型辩论：每个小组自选辩题，组内1人正方，1人反方，1人主持，1人做记录员。

3. 所有小组的记录员依次分享本小组辩论的结果。

4. 教师小结。

通过每组记录员的分享，我们发现真理越辩越明，同学们通过辩论理解了习近平总书记说的"劳动最光荣、劳动最崇高、劳动最伟大、劳动最美丽"的深层含义。我们现在正值青春，要用劳动让自己光荣，让自己崇高，让自己伟

大,让自己美丽。(板书:光荣、崇高、伟大、美丽)

**活动 3: 策略生成**

1. 引导学生思考:应当做些什么事来弘扬劳动精神?

2. 第五小组展示讨论成果(如图 3 所示)。

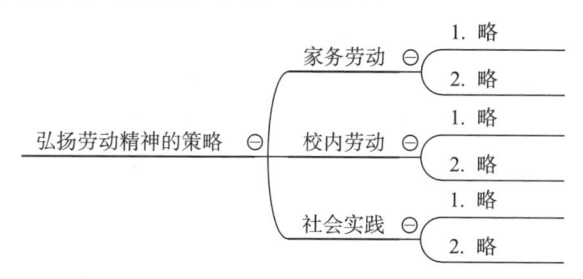

弘扬劳动精神的策略
- 家务劳动
  - 1. 略
  - 2. 略
- 校内劳动
  - 1. 略
  - 2. 略
- 社会实践
  - 1. 略
  - 2. 略

图 3　小组成果

3. 教师小结。

同学们通过对调查问卷结果的反思和对汇总问题的辩论,找到了症结所在。大家从家务劳动、校内劳动和社会实践三个维度合作探讨出了弘扬劳动精神的策略。(板书:解　谱　曲谱)

【设计意图】通过调查问卷揭示家长和学生对于家务劳动问题的不同认识,用微型辩论的方式解决学生对于学校劳动教育的疑问,从价值观层面理解习近平总书记对于劳动的论述。引导学生自发、主动地思考是弘扬劳动精神的教育策略。

**环节三:落行动,奏响弘扬劳动的乐章**

**活动 1: 我的新身份——"校园职业一日体验"**

1. 填写职业体验申请单(如图 4 所示)。

| 第　　周　职业体验申请单 |||
|---|---|---|
| 姓名: | 年级: | 班级: |
| 职业类型:(校园保洁、宿管、校长助理、班主任老师、家长接待室服务员等) |||
| 申请理由: |||

图 4　职业体验申请单

2. 根据劳动实践记录和劳动感悟,班级投票评选出本周劳模,播放已退休市劳模马爷爷给孩子们的祝福视频,并聆听马爷爷讲述自己从十几岁做学徒到几十岁当劳模的光荣故事(视频时长 6 分钟)。学生由此感受到马爷爷对自己工厂、工友和工作的无比热爱。

3. 把所有学生完成的就职体验感悟和实践记录表归入《学生成长档案》。

4. 教师小结。

通过校内"劳模"和市劳模的榜样引领,我们应努力在劳动教育中争当典型,并通过书写感悟,在自己的成长档案中留下劳动最美丽的痕迹。

**活动2:我的新骄傲——"家务劳动小能手"论坛**

1. 班级学生自主申请,班级把名单提交给家委会,家委会根据照片、视频等过程性材料评选出"家务劳动小能手"。

2. 每周举行"家务劳动小能手"论坛,每期参与论坛发言的4名学生先本人提交申请表,再通过同学们推选、家委会推荐等流程选出。

3. 每期论坛邀请家长代表把有关学生的家务小发明、家务新技能、家务高效时间表、家务心得等方面的材料归入《班级劳动者档案》。

**活动3:我的新服务——社会实践志愿者活动**

1. 班级社会实践部组织策划班级社会实践,增加劳动体验频次,扩大劳动体验的范围。

2. 班主任整合资源,在校德育部门、团委、社区的帮助下,联合博物馆、社会福利院、书店、景区、工厂等机构,利用寒暑假带领学生进行社会实践。

3. 根据各小组的申报,从志愿项目、服务内容、社会影响、PPT展示答辩等方面评选出班级优秀志愿者团队,代表班级参与校优秀志愿者评选。

【设计意图】通过对校内劳动、家务劳动以及社会实践活动的行动设计,引导学生用行为体现思维上的转变。通过表彰实现榜样引领、通过论坛实现经验总结,最后通过社会志愿服务体现劳动者崇高的品质、美丽的本质、光荣而伟大的特质。

**教师总结**

(板书:落  奏  乐章)

同学们,弘扬劳动精神是因为劳动一直在创造美。弘扬劳动精神是因为人人能为,处处可为。美好的未来在劳动中衍生,幸福的生活在劳动中创造。作为中学生,我们要迎难而上!中华人民共和国成立以来奏响的雄浑乐章由最美奋斗者的劳动成果谱写而成。我们要学习前人辛勤劳动、诚实劳动、创造性劳动的精神,用我们的青春在这个时代奏响弘扬劳动精神的乐章,在更加雄厚的乐章中一起迈入新时代!

## 五、活动延伸

1. 后续班会"劳动——重在行动",重点让学生从行动层面分享一下自己的转变。

2. 一个月后,汇总大家的心得,制作《青春1班劳动者日记》。

3. 汇总学生的劳动实践记录,整理照片、文字,委托家委会审核制作《弘扬劳动精神行动手册》。

## 六、班会反思

本节班会的主题虽为劳动教育,但内容贴近学生生活,问题揭示得真实,学生在与真实问题的共鸣中同老师一起思考"劳动上,我们到底出了什么问题?""怎么办?",并基于问题从认知、实践、生成的层面掀开劳动教育的面纱。通过本课的共同创作,打开学生的思路,让劳动充分展示出其光荣、崇高、伟大、美丽的本质。这既是重中之重,也是难中之难。

### 1. 用音符切入,彰显劳动的美丽

音乐是美的,本节班会用音乐的美歌颂劳动的美,用音乐的美通感劳动的美。学生们对于劳动的看法确实存在着我们难以想象的盲区,比如劳动技能的盲区、劳动意识的盲区、劳动感知的盲区。如果直接切入劳动教育,教育意味太明显,无法走进学生的心灵。而用音乐中表达的劳动之美去影响学生,能让学生一开始就有向美而行的驱动力。

### 2. 以辩论为杆,突出劳动的崇高

学生们对劳动崇高性的认识是需要唤醒的。在班会的第二个环节采用辩论方式,不是要学生把问题辨析得多么清晰,而是通过这种方式,让全员参与,一组4人,人人有分工,每个人都需要思考和表达。最终通过"选择、赞赏、行动"这三个阶段完成价值澄清。它虽然没有完全按照价值澄清的三阶段七步骤进行,但已然完成价值澄清的任务。

### 3. 以体验为魂，感受劳动的伟大

作为有目的地培养人的活动，教育不能仅仅把学生禁锢在纯粹的"书本世界"之中，不能无视学生与客观世界的关系。劳动教育主要还是要依靠各种各样的实践让学生真实体验，在体验中去进一步增加认知、激发情感、坚定意志。

本节课着重展现小组合作的方式，因为合作也源于劳动。通过合作，学生进一步明确劳动过程中人与人的关系。当然，由于本节课课前合作比较充分，课中同学之间互动得不是很充分，对于这个问题可以通过精简环节、优化语言的方式尝试解决。

【作者简介】

冯锟，南京师范大学附属中学江宁分校历史教师、班主任，南京市五一劳动奖章获得者。曾在南京市江宁区、南京市和江苏省中小学班主任基本功大赛中连续获得一等奖，2019年获长三角地区中小学班主任基本功大赛初中组一等奖。

## 2　征途漫漫，唯有奋斗
### ——八年级主题班会

汪晓薇

### 一、背景分析

#### 1. 主题解析

《新时代爱国主义教育实施纲要》指出，要引导人们"深刻认识中华民族伟大复兴绝不是轻轻松松、敲锣打鼓就能实现的，要付出更为艰巨、更为艰苦的努力，争做新时代的奋斗者、追梦人"。习近平总书记多次指出奋斗对于年轻人的重要性，要引导青少年认识到只有通过奋斗才能为以后的人生打下坚实的基础。引导青少年从小树立正确的奋斗观，并将个人的发展与国家的命运联系起来，这在学校德育工作中具有重要的意义。

#### 2. 学情分析

八年级学生正处于道德品质和价值观形成的重要阶段。学生中存在以下一些现象：虽然物质生活富足，但缺乏对物质获取过程的充分了解，对国家和父辈们为之付出的努力缺少深刻认识；部分学生对社会中存在的"富二代""躺赢"等现象，缺乏全面辩证的认识；八年级即将面对中考，学业难度增加，学生易产生畏难情绪，出现"躺平"的消极思想，缺少对国家发展的担当意识。针对此类现象，需要通过开展相关主题活动，引导学生树立正确的观念，学习和传承奋斗精神，担当起民族复兴的责任。

### 二、班会目标

#### 1. 认知目标

通过不同人眼中的奋斗，了解奋斗在生活中的具体表现；通过观点辨析和阅读奋斗故事，明确奋斗的意义。

2. 情感目标

通过分享自己和身边亲友的奋斗故事、观看视频《百秒看百年》,感悟中国共产党和个人的奋斗精神。

3. 行为目标

通过小组讨论和分享,绘制"我的奋斗之路",明确自己的奋斗之行需要从哪些小事做起,将奋斗精神落实到行动上。

## 三、班会准备

1. 教师准备:(1)下载视频《百秒看百年》《致敬,为幸福奋斗的平凡人》等,并制作 PPT;(2)设计《关于奋斗精神的调查问卷》(见附件)。

2. 学生准备:(1)完成前期调查问卷;(2)华为突破芯片技术封锁的背景资料和 2020 年以来中国抗击新冠疫情的资料;(3)出一期关于"奋斗"主题的黑板报。

## 四、班会过程

**环节一:走近"奋斗"**

**活动1:"我"眼中的"奋斗"**

1. 板书呈现:"我"眼中的"奋斗"是_____。

2. 小组接龙:学生按照小组接龙的方式,依次说出自己的理解。

3. 视频呈现:播放学生事先录好的采访视频。视频内容为本校教师、学生家长对这个问题的回答。

4. 教师小结。

通过和父母、老师、朋友的交流,我们了解了奋斗在生活中的具体表现,对奋斗有了初步的了解。

**活动2:从"百年党史"中感悟奋斗精神**

1. 视频呈现。

学生观看视频《百秒看百年》(视频内容:嘉兴红船、抗美援朝、"两弹一星"、珠港澳大桥等),了解中国近百年来的变化。

2. 小组交流。

(1) 看完这段视频,你有什么感受?

(2) 你觉得我国为何能在物质条件极度落后的情况下取得这些成就?

(3) 你能试着概括出什么是奋斗精神吗?

3. 教师小结。

中国共产党的百年奋斗历史中体现出来的奋斗精神,支持着我们一步步迈向新征程。什么是奋斗精神?习近平总书记对此有这样一段描述:"我们的国家,我们的民族,从积贫积弱一步一步走到今天的发展繁荣,靠的就是一代又一代人的顽强拼搏,靠的就是中华民族自强不息的奋斗精神。"(板书:奋斗)

【设计意图】学生通过课前调查,激发了主动学习的热情,增进了对"奋斗"这一抽象名词的理解。视频的内容有利于激发学生的民族自豪感和责任感,使其将个人奋斗和国家兴亡联系起来,为后面的教育环节做好铺垫。

**环节二:为何"奋斗"?**

**活动1: 个人的美好生活需要奋斗来浇灌**

1. 呈现调查结果:呈现本班学生课前完成的调查问卷,对相关数据进行讨论分析。

预设:部分学生奋斗意识薄弱,奋斗的目标不明确,存在不想奋斗的消极思想。

2. 观点辨析:"生活中有人不用奋斗就能'躺赢',我为何不能'躺平'?"先小组讨论,再在班级里交流。

3. 答疑解惑:"如果注定不能成功,还需要奋斗吗?"

预设:正如《平凡的世界》所言,"只有永不遏制的奋斗,才能使青春之花即便是凋谢,也是壮丽的凋谢"!这种精神,对我们来说是一种最大的激励。

4. 生活感悟:观看视频《致敬,为幸福奋斗的平凡人》(视频内容:教师,耕耘新希望;厨师,老手艺新味道;园艺师,美化自然新环境……)。

5. 想一想:作为一名平凡人,奋斗带给了我们哪些财富呢?

6. 教师小结。

综观古今中外,只要"躺"下,断无"赢"的机会。有人羡慕"富二代",殊不知不奋斗就会坐吃山空,世上没有一劳永逸的事。奋斗带给我们的不仅是物质财富,还有自我价值的获得和精神世界的满足。美好的生活必须靠奋斗争取。

**活动2:民族复兴的伟业需要奋斗来创造**

1. 忆往昔:回顾视频《百秒看百年》。

纵观百年党史,每一页都写满了拼搏与牺牲。1949年新中国成立时党员人数为440余万,牺牲的党员烈士近400万;30万红军长征到达陕北时不足3万。历史上巍巍身影的背后,是坚实的脚步、奋斗的汗水和如磐的信念。

2. 观今朝:呈现资料《中华有为,未来可期》

2023年8月29日,是一个平常但是不平凡的日子,华为商城开始了Mate60Pro的预售。这意味着,经过1 500多天的"芯片制裁",华为终于突破封锁,"王者归来"。

2019年5月19日,华为被美国列入实体名单,以所谓科技网络安全为借口,对华为施加多轮制裁。华为手机因为无法继续生产麒麟芯片而导致5G技术缺席,无法满足全球范围内消费者对高速网络的需求,一度陷入困境。面对美国的封锁,华为敢于挑战,绝不低头,在困难面前越挫越勇,不断奋斗,在技术上继续研发突破,以国产技术替代进口,实现自主创新,冲出了美国的重重封锁。

思考交流:① 华为自主研发芯片的经历,给了你怎样的启示?② 华为在芯片技术上突破了美国的封锁,是否意味着它可以"高枕无忧"了?

3. 看未来:播放视频《习近平:中国人民为实现中国梦而奋斗》。(板书设计:征途漫漫唯有奋斗)

4. 教师小结。

对于国家而言,经济社会的发展需要独立自主,民族复兴的伟业需要奋斗来创造。一个繁荣昌盛的国家可以为个人的美好生活提供物质基础和外部保障,每一个奋斗的个人也在为民族的复兴添砖加瓦。

【设计意图】学生通过观点辨析,有利于纠正认知,树立正确的奋斗观;通过对相关资料的搜集和阅读,能够明确奋斗的意义,懂得奋斗既为了个人的美好生活,更是为了国家的繁荣昌盛,从而提升自身的使命感和责任感。

**环节三：如何"奋斗"？**

**活动 1：从榜样身上汲取奋斗的力量**

1. 交流分享。

"奋斗故事汇"：请你将事先了解的亲朋好友的奋斗经历与同学们一起分享。

2. 榜样引领。

"开讲啦"：邀请具有代表性的人物讲述自己的奋斗经历。（学生聆听、现场互动）

预设：演讲人可以是从事医生职业的家长，邀请其讲述自己在工作中攻克疑难杂症的奋斗故事；也可以是本校教师，邀请其讲述自己在教育工作中的奋斗经历。

现场互动：在奋斗的过程中，您有过失败的经历吗？又是如何应对的？

3. 总结反思。

听了他人的奋斗经历，你有什么收获或者反思吗？请选择你印象深刻的故事，将自己的感想填写在表格中（如表 1 所示）。

表 1　感想与收获

| 父辈的奋斗故事 | 老师（同学）的奋斗故事 | 其他人的奋斗故事 | 我的收获 |
| --- | --- | --- | --- |
|  |  |  |  |

**活动 2：从当下做起，开启奋斗的征途**

1. 明确目标：思考自己的近期目标，并与同伴交流。

2. 落实行动：绘制"我的奋斗之路"。

（1）列出近期目标。

（2）写出为了实现这一目标需要付出的具体行动。

【设计意图】来自身边的榜样对于学生而言更加真实，也更具有说服力。通过分享身边亲友的奋斗故事，请具有代表性的人物到现场互动，有助于激发学生的奋斗热情。从知到行有一个转化的过程，因此通过绘制"我的奋斗之路"，有助于引导学生在学习的基础上明确具体行为目标，从当下做起，开启奋斗的征途。

## 五、活动延伸

1. 学生完善"我的奋斗之路"，列出中期目标和长期目标。

2. 学生坚持任务打卡。目标的实现需要持续努力奋斗,因此学生明确每日任务后,坚持打卡一个月,在培养习惯的过程中提高意志力。

3. 教师组织研学实践。在班级布置红色研学主题,利用节假日组织学生前往当地革命烈士纪念馆或者红色研学基地,进一步学习百年党史,传承民族精神。在研学的基础上,学生撰写研学报告,并在班会上交流,在学校宣传平台上展示。

4. 师生总结交流。每位学生在学期末对自己的奋斗情况进行总结,找到自己和原来相比的进步之处和未完善的地方,全班交流后各自列出新学期的奋斗计划,在传承奋斗精神的同时发展创新。

## 六、班会反思

青少年正处在"拔节孕穗期",需要从小树立远大目标,培养奋斗精神。如何激发学生的奋斗意识,引导他们认识到奋斗不仅仅是为了个人的美好生活,更是为了中国梦的实现,从而增强学生的使命感和责任感,这个是本节班会课的重难点。

### 1. 认识奋斗,从具体到抽象

现在的中学生缺少对奋斗的体验和全面认识,因此在班会中需要引导学生从看到、听到的具体奋斗行为开始,通过生动具体的视频画面,感悟奋斗精神。

### 2. 解读奋斗原因,从个人到国家

八年级学生学习和理解能力增强,具有一定的思辨能力。在对奋斗原因的解读上,利用华为突破芯片技术封锁的事例,引导学生的思考从个人层面逐渐上升到国家层面,从而认识到个人奋斗要和国家发展相结合,进一步增强学生的使命感和责任感,树立远大理想。

### 3. 践行奋斗精神,从传承到创新

身边典型人物的故事、革命先烈们的事迹中都蕴藏着积极进取、甘于奉献的家国情怀和崇德向善的高尚情操。通过"奋斗故事汇"和"开讲啦"两个环节,学生学习并传承奋斗精神。同时绘制"我的奋斗之路",他们在自身实践中不断丰富创新,争当时代新人。

本节课在观点辨析的环节,需要根据本班调查问卷的分析结果进行有针对性的引导。在榜样人物的选择上,如果有曾经受到重大表彰的人物,那么感染力将更强,更有助于激发学生的责任感和使命感。

**附件**
### 关于奋斗精神的调查问卷

此次调查采取匿名的方式,你所提供的信息只会以统计数据的形式出现,你只需要根据个人的实际情况和真实想法作答即可,希望你能帮助我完成这份问卷,非常感谢!

1.［单选题］你的性别是( )。
○男　　　　　○女

2.［单选题］你认为奋斗精神对于当代青少年而言( )。
○非常重要　　○重要　　　　○一般　　　　○不重要

3.［多选题］你认为你是否具备奋斗意识?
○有　　　　　○有一点　　　○没有

4.［多选题］你觉得为什么要奋斗?
○自己的理念和目标
○为了过上更好的生活
○追求物质享受
○满足国家和社会的需要,创造出有价值的人生
○持续刻苦学习,提高自己的综合实力
○不清楚

5.［单选题］你赞成"及时享乐"还是"艰苦奋斗"?
○及时享乐　　○艰苦奋斗　　○保持中立

6.［单选题］你怎样看待社会上存在的"躺平"的人生态度?
○支持　　　　○不支持　　　○没有感觉

7.［单选题］你觉得生活中自己的行为符合奋斗精神吗?
○非常符合　　○比较符合　　○不太符合　　○非常不符合

8.［单选题］面对学习、就业或生活的压力,您常常选择?
○积极面对　　○迷茫彷徨　　○逃避现实　　○很平淡无所谓

【作者简介】
汪晓薇,南京市第五十中学教师,南京市德育优秀青年教师,南京市师德先进个人。曾在南京市和江苏省中小学班主任基本功大赛中获一等奖。

# 3　扬工匠精神，习劳动品质
## ——九年级"劳动教育"主题班会

张丹凤

### 一、背景分析

#### 1. 主题解析

《大中小学劳动教育指导纲要(试行)》中提出，劳动教育是发挥劳动的育人功能，对学生进行热爱劳动、热爱劳动人民的教育活动。它提倡强化劳动观念，弘扬劳动精神，注重让学生在学习和掌握劳动技能的过程中，领悟劳动的意义，继承中华民族勤俭节约、敬业奉献的优良传统，弘扬开拓创新、砥砺奋进的时代精神，形成诚实守信、吃苦耐劳的品质。在劳动教育的过程中，引导学生弘扬工匠精神，学习并明确劳动过程中需要的优秀品质符合国家人才培养要求和学生终身发展需要。

#### 2. 学情分析

我班学生具备基本的劳动能力，在生活中能参与劳动；但在班级管理中，我发现学生存在以下问题。

(1) 对劳动的价值理解不全面，主动劳动的意愿不强。

(2) 认为学习劳动就是技能习得。

(3) 劳动过程中缺乏坚持、专注、严谨、精益求精的品质。

针对以上问题，我和班委会成员商讨设计本次主题班会，引导学生明确劳动的意义，明确劳动中蕴含的精神，涵育劳动品质。

### 二、班会目标

#### 1. 认知目标

通过问卷调查、课前采访、课上讨论的方式，了解劳动的内涵，知道劳动对于自我、他人、社会、国家的作用。

  2. 情感目标

  通过观点辨析、观看视频、价值澄清等形式,树立正确的劳动价值观,明确工匠精神的内涵,树立匠心筑梦的愿望。

  3. 行为目标

  通过岗位认领、同伴互助,主动劳动并在劳动的过程中涵养专注、严谨、精益求精等品质。

## 三、班会准备

  1. 教师准备:(1)设计班级劳动情况调查问卷;(2)下载《大国工匠》视频;(3)邀请家长代表参加班会。

  2. 学生准备:(1)班会前分组采访社会和学校内不同人对"劳动"的看法;(2)上网搜集有关劳动含义、工匠精神的资料。

## 四、班会过程

**环节一:思"劳动"之义**

**活动1: 学习感悟——劳动有快乐**

  1. 行为反馈:学生自主完成"我的劳动体验"行为作业(如表1所示)。

表1 我的劳动体验

| 回忆劳动内容 | 劳动感受 | 劳动意义 |
| --- | --- | --- |
| 暑假在家从事的一项印象最深的家务(家务劳动) | | |
| 校内参加的一项最有意义的劳动(校内劳动) | | |
| 参加难忘的社区活动(公益活动) | | |
| 平时在家自己洗衣服、整理床铺(自我服务型劳动) | | |

2. 活动小结：在回忆分享的过程中认识到劳动的形式多种多样，体验劳动给我们带来的愉悦、能力提升和自我价值感。

**活动 2：分门别类——劳动有意义**

1. 将刚才回忆的劳动根据"自己有收获""对他人有帮助""对社会有贡献"划分为三大类。（板书）

2. 小组讨论，总结交流：通过分类，我们可以清晰地看到，劳动除了对我们个人的生存与发展存在意义之外，对他人、社会和国家也具有重大意义。

【设计意图】通过经验回顾、课堂讨论分享，体会劳动对于自己、他人、社会的意义与价值，从而产生积极体验，激发正面情感。

**环节二：析"劳动"之惑**

**活动 1：平凡不凡——劳动需尊崇**

1. 出示图片：一颗螺丝钉、一把钳子。

2. 引导思考。

（1）运用这些工具和材料的人，可能从事什么职业？

（2）你愿意从事这两个职业吗？说说你的理由。

3. 视频播放：《大国工匠》。

管延安以匠人之心追求技艺的极致，一个扳手、一颗螺丝让海底隧道成为他实现梦想的平台。

胡双钱创造了打磨过的零件100%合格的惊人纪录。在中国新一代大飞机C919的首架样机上，有很多老胡亲手打磨出来的"前无古人"的全新零部件。

这群不平凡的劳动者，凭着传承和钻研，专注与磨砺，追求职业技能的卓越。

4. 引导思考。

（1）你还愿意从事这两个职业吗？

（2）是什么让你转变了态度？

5. 话题讨论：哪些劳动是值得尊重和崇尚的？

6. 教师小结：同学们，在生活中有平凡的劳动者，有智慧、创造性的劳动者，他们有的为社会增添了风景、有的为他人提供了便利、有的推动了技术的进步,他们都有一种特征,那就是为社会、为国家创造财富、做出贡献。无论什么样的劳动都需要我们尊重与崇尚。

**活动 2：榜样引领——劳动育品质**

1. 请时事评论组上台,进行事迹宣讲。

雕刻时光——银匠李正云：李正云本是一名普通银匠,谁家有活就在谁家住下,带着 100 多斤重的工具箱,在山寨里穿行。但是李正云不满足现状,他根据市场变化,不断创新产品,名气越来越大。如今的李正云被业界尊称为"银饰教头",被中国美术学院等十几所高校聘为客座教授。"一个小学文化的我,站在高等学府的讲堂上,没有骄傲,只有责任,我的肩上,担负的是如何将传统手艺传承下去的重任。"

2. 引导思考。

(1) 从三位榜样人物身上,我们学到了什么?

(2) 他们都是"大国工匠",请尝试从他们身上概括"工匠精神"的内涵。

3. 小组讨论,集体归纳：将归纳出来的品质书写于黑板上,取同类项。(工匠精神:①精益求精,②严谨,③耐心、专注、坚持,④专业、敬业。)

4. 解疑释惑。

(1) 有同学说,大国工匠只是社会的少部分人才配拥有的称号,我们只能仰慕,不能追求。

(2) 有人认为,我们只是平凡人,做好自己的事情,国家命运与我无关。

思考：你赞同他们的观点吗?

5. 教师引导：我们的生存需要劳动,理想的实现需要劳动,我们在辛勤、专注、专业劳动的同时,其实就是在将个人的发展与社会的进步、祖国的发展相结合。平凡的劳动者也可以拥有工匠精神,成为匠人。

6. 请社情观察组上台,进行展示。

"最美匠人"：学生课前拍摄、搜集生活中具有工匠精神的场景,以图片的形式播放。(广告公司的工作人员为学校安装宣传栏,精确比对尺寸,确保整齐;化学老师进行化学实验时,对药品用量非常谨慎;课间老师们在办公室专注地备课;大扫除时,擦玻璃的同学反复擦拭……)

7. 启发思考。

(1) 以小组为单位,请为当选的"最美匠人"拟写颁奖词。

(2) 除了上述场景，你还发现了哪些具备工匠精神的行为？

8. 小组讨论，分享交流：工匠精神其实离我们并不遥远，在生活中我们要善于发现、学习工匠精神，涵养劳动品质。

【设计意图】通过图片展示、视频观看，以层层推进、环环相扣的方式，让学生感知平凡的劳动者也可以成为行业的领军人物，在实现自我发展的同时，推动社会进步。通过小组分享，学生在自我教育中明白，其实我们每个人都可以拥有工匠精神。

### 环节三：践"劳动"之举

**活动1：岗位认领——明专长**

根据班级、学校的劳动岗位，结合自己的专长进行自愿认领（如表2所示）。班级进行统计，认领者较多的岗位，进行竞聘上岗。

表2　岗位认领

| 岗位名称 | 个人专长 | 预期效果 |
| --- | --- | --- |
|  |  |  |
|  |  |  |
|  |  |  |

**活动2：表格制定——习品质**

根据每人认领的岗位，对岗位进行分析（如表3所示），明确该岗位的要求。

表3　岗位分析

| 岗位名称 | 岗位要求 | 需要具备的劳动品质 |
| --- | --- | --- |
|  |  |  |

**活动3：放眼长远——托起梦**

请以"你好，匠人！"为题给自己写封信，内容包括工作岗位需要具备的品质，这个岗位对于自己、他人，乃至社会、国家有何意义。

【设计意图】通过岗位认领、竞聘，以及明确岗位要求，学生在履行岗位职责的过程中形成劳动习惯，培育劳动品质，给自己写封信，从内心深处激励自己坚持与专注。

## 五、活动延伸

1. 根据岗位任职情况，评选"班级工匠"。
2. 将学生写给自己的信编制成班级美文精选册。

## 六、班会反思

本节班会课的设计与实施基于国家培养德、智、体、美、劳全面发展的人才要求，关注当下劳动教育过程中存在的痛点，以问题出发，从学生的现实生活入手，旨在澄清劳动的价值和意义，明确劳动中蕴含的精神和品质。整节班会着眼学生的长远发展、品质涵养、自我觉醒，意在激发学生争当工匠的愿望。

### 1. 以现实生活为始，以长远发展为终

整节班会课，行为作业的布置、工匠事迹的介绍、"最美匠人"的寻找、校园岗位的认领，都是从学生真实的生活情景出发，在现实生活中，学生感悟劳动的意义、工匠精神的内涵，明确劳动过程中需要涵育的品质，让劳动教育不仅停留在技能习得，更渗透在工匠精神的学习、优秀劳动品质的涵育中，引导学生在劳动中融入生活、驾驭生活、享受生活，实现长远发展。

### 2. 以技能培养为基，以品质涵养为要

劳动教育的目的包括劳动技能的学习、劳动习惯的养成、劳动精神的弘扬、劳动品质的涵养。其中，劳动技能的学习是基础，劳动品质的涵养是根本。本节班会以此为要义，通过寻找"最美匠人"、认领劳动岗位这两个环节，首先让同学们了解生活中不同的劳动所需要的技能，然后借助大国工匠、"最美匠人"的事迹，着重分析榜样在劳动过程中所具备的工匠精神、品质，鼓励学生学习并拥有这些宝贵的劳动品质，并将其渗透到校园生活中，延伸到生活中的其他方面。

### 3. 以榜样引领为辅，以自我觉醒为主

在青少年的社会性发展过程中，榜样的示范能给他们一个直观、生动的

引领和指导,促使他们迅速地了解和学习被肯定和提倡的行为范式。但是,就学生成长而言,教育的真正落地生根一定是基于自我觉醒的自我教育。因此,在班会设计和实施的过程中,我借助大国工匠和身边"最美匠人"的事迹,给学生提供行为示范。在此基础上,通过设置情景的前后反转、问题的层层推进,帮助学生在深入思考中明确了每个人都可以拥有工匠精神,在颁奖词撰写、匠人寻找中促进自我觉醒,激发他们涵养工匠品质的愿望,并在生活中不断加以培育。

【作者简介】
　　张丹凤,南京市江宁高级中学教师,南京市德育工作带头人,南京市优秀班主任,南京市五一劳动奖章获得者,曾获江苏省、长三角地区中小学班主任基本功大赛一等奖。

## 4　传承航天精神，追寻青春梦想
### ——九年级"学四史，追梦想"主题班会

王才花

### 一、背景分析

#### 1. 主题解析

2021年是中国共产党成立100周年。百年党史中蕴含着丰富且宝贵的"红色精神"，鼓舞着一代又一代中华儿女为了中华民族的伟大复兴而坚强自立、坚持梦想、勇往直前。习近平总书记说："红色基因就是要传承。中华民族从站起来、富起来到强起来，经历了多少坎坷，创造了多少奇迹，要让后代牢记，我们要不忘初心，永远不可迷失了方向和道路。"《中小学德育工作指南》中指出，理想信念教育是中小学德育的主要内容。我们要引导学生深入了解"四史"，继承革命传统，传承红色基因，树立为共产主义远大理想和中国特色社会主义共同理想不断奋斗的信念和信心。

#### 2. 学情分析

从1970年的"东方红一号"卫星到现在的中国空间站，中国航天人坚持梦想、勇往直前的航天精神是"红色精神"的代表，催人奋进。适逢"神舟十二号"载人飞船成功发射，引起了班内很多学生对中国航天事业的关注，萌发了与航天有关的梦想。但很多学生思想上对实现梦想的信心不足，学习上怕吃苦，生活中缺少榜样引领，崇拜网红多过致敬英雄。基于此，我班召开"传承航天精神，追寻青春梦想"主题班会。

### 二、班会目标

#### 1. 认知目标

在畅谈分享环节中，引导学生了解中华民族的航天梦想以及中国航天事业的飞速发展史。

### 2. 情感目标

在故事讲述环节中,引导学生感受中国人的航天梦想以及航天精神的伟大之处,激发敬仰之情。

### 3. 行为目标

在情境表演环节中,学生明确拥有梦想与实现梦想的关系,落实实现梦想的具体做法,激励学生矢志不渝地追寻青春梦想。

## 三、班会准备

1. 教师准备:(1)召开班委会,商讨班会方案;(2)制作"梦想调查卡""追梦单"、PPT,剪辑音频、视频,准备背景音乐;(3)选拔和培训主持人。

2. 学生准备:(1)搜集航天英雄故事,了解中国航天史;(2)填写"梦想调查卡",并收集分析调查结果。

## 四、班会过程

**环节一:点亮梦想,感受飞天**

**活动 1:调查反馈(配背景音乐《最美航天人》)**

1. 课前谈话:老师的梦想。

同学们,梦想是绳,能升起饱满的帆,梦想是帆,能推动希望的船。老师像大家这么大时就已经拥有了自己的梦想,大家知道是什么吗?(学生答:成为一名优秀的人民教师)

2. 展示课前调查结果。

班长反馈调查结果并分析:前期调查显示我班大多数同学都有梦想,但关于能否实现梦想这个问题,如图 1 所示,仅有 20%的同学确信自己能实现梦想,80%的同学比较迷茫。

3. "梦想调查卡"反馈。

展示一张有代表性的"梦想调查卡"

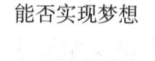

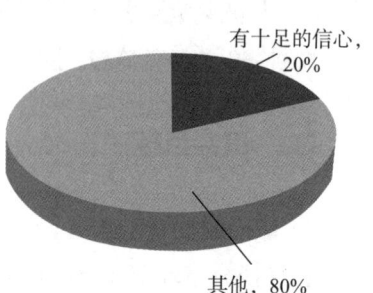

**图 1 课前调查结果**

(如图 2 所示),并邀请主人公介绍自己的梦想。

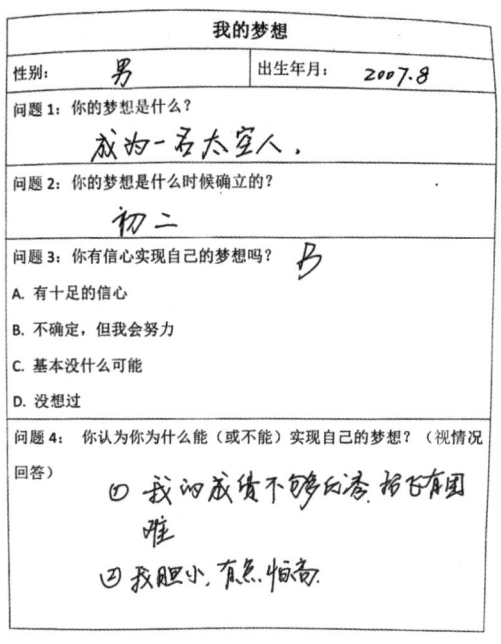

| 我的梦想 | | |
|---|---|---|
| 性别: 男 | 出生年月: 2007.8 | |

问题 1:你的梦想是什么?
　　成为一名太空人。

问题 2:你的梦想是什么时候确立的?
　　初二

问题 3:你有信心实现自己的梦想吗?　B
A. 有十足的信心
B. 不确定,但我会努力
C. 基本没什么可能
D. 没想过

问题 4:你认为你为什么能(或不能)实现自己的梦想?(视情况回答)
① 我的成绩不够好,拖后腿。
② 我胆小,有点怕高。

图 2　梦想调查卡

### 活动 2:畅谈梦想

1. 展示图片:嫦娥奔月、飞天壁画、毛主席的诗词。

同学们,飞天梦是中华民族的伟大梦想之一。神话故事中的嫦娥奔月,敦煌壁画中的飞天,毛主席诗词中的"可上九天揽月,可下五洋捉鳖",都是最好的证明。

2. 第一组学生分享中国航天事业发展史。

(1) 导入:虽然我们早就有了飞天梦,但是中华民族的飞天梦真正开启却在 1956 年,下面请第一组同学为我们介绍。

(2) 第一组学生分享航天史。

1956 年,钱学森向中央提交《建立我国国防航空工业的意见书》;

1958 年,毛主席提出"我们也要搞人造卫星";

1970 年,我国第一颗人造卫星"东方红一号"发射成功;

1999 年,"神舟一号"飞船发射成功,载人航天技术有了新的重大突破;

2003 年,中国第一艘载人飞船"神舟五号"成功发射并返回,杨利伟成了中国进入太空的第一人；

2007年,"嫦娥一号"探月卫星成功发射,拉开了中国人探索月球的序幕；

2011年,中国首个空间实验室"天宫一号"发射入轨；

2020年,"天问一号"火星探测器发射升空且于2021年成功登陆火星；

2021年,"天和核心舱"发射入轨,中国正式迈入空间站时代；

2022年,"问天实验舱""梦天实验舱"发射成功,空间站"T"字基本构型在轨组装完成。

3. 学生观看"神舟十七号"载人飞船发射成功的视频。

(1) 导入:同学们,2023年的10月26日,酒泉传来了一个好消息,大家知道吗?(学生齐答)"神舟十七号"载着三位航天员进入了太空。让我们一起重温那个时刻。

(2) 播放视频,学生说一说观看飞船发射视频片段后的心情。

(3) 教师小结:我们激动、兴奋,但更应该奋进。1956年,新成立的中华人民共和国一穷二白,在这样艰苦的时期,中国共产党领导的中国航天人是怎样一步一步追寻蓝色梦想的呢?请听第二组同学的分享。

**【设计意图】** 通过分层次畅谈梦想——从老师的梦想谈到学生的梦想,再到中华民族的飞天梦。由近及远,低起点,高落点,切入主题,激发学生的参与热情。通过介绍中国航天发展史,观看"神舟十七号"成功发射的现场视频,唤起学生的爱国热情、追梦激情,引导学生认识到只有确立梦想才能实现梦想。

**环节二:追寻梦想,汲取力量**

**活动1:故事分享**

1. 第二组学生分享:中国航天之父——钱学森。

(1) 做好人生选择题。

问题:面临下列人生际遇,你会做出怎样的选择?(学生自由回答)

贫穷—富有;危险—安全;从头再来—功成名就。

(2) 钱学森的故事。

钱学森,1934年从上海交通大学毕业,1935年公费赴美国进修,1939年博士毕业后留校任教。至此,他和夫人蒋英一直在美国过着平静又富足的生

活,直到1949年,一个消息的传来打破了这种平静。(播放视频)

(3)交流讨论:钱学森为什么能安全地返回祖国?

个人原因:他有坚定的回国信念,毫不动摇。他热爱中国共产党,相信在党的领导下,新中国一定能发展起来。

国家原因:中国共产党做出了巨大的努力,对他进行了积极有效的营救。

(4)朗读钱学森的入党申请书。

① 导入:钱学森热爱祖国,热爱中国共产党,老师这里有一封他的入党申请书,请一位同学为我们朗读。

② 学生朗读钱学森的入党申请书。

③ 教师小结:这封入党申请书表达了钱老对中国共产党的热爱与忠诚,正是在中国共产党的英明领导下,新中国涌现了一大批像钱老一样具有坚定爱党、爱国信念的老前辈们。他们自力更生、艰苦奋斗、大力协同、无私奉献、严谨务实、勇于攀登,因为他们的努力,我们的飞天梦终于实现了。如今,新一代的航天人又创造了怎样的奇迹呢?请听第三组同学的分享。

2. 第三组学生分享:中国航天英雄——杨利伟。

(1)了解杨利伟的故事。

杨利伟,中国共产党党员。2003年10月15日,杨利伟乘"神舟五号"飞船首次进入太空。下面让我们看几幅图片。

危险1:在火箭上升到三四万米的高度时,火箭和飞船开始急剧抖动,产生了共振。这让杨利伟感到非常痛苦。痛苦的感觉越来越强烈,五脏六腑似乎都要碎了。杨利伟心里觉得自己快不行了。

危险2:返回舱返回地面时右边的舷窗出现裂纹。外边是1600℃—1800℃的超高温度。美国的"哥伦比亚号"航天飞机就是由于一个防热板先出现一条裂缝,然后高温使得航天器解体了。

危险3:返回舱着陆时有巨大的冲击力,因为麦克风有不规则的棱角,让杨利伟的嘴角受了伤,要是伤口在颈部,后果不敢想象。

(2)交流讨论:为什么杨利伟能做到"明知山有虎,偏向虎山行"?

主要原因有以下三个方面:

第一,他具有坚定的信念,为了实现梦想不惧怕任何挑战。

第二,他对祖国的航天技术有信心,相信经过多年发展我们已有更加先进的航天技术。

第三,他坚持日复一日地艰苦训练,对自己的身体素质有信心。

(3) 做游戏(1—2组)。

① 航天员是需要经过严格训练的,其中有一个训练叫"转椅训练",即航天员坐在一个电动转椅上,一直不停地快速旋转。你能想象是什么感觉吗?

② 做"大象鼻子转圈"游戏。

规则:参加游戏者戴上眼罩。一只手捏住自己的鼻子,然后弯下腰,将自己的身体弯曲成90°,另一只手穿过捏鼻子的那只手臂,并且直直指向地面,然后原地转圈。

③ 参与游戏的学生谈谈游戏后身体的感受。

④ 教师小结:大家知道航天员的转速有多快吗?(2秒转360°,一般持续15分钟,通过观看视频了解)在这样艰苦的训练下,航天员们磨炼了意志,锻炼了体魄,过硬的思想素质与强健的身体素质是他们实现梦想的关键。

3. 总结航天精神。

(1) 学生思考什么是航天精神。

(2) 学生总结航天精神:特别能吃苦,特别能战斗,特别能攻关,特别能奉献。

4. 教师小结。

习近平总书记指出,在一百年的非凡奋斗历程中,一代又一代中国共产党人顽强拼搏、不懈奋斗,涌现了一大批视死如归的革命烈士、一大批顽强奋斗的英雄人物、一大批忘我奉献的先进模范,形成了一系列伟大精神,构筑起了中国共产党人的精神谱系,航天精神是中国共产党人精神谱系中的重要组成部分。

**活动2:送你一朵小红花**

1. 导入:也许有人觉得航天精神离我们很远,其实我们身边就有,让我们一起来寻找身边的航天精神吧。

2. 学生分享身边同学的故事,教师为他们戴上小红花。

3. 教师小结。

从航天之父到航天英雄,再到身边的同学,他们身上的优秀品质是实现梦想的基础。

【设计意图】本环节设计了两个部分,"故事分享"和"送你一朵小红花"。在钱学森的故事里,学生在"选择"中领会了航天精神中的家国情怀与责任担当;在杨利伟的故事里,危险情况介绍与"大象鼻子转圈"游戏,使学生切身体会到航天员训练的艰苦与危险,感受载人航天精神。以问题的形式串联起两个故事,学生感受航天精神的传承。"送你一朵小红花"引导学生发现身边的榜样,贴近学生生活,拉近他们与航天精神的距离,形成集体教育、自我教育。

**环节三:砥砺梦想,落实行动**

1. 分析网络热帖。

(1) 展示帖子(图片)。

问题:"国际空间站何时轮到中国人上去?"及其热门回复:"中国要上就上自己的空间站,上别人的不好玩。"

(2) 教师小结。

12年后,我们的三位航天员成功进入了中国空间站,并成功返回地球。一代代航天人不畏艰辛、艰苦奋斗,将个人的梦想与中华民族的梦想紧密联系起来。实现民族梦的同时,也实现了自己的梦想。只有国家好、民族好,大家才能好。

2. 表演情景剧《选择》。

剧情介绍:中学生小明马上要上九年级了,他的梦想是当一名审计师,为祖国审计事业做贡献。审计师需要较好的逻辑思维能力,学好数学是基础。但是,在多次的测验中,小明发现自己在数学方面没什么天赋,数学成绩一直不太理想。朋友们都劝他趁早放弃梦想,他不是那块料,他自己也有点动摇。周末,他正在纠结要不要继续思考一道数学问题时,他的朋友打来电话,邀请他上网打游戏。

(1) 问题1:大家有过类似的困惑吗?当时你是怎么做的?(学生发表自己的观点)

(2) 问题2:大家都遇到过和小明一样的问题,那现在能告诉小明应该怎样选择吗?

学生提出以下两种观点。

观点一:拒绝朋友的邀约。因为一打游戏就停不下来,作业就完不成了。

观点二:先去打会儿游戏,放松下心情。科学规划,也许思路就会有了。

(3) 教师小结。

老师认为,如果小明严词拒绝了朋友的诱惑,静下心来继续思考,这是他意志坚定、坚持梦想的表现,值得敬佩。如果小明选择先和朋友打会儿游戏,放松下心情,过会儿再继续研究问题,这是他科学规划追梦之路的体现,也值得大家学习。但有一种选择可能就不好了,那就是只顾着打游戏,放弃做作业,或者说放弃追求梦想。"不忘初心,方得始终。"所以,我认为小明与梦想实现之间的距离就是"坚持"。

3. 交流追梦单。

(1) 导入:同学们,还记得老师的梦想吗?我还在追梦的路上。为了能更早实现我的梦想,我制作了一张追梦单(如表1所示)。

**表1 老师的追梦单**

| 我的梦想 | 成为一名优秀的人民教师 |
|---|---|
| 我的优势 | 勤奋、刻苦 |
| 我的不足 | 缺乏耐心 |
| 遇到的困难 | 学历进修,不了解学生,等等 |
| 我的行动 | (1) 考师范院校<br>(2) 进行专业学习<br>…… |

(2) 学生填写自己的追梦单(如表2所示)。

**表2 学生的追梦单**

| 我的梦想 | |
|---|---|
| 我的优势 | |
| 我的不足 | |
| 预计困难 | |
| 我的行动 | |

(3) 全班交流追梦单。

【设计意图】本环节设计了三个部分。在网络热帖讨论中,学生感受到航天人将个人梦想与祖国梦想相结合,实现祖国梦想的同时也实现了个人梦想。通过情景剧的辨析,学生认识到拥有梦想与实现梦想的关系。通过展示追梦单活动,学生正视自己的梦想,为自己的梦想提出切实可行的措施,并准备为之付出艰辛的努力。本环节旨在激励学生矢志不渝,追逐星辰大海;脚踏实地,圆梦碧海蓝天!

**教师总结**

亲爱的同学们,这节课上,我不仅看到了同学们缤纷的梦想,也感受到同学们身上优秀的品质。实现梦想的道路不会一帆风顺,会伴随着汗水、泪水和无数的挫折。希望大家从航天精神中汲取力量,将个人梦想与祖国梦想紧密联系起来,只要大家坚持与努力,相信我们的梦一定能实现,中国梦也一定能实现。

(播放习近平总书记寄语青年的音频:"广大青年既是追梦者,也是圆梦人。追梦需要激情和理想,圆梦需要奋斗和奉献。广大青年应该在奋斗中释放青春激情、追逐青春理想,以青春之我、奋斗之我,为民族复兴铺路架桥,为祖国建设添砖加瓦。")

## 五、活动延伸

1. 晒梦想:如果你愿意的话,请将自己的追梦单张贴在班级展示栏,并与朋友分享你的梦想。

2. 以《我的未来不是梦》为题,开展征文与演讲活动。

## 六、班会反思

本节班会包括"点亮梦想""追寻梦想""砥砺梦想"三个部分。第一部分通过谈话的形式,师生交流从老师的梦想到学生的梦想再到中国的航天梦;第二部分由两组学生准备、讲述、讨论了两个航天故事;第三部分联系实际,从身边的事例引起学生思考、讨论、共鸣。三个部分通过形式丰富的各项活动串联起来,让学生了解了在中国共产党的领导下中国航天梦的实现过程,由此启发学生落实行动,为当一名合格的社会主义接班人做准备。拓展部分的两个安排,动静结合,对课堂进行了有效补充。本课的三个部分环环相扣,学生活动充分,达到了预设的教育目标。当然,本节课还有值得改善的地方,比如一些学生缺少发言的机会,部分活动时间比较仓促,这些都需要通过课后的拓展延伸进一步跟进。

【作者简介】

　　王才花,江苏省丹阳市第九中学教师,丹阳市学科带头人,丹阳市初中班主任工作室成员,被评为"丹阳好老师"。曾获江苏省中小学班主任基本功大赛一等奖、长三角地区中小学班主任基本功大赛二等奖。

# 5 未来已来：用拼搏定义青春
## ——九年级"我奋斗我进步"主题班会

刘晓丽

## 一、背景分析

### 1. 学情分析

九年级学生总体上已具备了较为主动的上进品质和较为稳定的学习状态。但由于受多方面因素的影响，在迎战被称为人生第一个十字路口的中考时，部分学生或多或少地在心理情绪、意志品质等不同方面，出现了不同程度的波动，目标不坚定、努力不持续、自我效能感低。其根源是责任担当中拼搏精神的缺失。这样的状态既影响了个人的进步，更对班集体的士气带来不利影响。有鉴于此，本次设计开展"我奋斗我进步"主题班会，用"未来已来：用拼搏定义青春"为题，力争引导学生从伟大的建党精神中汲取精神营养，理解拼搏内涵，有的放矢地指导学生在学习生活中不懈努力、踏实拼搏，做一名有责任担当的优秀少年。

### 2. 主题解析

拼搏，是民族复兴的精神力量，是践行中国梦的重要精神财富。习近平总书记指出："我们的国家，我们的民族，从积贫积弱一步一步走到今天的发展繁荣，靠的就是一代又一代人的顽强拼搏，靠的就是中华民族自强不息的奋斗精神。"党的二十大报告强调"青年强，则国家强"，对广大青年提出了"立志做有理想、敢担当、能吃苦、肯奋斗的新时代好青年"要求，中华民族正以昂扬的姿态向第二个百年奋斗目标进军，这一代学生将是经历者，更会是参与者和建设者，学会拼搏责无旁贷。只有拥有拼搏精神的人，才能脚踏实地投身事业，引领世界发展潮流；只有由不懈拼搏的人民组成的国家，才能更加繁荣富强。

## 二、班会目标

### 1. 认知目标

通过故事分享,引导学生了解中国现代史上不同阶段、不同阶层的拼搏奋斗,引导学生认识拼搏奋斗对于民族发展、个人成长的重要意义,增强对"努力必有回报"的正确认知。

### 2. 情感目标

通过寻访、交流等形式,激发学生对敢于拼搏的时代英雄的敬佩之情,并产生向他们学习的积极愿望。

### 3. 行为目标

通过平板支撑体验活动,学生感受到锐意进取的拼搏精神,初步习得在实际生活中用拼搏的精神迎接学习和生活挑战的能力与方法。

## 三、活动准备

1. 教师准备:(1) 师生在晨会、班会、课间等场合交流对"责任"与"拼搏"的理解,为班会造势;(2) 组织班级干部研究设计班会环节;(3) 指导拍摄视频《不同行业人物心中的"拼搏"》;(4) 编写剧本并指导学生排演情景剧《什么是拼搏》《这就是拼搏》。

2. 学生准备:(1) 班干部进行任务分组,让同学发挥主动性,做好班会的相关准备;(2) 观看《觉醒年代》,对早期共产党人奋斗精神展开交流;(3) 记录最令自己感动的2023年中国杭州亚运会赛场上中国运动员为国争光的拼搏场面;(4) 搜集不同年代、不同行业人物的奋斗拼搏故事;(5) 排演情景剧《什么是拼搏》《这就是拼搏》。

## 四、班会过程

导入:围绕关键词"拼搏"引发学生思考,揭示课题。

**环节一：长风破浪会有时——为拼搏画像**

**活动1：情境表演，初步感知"拼搏"**

1. 情景剧表演。

学生表演情景剧《拼搏是什么》，请学生把"拼搏是什么"的答案写在活动记录的第一栏。

2. 写下你心中对拼搏的认识。

学生在活动记录的第一栏写下自己对拼搏的认识并交流。

预设：不怕吃苦、坚持到底、不服输、努力奋斗、当仁不让的勇气……

**活动2：观看视频，真切感悟"拼搏"**

1. 播放采访视频：不同行业的家长对拼搏内涵的不同解读。

学生现场采访老师。老师认为参加比赛就是拼搏，并分享参加班主任基本功大赛的过程。（学生鼓掌）

2. 请学生在活动记录的第二栏用一两个词语写下对拼搏的新理解。

预设：家庭责任感、爱岗敬业、社会责任感……

3. 对比分析：学生对"拼搏"的新认知或者受到的新启发。

生1：拼搏凝聚着我们的情感。

生2：拼搏是坚守的精神。

生3：服务社会的精神也是拼搏的体现。

生4：努力学习，备战中考是一种拼搏。

4. 教师小结。

生活在中国共产党带领全国各族人民迈上全面建设社会主义现代化国家新征程的重要节点，包括我们在内的每一个人，对于"拼搏"一词，都有自己独特的理解。拼搏，是一种行为，更是一种精神、一种信仰……

【设计意图】以贴合学生生活的情景剧为切入口，引导学生形成对拼搏内涵的初步认知，并以此为基础，引导学生与他人观点相碰撞，激发他们对"拼搏"内涵的二次思考，形成相对丰富的认知，产生新的体会。

**环节二：人生能有几回搏——为拼搏立传**

**活动1：讲一讲拼搏故事**

教师逐一提炼板贴关键词，各小组派代表汇报寻访到的中国历史上的拼搏楷模的故事。

1. 给中国带来觉醒的时代楷模——李大钊。

关键词:中国共产党的主要创始人之一,我国最早的马克思主义传播者,年仅 38 岁便为共产主义理想献出了宝贵的生命!

从李大钊身上,我们看到了"拼搏"是怎样的一种品质?

预设:信仰坚定、舍身成仁……

教师提炼:因为内心有着坚定的信仰,他将民族觉醒的大业作为自己的责任与目标,明知前路艰险,仍坚定不移地走在革命的道路上。

(板书:烽火硝烟中的拼搏——坚定信仰,舍身成仁)

2. 给中国奠基强盛的时代楷模——钱学森。

学生读"写给钱学森的信"。

问题:钱学森的拼搏精神体现在哪里?

预设:不畏艰险、一心报国……

教师提炼:不畏艰险、一心报国的钱学森辗转回国,用智慧的巨焰点亮了东方雄鸡的天空,科技强国,科技强军!(板书:建国初期的拼搏——心中有梦,不畏艰险)

3. 带领中国走向富强的时代楷模——邓小平。

关键词:《春天的故事》,改革开放,力挽狂澜,不惧挑战,打开了闭塞的国门,中国改革开放的总设计师,开启了大国雄起的新篇章!

问题:邓小平爷爷为什么是我们心中拼搏的楷模?

预设:勇挑重担、不怕挑战、敢作敢为、锐意进取……

教师提炼:在改革的洪流中,勇挑重担;在进取的时代里,敢作敢为——邓小平爷爷用他的智慧开启了大国雄起的新篇章!(板书:改革开放中的拼搏——敢于挑战,锐意进取)

4. 为中国青年"燃灯"引路,彰显大爱育人情怀的时代楷模——张桂梅。

关键词:她扎根教育沃土,几十载春秋岁月长,仍不改初心,创办全国第一所全免费女子高中,用坚守和爱照亮了许多贫困女孩的前行道路。

问题:为什么说张桂梅校长是为中国青年"燃灯"引路的拼搏楷模呢?

预设:不畏艰难、不忘初心、牢记使命、无私奉献……

教师提炼:张桂梅校长以"九死亦无悔"的坚持,用爱引领生命,用信念浇灌教育沃土,牢记教育使命,不忘来路初心,她是当之无愧的拥有大爱大德大情怀的"大先生",始终用生命在践行"只要有一口气在,就要站在讲台上"的铮铮誓言。(板书:教育大计中的拼搏——不忘初心,不畏艰难)

5. 为中国荣誉而战的时代楷模——马龙。

关键词:中国乒乓球运动员马龙,多次被世乒赛决赛拒之门外,但他永不言弃,坚持训练,为国征战,成为国际乒坛首个全满贯男子选手。

问题:在马龙身上,大家看到了怎样的拼搏品质?

预设:永不服输、勇于挑战、坚定目标与理想、为国家荣誉而战……

教师提炼:永不言弃,从不退缩的马龙,是我们身边的拼搏楷模。(板书:为梦想而战的拼搏——永不言弃,从不退缩)

### 活动2:写一写拼搏内涵

1. 再识"拼搏":学生将对拼搏的新认识写在活动记录的第三栏。

2. 分享"拼搏":对比自己对拼搏内涵的三次理解,和同桌分享交流。

预设:

生1:拼搏是可贵的精神品质。

生2:不同的时代,召唤不同的拼搏精神。

生3:拼搏有不同的内涵。

生4:拼搏,就是有责任担当!

3. 教师小结。

顺着历史的河流,我们遇到了舍身成仁的李大钊、为国奉献的钱学森、锐意进取的邓小平、"燃灯"引路的张桂梅,还有永不言败的马龙等。不管是百年前乘风破浪的革命先辈,还是与我们身处一个时空的英雄,从他们身上,我们看到同样的光芒,那就是他们始终与责任同行。(板书:责任担当)

### 活动3:学一学拼搏榜样

1. 对比不足,发现问题,汲取力量。

模仿以下句型进行全班交流。

对比楷模,我感到自己在(什么)方面缺少拼搏精神(简单举例说明)。我要以(谁)为榜样,今后(怎样)去做。

2. 教师小结。

同学们,习近平总书记号召我们,新时代的中国青年要以实现中华民族伟大复兴为己任,增强做中国人的志气、骨气、底气,不负时代,不负韶华,不负党和人民的殷切期望!虽然你们现在羽翼未丰,但是请从现在开始树立理想,坚定信念,用拼搏为将来积蓄能量,要相信未来可期!

**【设计意图】**通过学生分享具有拼搏精神楷模的事迹,以及自己的同伴的拼搏故事,从不同层面引导学生感悟拼搏精神的内涵,并结合前面学生自己的认知,引导学生静思己身,联系榜样与自己,对比榜样与自己之间的差距,从他们身上汲取精神力量,找到生活中践行拼搏精神的方向。

## 环节三:宝剑锋从磨砺出——为拼搏代言

### 活动 1:练一练

1. 团体平板支撑赛(每小组一人比赛,其他成员加油打气)。

2. 请获胜学生谈比赛感受。

预设:我拼搏不仅为了自己,更是为了集体;我有为团队夺取胜利的责任……

3. 学生将对"拼搏"形成的新感受写在活动记录的第四栏。

预设:对个人负责,为集体奋斗,为国家拼搏……

4. 教师小结并板书:拼搏→责任担当;为自己、为集体、为国家。

### 活动 2:情景逆转

1. 教师导入。

拼搏是成功的基石,拼搏不一定保证目标的达成,但拼搏一定使你离成功更近,这就是拼搏的意义。

2. 欣赏翻转情景剧《这就是拼搏》。

3. 学生谈感悟。

生1:我们要勇于接受生活的挑战!

生2:我们要接过先辈的接力棒,无悔自己的青春!

生3:我们要拼搏,未来已来,强国有我!

4. 学生齐读李大钊《青春》节选,发出青春拼搏宣言。

5. 班主任寄语。

同学们,九年级的你们即将面临人生的一次重要挑战,老师将和大家一起,坚定信念,用拼搏定义青春。我们的拼搏必将为我们的生命赋能,成就一个更好的自己！让我们用拼搏积蓄青春的力量，与祖国同行，奋战于征途之上，以青春之拼搏，谱生命之华章！

【设计意图】以体验小游戏为媒介，加深学生对拼搏的感悟，让学生在讨论中对拼搏的意义有更深层次的认知，明白拼搏不管是为了自己还是为了集体，抑或是为了家国，只要有责任有担当，哪怕结果没有达到预期，也不至于遗憾。最后通过翻转情景剧，引导学生发声，发出拼搏宣言。

## 五、活动延伸

1. 开展"我为集体担责任"系列活动，引导学生将责任意识落实到集体生活中，领悟责任担当可以从小事入手。

2. 开展"我是自律小能手"活动，从学校延伸到家庭，引导学生认识到只有目标和理想是不够的，还需要严格要求自己，只有自律的人才能更好地在学习生活中践行拼搏精神，成为一个有责任担当的人。

## 六、班会反思

本次班会活动旨在引导学生关注拼搏精神在学习生活中的重要作用，培养学生的责任担当意识，感悟他人拼搏，发现自身问题，以活动引发思辨，从而增强拼搏意识，体会拼搏的深层内涵，认识到不管是为什么而拼搏，都要有责任意识，都要努力成为一个有担当的人。

本次主题班会的特点主要表现在以下三个方面。一是主体性。从活动的前期准备，到活动环节的开展，再到班会后的延伸活动，学生参与度高，注重引导学生自我体悟，活动效果更突出。二是多样性。围绕"拼搏"这一核心主题，设计了情景剧表演、游戏、视频分享、讨论以及最后的翻转情景剧欣赏等活动。这些活动形式多样，避免了枯燥说理，极大地激发了学生的参与热情。三是层次性。从学生的认知水平出发，三个活动环节由浅入深、由自己到他人、由课堂到课外，最后再落实到学生的学习生活当中，活动环环相扣，前后相连，使得抽象的拼搏变得具体可感。

由于拼搏的内涵很广，本次班会课活动容量较大，还应该在培养学生思辨力上再下功夫。同时，每个学生的状况不同，应给学生更多发挥空间，让学生在"学会拼搏"的主题下，找准自身的切入点，如此，实践效果可能会更好。

【作者简介】

刘晓丽，无锡市新吴区第一实验学校教师，多次获得校"优秀班主任"称号，2021年所带班级荣获无锡市"优秀班集体"称号。曾获无锡市中小学班主任基本功大赛特等奖、江苏省中小学班主任基本功大赛一等奖、长三角地区中小学班主任基本功大赛二等奖。

# 第二部分　倡行文明生活

6. 舌尖上的文明
　　——七年级"餐饮之礼"主题班会

7. 谦和礼让促团结
　　——七年级"中华传统美德"主题班会

8. 寻善，向善，尚善
　　——八年级"友善"主题班会

9. 这张名片叫"燃烧的雪花"
　　——八年级"志愿服务"主题班会

10. 承担时代责任，熔铸不凡青春
　　——八年级"责任担当"主题班会

# 6 舌尖上的文明
## ——七年级"餐饮之礼"主题班会

孙 艳

## 一、背景分析

### 1. 主题解析

习近平总书记强调,我们的教育要善于从五千年中华传统文化中汲取优秀的东西,同时也不摒弃西方文明成果,真正把青少年培养成为拥有"四个自信"的孩子。因此,要引导青少年积极行动起来,自觉做到坚定"四个自信",筑牢信仰之基。习近平总书记还指出:"要进一步加强对中华优秀传统文化的挖掘和阐发,使中华民族最基本的文化基因与当代文化相适应、与现代社会相协调,把跨越时空、超越国度、富有永恒魅力、具有当代价值的文化精神弘扬起来。"本次班会主题命名的灵感源自《舌尖上的中国》,"舌尖"契合"餐饮"的主题,"文明"契合"礼"的内涵。餐饮之礼作为中华文明礼仪的重要组成部分,属于中华优秀传统文化范畴。无论时代如何发展,中华文明之脉不可断,民族精神标志不能丢。

### 2. 学情分析

初一年级作为初中的起始年级,是学生世界观、人生观、价值观形成的重要阶段,也是培养学生文明礼仪的重要时期。我校因离市区较远,中午大部分学生都在学校食堂就餐,各种不文明就餐行为频现,因此加强餐饮礼仪教育,引导学生厉行节约、文明用餐,有现实意义。

## 二、班会目标

### 1. 认知目标

观看《中华餐饮之礼》视频,进行体验活动,理解餐饮之礼的内涵。

**2. 情感目标**

通过"餐饮文化大家谈"和重温《论语》,引导学生认识餐饮之礼不仅是中华文明礼仪,更是一种道德情操,增强学生的文化自信。

**3. 行为目标**

(1) 学生观看就餐视频和图片,结合《朱子家训》相关内容,反思自身不符合餐饮之礼的行为,争做文明用餐的践行者。

(2) 以《弟子规》相关内容和习近平总书记在庆丰包子铺就餐的榜样力量,激发学生为建立家庭和社会餐饮文明做贡献的决心。

## 三、班会准备

1. 教师准备:(1) 班主任亲自邀请学校食堂厨师、工作人员参加班会;(2) 根据教学需要制作 PPT;(3) 对各班委具体负责的事务做好分工。

2. 学生准备:(1) 纪律部拍摄学生中午在校就餐的相关视频和照片;(2) 宣传部负责撰写《走进中餐厅》文稿,各小组提前排练;(3) 学习部下载视频,搜集《弟子规》《朱子家训》《论语》相关内容;(4) 后勤部布置教室场地。

## 四、班会过程

### 环节一:活动暖场——中华美食你来选

1. 教师导入。

同学们,大家好!欢迎参加"餐饮之礼"主题班会课。餐饮之礼是中华优秀传统文化的重要组成部分,它是指人们在赴宴进餐过程中,根据约定俗成的程序和方法,在仪态、餐具使用、菜品食用等方面表现出的自律和尊敬他人的行为,是餐饮活动中需要遵循的行为规范与准则。餐饮之礼作为"八礼四仪"的重要内容,是每个中学生都应该践行的礼仪。首先让我们以热烈的掌声欢迎我们食堂的大厨李师傅和工作人员参加班会,开场的活动由李师傅主持。

2. 活动:推介中华美食。

李师傅介绍活动要求。

(1) 提供六道拿手菜：鱼香肉丝、海蛎包蛋、平桥豆腐、玉带虾仁、狮子头、宫保鸡丁。

(2) 每组选择一道菜肴，以广告语的形式推介这道菜。由李师傅和工作人员评出表达最精彩的小组。

【设计意图】通过有趣的活动和食堂师傅的参与，达到分组和暖场的效果，也为下一环节的开展埋下伏笔。游戏获胜组将获得表演情景剧、享受美食的奖励。

**环节二：立足传统——餐饮文化大家谈**

1. 观看视频《中华餐饮之礼》。

《中华餐饮之礼》这个视频讲述了源远流长的中华餐饮文化。就座时，身体要端正，手肘不要放在桌面上，不可跷腿，不要随意摆弄餐台上已摆好的餐具；坐姿应保持稳定，腰板挺直，膝盖放平；进餐时，要细嚼慢咽，闭嘴咀嚼，不要咂嘴，喝汤时也不能发出声响；咳嗽、打喷嚏时应侧身掩口，剔牙时应用手和餐巾遮口，"牙食"应用餐巾纸擦掉；吃饭时不要提令人倒胃口的话题。

2. 重点追问。

视频中提到古代客人在吃饭时特意剩下一部分食物，以示主人准备充足、招待周到。这样的礼仪在如今有什么变化吗？

明确：现代文明反对浪费，倡导厉行节约和"光盘"。

3. 玩游戏"走进中餐厅"。

(1) 环节一中获胜组的6名学生，1名饰演主人，5名饰演客人。

(2) 表演不文明就餐行为：未洗手就餐，嘴里含着食物讲话，把筷子竖插在米饭中，吃饭吧唧嘴，喝汤发出声音，餐后未"光盘"。

4. 评析分享。

(1) 请大家指出同学在就餐时有哪些不文明行为。

强调：把筷子竖插在食物里面为不敬，这是在祭奠逝者时才用的。

(2) 请表演的学生和观看的学生分别派代表谈感受。

① 参加表演的同学分享自己的感受。

预设1：自己参加表演，对不文明就餐行为有了更深刻的体会，我平时也会在嘴里含着食物时讲话，以后我会安静地就餐。

预设2:我在表演不文明就餐行为时,感觉很尴尬、不舒服,因为我想到生活中如果真这样做了,将非常有损自己的形象。

② 观看表演的同学分享自己的感受。

预设1:当我认真观看表演时,我越发觉得不文明就餐行为真的很不雅观,平时如果做出这样的行为,我会很羞愧。

预设2:不文明就餐行为不仅是对自己形象的损害,也妨碍了别人,还带坏了风气。我们要坚决向不文明就餐行为说"不"。

(3) 教师明确餐饮之礼的要求:讲究卫生,节俭用餐,食相文雅,尊重礼让。

【设计意图】引导学生感受中华餐饮文化的源远流长,了解时代赋予了其新的内涵,明确新时代餐饮礼仪的具体要求。

**环节三:聚焦自身——食堂礼仪要躬行**

1. 请纪律部派代表展示提前拍摄的本校学生在食堂就餐的图片和视频,展示诸多不文明就餐现象。

例如:等候就餐时不排队;在别人打饭时,越过等待线;吃饭时讲话;餐后桌上一片狼藉;食物吃了一半就倒掉。

2. 开展"大厨现身说法"活动。

(1) 请食堂师傅讲述准备一顿午餐的辛苦。

(2) 请食堂工作人员介绍就餐浪费现象及餐桌狼藉带来的繁重劳动。

(3) 学生小组交流后,派代表在全班分享对身边不文明就餐行为的感受。

预设1:没想到准备一顿午餐要从一大早开始,经过那么多道工序,付出如此繁重的劳动,浪费粮食就是不尊重别人的劳动成果。

预设2:在食堂就餐如果讲话,整个食堂一片嗡嗡声,很是嘈杂,也影响就餐速度,排在后面的同学要等好一阵子才能找到空位坐下来。

预设3:"谁知盘中餐,粒粒皆辛苦。"节俭是美德,浪费粮食资源可耻。

3. 互动探究集体就餐行为规范。

(1) 遵守秩序。在规定的窗口,自觉排队打饭,不插队。

(2) 讲究卫生。饭前要洗手和冲洗餐具。

(3) 爱惜粮食。不挑食,不乱倒剩饭剩菜,要开展"光盘"行动。

（4）尊重礼让。摆放餐具时相互礼让，不抢先，不拥挤。

（5）吃相文雅。闭嘴咀嚼食物，不嘴含食物讲话，不大声喧哗。

4. 开展"诵读经典，签订承诺书"活动。

（1）诵读《朱子家训》中的"一粥一饭，当思来之不易；半丝半缕，恒念物力维艰"。

（2）全班同学在《食堂文明就餐承诺书》上郑重签上自己的名字。

【设计意图】通过图片展示及食堂工作人员现身说法，引导学生明白不文明就餐是不尊重他人劳动成果的表现，还破坏了集体秩序、浪费粮食资源、损害个人形象。接着讨论并明确集体就餐行为规范，及时引导学生信守承诺践行食堂就餐礼仪。

### 环节四：重温经典——舌尖文明我来传

1. 温习经典，聚焦领袖。

（1）齐读《弟子规》中相关语句："对饮食、勿拣择、食适可、勿过则；年方少、勿饮酒、饮酒醉、最为丑。"

明确含义：吃东西要避免挑食和暴饮暴食，要适量；尚未成年不该尝试喝酒，因为喝醉酒之后丑态百出，最容易表现出不当的言行。

（2）出示材料：习近平总书记在北京庆丰包子铺亲自排队买包子，花了21元钱买了6个包子、一碗炒肝、一份芥菜，吃得干干净净。

2. 互动探究。

受上述材料启发，思考交流在家庭和公共场所就餐时应注意遵循的礼仪。

（1）为家庭文明就餐做贡献：不浪费、不挑食、不过食、礼让长辈、感恩父母。

（2）为社会就餐文明做贡献：遵守秩序、点餐适量、不饮酒、"光盘"、剩菜打包。

【设计意图】通过中华经典的引领和习近平总书记的榜样行动，激发学生以实际行动在家庭和社会中践行餐饮之礼的决心，使其立志传承中华餐饮之礼，弘扬优秀传统文化。

### 环节五：教师点拨——精神境界再提升

子曰："饭疏食，饮水，曲肱而枕之，乐亦在其中矣。"

孔曰："贤哉,回也!一箪食,一瓢饮,在陋巷,人不堪其忧,回也不改其乐。贤哉,回也!"

孔子及其弟子安贫乐道,勤俭之至,这不仅是一种文明礼仪,更是一种精神追求。同学们,我们要向先贤学习,做个勤俭节约、传承文明礼仪之人,过简约的生活,做精神的富翁。

【设计意图】本环节趁热打铁,让班会的效果在实际生活中得到彰显,把餐饮之礼真正落实到行动中去,让餐饮之礼在校园蔚然成风。

## 五、活动延伸

### 1. 撰写倡议书

撰写《践行"餐饮之礼"从我做起》倡议书,号召全校学生行动起来,向不文明就餐行为说"不",倡导大家践行餐饮礼仪,从自身做起,从细节做起。

### 2. 设立"就餐文明监督岗"

学校和班级设立两级"就餐文明监督岗"。校级监督岗由德育处每天根据检查结果进行反馈,并纳入班级考评。班级监督岗由班主任每天根据检查结果进行个人考评层面的加分和扣分。就餐违纪学生要写情况说明。

### 3. 评选"文明礼仪标兵"

班级每个月评选文明礼仪标兵,文明进餐是重要考核指标。对文明礼仪标兵给予表彰,并奖励个人积分,还要进行新闻报道宣传,推送至学校微信公众号,辐射影响更多学生。

## 六、班会反思

本节班会着眼于"八礼四仪"中的餐饮之礼,它是中华优秀传统文化的一部分,有着丰富的内涵。班会设计贴近学生的生活实际,把握时代脉搏。观察分析就餐中的不文明现象,明确餐饮之礼的具体要求,引导学生在学校、家庭、社会上践行餐饮之礼,树立学生的文化自信,激发学生弘扬中华优秀传统文化的热情。本节班会教育目的明确,内容有详有略,重点突出。

1. 小切口，大文化，设计精巧

中华优秀传统文化源远流长，内涵丰富。一节班会课承载的内容毕竟有限，本节课选择与学生生活息息相关的餐饮之礼来弘扬传统文化，切入口小，主题集中。班会课实施既基于学生的认知水平，又以小见大地落实了"立德树人"的目标。

2. 小活动，大讨论，内容丰富

班会课是处理、解决班级问题，开展各项活动的有效途径。基于儿童知情意行的品德发展规律，本节班会精心设计了各种活动，"中华美食你来选"活动，达到暖场分组的目的，其内容也是餐饮文化的组成部分；"走进中餐厅"活动，引导学生明确哪些属于不文明就餐行为，明确餐饮之礼的具体要求；邀请食堂工作人员现身说法，教育学生厉行节约、努力"光盘"；签订《食堂文明就餐承诺书》，引导学生信守承诺，文明践行。这些环节加深了学生的情感体验，也激发了学生践行餐饮礼仪的决心。

3. 小引用，大格局，精神升华

本节班会课恰当地引用了《弟子规》《朱子家训》《论语》中的名句，诠释了中华优秀传统文化的内涵，展现了古代圣贤的生活志趣和人格追求。学生由践行餐饮礼仪到传承优秀传统文化，再到提升精神境界，格局逐渐打开，立意显出高远，进一步升华了主题班会的教育内涵。

【作者简介】

孙艳，连云港市东港中学高级教师，担任班主任工作15年。连云港市"教育家型教师共同体"成员、"333"工程名教师、"教学名师"、"学生最喜爱的班主任"，江苏省和长三角地区中小学班主任基本功大赛初中组一等奖第一名获得者。

# 7 谦和礼让促团结
## ——七年级"中华传统美德"主题班会

沈 磊

## 一、背景分析

### 1. 主题解析

党的十八大提出,倡导富强、民主、文明、和谐,倡导自由、平等、公正、法治,倡导爱国、敬业、诚信、友善,积极培育和践行社会主义核心价值观。党的二十大报告强调"推进文化自信自强,铸就社会主义文化新辉煌","以社会主义核心价值观为引领,发展社会主义先进文化,弘扬革命文化,传承中华优秀传统文化,满足人民日益增长的精神文化需求,巩固全党全国各族人民团结奋斗的共同思想基础,不断提升国家文化软实力和中华文化影响力"。传承和弘扬中华优秀传统文化既是增强文化自信、建设社会主义文化强国的应然之义,也是全面建设社会主义现代化国家、推进实现中华民族伟大复兴的实践前提。中华传统文化博大精深、源远流长。先人倡导的"仁爱和谐、正义奉公、尚礼守法、崇智求真、诚实守信"的道德规范铸就了中华儿女不屈不挠的民族精神。在传统文化长期孕育下的中华传统美德使中华民族走向繁荣昌盛。

"谦和礼让"作为我国优秀传统美德之一,它不仅是个人内在修养的外在表现,更是人与人和谐相处的润滑剂。

### 2. 学情分析

初中学生经过幼儿园和小学教育,对于中华传统美德已经很熟悉了,他们可以说出很多传统美德的故事,也理解传统美德在生活中的积极意义。

然而,"知美德""懂美德"与"行美德"还是有差距的。学校经常组织学生去报告厅参加活动,报告厅的座位是梯形、长排、连座式设计,前后排座位间距很小。每当我班学生进入报告厅后,原本整齐的队伍便乱了,大家纷纷抢占中间几排的座位,抢坐靠近走道两侧的位子。走道附近的座位坐满了,后面进来的学生就得往中间走。当有学生从已坐定的同学身边挤过时,很多学生会表现出不耐烦,不愿意挪动。有时学生之间还会为了抢占某一个座位而发生争执。鉴于此,我们开展了"谦和礼让促团结"主题班会活动。

## 二、班会目标

1. 认知目标

通过观看微视频与话题讨论,引导学生认识到抢座位是一种不良风气。

2. 情感目标

通过交流与辩论,引导学生理解谦和礼让在集体交往中的重要作用,产生和谐交流、友好相处、谦和礼让的积极情感。

3. 行为目标

通过反思与倡议,学生在今后的集体生活中,能够主动做到谦和礼让,促进集体的团结。

## 三、班会准备

1. 教师准备:(1)拍摄班级微视频《抢座位》;(2)根据教学需要制作PPT;(3)制作《校园不文明行为观察表》。

2. 学生准备:(1)找一找班级同学在各种集体活动中"抢"的现象,并思考原因;(2)随机选取两名主持人,在班主任的指导下设计活动过程。

## 四、班会过程

**环节一:我眼中的抢座位**

1. 请学生观看班级活动微视频集锦,有在运动会上拼搏的场景,有课堂上相互讨论问题的场景,有报告厅集会的场景,其中包括了进报告厅后抢座位的现象。

2. 请学生用一个词或一句话描述一下观看视频后的感受。

预设1:我们的班级刚刚组建不久,通过视频短片,我们看到了自己入学后的变化，感觉班级已经初步有了凝聚力。

预设2：我们从互不相识到成为一个集体，这个过程大家都做出了贡献，也反映出了一定的问题，我们需要求同存异，相互提醒。

预设3：在短片中，有令人感动的时刻，也有不和谐的画面。比如在进入报告厅就座时，有的同学抢座位，引起班级的一阵混乱。

【设计意图】学生是本段微视频的主角，通过观看自己的行为，产生最真实的情感体验。他们只是站在自己的角度想获得一些便利，并没有意识到自己不恰当的言行给别人带来的影响，也不知道自己给他人留下了怎样的印象。

**环节二：我心中的抢座位**

**活动1：学生说一说自己在抢座位时的想法和感受**

讨论：为什么进入报告厅会习惯性抢座位？抢座位时你是什么想法？不妨和同学们说一说，解释一下自己的举动。

预设1：我并没有主观上想去抢一个什么样的好座位，只是在报告厅集会，不需要按照班级座位表就座，所以想和自己的好朋友坐在一起，于是就会去抢朋友旁边的座位。

预设2：我想坐在走廊的边上，总感觉坐在边上比较方便，不需要往里面走，如果中途想上厕所也便于行动。

预设3：有时候不想和某个同学坐在一起，所以就不停地喊其他同学往里走，造成了拥堵。

2. 教师小结。

站在每个同学单独的立场看，抢座位好像并没有什么恶意，有的是想坐在一起，有的是不想坐在一起，有的是想自己方便一些。但是从班级整体的角度来看，就造成了集会时的混乱，而且你争我抢，没有谦让。

**活动2：学生说一说自己被别人抢座位时的想法和感受**

1. 分享、交流：本来该轮到自己的座位，却被其他同学抢走，明明轮到自己坐在靠走道的位置，却让同学挤到中间，还要从其他已坐定的同学身边挤过去。你有什么感受？

预设1：心里觉得不舒服，感觉抢座位的同学破坏了规则，没有按照规矩做事，比较自私。

预设2：因为不希望自己的座位被抢，所以就会和同学发生矛盾，互不相让。

预设3：以前有过被抢的经历，所以自己也开始抢座位，好像只有先下手才不会吃亏，从被动变成了主动。

2. 教师小结。

"己所不欲勿施于人。"当我们都对抢座位这一行为感到反感时，更要控制自己的言行，在集体生活中遵守规则，轮到谁就正常入座。如果真的遇到个别座位比较好，有些座位不舒服，反而更需要相互谦让，有主动"吃亏"的格局。

【设计意图】学生分享自己抢和被抢时的想法与感受，有助于换位思考，增强情境感受，更加客观地看待抢座位这一行为。这于自己，是破坏了文明礼仪，表现得粗鲁无礼，有违良好中学生的形象；于他人，是打破了良好的人际交往氛围，你争我抢很不和谐，让人与人之间变得矛盾不断。本环节的讨论能加深学生对谦让的认识。

### 环节三：身边其他的"抢"事件

#### 活动1：填写《校园不文明行为观察表》

在我们的校园生活里，有一些不太文明的行为表现，以"抢"字最为突出。请同学们根据自己的平时观察，想一想，并把这些行为记录下来（如表1所示），深度思考这些行为产生的原因，寻找解决策略。

预设：

表1　校园不文明行为观察表

| 场景 | 不文明行为 | 具体描述 | 原因分析 | 策略提供 |
| --- | --- | --- | --- | --- |
| 食堂 | 打饭时出现新型插队现象 | 打饭时自己不排队，而是请同学帮忙站队打饭或者一人打多份饭菜，造成队伍越排越长 | 规则意识淡薄，不排队就餐 | |
| 领书本 | 抢新书、好书；抢作业本 | 把自己领到的有破损的新书，悄悄发给其他同学；在练习本数量不足时，自己先抢着领完 | 自私，心里只有自己，自己要先拿到，要拿到更新、更好的 | |
| | | | | |

**活动2：小组讨论**

1. 结合《校园不文明行为观察表》，小组交流，讲述在集体生活中，在班级中存在的其他"抢"的行为。

2. 每组选出一个代表，全班交流。

3. 主持人选择2—3名同学对小组交流的事件进行评论。

【设计意图】充分讨论后，学生的认知理解和情感体验更进一层次。对校园中普遍存在的一些"抢"的行为进行解析，能引导学生更加客观地看待这些行为，以及行为背后反映出的自身素养与文明礼仪问题。

**环节四：为"抢"而辩**

1. 学生分成正反两方，双方各推选出4名辩手，展开辩论，每位辩手发言1分钟。

正方：作为礼仪之邦，中华儿女一直遵循谦和的态度、礼让的行为。古有"六尺巷"和孔融让梨，今有"礼让三先"的文明交通。谦和礼让不仅能够展现我们自身较好的修养，也能够成为人与人交往的润滑剂。

反方：当今社会，老实人总会吃亏。所谓先下手为强，抢占先机，便为自己赢得了更多的选择权，这样才能保证自己得到最多的、选到最好的。

2. 教师小结。

"抢"确实有可能使自己得到更多的机会，但是损人利己，有失公平，且长期下去，只会使自己在集体生活中被同伴孤立。我们要学做一个心中有自己、有他人、更有集体的人。这对于我们刚刚组建的班集体尤为重要！

【设计意图】通过辩论，学生深入思考"抢"的行为给自己、他人、集体带来的不同结果。是"抢"，还是"让"，对于初中生而言，有时候是需要价值澄清的。一方面社会中"抢"的行为屡见不鲜且常常获利；另一方面"抢"也让一部分人失去了机会。那么，作为中学生，该如何选择？这个问题需要学生自己辨析。

**环节五："抢"后反思**

1. 分享交流。

（1）请同学们谈一谈在今后的集体生活中，在哪些方面、哪些场合，可以做到谦和礼让。

（2）请同学们谈一谈离开校园回到家里以后，或在其他的公共场所，如何从自身做起，做到谦和礼让。

2. 教师总结。

谦和礼让是中华民族的传统美德之一，不仅是提高个人品格与修养的较好方式，更是赢得伙伴合作、互相帮助、共渡难关、共享幸福的有效途径。在集体生活中，每一个人都可以得到发展，而也只有每一个人获得发展才能促进集体的发展。少一点"抢"，多一些"让"，从现在开始就养成这样的良好行为习惯，我们的班级一定会发展得团结而温暖！

【设计意图】思是为了更好地行，通过反思与讨论，引导学生归纳具体的做法，为实践铺路。

## 五、活动延伸

### 1. 倡议书

完善课堂上填写的《校园不文明行为观察表》，并针对其中记录的问题和思考写成倡议书，号召全班（甚至全校）学生做文明有礼好少年，利用班级承办学校晨会的机会向大家发出倡议。

### 2. 图文展

将自己在家里、学校、社会生活中的礼让行为记录下来，用图文并茂的方式展示在班级博客中，参与班级"做谦和礼让小少年"展览活动。

### 3. 故事会

观察身边同学身上谦和礼让的友好表现，通过讲述故事的方法，树立班级榜样，宣传良好行为，营造班集体人人谦让、友好交往的氛围和班风。

## 六、班会反思

本节班会课以中华优秀传统美德为主题，聚焦班集体建设中学生不谦让、互相"抢"的行为问题，通过探讨，意在引导学生发扬传统美德，在集体生活中能谦和礼让、友善相处，形成温暖互助的班集体。

1. 一个核心：这节课要解决什么问题

班会课通常是大背景视野下的小问题解决，在设计这节课的时候，我不断问自己：我要解决什么问题？根据初一年级上学期（初中起始阶段）学生的身心特点和行为方式，观察到他们在集体生活中会互相"抢"。这种"抢"的背后并不是学生自私、自我的负面品质，而多数是因为跟风、好玩、有个性的心理倾向下的一种无意识行为。所以，执教班主任将本节课的焦点设计为一个字："抢"。从看见"抢"到分析"抢"，最后到选择是否"抢"，以学生的实际生活为情境，展开讨论，争取做到大话题、小切口。

2. 一个思考：这节课的授课起点在哪里

班会的重点设计在价值澄清的环节，运用观察表引导学生分析"抢"现象背后的原因，采用辩论的形式对比现代社会中看似因"抢"而得利的捷径是否可取，思考自己的行动会产生怎样长远的结果。其实，班会课的主题在小学阶段就已经全面涉及，学生经过六年的系统学习，基本解决了认知问题，中学课堂不需要反复在概念上做文章，而是要引导学生讨论主题的核心价值和意义，才能从"知道"到"做到"。结合《中小学德育工作指南》中对小学和初中的目标分级要求，确定班会目标和授课起点。

3. 一个遗憾：在形式的多样性上还需要突破

整节课的设计以分享、讨论为主，虽然课上有视频、观察表和辩论等环节，但在形式上还是以说为主，略显单调。想要突破这个问题，应该更多地加入前置性工作，即在班会准备中多做工作。比如让学生排练 AB 剧，更直观地呈现出"抢"与"不抢"的两种截然不同的人际交往局面，引发讨论；再如可以让学生以小组为单位，围绕班会内容进行设计，可能会呈现出以诗歌（打油诗）、绘画、"三句半"等形式来表现行为问题。这些形式都能让班会课的趣味性和参与性更上一层。用初中生乐于接受、能够接受的方式来推动他们的参与和思考，班会课的达成度就会更高。

【作者简介】

沈磊，南京师范大学附属中学新城初级中学怡康街分校教师，南京市德育工作带头人，南京市五一劳动奖章、南京市德育创新奖获得者，全国教育期刊《班主任》《班主任之友》杂志封面人物，所带班级被评为南京市"优秀班集体"、江苏省"优秀少先队中队"。曾获江苏省中小学班主任基本功大赛初中组一等奖、长三角地区中小学班主任基本功大赛初中组一等奖。

# 8  寻善，向善，尚善
## ——八年级"友善"主题班会

胡春美

## 一、背景分析

### 1. 主题解析

友善，是社会主义核心价值观的具体要求，也是中华民族的传统美德。友善，是一种人际关系，是指人与人之间亲近和睦、友好和谐的交往状态；友善，是一种人格品质，包括待人的亲切和善，处事的温和有礼；友善，是一种社会风尚，是仁爱淳厚、与人为善、以善为本的道德追求。友善，是处理人际关系的基本准则，是公民基本道德规范，更是中华民族数千年积淀的精神追求和文明传承，是新时代少年的价值追求和生活自觉。

### 2. 学情分析

八年级的学生独立性有较大的发展，自尊心增强，有很强的好奇心和探究欲，在中华文化的浸润下，有向善之心，但在现实生活中往往因为对"善"的理解较为片面、自我意识过强、缺乏换位思考的意识，而略于小善之行，导致人际关系紧张、安全感缺失，对社会信任度下降。针对学生现状，需要帮助学生深入理解友善内涵，培育友善行为，在生活中积极践行社会主义核心价值观。

## 二、班会目标

### 1. 认知目标

思考友善的内涵，理解友善是中华民族的传统美德，解开友善背后的文化密码。

### 2. 情感目标

形成与人为善、宽容谦让的道德修养。

### 3. 行为目标

在生活中向善尚善,做好"我""你""他",提升自我人格修养,营造良好社会氛围。

## 三、班会准备

1. 教师准备:(1)根据教学需要制作PPT;(2)观察学生生活,了解学生的"友善指数"。

2. 学生准备:(1)课前阅读与友善相关的资料;(2)在班级展开友善度生活调查,拍摄相关视频。

## 四、班会过程

1. 课前热身:写"友善"。

(1)学生上黑板写"友善"的金文"友""善"。

(2)玩游戏"照镜子"。

2. 教师小结。

当你对镜子里的人微笑,他也会对你微笑;当你对镜子里的人发怒,他也会对你发怒。生活就是一面镜子,你待生活友善,生活也待你友善。

【设计意图】从学生喜欢的写字(绘画)和游戏导入新课,学生在游戏中自由交流、自由活动、自由表达,充分激发学习的兴趣,营造良好的班会课氛围。在这个过程中,学生主动理解友善的内涵,实现个体的认识提升。

**环节一:说文解字识"友善"**

1. 导入:课前,我们请同学在黑板上写了"友善"的金文,你觉得金文中"友善"的字形有什么特点?

生1:"善"上半部分像是一只羊,下面像是两个人在微笑。

生2:"友"是两只右手靠在一起的形状,就像旧友重逢,都伸出右手,表示以手相助或二手协同。

2. 教师小结。

古人说,"相交友也"。友,就是两手相握,相互协同。"善,从言,从羊。""言"是讲话,"羊"是吉祥美好的象征。友善是内容和形式的融合统一,善是我们内心的吉祥美好,友是我们外在表现的亲切温和。

【设计意图】友善是在中华民族悠久的历史文化中产生的,从友善的字源出发,让学生充分理解其背后的精神气韵,了解友善的文化土壤,这既是对友善之人的培养,也是对友善精神的孕育。

**环节二:同伴合作寻友善**

1. 教师导入。

友善无处不在,在我们的生活中,也充满了友善。同学们,你认为友善是什么?不妨和同学分享生活中和友善有关的故事。

2. 学生分享、交流。

生1:有一次,我忘了带书,当时非常着急,我旁边的小王就主动把书借给我,我一下子就松了一口气。他在我需要帮助的时候帮助我,我觉得这就是友善。

生2:有一天,我考试没考好,心情很不好,小丽看到了,就陪着我去操场散步,还安慰我,说下次努力就行。当时我觉得特别温暖,我觉得这样的陪伴和鼓励就是一种友善。

生3:我们班的沈老师非常友善,他看到我们讲台上的一盆花蔫巴了,就每天精心照顾,现在那盆花生机勃勃,我觉得沈老师对植物的精心照顾也是一种友善。

生4:我想和大家分享的是我的邻居云彩阿姨的故事。她是我的一个邻居,她非常有爱心,常常把路边看到的那些流浪的、被遗弃的小猫小狗带回家,细心地照顾它们,把它们养大,再送给那些有爱心的家庭喂养。我觉得云彩阿姨做的虽然是小事,但是她对小动物的那种友善,也是现代社会所需要的。因为,每一个动物都是一条生命,生命没有高低贵贱之分。

3. 引导讨论。

人与人、人与动物之间都存在友善,让我们心生感动;"老吾老以及人之老,幼吾幼以及人之幼",与人为善,推己及人,是更高境界的友善。其实,人与自然、人与社会,始终与友善紧密相连,哪位同学能来分享一下你看到的、听到的、读到的友善?

生5:我想分享我哥哥的故事。他爱好摄影,前年,他去西藏为当地的百姓照相。当地有很多人一辈子从来没有拍过照片,我哥哥为他们拍下美好瞬间,给他们留下了美好的回忆。对陌生人的关爱也是一种友善。

生6:我想起了文成公主的故事,她入藏时带去了汉族的文化、艺术,教藏族人民耕种,她的行动推动了汉藏两族文化的融合发展,也彰显了民族间的友善。

生7:我想到了"鉴真东渡""玄奘取经"的故事,他们一路传播佛法,用自己的言行加强了和其他民族文化的交流融合,显示了我们中华传统文化的友善。

生8:还有"将相和"的故事,蔺相如胸怀宽广,毫不在意廉颇的挑衅,廉颇负荆请罪,他们的友善带来了国家的长治久安。

4. 教师小结。

我们中国五千多年的历史,中华民族的发展,和友善紧密相连。也可以说,中华民族的发展史是一部不断追寻友善的历史。今天,我们解读"友善"一词,也是在解读我们民族背后的文化密码。

【设计意图】遵循德育疏导原则,道德教育要以积极引导为主,发扬优点、克服缺点。"夫子循循然善诱人,博我以文,约我以礼,欲罢不能。"本环节从实际出发,引导学生辨别生活中的友善行为,深化对友善的认识,发扬自己身上的积极因素,从而实现"立人"目标。

**环节三:思考辩驳向友善**

1. 介绍事件,引发思考。

网络上曾经展开过一场关于友善的大讨论、大追问,我们一起来看一看。这个女孩叫罗一笑。2016年9月,她被确诊患有白血病。2016年11月25日,她第二次进入重症监护室后,她的父亲罗尔写下名为《罗一笑,你给我站住》的文章,是一篇发自肺腑的性情文章,动人心念。该文章火遍朋友圈,数以万计的人通过各种方式进行捐赠。仅罗尔的微信公众号《罗一笑,你给我站住》一文的打赏金额便高达250多万元。此时,有网友报料称,关于《罗一笑,你给我站住》一文,是一次营销。罗尔家有三套房,罗一笑的治疗费用、医保报销比例清单也在网上流传(住院总费用合计为8万余元,其中目录内费用医保记账6万余元)。假如此时,你已经在网上捐款,你会不会追回你的捐款?下面分组讨论1分钟,说说自己的理由。然后大家一起评一评,谁的观点更有道理。

2. 学生辩论观点列举如下。

反方:

(1) 利用别人的友善,是一种欺骗,友善是有底线、有原则的。

(2) 物质的救助有时反而会引发人的惰性,不能让人真正得到改变。

正方:

(1) 庄子说:"上善若水。"友善是一种人格修养,是一种处世哲学,是一种人生智慧。做人应如水,纯净透明,滋润万物;不争一言之短长,不汲汲于蝇头小利,不苟且于名利富贵。像水一样,积蓄自我,丰富自我,厚重自我,以友善的态度对待一切,厚德载物。

(2) 君子以厚德载物。赠人玫瑰,手有余香,帮助他人不是为了回报,也不是为了他人的感恩戴德,而是通过这样的行动,让自己变得丰厚和充实。中国自古就有这样的传统,杜甫"安得广厦千万间,大庇天下寒士俱欢颜"的情怀,范仲淹"先天下之忧而忧,后天下之乐而乐"的觉悟,何尝不是这样"大善"的体现。

(3) 善人者,人亦善之。一方有难,八方支援。一个可怜的父亲,如果他有一点点其他的方法,他也不会用这样卑微的方式去企求别人的同情,人,需要有一点悲悯情怀。

(4) 友善是一种道德境界,是一种社会需要,是一种公共秩序。我们的民族需要友善,看到这250多万元背后凝结的友善,我们心底充满感动;如果罗尔发出这篇文章后,没有一个人点赞,没有一个人打赏,那才是真正叫人绝望!作为青少年,我们也应该担负起传承友善的责任。

3. 教师小结。

非常感动,同学们能如此辩证地看待"罗一笑事件",理解友善背后的意义,而我想,"罗一笑事件"本身的发展能带给我们更多关于友善的思考。2016年12月1日,罗尔发布声明称:因"罗一笑事件"传播远超预期,带来不好的社会影响,"作为当事人,在此深表歉意"。同时表示会将文章获得的打赏全部原路退回至各网友。罗尔用他的真诚回馈了人们的友善。而很多网友在收到退款之后,再找到罗尔的另一篇文章,重新打赏给罗一笑,很快上限又满。这样动人的情景,不是我们这个社会友善满满的最好表现吗?礼义廉耻,国之四维。友善,是这四维的基础。儒家说,士人要"修身、齐家、治国、平天下"。向着友善出发,正是其开始。

【设计意图】把社会事件放到学生面前,通过思考、讨论、辩驳,帮助学生树立科学的友善观、价值观。同时,通过社会角色的扮演,学生学会主动承担社会责任,继承优良传统,成长为有担当的社会主义建设者和接班人。

**环节四:身体力行尚友善**

作为青少年,怎样做才能成为一个友善的人呢?我们先来了解发生在周总理身上的一个小故事,也许能从中得到一点启发。

1. 友善第一秘诀:"你"——换位思考。

(1) 师生合作演一演。

教师(扮演理发师):今天,我心里有点紧张,因为坐在我面前等待理发的这位同志,就是我们敬爱的周总理,怎么办?我的手都在抖!

学生(扮演周总理):小同志,不要紧张,你就把我当成平常的客人,我和大家一样,都是普通人。

教师(扮演理发师):好的,总理,我,我先帮您刮胡子。

学生(扮演周总理):咳咳(忍不住咳嗽了一声)。

教师:(手一抖)哎呀,不好,总理,我,我把您的脸给刮破了,我,我……

同学们,你们知道周总理当时是怎么做的吗?谁来演一演?

学生(扮演周总理,和蔼地):不要着急,这不能怪你,我咳嗽前没有向你打招呼,你也不知道我要动。

(2) 现场采访:你从周总理身上学到了什么?

预设1:周总理站在理发师的角度思考问题,友善对待理发师,他是和蔼可亲的。

预设2:理发师把周总理的脸刮破了,周总理不仅没有怪理发师,反而说这是自己的问题,让我们看到了周总理善于包容、有宽广胸怀、善待他人的伟大人格。

教师点拨:友善的第一秘诀,就是能换位思考,站在他人的角度去思考问题,这是一种包容,更是一种胸襟。曾子说:"夫子之道,忠恕而已矣。"友善待人是一种修养,不是懦弱,也不是胆怯,而是谅人所难,扬人所长,补人之短,恕人之过。

2. 友善第二秘诀:"他"—— 不当看客。

如果你在教室里看到这一幕会怎么样?

(1) 观看视频。

小女孩不小心把小男孩的书碰掉到地上。

小男孩:你没长眼啊!

小女孩:对不起,我不是故意的。

小男孩:对不起有用吗?对不起就能抹掉你把我的书弄到地上的事实吗?

小女孩:不就是把你的书碰掉地上了吗?有必要这么得理不饶人吗?

围观者众,偷笑,窃窃私语。还有女生在旁边"添油加醋"。

(2) 人物评论。

看了这个视频,请你们评价一下视频中的人物。

生1:我觉得那个男生太得寸进尺,别人都已经道歉了,应该要换位思考,懂得包容和退让。

生2:我觉得那个女生道歉的态度也不够诚恳,应该更真诚一些。

生3:我觉得旁边的那个女生有问题,如果她不在旁边帮腔的话,也许这两个同学就不会吵起来了。

教师点拨:鲁迅先生说,中国人是喜欢看热闹的。当你作为一个第三者的"他",不添堵不添乱,不当看客、不助阵,尽自己所能让气氛变得缓和,这是一种慈悲,也是一种勇敢。友善的第二秘诀就是,当你是"他"时,不当看客。

3. 友善第三秘诀:"我"—— 君子慎独。

良言一句三冬暖,恶语伤人六月寒。很多时候,在不经意之间,我们一个无意的举动、一句无意的话,却传达了不友善的讯息,给别人带来了困惑和伤害。给同学的一个冷眼,对父母的一句顶撞,网络世界中的口无遮拦,让彼此之间,产生了这样那样的误解和矛盾。孔子说:"慎其独也。"友善的第三个秘诀就是"慎独"。让我们反观自我,静静思考,如果友善总分是10分的话,自己能得几分?缺失的那几分,缺在哪里?如果有一个机会,让你面对那个自己无意间伤害了的人或物,你会怎么说?怎么做?思考30秒。

生1:我觉得我能得8分,我缺失的2分是在家里。前天,我考试考砸了,回到家,妈妈问我考得怎么样,我却大发脾气,让妈妈很伤心。我觉得我对妈妈太不友善了。

生2:我觉得我能得9分,缺失的1分是小学时我有一次误会了我的朋友,他来跟我道歉,我却没有原谅他,我觉得自己缺少宽广的胸怀,不够友善。

生3:我觉得我能得7分,我最大的缺失是对我的奶奶不够友善。奶奶从小把我带大,我饭来张口衣来伸手,却还常常对她大呼小叫,我决定从今天开始对奶奶也要保持友善的态度。

4. 教师小结。

我们对朋友友善、对同学友善,甚至对素不相识的陌生人也愿意拿出我们最大的友善,但对我们身边最亲近的人,往往做不到。一抹微笑,一声你好,一个大拇指,都是我们变得更友善的细节,如果每一个同学都从自身做起,身体力行、崇尚友善,我们的生活一定会变得更美好。

【设计意图】知行合一,是德育的重要原则。我们既要重视学生道德认知的提升,更要重视其道德行为的实践,本环节立足"你""我""他"三个角色,探寻友善的内涵,让学生在实践活动中加深情感体验,养成良好的行为习惯,使友善真正内化到表情、语言、行动、精神之中。

### 尾声:总结收获话友善

1. 请学生说说今天这节课的收获。

生1:友善,是通向未来世界的桥梁,今天的这节课,我发现传承友善是我们的使命;友善也是我们社会的需要。

生2:以前我总是以自我为中心,今天以后,我要学会换位思考,把友善带给身边更多的人。

2. 教师总结。

友善,是为了遇见更美的自己,作为"你"、作为"我"、作为"他",我们都有责任传承友善的传统、书写友善的历史,希望我们在场的每一个人越来越友善、越来越美丽。

## 五、活动延伸

在班级中开展"我是天使"小游戏，每位同学在一周时间内至少做三件向同学表达友善的事，一周后总结，并逐步将该行为变为日常行动。

## 六、班会反思

班会活动首先需要从学生的生活出发，帮助学生解决面临的实际问题。本课充分重视学生现有的生活体验，从实际出发，让学生学会交往，学会生活。

班会课的教学应引导学生拓宽视野，聚焦历史，烛照未来，让班会课成为民族文化的传承基地。本课充分观照社会生活，让学生由社会热点"罗一笑事件"展开辩论，引入对友善更全面、更深邃、更辩证的思考，打开学生的思路，丰富友善的内涵，使其自觉继承和发扬民族精神。

班会课的教学是为了"行"，基于学生日常行为的改善来设计班会，立足学生活动开展班会，使"知"与"行"充分融合。本节课的教学，致力于发挥学生的主动性，说、演、辩、思，最后落实到日常行动，使友善成为学生的主动追求、积极行动。

【作者简介】

胡春美，上海市工程技术大学附属松江泗泾实验学校高级教师，南通市学科带头人，南通市"优秀教育工作者"、南通市"优秀班主任"。曾获长三角地区中小学班主任基本功大赛一等奖、江苏省青年教师教学基本功大赛(初中语文)一等奖。

## 9 这张名片叫"燃烧的雪花"
### ——八年级"志愿服务"主题班会
刘 菁

### 一、背景分析

#### 1. 主题解析

志愿服务是社会文明进步的重要标志,党的二十大报告提出,要"完善志愿服务制度和工作体系"。习近平总书记历来非常重视志愿者服务工作,曾在多个场合的讲话中对志愿者及其相关工作表达了关切之情。2022年2月4日北京第24届冬奥会开幕,这是自2020年新冠疫情深度影响全球政治环境和各国生活以来,中国向世界奉献的第一个全球盛会。无论是本届冬奥会的场馆建设、赛事交通、能源保障、运动装备等,还是开幕式的绝美呈现、赛事的顺利进行,都离不开志愿者们的全力保障,志愿者们称自己是"燃烧的雪花",他们也成为冬奥会最亮眼的名片。冰雪运动也是青少年们比较喜爱的运动,充分利用青少年关注的时事素材,有利于增强学生对于志愿精神的理解和服务社会的使命感、责任感。

#### 2. 学情分析

初中阶段是学生世界观、人生观、价值观形成的关键时期。因此,在笃志向学的同时,帮助学生更好地理解与进一步弘扬"奉献、友爱、互助、进步"的志愿精神,有利于培养学生"胸中有大格局,眼中有大视野",与时俱进,更好地肩负起青春的使命和担当。八年级的学生,对志愿服务工作已经有了一定的了解或者有过参与的经历,深入探讨志愿服务工作,可以为学生未来适应社会打下比较牢固的心理和情感基础,充分彰显理想信念、爱心善意、责任担当,是学生社会学习的重要组成部分。

## 二、班会目标

1. 认知目标

通过完成问卷调查,寻找冬奥会以及身边的志愿者,深化学生对志愿者工作的认识,帮助学生更好地理解志愿者工作的意义。

2. 情感目标

通过观看视频、现场互动等形式,引导学生体悟志愿精神和青春担当,增强学生的社会责任感和社会服务意识,用青春的激情打造最美的名片。

3. 行为目标

通过"雪花成长记"以及课后延伸活动的设计,激发学生积极践行志愿者行动,从身边做起、从小事做起,淬炼青春担当。

## 三、班会准备

1. 教师准备:(1) 制作《关于志愿者活动的问卷调查表》(见附件),提前发放给学生填写,并对结果进行汇总和分析;(2) 邀请两位市级志愿者团队成员于主题班会课当天到场交流;(3) 准备6个颁奖用的托盘和6份矿泉水,每份矿泉水重6斤;(4) 为每位学生制作"雪花片";(5) 准备北京冬奥会入场式、比赛相关视频及新闻。

2. 学生准备:(1) 观看北京冬奥会入场式、比赛相关视频以及新闻,寻找冬奥会志愿者的身影;(2) 根据《关于志愿者活动的问卷调查表》的内容,认真思考、积极调查,如实填写;(3) 学唱歌曲《燃烧的雪花》。

## 四、班会过程

暖场:播放歌曲《燃烧的雪花》。

导入:我国奥运健儿在冰雪赛场上争金夺银的身影备受瞩目,而赛场外,有一支队伍也用自己的行动实现着有关冰雪的梦,他们就是冬奥会志愿者。1.9万名冬奥会志愿者,他们称自己是"燃烧的雪花",他们确实就像雪花一样,绽放在冬奥会的每个角落,成为冬奥会最亮眼的名片,簇拥着冬梦,暖了春芽。

### 环节一:"雪花"的风采——青春有誓言,冰雪有温度

**活动1:那一抹天霁蓝**

1. 导入:志愿者服装中的那一抹天霁蓝取材自《千里江山图》,采用"山河映朝霞"和"河山初春霁"的设计理念,非常具有青春活力,"燃烧的雪花"就好比这颜色,他们的青春和活力激扬在赛场的每个角落。

2. 说一说:大家在看冬奥会的时候,在哪些地方看到了志愿者的身影?

**活动2:那一句"中国欢迎你"**

1. 导入:志愿者们真诚的坚守、周到细致的服务传递着中国温度,每一句"中国欢迎你"彰显了中国的友善与气度,给各国运动员留下了深刻的印象。

2. 看一看。

(1) 观看美国单板滑雪运动员特莎·莫德被冬奥会志愿者"欢迎来到中国"的亲切问候感动落泪后录制的视频。

(2) 观看各国运动员对志愿者们表达赞美和感谢的视频。

3. 交流:看了这些,你有什么感受?

4. 教师小结。

活跃在冰雪盛会中的志愿者,是冬奥会上最鲜活的奥运元素之一。在运动员们努力争金夺银的同时,冬奥志愿者们也在圆同一个梦想,那就是保障冬奥会的顺利进行,向世界传播和平与友善。

【设计意图】从竞赛场馆到闭环驻地,从媒体中心到社区街道,从赛时保障到防疫安全,时处都有志愿者的身影。在本环节,通过观看视频等方式,让志愿者的形象更加丰满、具象,帮助学生更好地理解志愿者工作的意义。

### 环节二:"雪花"的坚守——肩上有担当,脚下有力量

2019年12月5日,北京冬奥组委启动北京2022年冬奥会和冬残奥会志愿者全球招募,计划招募2.7万名冬奥会志愿者、1.2万名冬残奥会志愿者。截至2022年1月5日,报名人数已突破63万。要成为一名志愿者,除了要有意愿和热情,还要有担当、有力量。

**活动1：那一份小智慧**

1. 学生事先选好3个场景的助演人员并排练。现场招募学生担任志愿者与助演合作，通过演一演的形式来呈现志愿者遇到三个场景中的问题的处理方式。

场景1：运动员受伤了。

场景2：颁发奖牌时突然发现奖牌拿错了。

场景3：运动员走错场馆，咨询是否可以单独派车送到相应地点。

2. 交流讨论。

交流1：3个场景都是冬奥会志愿者在培训或者面试的过程中遇到的考验，应对这些考验需要智慧，需要较高的综合素养。结合上面3个场景，说说志愿者需要具备哪些素养。

交流2：出示招募冬奥会志愿者的条件以及几位来自江阴的北京高校志愿者的日常工作，学生继续讨论交流志愿者还要具备其他哪些素养。

预设：专业能力、应变能力、人际交往能力……

**活动2：那一点初体验**

1. 志愿者丁一说："培训课程内容安排密集，强度大。特别是体能加强项目，要求早晨6点出操，进行15千米的山地拉练，在瑟瑟寒风中我感受到了前所未有的煎熬。"事实上，每一位志愿者都是这样"炼"成的。

2. 开展体验活动。

体验1：托盘员平时训练时会举6斤重的沙袋，或是把矿泉水放在托盘上进行练习。六个小组以自然组为单位，将水放在托盘上进行体验。（动作参照PPT中的照片，照片略）

体验2："因为颁奖时要戴口罩，我们能露在外面的只有眼睛，要让运动员和观众感受到我们的热情，就要练就一双'笑眼'，更自然、更打动人。"请每位同学戴好口罩，以小组为单位，练习"笑眼"。

3. 通过两个体验活动，引导学生交流活动感受。（学生交流）由此可见，志愿者要具备刚才大家归纳出的综合素养需要发扬哪些精神？将归纳的精神写在课前下发的雪花片上。

预设：奉献、友爱、互助等。

4. 教师小结。

"燃烧的雪花"践行着"我参与、我奉献、我快乐",他们在奉献、友爱、互助中不断锤炼自己,砥砺家国情怀,他们在为新时代中国社会的文明进步写下注脚的同时,也在实现着自己的成长和进步。

【设计意图】新时代的志愿者用担当为青春着色,用力量让理想延伸,本环节的设计,旨在让学生了解志愿者需要具备的综合素养,增强学生的理想信念。展示江阴籍志愿者的工作更能激发学生的兴趣,体验式活动的设计则能更好地促进学生进行沉浸式的思考。

### 环节三:"雪花"的畅想——眼中有星辰,心中有山海

每一片"雪花"都在用燃烧的姿态讲述新时代的青春故事,他们从刚开始的青涩与小心翼翼,到现在我们所看到的自信与大方,是由于之前每一次志愿活动的历练,让他们逐渐成长。他们的舞台无处不在,"雪花"早就飘落在城市的各个角落。

在调查问卷中,大家也找到了身边的志愿者。作为新时代文明实践的主体力量,就我们全市而言,注册志愿者超过 36 万名,志愿服务团队有 1435 个,服务群众超 60 万人次,其服务内容包括理论宣讲、文化惠民、文明倡导、科技科普、成长教育等。

**活动1:那一个行动者**

1. 导入:我们请志愿者(身穿红色志愿者服装)分享自己的经历,并就志愿者工作对同学们提一句希望。

文明宣传志愿者:走上街头、走进社区,耐心解释、详细解答,传播文明礼仪,让文明理念更加深入人心。

十佳最美五老志愿者代表:积极参与结对帮教、心理辅导、法治教育等,当好青少年发展的"铺路石"和"守护者"。

2. 交流:听后你有什么触动?

**活动2:那一抹中国红**

1. 导入:像他们一样的志愿者已经像雪花一样飘落在了城市的每个角落,打造了城市最具人文代表性的名片,折射了那一抹中国红。(课件投影红色的江阴市志愿者服装)

2. 实践交流。

从问卷调查中可以看出,大家对志愿者工作充满了热情,大家也想做一片"雪花"。世界上没有两片相同的雪花,结合你自身的经历和这堂课带给你的触动,想一想自己如何成为一片独一无二的"雪花",请将想法写在"雪花片"上(如图1所示)。写好后进行交流,并将"雪花片"贴在展示板上,贴成一朵大雪花的形状。

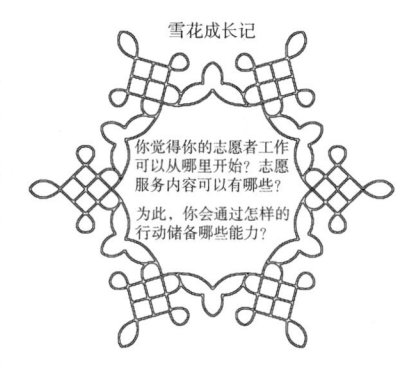

**图1 雪花片**

预设:从班级、学校、社区开始做起。比如在班级中可以担任图书管理志愿者,在学校里可以担任讲解员志愿者,在社区里可以做文明行动志愿者……

3. 教师小结。

志青春,愿常在。大到世界、国家,小到城市、学校、班级,在我们力所能及的范围内,手牵手,既帮助他人、服务社会,也见证我们自己的成长。

【设计意图】通过嘉宾的讲述,引导学生关注身边的志愿者为城市所做的贡献,加强对志愿精神的理解;通过"雪花成长记",让学生思考自己成为志愿者的途径,让志愿者行动更具可能性,并用行动不断去践行使命更大、舞台更广的新时代志愿服务。

### 教师总结

在北京冬奥会开幕式致辞中,国际奥委会主席巴赫说:"我们要特别感谢全体志愿者。从我们抵达的第一刻起,你们就给了我们宾至如归的感受。"冬奥会志愿者们就像一片片"燃烧的雪花",绽放青春风采,带着中国风度,将最闪亮的名片展现给世界。让我们一起融进雪花的世界,做一名青春志愿者,打造属于我们的名片,相信微光如炬,定能激扬起向未来的澎湃力量。

## 五、活动延伸

### 1. 志愿青春行

根据本节主题班会课上学生交流的具体做法,成立班级、学校、社区三个志愿者小分队，完善每个小分队的组织架构，邀请任课老师和家长志愿者担任小分队的指导老师，讨论并完成志愿者工作计划，落实志愿者行动。

2. 青春志愿说

每个小分队在行动的过程中能够及时用图片、视频的形式留下有意义的瞬间，将照片张贴在大雪花版面上，每个月利用主题班会的时间进行一次分享交流。

3. 共进向未来

继续采用"请进来"的形式，邀请市级优秀志愿者代表与学生分享经验、感受，传授技能技巧，每位学生定期对一种能力、素养进行提升，学期结束时通过"雪花成长记2"分享个人的成长。

## 六、班会反思

随着冬奥会的开幕，从"鸟巢一代"到"冰新一代"的志愿者们又一次用行动诠释了志愿精神。参与志愿服务也是中学生尤其是团员体现先进性的重要载体，本节课旨在以冬奥会"雪花"为媒介，拓宽学生参与志愿服务的途径，让学生普遍参与志愿服务逐渐成为常态。

1. "育"见：大场域中小契机

冬奥会的成功举办本身就是一个大教育场域，冬奥融于教育，蕴含了无数教育的小契机。本节班会以志愿服务为主题，一方面，志愿者们称自己为"燃烧的雪花"，本届冬奥会上，我们见证了"雪花"的浪漫与温暖，比较有代表性。另一方面，冬奥会志愿者们大多是出生在1995—2003年的高校学生，对于中学生而言，更具贴近感，志愿者专业的技能、饱满的热情、严谨的态度也更容易让学生同频共振。

2. 遇见：小人物里大境界

本节课通过学生在雪花片上写下志愿精神以及"雪花成长记"，使"雪花"的意义更饱满，让学生感受到了志愿者们将爱心融入服务的境界，用平凡书写不平凡背后的坚守；通过体验活动等的设计，有效地增强了本节课的趣味性、感悟性、实践性、生成性，起到了润物无声的效果。问卷调查等的设计，链接生活，体现了活动的主体性和交互性，帮助学生深入思考，激励学生持久探究。

### 3. 预见：短时间内长效应

育人的过程是一个持续的过程，本节课从冬奥会志愿者到身边的志愿者，最后回归到学生自己的想法和做法，逐渐落实、落细、落小，彰显了本节课的实效性以及可操作性。任何一节主题班会都受时间限制，青少年生活在多元价值的碰撞中，想要更好地实现一节班会课的德育目标，让即时性效果内化于心、外化于行，课后延伸活动的设计就要体现预见性。本节课的课后延伸立足于课堂内容，具体、可操作，意在引导学生通过长期的实践逐渐凝聚志愿力量，践行志愿行动，最终打造志愿亮点，形成属于本班学生的最亮名片。

如果能在本节课之前组织一次全班性的志愿服务，学生在课堂上也许更能因感而动、有感而发。

## 附件
### 关于志愿者活动的问卷调查表

1. 你了解志愿者工作吗？
   A. 非常了解　　B. 了解　　C. 不太了解　　D. 完全不了解
2. 你参加过志愿者工作吗？
   A. 没有　　B. 偶尔　　C. 经常
3. 如果你参加过志愿者工作，是什么活动？
   A. 义务植树　　B. 敬老院看望老人　　C. 社区服务　　D. 其他
4. 你参加志愿者工作的原因是什么？
   A. 感觉有意义　　　　　　B. 完成学校的任务
   C. 想服务社会　　　　　　D. 跟家人或同学一起
5. 如果现在有机会参加志愿者工作，你愿意参加吗？
   A. 非常愿意　　B. 愿意　　C. 不太愿意　　D. 非常不愿意
6. 生活中你还在哪些场合看到过志愿者的身影？
7. 你愿意在哪些场合参与志愿者工作？

---

【作者简介】
刘菁，中学高级教师、心理咨询师、家庭教育指导师、生涯规划师，江阴市刘菁德育名师工作室领衔人，被评为无锡市"最美教师"，曾获无锡市、江苏省和长三角地区中小学班主任基本功大赛一等奖。

# 10 承担时代责任，熔铸不凡青春
## ——八年级"责任担当"主题班会

卢 凌

## 一、背景分析

### 1. 主题解析

"今日之责任不在他人，而全在我少年。"责任感是勇于承担并尽力完成份内份外有益事情的精神状态。青少年是社会发展、民族进步的中坚力量，敢于承担责任，是每个中国人的义务。但很多学生在家庭、学校中表现出担当意识不足、责任意识不强的现象，对自己做过的或做错的事缺乏自我反省，不能主动承担责任。本节主题班会旨在帮助学生树立正确的价值观，培养较强的责任意识，为他们将来走向社会贡献自我、承担社会责任播下希望的种子。

### 2. 学情分析

现在的学生大多是独生子女，可能存在任性，以自我为中心，缺乏责任心的问题。基于此，家长、学校和社会要注重培养学生的责任意识，让学生从自己分内的事做起，无论是学习还是生活，鼓励和支持学生自己做决定，并引导学生认识到行为的结果，从而培养学生的责任感。

## 二、班会目标

### 1. 认知目标

通过真实感人的故事和典型案例，让学生感悟有责任感的人是最值得敬佩的人，从而让学生理解责任的含义。

### 2. 情感目标

正面引导，反面辨析，使学生懂得勇担责任的重大意义，引导学生做一个有高度责任感的人。

### 3. 行为目标

结合学习和生活事例,帮助学生理解责任无小事,激励学生敢于承担责任,学做生活的主人与新时代的接班人。

## 三、活动准备

1. 教师准备:(1) 制作PPT,准备好有关责任的名人名言、故事、视频;(2) 将学生分成小组,设置好组长,便于课上开展讨论。

2. 学生准备:搜集身边勇担责任的故事。

## 四、班会过程

### 环节一:倾注清澈的爱,只为中国

1. 请学生根据下面的文字提示猜一猜人物的职业。(出示:"猜猜我是谁?")

(1) 每一次警报响起,都面临生与死的考验。他们总在最危急的时刻出现,奋力挽救人们的生命和财产,把自己的生死置之度外。(消防员)

(2) 新冠疫情暴发,他们冲向最危险的地带。他们分秒必争,用生命守护着生命,他们舍小家顾大家,他们是最美的"逆行者"。(医护人员)

(3) 当人们还在梦乡时,他们已经在马路上、小区里开始工作了,当你行走在干净整洁的环境里时,他们已经默默工作了三四个小时了。他们不怕脏不怨累,扫出了一片洁净。(清洁工人)

(4) 不管是暴风骤雨,还是风沙雪雨,他们都毅然守护着祖国的领土,他们用坚韧维护着"安宁与和平"。(中国人民解放军)

2. 教师小结。

同学们猜得又快又准,看来同学们对这些职业的理解和认识还是很到位的。这也说明他们的付出和努力,确实深深地打动了我们,走进了我们每个人的心里。我们也看到了他们每个人都在工作岗位上用行动诠释着自己的责任。所以今天我们要一起探讨的话题就是责任!(板书:责任)

【设计意图】通过展示某个职业的职责,让学生猜测是何职业,这样能帮助学生初步感知责任,并能自然地引出本节课的话题。以猜谜的游戏方式来调动学生的积极性,起到暖场的作用,能很快地带领学生进入课堂。

**环节二:怀揣赤诚的心,担责有我**

导入:同学们,你们能不能举一个例子来说说你们的责任是什么。

学生踊跃发言,有的说好好学习就是学生的责任,有的说每天认真做好值日工作,有的说参加志愿服务活动……教师结合学生的发言进行分类。

1. 责任——做好份内事的修养。

(1) 出示图片。

图片1:孩子的书桌上作业和书本摊了一堆,妈妈在帮孩子整理书包。

图片2:一个初一学生要在父母的看管下才能完成修甲理发。

图片3:一个10岁模样的孩子,奶奶还在给他喂饭吃。

(2) 请学生谈谈这些图片都表现出了什么共性问题。

(3) 学生讨论交流。

(4) 教师小结。

自己能做的事情,不愿意做,让别人做;有些人过分依赖家长,没有独立性,更没有责任意识。(得出启示)做好自己该做的事情,是培养责任感的第一步,这也是对自己负责任。

2. 责任——为他人着想的善良。

(1) 出示以下几个事例。

事例1:小明在操场上跑步,看到低年级同学摔倒,他赶紧离开了。

事例2:小华发现大家放学时都急忙回家了,可是教室卫生还没打扫呢。

事例3:小芳是班长,每天总是能第一个到教室,认真细致地做好一天的值日班长工作。

(2) 讨论:这三个事例中,你认可哪个同学的做法?如果你遇到与小明和小华同样的情况,你会怎么做?

(3) 教师小结:为他人、集体服务,也是一种负责任。

3. 责任——为社会担当的自觉。

(1) 出示图片。

图片1:洪水发生时,解放军同志救助百姓。

图片 2:疫情发生时,医护人员奔赴一线。

图片 3:航天员辛苦训练备飞。

图片 4:北京冬奥会开幕前,志愿者和演出人员每天辛苦排练。

(2) 学生交流并小结:为社会服务是一种荣耀更是一分责任,长大后,我们要有为社会服务的能力和勇气。

4. 责任——逐梦环保的执着。

(1) 出示图片。

图片 1:不用一次性物品,购物时自备购物袋。

图片 2:不开无人灯,乘坐公共交通出行。

图片 3:不乱丢垃圾,种植树木,保护植被。

(2) 引导学生理解:我们每个人都能做一些力所能及的小事,这也是负责任的表现。

【设计意图】学生对抽象的责任似懂非懂。本环节通过一些图片、简单的文字、鲜活的事例,明确地告诉学生,一个人对自己、他人、社会、大自然都负有责任。

**环节三:点燃青春的火,初心如炬**

1. 导入:同学们,一个人非要对自己的事情负责吗?

2. 学生纷纷表示:肯定的。

3. 讨论:下面我们再来看一个案例,也许你们的体会更加深刻。

某保安公司要裁员了,下岗名单公布了,有两位年龄在 50 岁左右的老邓和老陈,公司按规定再留用他们 2 个月,给他们重新找工作预留了充分的时间。大伙儿看到他们两个那几天的低落情绪,都想去安慰一下他们,但是又不知道该如何劝说,毕竟这事儿摊到谁身上都不好受。

4. 同学们,如果你是那两个人中的一个,心情会怎么样?你会怎么表现?

5. 学生思考片刻后,纷纷表达自己的想法。有些学生说他们都 50 岁了,现在下岗了再找到一份稳定的工作不容易,家庭压力大,心情肯定会很差;还有些同学说,低落是没有用的,只有想办法尽快找到新工作;还有学生说,去跟领导沟通,积极争取自己的权益,争取能留下。

6. 教师出示故事的后续发展。

老邓性格比较刚烈急躁,遇到事情容易发脾气,情绪很激动,什么事情也不干,平时上班该他做的事情,也会找一些理由推脱,大家考虑到他的遭遇也只好忍耐一下,替他干完,但是不再像以前那样跟他那么热情唠嗑,都有些刻意躲避他。老陈虽然刚开始一两天有些牢骚,但是难过归难过,工作还是很认真地完成,甚至遇到同事还主动帮忙做一些活儿,对待值守单位的工作人员很热情很周到,大伙儿有事情要帮忙的,他都是连声答应,坚守好自己的岗位。

7. 同学们可以评价一下这两个人处理事情的态度和表现。

生1:老邓的表现虽然有些让我失望,但也是人之常情,心里不舒服也是正常的。

生2:老陈依然用负责任的心态做好自己的本职工作,值得肯定和赞扬,也是我们应该学习的榜样。

8. 你们觉得接下来,两个人的前途如何?让我们继续看看两个月后的结局。

两个月后,老邓如期下岗,而老陈却留下来了,领导还给老陈升职,做了保安大队分管内勤的队长。保安公司经理说:"像老陈这样的员工,公司永远也不会嫌多。"

9. 交流:请大家谈谈,老陈为何被留下了呢?

10. 学生讨论,积极发言。教师引导学生总结:强烈的工作责任心和守好最后一班岗的敬业精神给老陈赢得了机会,他也给我们年轻人做了一个榜样,值得我们每个人学习。

【设计意图】通过创设鲜活的情境让学生理解什么是责任感,逐步展示故事的后续发展,不断引导学生去揣摩故事中主人公的心态和行为,展示故事的结尾后又再次让学生讨论两位主人公不同结局的产生原因,既活跃了课堂气氛,也帮助学生加深了对责任的认知。

**环节四:勇往信仰的路,雀跃坚定**

1. 导入:怎样才能做到立足岗位承担应尽的责任呢?2022年北京冬奥会上就出现了这样一个让我热泪盈眶的场景。

2. 播放中国短道速滑男子1000米A组决赛视频。

来到起跑线上冲刺金牌的是两位匈牙利选手和三名中国选手,其中有中国名将武大靖,还有被寄予众望的新秀任子威。由于有人抢跑,第一次被裁判叫停重新开始。第二次,大家都铆足了劲儿往前滑,武大靖弯道超越非常利索,三圈下来武大靖冲在第一位,能进入决赛的选手都是非常厉害的,他们之间的差距只有零点零几秒,稍不留神就会被撞倒或是被超越,就在这时有运动员的冰刀出现问题,按照国际惯例此刻裁判又一次叫停了。所有运动员又再次回到了起跑线,稍作休息后又投入激烈的比赛中。而此刻武大靖的体能已经不能保证能为国家争得金牌了。就在第二圈开始时武大靖做出了果断的决定。他轻拍任子威的肩,并握了一下任子威的手,喊出一句"走你"!此刻的任子威领悟到了队友的心意,开始猛发力往前超越。三名中国选手互相配合,团结拼搏,为中国队赢得了这块金牌。

3. 讨论:(画面定格在武大靖握任子威手的那一刹那)请大家猜猜,武大靖那时是怎么想的?他为何对任子威说一句"走你"?

生1:武大靖知道自己的体能不够了,但是考虑到国家荣誉,要先保证中国队能拿金牌,牺牲自己不足为惜。

生2:武大靖鼓励任子威努力大胆地去拼,他们会为任子威做好战略配合,三个人的团结和合作,扛起了赢得国家荣誉的旗帜。

小结:同学们说得都非常好!这就很好地体现了一句"功成不必在我,但功成必定有我"。也许最后最风光的不是自己,但是集体的荣誉高于一切。

4. 讨论:班级包干区是5层楼的十段楼梯,每天人来人往,所以有很多垃圾。我们班级的很多同学看到后会马上主动去捡,而有个别同学认为,不是自己的包干区,不去理会,等值日生过来自然会完成包干区的清洁工作。对此你有什么看法?

学生讨论得很热烈,也谈到自己曾经也有过视而不见快速离开的情况,经过今天的责任故事分享后,今后会主动去关注自己班级包干区的卫生情况。还有学生说,即使不是自己班级的包干区,看到有垃圾也该去清理,这才是真正把学校当作自己的家一样来呵护。

5. 教师引导学生总结:我们在学校、社会中,很多时候很难与别人划分清楚责任的界限,所以要时刻要求自己做好分内的事,做班级和学校的主人,承担起自己应有的责任。

【设计意图】通过对故事和事例的辨析和讨论,让学生进一步明确责任是什么,哪些行为才是真正负责任的表现,从而增强学生的责任意识,学着做一个有责任感、有大局观、有担当的人。

### 环节五:唤醒责任的心,青春有为

1. 导入:同学们,在日常生活中有没有遇到过让你困惑、左右为难的事情呢?下面出示一些事例,大家一起来说说你们是怎么解决的。

事例1:上课铃响了,同桌还在吃东西,你会……

事例2:好朋友作业不会做,她想拿你的作业来抄,你会……

事例3:考试时,你的好朋友有一道题不会做,她向你发出求助信号,你会……

事例4:班干部管理班级时,经常对其他同学指手画脚,你会……

2. 学生讨论并分享自己遇到这些令人为难的事情时的解决的方法和心态。

3. 教师表扬学生提出解决这些小问题的办法,表示看到了学生身上朴素真实、勇于担责的优秀品质,激励学生都要树立责任心来共同维护班集体的形象和利益,维护自己的尊严和诚信。只有这样,他们才能成为班级的主人、学校的主人,今后才能做自己命运的主人。

【设计意图】前四个环节的事例都是向学生讲明白责任的重要性,但这是远远不够的,只有在两难的情境中做出抉择时,这才能帮助学生真正体会到责任的意义,才能使他们学会以主人翁的态度去履行责任。

### 环节六:追逐先贤的光,流照古今

1. 交流名人名言:从古至今,有许多名人名言都阐明了责任的意义,诠释了人生的意义,有没有同学能来说说你收集到的有关"责任"的名人名言?

2. 学生按照事先分好的小组,每一小组分享一句名言,并谈谈这句名言给予自己的启示。

3. 分享感受:同学们收集的名言真不少,老师今天也学习到很多,感悟到很多。虽然我们还是初中生,肩膀小,力量弱,但是同样能扛起大责任,去做时代的小主人。下面我们请一个小组的同学来朗诵一篇关于责任的诗歌。

4. 班长提出小希望:希望同学们能够用自己的小小肩膀扛起班级进步的大责任,扛起学校辉煌发展的大责任,努力学做时代发展的主人。

【设计意图】通过名人名言的激励,朗读有关责任的诗歌,感悟责任的意义,助力学生收获精彩的人生。

## 五、活动延伸

1. 班会课结束后,请学生写一些班会课感悟,谈谈自己的收获。
2. 观察学生平时的表现,收集学生为班级、集体做好事、主动担当责任的事例,及时给予肯定和赞扬,班级中评选"我是班级代言人",在班级营造"人人是班级主人翁"的氛围,培养学生勇于担当责任的意识。

## 六、班会反思

本节主题班会,围绕"责任"设计、安排整个教学活动过程,重在体现对学生心灵、情感的点拨和对学生责任的培养和教育。

首先,责任教育永远是一个不过时的话题,现在的初中生大多数是独生子女,常以自我为中心,基于此,选择该主题具有很强的针对性和实效性,且符合学生的年龄、心理特点。

其次,在这节课中教师尝试通过创设多个真实、有效的情境——感受责任、理解责任、强化责任、内化责任等,让学生体验情感,辨析思维,多层次多角度地触动学生的心灵,达到了预期目的。

这节班会课的活动安排有序衔接、环环相扣,通过做游戏、谈感受、评案例、看视频等多种方式开展,真正做到了教师是倾听者、点拨者,学生是参与者、探究者,促使学生完成了思想内化与生成的过程。

班会课是美丽的开始,学生以此为契机,认识责任、理解责任、强化责任,最终知行合一,完成一场心灵的构建。我们期待,班会课这个魅力无限的"小舞台",能够生成"大效应",呈现"大精彩"!

【作者简介】
卢凌,常州市勤业中学党总支书记、校长,中学高级教师,常州市"劳动模范""优秀教育工作者""优秀共产党员""初中物理特级后备人才"。曾获首届长三角地区中小学班主任基本功大赛一等奖。

# 第三部分　筑牢理想信念

11. 筑梦前行，共赴未来
　　——七年级"理想信念"主题班会

12. 少年攀百尺，手可摘星辰
　　——七年级"理想信念"主题班会

13. 中国式的浪漫
　　——七年级主题班会

14. "红色精神"永传承，勇担使命向前进
　　——七年级主题班会

15. 与国共成长，立志正当时
　　——八年级主题班会

16. 自信的中国，自信的我
　　——八年级主题班会

# 11 筑梦前行,共赴未来

## ——七年级"理想信念"主题班会

金 晶

## 一、背景分析

### 1. 主题解析

党的二十大号召广大青年,"怀抱梦想又脚踏实地,敢想敢为又善作善成,立志做有理想、敢担当、能吃苦、肯奋斗的新时代好青年"。当下,我们的国家如期打赢脱贫攻坚战,全面建成小康社会,"十四五"开局良好。处于两个百年奋斗目标历史交汇点的中国,正向中华民族伟大复兴的中国梦迈出坚定的关键步伐。《中小学德育工作指南》明确指出,要开展理想信念教育,要引导学生"深刻领会实现中华民族伟大复兴是中华民族近代以来最伟大的梦想"。圆梦,更需要清晰路径指引。加强中国梦主题教育,引导学生传承红色基因,是面向未来个体发展、民族发展的应然要求。

### 2. 学情分析

初一学段的学生,既有小学生稚气未脱的特点,又有初中生自我认知不断生长的特点,处于世界观、人生观、价值观形成的重要阶段。近年来,"神舟十七号"飞船成功发射、2022年北京冬奥会与2023年杭州亚运会圆满举办……这些国之大事也成为班级学生热议的话题,很多学生为这样的荣耀时刻激动不已;也有学生认为这样的事情离自己太远,航天梦、奥运梦这些只是距离遥远的梦想,他人实现不代表自己能行。针对这一现状,我们需要通过个体教育、集体教育等多种途径,引导学生正确认知中国梦,树立个人理想与国家命运息息相关的理念,从而努力践行社会主义核心价值观,展现新时代中学生的风采。

## 二、班会目标

**1. 认知目标**

通过汇报交流与对比,引导学生理解个人梦想与中国梦的关系。

**2. 情感目标**

通过解读梦想的实现,引导学生增强对实现中国梦的信念与自信。

**3. 行为目标**

通过思考与计划,帮助学生明确实现个人梦想、助力中国梦实现的路径。

## 三、班会准备

1. 资料准备:(1) 制作PPT,整理课堂所需的图片、视频等资料;(2) 制作课堂需要的梦想卡和圆梦计划表。

2. 组织准备:(1) 课前布置前置作业,学生完成问题访谈,了解家庭成员的梦想;(2) 进行小组分工,各小组完成相应的主题发言准备和微辩论准备。

3. 环境准备:(1) 将桌椅按照小组合作的形式摆放,同时规划好微型辩论的座位摆放方式;(2) 将教室后黑板布置成"梦想园地"。

## 四、班会过程

**环节一:追溯求索,逐梦征程沧桑**

**活动1:梦想PK,感受时代烙印**

1. 汇报交流。

课前布置作业让学生就"梦想"的话题与家庭成员进行交流,了解家庭成员在与自己年龄相仿的时候有过什么样的梦想。教师组织学生进行汇报交流。

预设:学生的交流中呈现不同辈分的家庭成员的年代梦想。例如祖父母辈——像自己这么大的时候,梦想能改善生活条件,吃得饱些、穿得暖些;父母辈——像自己这么大的时候,梦想能拥有一台学习机;自己——旅游看世界,有着更多的职业愿景等。

2. 提问与思考。

提问:从这些不同时代的梦想中,你发现了什么?

预设:十分具有年代感,每个年代都有充满时代特色的个人梦想。

追问:这些不同时代的个人梦想,让你对我们的生活有什么样的感受?

预设:时代在变,我们的生活水平、环境条件都发生了很多变化。过去的很多梦想,现在早就已经实现了。

3. 教师小结。

一代人有一代人的梦想。即便是一个小小的心愿,都是时代赋予每一个个体的烙印。生长在新时代的我们,也许无法感同身受几十年前祖辈们对于改善生活的迫切心愿,但是通过调查与了解,我们发现这几十年来,社会与国家已经发生了翻天覆地的变化,曾经的许多梦想也早已不难实现。

**活动2:故事集锦,每一个梦想都闪光**

1. 播放视频故事集锦。

片段一:袁隆平说过,"我有两个梦:一个是水稻长得像高粱那么高、穗子像扫帚那么长、籽粒有花生那么大,一个是希望亩产1000公斤的目标能尽快实现。这就是我的梦——粮食安全的梦"。

片段二:大山里的女校校长张桂梅——我想改变一代人。

……

2. 教师提问。

故事中的人物都是中国梦的践行者,他们的梦想虽然不同,但是你觉得又有什么共同之处呢?

3. 学生回答并分享交流。

4. 教师小结。

他们的梦想都与国家的发展息息相关;他们为梦想的实现都付出了极大的努力,甚至是代价;他们的梦想的实现,给很多人包括我们的生活带来了巨大的变化。他们,就是中国梦的实践者。

【设计意图】从身边人的生活体验出发,引导学生关注生活、思考生活。只有基于真实体验和感受的思考才会深入和持久,因此通过梦想对比,由现象追溯,感受梦想变化背后的国情变化,引出每个人的梦想都与国家息息相关。

**环节二:凝聚力量,筑梦脚步铿锵**

**活动1: 连线——梦想需要坚持**

1. 情景导入:小王是小李的发小,两人一起长大。小王为了实现自己的舞蹈梦想,小学毕业就外出求学,这次也参与了杭州亚运会的开幕式表演。前几天,小李和小王约定了一次线上小聚。经过小王的同意,小李将小王的视频祝福带到了班会现场。我们一起听听小王同学的追梦之路。

2. 提问:你会用一个什么词来形容小王的追梦之路?

3. 学生回答。学生观看小王的演出视频。教师板书:梦想需要坚持。

**活动2: 图说——梦想联动世界**

1. 引导学生展开交流:中国的梦想,也与世界有关。课前大家通过资料整理,发现了中国梦与世界梦之间的联系。下面请各组就不同角度进行交流。

角度一:经济梦想繁荣世界。(数据说话)

角度二:体育梦想团结世界。(关注亚运)

角度三:科技梦想引领世界。(关注航天)

2. 教师小结。

人类共有一个地球,同一个世界。党的十八大明确提出要倡导建立"人类命运共同体"。国际社会日益呈现你中有我、我中有你的复杂关系,任何国家和地区都不可能独善其身。中国梦的实现,也会推进世界梦的实现。(板书:梦想联动世界)

**活动3: 辩论——梦想联结未来**

1. 基于课前学生对于"梦想"这个话题的不同解读与认识,双方进行了相应的准备,课堂进行一次微辩论。(板书:梦想铸就未来/现实铸就未来)

2. 教师小结。

历史和现实告诉我们,中华文明源远流长,中华民族是一个善于传承、包容、学习、创新、在逆境中奋起的民族。习近平总书记指出,中国梦是历史的、现实的,也是未来的。我们面向未来成长,我们担负着实现中国梦的历史使命。(板书:梦想联结未来)

【设计意图】在中学生的成长阶段,同伴的影响、真实的体验、逻辑的思辨等方法的效果要好于教师的一味说教。因此,在本环节通过同学连线、数据说话、微辩论等形式,引导学生进行思考,帮助学生进行价值澄清,真正理解个人梦想与中国梦的关系、中国与世界的关系、历史与未来的关系。

### 环节三:共赴未来,圆梦愿景美好

**活动1:面向未来,我有梦想**

1. 教师导入。

只有明晰了梦想的方向,才能够找到实现梦想的路径。相信同学们对于现在的自己一定有着充分的了解,对于未来的自己,也有着最新鲜的心愿。下面请大家在梦想卡上写下你的梦想,张贴到班级的"梦想园地"。

2. 学生共同实践。

学生撰写、交流,并将梦想卡张贴到班级的"梦想园地"。

**活动2:我的梦想,与你有关**

1. 教师关注学生的撰写内容并继续引导。

每个同学都为自己树立了一个梦想,有的近在眼前,有的送给未来,有的关系着身边的人。我们深知,个人梦想与我们的国家梦想无法分割。请同学们想想,在携手团结、筑梦前行的征程中,我们担当着哪些社会责任?又该如何落实?

2. 学生实践。

学生撰写、交流,完成自己的圆梦计划表。

3. 教师总结。

"一代人有一代人的使命,一代人有一代人的担当。"青年兴则国家兴,青年强则国家强,你们正是这支年轻力量。你们的精神面貌、理想抱负和价值取向,将会决定国家和民族的未来。(播放音乐)

【设计意图】德育是知情意行的统一。从实践中来,还要回到实践中去。本环节通过引导学生对于个人梦想的再度梳理,激发学生个体对社会责任担当的思考。从切实可行的实践开始,有利于增强学生实践的主观能动性。

### 五、活动延伸

1. 一次家校交流

学生要实现梦想，离不开家庭的助力。进行一次家长学校的主题活动，通过对"梦想园地"的展示，帮助家长及时了解学生的成长动态。

2. 实践成果展示

学生及时记录梦想实践的过程。广泛向学生和家长征集相关的文字与图片，做一期学生成长的成果汇报。

3. 圆梦推广行

有国才有家。个人梦想的实现具有社会意义和价值。鼓励学生在圆梦的过程中承担相应的社会责任，走进年级、走进校园、走进社区，用实际行动助力中国梦的实现。

### 六、班会反思

班会课是知情意行的统一。理想信念是一个立意高远但必须要身体力行的概念。如何从一节课出发，明认知、敢行动，是这节课需要思考和解决的问题。

1. 让"梦"可感，正视现实

从学生生活中的所见所闻出发，引发所思，是启迪和引导的较好出发点，既能使学生增进对理想信念的亲切感，又能增强学生对于国家的认同。无论何种教育，红色基因都应是底色，尤其对于理想信念而言，让学生感受到国家的强大，使红色基因渗进血脉，是每一个人的梦想、理想的出发点。

2. 让"梦"生动，激发热情

情感的渲染是充满活力的。我们的德育和班会课堂，不能仅仅让学生知道所谓的道德规范，而要让他们真正理解这一道德规范内在的价值。因此，课堂中有对于热点问题的关注，有对学生群体内不同声音的挖掘。丰富的现象呈现，激烈的碰撞思辨，更加有益于学生热情的激发，这做到了尊重和认可学生内心的真实想法。

### 3. 让"梦"可行，回到实践

一节班会课或许只是一个开始，从课堂到实践，需要持续地关注和引导，尤其对于梦想而言，它的实现需要家校、社会多方的助力。后续系列活动的落实，是学生社会化实践的重要环节。

当然，基于多种因素，如何进一步增强对学生的情绪感染、如何发挥当下的信息技术优势、如何更好地关照每一个学生在课堂上的真实感受，都还需要进一步的思考。

---

【作者简介】

金晶，南京市第五十四中学教师，南京市德育工作带头人，南京市德育优秀青年教师。曾获南京市、江苏省和长三角地区中小学班主任基本功大赛一等奖。

# 12　少年攀百尺，手可摘星辰
## ——七年级"理想信念"主题班会

王美霞

## 一、背景分析

### 1. 主题解析

《中小学德育工作指南》指出，要引导学生深入学习习近平总书记系列重要讲话精神，不断树立为共产主义远大理想和中国特色社会主义共同理想而奋斗的信念和信心。习近平总书记明确指出，"青年时代树立正确的理想、坚定的信念十分紧要，不仅要树立，而且要在心中扎根，一辈子都能坚持为之奋斗"。为此，要抓好价值养成"压舱石"，让当代中学生"努力成为堪当民族复兴重任的时代新人"。

### 2. 学情分析

多元的社会环境对当代中学生的价值观产生冲击，不少学生知道要树立理想，但对树立理想的意义缺乏正确的认知，对实现理想过程中的矛盾不能理性对待。部分学生的理想经常发生变化，没有形成为理想奋斗终生的认识。还有学生认为"生活的理想就是为了理想的生活"，更关注物质生活或者缺少人生理想。因此，开展此次班会十分必要。

## 二、班会目标

### 1. 认知目标
通过点评热点时事，引导学生初步思考自己的人生追求。

### 2. 情感目标
通过分享心愿、讲故事、现场采访活动，激发学生追求远大理想的信念。

3. 行为目标

通过评析名言、绘制成长路径图、表演情景剧等丰富的活动形式,激励学生增强自信,引导学生将自己的内心追求外化为具体的行动,正确面对成长路上的挫折,勇敢践行自己的人生追求。

## 三、班会准备

1. 教师准备:(1) 召开班委会,商讨班会方案;(2) 搜集相关图片和视频,准备 PPT。

2. 学生准备:(1) 搜集热点资料、偶像人物故事,排演情景剧,制作微视频;(2) 填写"星愿卡"(填写"长大后我想成为＿＿＿＿"),自愿贴到黑板上。

## 四、班会过程

**环节一:有一种崇拜是追寻心中星光**
**活动 1:时事播评,民说众评**

1. "人人都有麦克风":时事播报"某剧组在南京某高校取景,当红明星遭冷遇"。

"人人都有麦克风,你我都是评论员。"同学们,大家好。近日,一则"某剧组在南京某高校取景,当红明星遭冷遇"的消息,引发舆论热议。明星到高校去拍戏,同学们想象中的场面应该是学生们疯狂聚集,高喊着明星的名字,手举着应援牌,在烈日下苦苦守候一整天。但前段时间,集结了几位当红明星的剧组,到南京某高校去拍戏,却出现了严重的"反常"。面对几位娱乐圈里所谓的"流量小生",学子们既没有围观,也没有尖叫,甚至连停下脚步来看一看、拍张照片的人都没有。他们大多数都是脚步匆匆、头也不回地路过,拍摄现场一片冷清,保安团队成了摆设。

2. "你我都是评论员":你们觉得高校学子的表现"反常"吗?

生1:这所大学是一所学风优良的学校,学生们不会把这种外来干扰放在心上。

生2:我认为"流量"明星在生活中其实和普通人没什么两样,高校学子心中有一把尺,他们这种不被"流量"所左右的品质值得我们学习。

生3:这些"流量"明星应该不是高校学子关注的人。

引导:学校是做学问的地方,他们拍他们的戏,我们读我们的书,这才是大学生应该表现出来的样子。

### 活动2:视频再现,理性追星

1. 视频再现。

袁隆平现身湖南农业大学,学生上演"大型追星现场"。

2. "流量"明星 VS 袁隆平。

同样是"追星",为何是截然不同的场面?

生1:像袁隆平这样为国家做贡献、为人民造福的人,他才是我们应该追的"星"。

生2:我们应该以袁隆平爷爷这样的国之脊梁为偶像,这种耀眼的"星"是我们的榜样。

【设计意图】敏锐地抓住时事热点,结合中学生"追星"现状,引导学生思考"追什么样的星,成为怎样的人",且行且思,且思且成长。本环节贴近学生实际,有针对性。

## 环节二:有一种向往是悄悄仰望星光

### 活动1:星语星愿,交流分享

1. 交流分享:为什么长大后"我"想成为"你"?

生1:我想成为像吴亚鲁那样的革命者,勇于献身,爱党爱国。

生2:我想成为雷锋,他乐于助人,友爱善良。

生3:我想成为袁隆平,他献身科学、锲而不舍的精神值得我学习。

生4:我想成为李子柒,因为她传承中国文化,积极向上。

2. 教师点评。

老师真心地为大家的眼界、格局、情怀点赞,他们确实是这个时代真正耀眼的"顶流"。

### 活动2:故事演讲,现场采访

1. 两位学生分享心中偶像的感人故事。

### 革命先驱吴亚鲁：用生命铸就一座不朽的丰碑

大家好！我今天跟大家分享的是我的偶像——革命先驱吴亚鲁的故事。他曾是南通地区的第一位共产党员，是江海地区革命活动的启蒙者、开拓者，也是徐州第一个党组织的创立者，他为革命事业做出了不朽的贡献。

1938年，吴亚鲁被派往新四军驻平江嘉义镇通讯处任秘书主任。1939年6月11日，国民党出动大批人马包围了通讯处。12日下午3时，一群荷枪实弹的暴徒冲进通讯处，气势汹汹地嚷着："你们谁是负责的？快出来！"正在工作的吴亚鲁看到苗头不对，为掩护其他人，毅然挺身而出："我是负责的，你们要干什么？你们为什么要枪杀抗日战士？我们要向全国人民控告你们！"他一边抗议，一边赤手空拳跟敌人搏斗，敌人对准他的头部、胸部连开两枪。一阵杂乱的枪声后，吴亚鲁的生命，永远停留在了那一刻。

重温历史，我希望自己有一天也能在祖国需要时挺身而出，成为像他一样的英雄。

### 愿将此生长报国

同学们，大家好！近期我们正在阅读《海底两万里》这部名著，当看着"鹦鹉螺号"在海底深处漫游时，大家有没有想过我们中国潜艇事业的发展呢？

核潜艇被认为是捍卫国家核心利益的大国重器，我今天跟大家分享的是时代楷模彭士禄的故事。他是我国著名核动力专家，中国核潜艇第一任总设计师。他隐姓埋名数十年，一生只做两件事：造核潜艇、建核电站。

当年，在美国、苏联等国先后拥有了核潜艇后，研制"两弹一艇"成为最急迫的任务。那时，经济困难，设备简陋，关于核潜艇，没有图纸资料、没有权威专家、没有外来援助。毛主席说："核潜艇，一万年也要搞出来。"但彭士禄带领他的团队仅用了12年时间，就使中国自主研制的第一艘核潜艇成功下水。当有人称他为"中国核潜艇之父"时，他谦逊地说："它是集体智慧的结晶，我充其量就是核潜艇上的一枚螺丝钉……"

最后我用彭老的名言，结束今天的分享。"活着能热爱祖国，忠于祖国，为祖国的富强而献身，足矣。"

彭老，当为吾辈楷模。

2. 现场采访，倾吐肺腑之言。

你觉得自己能够成为他吗？

生1:可能有点遥远,相关专业知识还没有涉及。

生2:目前我的学习能力还要不断提升,所以不是很容易。

生3:我觉得我可以,因为"有志者,事竟成"。

**活动3:价值引领,正确导向**

大部分同学觉得自己仰望的星空太过遥远,梦中的星辰大海恐怕难以企及。但是,你们还记得习近平总书记在2021年新年贺词里说的这句话吗?——"平凡铸就伟大,英雄来自人民。"

【设计意图】用榜样的力量,让学生在情感上受到强烈震撼,引领学生树立正确的价值观,为践行环节做铺垫。

## 环节三:有一种勇敢是慢慢靠近星光

**活动1:评析名言,感悟分享**

1. 说说你对"平凡铸就伟大,英雄来自人民"的感悟。

2. 小组交流,各抒己见。

生1:平凡与伟大并不冲突,他们是平凡的血肉之躯,而不平凡的是他们爱党奉献的精神。

生2:平凡不代表平庸,我们学校的保洁阿姨很平凡,但她们为我们学校做出了自己的贡献,她们也是伟大的。

生3:伟大的人也有平凡的影子,感动中国人物汪勇,他"逆行"为医务工作者做出自己的贡献,他其实就是一名普通的快递小哥;张桂梅老师就是一位普通的老师,但她甘愿为祖国的教育事业奉献终身。

3. 感悟分享,交流提升。

4. 教师小结。

平凡本就是人生底色,但是用心把每一项平凡的工作做好,这就不平凡。每一个平凡岗位,都能书写不凡的人生华章,只要我们能脚踏实地、埋头苦干!

**活动2:现场采访,榜样引领**

1. 邀请援疆老师,现场采访。

① 周老师为什么会去援疆?

② 援疆三年间肯定遇到了很多困难,周老师是怎么坚持下来的呢?

学生畅谈感悟,周老师给予鼓励。

2. 教师小结：两代人执着杏坛、无悔援疆，是理想、是情怀、是责任，是平凡中的伟大。

### 活动3：团辅活动，激励提升

1. 团辅活动"夸夸我自己"。

"让我骄傲地告诉你，我是一个_____的人！"

生1：让我骄傲地告诉你，我是一个持之以恒、积极乐观的人！

生2：让我骄傲地告诉你，我是一个不会随意浪费时间的人！

生3：让我骄傲地告诉你，我是一个能吃苦的人！

生4：让我骄傲地告诉你，我是一个积极乐观、永不畏惧、知耻而后勇的人！

2. 教师小结：我们每个人都有自己的优点，要好好加以利用才能实现梦想。

### 活动4：成长路径，情境体验

1. 绘制成长路径图。

用你喜欢的方式呈现自己所设想的人生发展路径。

要求：(1) 目标明确，路径清晰，有阶段性规划，有具体的实施方案；(2) 设想成长过程中可能遇到的困难挫折，并提出相应的解决措施。

2. 分享交流并展示。

生1：目前我是一名初中生，我的近期目标是考上理想的高中，将来努力考进美术学院，在大学期间开一间自己的绘画工作室，发表自己的绘画作品，我的作品也许不会被认可，但我会坚定自己的理想，将来我想在上海工作，认识有趣的朋友，快乐生活，不负自己。

生2：未来两年，我要努力考取市一中，理想的大学是华东师范大学，我会选择历史专业，毕业后做一名历史老师，我会谨记陶行知先生"知行合一"的理念。

3. 情景剧表演《隐形的翅膀》。

内容：班级里的嘉成同学因为无人机比赛中飞机出现故障，没能晋级，加上上次参加绘画比赛也以失败告终，情绪低落，失去斗志。同桌、朋友都想帮助他。

提问：同学们，故事到这里并没有结束，请我们所有同学进入情境，你们想对嘉成说些什么？

生1:蝴蝶只有经历破茧的疼痛才能获得令人羡慕的美丽,面对挫折我们要怀着一颗积极面对的心,风雨过后迎接我们的将是绚烂的彩虹。

生2:你想成为一名科学家,但每个科学家在成功之前都要经过千万次的失败,我想跟你说,唯有持之以恒才能登上顶峰,享受"一览众山小"的喜悦。

生3:人生最难的是超越自己,困难像弹簧,加油,超越自己。

生4:还记得你画的"初心石"吗?成长路上,勇敢是一双隐形的翅膀,它会带我们飞越挫折。

生5:我想把要说的话变成一个拥抱,加油!

4. 审视自我,畅谈收获。

参加表演的学生:感谢同学们给我的鼓励和帮助,现在我深知,成长路上最难战胜的敌人就是自己,战胜自己才能收获成功。即使有过一百次失败,也要在第一百零一次勇敢站起来。

**活动5:价值引领,优化成长路径**

成长路上,勇敢是一双隐形的翅膀,真正勇敢的人,不是不落泪的人,而是含着泪水继续奔跑的人。听了嘉成同学的感受,你有什么启发呢?

生1:我刚才规划得太过一帆风顺了,我的成绩一直不太稳定,考一中还有点困难,历史的学习也很枯燥,但我相信自己会坚定信念,继续努力。

生2:追梦的路上遇到挫折是常态,我想用刚学的一首诗歌与大家共勉:假如生活欺骗了你,不要悲伤,不要心急,忧郁的日子里需要镇静,相信吧,快乐的日子将会来临……

【设计意图】教育是一种激励。通过评析名言、团辅活动,分享感悟,激发学生的成长自信。用绘制成长路径图的形式将"靠近星光"的过程外化,更有实效性。教育是一种发现。在生活中发现教育契机,通过情境体验,让学生获得感悟,促进自主发展。学生自觉主动地以积极的态度鼓励同学、激励自己,同时体会成长需要勇气、需要不懈努力。教育是一种内化。从分享成长路径到情境体验再到完善路径,不仅是知行合一的转化,更是信念提升的过程。

### 环节四:有一种人生是努力散发微光

**活动1:视频欣赏,感悟交流**

1. 欣赏视频《苔》并交流感悟。

生1：我从这些孩子的眼中看到了他们对外面世界的向往,这是希望信念之光。

生2：我觉得梁老师是散发着光的,他来大山支教,点亮了孩子们的梦想。

生3：我觉得他们唱的不是歌,是梦想,他们的眼中有星星。

生4：这些孩子像苔一样平凡,但他们也想像牡丹一样绽放,这种对梦想的渴望像星星一样散发着光芒。

2. 教师小结。

梁老师说,他也是从山里走出来的,不是最帅的那一个,也不是成绩最好的那一个,但在我们心里,他是最闪亮的那一个,因为他活成了一道光,照亮自己,也照亮了别人。

**活动2：教师总结寄语**

如果每个平凡的人都能点亮生命的微光,就能汇成璀璨的星河,照亮这个世界,我们也就成了不平凡的人。我们这群"追光者"也就成了"发光者"。

让我们一起踏着勇敢的阶梯,一步步登上梦想的高峰,汇入群星璀璨的星河,到那时,当你成为父母、师长、前辈的时候,希望你们的孩子能对你们说:我想勇敢成为你们这样的人!

【设计意图】欣赏视频,将活动引向深入,引导每个学生从"追光者"成为"发光者",知行合一,勇敢成长为未来之星。

## 五、活动延伸

### 1. 开展评选"圆梦使者"活动

学生制定自己的阶段目标,达成目标的将被评为"圆梦使者"。

### 2. 课外阅读,自由分享

推荐阅读路遥《平凡的世界》、奥斯特洛夫斯基《钢铁是怎样炼成的》,分享阅读感受,从经典作品中汲取精神力量。

### 3. "身边的榜样"故事沙龙

邀请家长、老师、往届学生走进班会课堂,给学生讲述自己的追梦故事,激励学生勇敢追梦。

### 六、班会反思

本次班会课从学生实际出发,结合时事热点,关注学生的情感体验,强调学生的自主体悟,突出活动性和主体性。

首先,从目标的达成度来说,这节课基本实现了预期目标,学生明确了人生追求,认识到要将"小我"融入时代洪流,勇敢追梦。

其次,从学生的参与度来说,班会所有活动的设计力求关注到每一个学生,"热点时评"各抒己见,"星语星愿"全员参与。以小组为单位的讨论,学生拥有自由对话的空间。情景剧内容源自学生生活,学生入情入境,激发共鸣。

再次,从活动的有效度来说,学生从绘制成长路径图开始,通过情景剧欣赏认识到追寻梦想的过程中会遇到挫折,再度引发思考,优化成长路径,正视前进路上的坎坷,勇敢超越。本次班会课将价值观落到实处,讲求实效。

本节班会的开展,还可以在课前让学生进行一次校园采访或问卷调查,切实了解学生的"追星"情况。学生心中的"星"普遍是时代的精神巨人,如果进一步了解自己身边虽然平凡但闪耀"星光"的"小人物",将更有利于强化学生的理想信念意识。

【作者简介】

王美霞,江苏省南通中学附属实验学校教师,中学高级教师,南通市语文学科带头人。2014年获江苏省初中语文青年教师基本功大赛一等奖,2021年获江苏省和长三角地区中小学班主任基本功大赛一等奖。

## 13  中国式的浪漫
### ——七年级主题班会

曹斯旻

### 一、背景分析

#### 1. 主题解析

《新时代爱国主义教育实施纲要》中提出，对祖国悠久历史、深厚文化的理解和接受，是爱国主义情感培育和发展的重要条件。要引导人们了解中华民族的悠久历史和灿烂文化，从历史中汲取营养和智慧，自觉延续文化基因，增强民族自尊心、自信心和自豪感。《关于实施中华优秀传统文化传承发展工程的意见》中也提出了总体目标，到2025年，中华优秀传统文化传承发展体系基本形成，研究阐发、教育普及、保护传承、创新发展、传播交流等方面协同推进并取得重要成果，具有中国特色、中国风格、中国气派的文化产品更加丰富，文化自觉和文化自信显著增强，国家文化软实力的根基更为坚实，中华文化的国际影响力明显提升。因此，学校必须担负起守护、传播和弘扬中华优秀传统文化的职责。

#### 2. 学情分析

初一学生的世界观、人生观、价值观还没有完全形成，他们的思想受到多元文化的冲击，很多负面信息会对他们产生干扰，不利于他们正常的生活与学习。而在班会中渗透传统文化，能够使学生在情感与思想上受到熏陶，感知传统文化的魅力，并用于指导自身的行为习惯与思维方式。对传统文化的合理运用，能够丰富班会课的形式内容，增强学生参与讨论的积极性与主动性，营造良好的课堂氛围。

### 二、班会目标

#### 1. 认知目标

通过呈现资料，引导学生了解中华优秀传统文化的博大精深，体会当今社会各个方面的中国式浪漫。

2. **情感目标**

通过观看 2022 年北京冬奥会开幕式倒计时视频片段,激发学生内心对于中华传统优秀文化的自豪感,分享自己心中关于中国式浪漫的感悟,展示提前做好的文化手账和相关实物,增强对中华文化的认同感和自信心。

3. **行为目标**

通过头脑风暴与团队协作,结合中华传统优秀文化设计富有中国式浪漫的文创产品。

### 三、班会准备

1. 教师准备:(1) 根据教学需要制作 PPT、视频;(2) 准备制作文创产品的设计单;(3) 邀请美术老师为文创产品打分。

2. 学生准备:(1) 课前认真搜集关于中国式浪漫的内容,制作"浪漫文化手账";(2) 可根据主题带来与中国式浪漫相关的物品并进行展示,如汉服、首饰、传统工艺品等。

### 四、班会过程

**环节一:"知"来"藏"往,名字里的中国式浪漫**

活动 1:挑战答题连连看

| 图片 | | | | |
|---|---|---|---|---|
| 提示 | 中国探月工程 | 中国行星探测任务 | 全球卫星星座通信系统 | 中国首辆火星车 |
| 名称 | 祝融 | 嫦娥 | 天问 | 鸿雁 |

**活动2：追本溯源话古今**

1. 导入：有没有同学能说说这些具有浪漫色彩的名字的由来？

2. 学生进行知识碰撞，分小组讨论。

预设1：嫦娥是中国古代神话人物，"嫦娥奔月"是中国古老的神话故事，蕴含着中华民族对月亮的向往。

预设2："天问"源于屈原长诗《天问》，表达了中华民族追求真理的坚韧与执着；体现了对自然和宇宙空间探索的文化传承；寓意探求科学真理征途漫漫，追求科技创新永无止境。

预设3：鸿雁是大型候鸟，人们常用鸿雁比喻书信和传递书信的人，寓意"鸿雁传信，永不失联"。

预设4：祝融在中国传统文化中被尊为火神，将首辆火星车命名为"祝融号"，寓意点燃我国星际探测的火种，指引人类对浩瀚星空、宇宙未知的不断探索和自我超越。

链接1：关于嫦娥的诗句。

白兔捣药秋复春，嫦娥孤栖与谁邻？（李白）

河鼓灵旗动，嫦娥破镜斜。（刘禹锡）

还似初生三日魄，嫦娥满月即成珠。（白居易）

链接2：关于《天问》。

《天问》是中国战国时期诗人屈原创作的一首长诗。此诗从天地离分、阴阳变化、日月星辰等自然现象，一直问到神话传说乃至圣贤凶顽和治乱兴衰等历史故事。全诗内容奇绝，表现出作者超卓非凡的学识和惊人的艺术才华，被誉为"千古万古至奇之作"。

**活动3：举一反三添情怀**

1. 探讨并思考：除了这些宇宙中的科技拥有如此浪漫的名字以外，你还知道哪些事物也拥有如此浪漫的名字？

2. 学生交流莲花的别称（如菡萏、芙蓉、芙蕖等）。

3. 教师小结。

将古老的中华文化融入宇宙科技之中，中国人在将骨子里的浪漫展现给全世界的同时，也弘扬了优秀的中华传统文化，让全世界都能感受到拥有五千年文化历史的中华民族的魅力。

**【设计意图】**这一环节是知,是根基。学生通过不同事物的名称感知中华传统文化中的浪漫色彩,感受中华文化的博大精深和无穷魅力。

### 环节二:高情远韵,生活里的中国式浪漫

**活动1:北京冬奥会开幕扬国威**

1. 开幕式倒计时精彩回顾。

2022年2月4日(当日立春)晚8点04分,北京冬奥会盛大开幕,在最开始的环节,开幕式团队给全世界人民呈现了中国式的浪漫,用二十四节气作为倒计时方式。(播放视频)请同学们谈谈,当你看到这一幕时,心里有什么感受?

2. 北京冬奥会上的中国符号。

请同学们谈谈,北京冬奥会上还有哪些浪漫的中国符号?

预设:如图1所示,有冬奥会会徽"冬",吉祥物"冰墩墩""雪容融",跳台滑雪中心"雪如意",火炬"飞扬"……

**活动2:中华文化诗意浸润生活**

1. 图文并茂的手账展示。

(1) 请学生将提前准备好的"浪漫文化手账"一一展示。班会结束后,放入文化角展示。学生手账示例如图1所示。

图1 浪漫文化手账

(2)教师小结:大家可以将自己感兴趣的中华文化知识记录下来,配上文字和图片,将那分对祖国的自豪感牢牢保存在这样诗意浪漫的文化手账中。

2. 实物展示。

学生现场进行汉服穿戴的展示,介绍汉服的发展和传承。

【设计意图】这一环节是情,是向往。通过课前的资料收集、手账制作以及汉服穿戴、汉服实物展示,学生的爱国情怀和民族自豪感被激发。学生对中华优秀传统文化产生浓厚的兴趣。本环节突出了这节课的活动重点,突破了难点。

**环节三:砥节砺行,"我"制作的中国式浪漫**

**活动1: 呈现故宫文创产品**

1. 导入:这是古今的融合,将文化融入生活;这也是物质与精神的契合,实用与人文的融合。

第一幅《金桂浮月》书签(如图2所示),创作灵感源于故宫博物院藏清代画家冷牧创作的绢本设色画《梧桐双兔图》。此图似为中秋佳节而作。

第二幅《清风雅送》小电扇(如图3所示),创作灵感源于故宫藏品《广绣鹤鹿同春图》,鹤灵动翩然,祥云飘逸自在,二者呼应,宛若清风吹拂。

第三幅《花映岁朝》骨瓷盘(如图4所示),创作灵感源于故宫博物院藏清代缂丝《岁朝图》,设计师提炼吉祥元素,在骨瓷盘面排布瓶花、水仙、圆柿、金翠如意等,红盘有嘉年吉庆气氛,白盘有恬淡生活风味,年年岁岁。

图2 《金桂浮月》标签　　图3 《清风雅送》小电扇　　图4 《花映岁朝》骨瓷盘

2. 分享交流并完成设计表。

如果让大家结合中华传统文化设计文创产品,你会设计什么样的产品,说说你的创作灵感。请同学们分小组完成下列文创产品设计表(如表1所示)。

表1　文创产品设计表

| 设计者姓名 | |
|---|---|
| 设计理念<br>（灵感来源、文化依据） | |
| 设计产品用途<br>（实用性、工具性） | |
| 设计产品外貌<br>（外形设计） | |
| 设计产品名称 | |

活动2：文创设计"我"可以

学生展示自己的设计，分小组说明其中所蕴含的中国传统文化理念，以及设计时是如何将人文价值和实用性相结合的。美术老师打分评选最优设计。

【设计意图】这一环节是行，是归宿。通过团队协作和头脑风暴，结合所积累的知识，设计文创产品，这调动了学生的积极性，也让中华传统文化的内涵彰显于外，激发初一学生对于弘扬和传承中华传统文化的热情，也更激发他们的创新意识。

## 五、活动延伸

1. 班级文化手账漂流活动

根据文化角展示的文化手账，班级也准备一本漂亮的手账册，以漂流的形式在班级传递，每位学生为手账增添色彩，将自己对中华传统文化中最感兴趣的部分以图文并茂的形式展现给全班同学。

2. 文创产品初步成果展示

课堂上展现的是设计的最初稿，课后在家委会的帮助下，将美术老师选出的一些优秀设计稿做成初步模型进行成果展示，可建议德育处推广至全年级进行大评比。

3. 中国式浪漫宣传要到位

根据系列活动，进行各项活动的感受分享，要求学生撰写心得体会，结合拍摄的照片，推送至学校微信公众号，影响更多的学生。

### 六、班会反思

青少年阶段是"拔节孕穗期",班主任要利用好班会课,传承和弘扬中华优秀传统文化,用创新的方式让学生自觉主动地传承发扬中华优秀传统文化,是本节课的重点,也是行动落实上的难点。

1. 以"浪漫"为切口

本节课以"浪漫"为切口,上天入地,追溯古今,让学生真切地感受到中华优秀传统文化的魅力。通过这堂课,学生感受到了现代与古典的交织。

2. 以"文化"为内核

本堂课聚焦挖掘中华优秀传统文化的魅力,在"浪漫"的外衣下,带领学生去探求这些事物的内涵。2022年2月4日北京冬奥会开幕,为本次班会课提供了特别好的素材。本节课由浅入深,一层层剥开中国式浪漫的外衣,拾级而上,让学生从历史中汲取营养和智慧,增强民族自尊心、自信心和自豪感。

3. 以"创造"为动力

最后一个环节,是设计文创产品。通过展示故宫文创产品,让学生体会"形以体神,器以载道"的魅力,让学生愉快接纳传承并受到教育。如果对学生进行填鸭式的硬塞、耳提面命式的灌输,效果往往适得其反。所以我进行了有趣的尝试,让传统文化"萌"起来、"嗨"起来,让学生们有兴趣地去了解、感受和创造!

本节课进行到设计文创产品这一环节,时间不够充分,因此后续的活动延伸不可缺少。可以借助美术老师和家长委员会的力量进一步完善学生的文创产品,这会给学生带来更多的自信和探求中华优秀传统文化的动力。

---

【作者简介】

曹斯旻,昆山市娄江实验中学语文教师,昆山市优秀班主任,苏州市五一劳动奖章获得者。曾获2019年长三角地区中小学班主任基本功大赛一等奖、苏州海外联谊会周氏德育奖励金奖励等。

# 14 "红色精神"永传承,勇担使命向前进
## ——七年级主题班会

魏 倩

## 一、背景分析

### 1. 主题解析

《新时代爱国主义教育实施纲要》指出,"培养社会主义建设者和接班人,首先要培养学生的爱国情怀"。2021年是中国共产党百年华诞。青少年是祖国的未来与希望,习近平总书记在庆祝中国共产党成立100周年大会上的讲话中指出"未来属于青年,希望寄予青年","新时代的中国青年要以实现中华民族伟大复兴为己任"。新时代要加强青少年爱国主义教育,引导青少年学习"红色精神",从中汲取智慧力量,厚植爱党爱国情怀,以更坚定的信心、昂扬的姿态,树理想抱负,迈进新征程,开创美好未来。

### 2. 学情分析

七年级是学生世界观、人生观、价值观形成的重要时期。随着生活条件的改善,家长对孩子的宠溺,部分学生安于现状、有畏难情绪,学生虽有爱国爱党热情,却对"红色精神"理解得不够深入,部分同学认为"红色精神"离他们很遥远,不清楚如何去传承践行"红色精神"。因此,传承与弘扬"红色精神",具有重要的现实意义。召开本次班会,通过丰富多彩的活动,引导学生理解"红色精神",并能传承"红色精神",明确青少年一代的责任使命,树立强国之志,成长为社会主义合格建设者和可靠接班人,为中华民族的伟大复兴贡献自己的力量。

## 二、班会目标

### 1. 认知目标

通过观看视频、分享故事、打卡"红色地标"、情景剧表演、聆听"红色家

书"、分享"红色记忆"等活动,了解"红色精神"的内涵和意义。

### 2. 情感目标

通过小组讨论、观看视频、现场连线、邀请嘉宾等活动,感悟"红色精神"在身边,"红色精神"代代传。明白青少年是传承者、接班人,增强其爱党爱国之情。

### 3. 行为目标

通过调查问卷、班级讨论、制作目标卡、共唱颂歌等活动,践行"红色精神",明确自己的责任担当,勤奋学习,为祖国奋斗。

## 三、 班会准备

1. 教师准备:(1)寻访红色之旅,参观王荷波纪念馆;(2)提前与嘉宾进行对接;(3)准备班会课用的PPT和视频。

2. 学生准备:(1)组织召开班委会布置活动,并进行小组分工;(2)准备彩色卡片、彩笔;(3)小组准备心中的红色精神楷模的故事;(4)学唱歌曲《我们是共产主义接班人》。

3. 环境准备:布置"赓续'红色精神'"主题黑板报。

## 四、 班会过程

### 环节一:导入

#### 活动1: 观看视频

播放短视频《中国共产党百年述职报告》片段,视频主要是革命战士浴血奋战、红旗飘扬等情境。

#### 活动2: 交流分享

你对视频中哪一幕印象最深刻?原因是什么?

【设计意图】通过观看视频,激发学生的情感,引出"红色精神"主题。

### 环节二:铭记历史,追寻红色记忆

红色,象征光明,凝聚力量,引领未来。今天,我们就围绕"红色精神"来开展一节班会活动。

**活动1：打卡"红色地标"**

1. 小小讲解员：博学组展示王荷波纪念馆相关资料，介绍王荷波事迹。

王荷波积极组织工人学习，在工人中传播马克思主义。1927年，王荷波不幸被捕。在狱中，他受尽酷刑，但至死没有暴露党组织，在被敌人杀害的最后一刻，依然能坚定地喊出：中国共产党万岁！世界革命万岁！

2. 讨论：此时，你有什么感受？

**活动2：追忆红色尺牍传情**

1. 明辨组表演情景剧《穿越时空的对话》。

（1）一名学生介绍冷少农以及他给儿子留下的唯一家书的写作背景：

冷少农牺牲时年仅32岁，这封信是他写给儿子的唯一一封信。这封信寄托了他对儿子无尽的爱和深切的期望。他站在"解决社会人类整个的问题"的高度教育儿子，这不同寻常的期望，是作为革命者的父爱，是超越小我、献身革命的大爱。

（2）一名学生扮演冷少农深情朗读家书。

2. 呈现盛世中国的图片（包括政治、经济、文化、民生等方面）。

3. 与其他同学分享"红色记忆"。

**活动3：班级讨论"红色精神"**

1. 导入：什么是"红色精神"？为什么传承"红色精神"？请大家小组内分享交流。

2. 小组代表发言。

3. 教师小结。

"红色精神"是指中国共产党领导中国人民在革命、建设、改革各个时期所形成的伟大革命精神。"红色精神"已经深深融入中华民族的血脉和灵魂，"红色精神"是中国共产党人的精神内核，是中华民族的精神纽带，成为鼓舞和激励中国人民不断攻坚克难、不断前进的强大精神动力。"红色精神"是我们的力量源泉，引导我们砥砺奋进，我们要传承"红色精神"！

【设计意图】引导学生通过观看视频、聆听家书、同伴交流等环节，进一步了解中华人民共和国成立前革命前辈的故事，感悟他们英勇顽强的精神，感受青年一代为国奉献的赤诚之心，感受我们今天幸福生活的来之不易。学生懂得今天的美好生活是无数革命先烈抛头颅、洒热血换来的，从而自然而然地增强爱党爱国之情,激发昂扬斗志,这为下一环节做好了铺垫。

**环节三:立足当下,丰盈"红色精神"**

**活动1:精神楷模,"红色精神"在当下**

革命年代,"红色精神"在闪耀光芒。和平年代,有人说我们"00后"的学生生活在条件优越的时代,这些"红色精神"似乎已经"过时"。你们认为"红色精神"还需要吗? 当然需要!

寻找当代的"红色精神",各小组推荐一位精神楷模。

1. 笃行组:推荐聂海胜。

(1)讲述:学生手拿火箭模型,讲述聂海胜沉着冷静处置险情,想尽一切办法挽救飞机的故事。

57岁的聂海胜一生逐梦苍穹,追梦路上,他一步一个脚印,坚定前行。执行"神舟十二号"任务的他,成为我国飞向太空的最年长航天员,再次刷新自己的飞行纪录。截至北京时间2021年9月6日,聂海胜成为首位在轨100天的中国航天员! 热爱祖国、为国争光的坚定信念,勇于登攀、勇于创新的进取精神深深感染着我们。这种"特别能吃苦、特别能战斗、特别能攻关、特别能奉献"的载人航天精神是"红色精神"的传承。

(2)思考:在当代还有哪些精神丰富了"红色精神"的内涵?

抗洪精神、抗震救灾精神、抗疫精神、脱贫攻坚精神等,这些精神丰富了"红色精神"的内涵,从革命年代到盛世中国,前辈们的"红色精神"代代传承。

2. 卓越组:推荐黄大年。

展示黄大年名片卡,介绍这位不忘初心、至诚报国的著名战略科学家的感人事迹。他教书育人、甘于奉献、淡泊名利,一心报效祖国,值得我们学习。

黄大年被称为"科研疯子""拼命黄郎",无私忘我工作到生命的最后一刻,他倚在床上、打着点滴,为学生们答疑。黄大年一心报国,在毕业纪念册上留言"振兴中华,乃我辈之责"。

3. 教师小结。

这些精神楷模爱党爱国、顽强拼搏、勇往直前,用勤劳和智慧、坚定与执着,写下了令世人惊叹的"中国故事"。我们青少年要从精神楷模身上吸收精神养分,滋养初心、淬炼灵魂,为我所用,真正成长为国之栋梁。

### 活动2：现场再现，"红色精神"在身边

1. 小组分享：我们身边有没有人也在传承"红色精神"呢？请小组分享，说一说你所了解到的身边的"红色精神"传承人。

现场连线家长（视频）：请家长们谈一谈他们对"红色精神"的理解。

小组分享：普通人（清洁工、保安、垃圾分类员、工人等等）传承"红色精神"。

2. 全班讨论：听了这些，此时你有没有更深刻的感受？

3. 教师小结。

在平凡岗位上兢兢业业做好本职工作也是在践行"红色精神"，也是在承担自己的使命。人人都可以传承"红色精神"，"红色精神"代代传。

### 活动3：激发情感，"红色精神"创辉煌

1. 播放视频《新时代的成果》。

2. 学生谈观后感。

3. 教师小结。

新时代，"红色精神"与时俱进，仍然散发着耀眼的光辉，国家的富强昌盛、各行各业的蓬勃发展离不开人民的坚定信仰、不懈奋斗、执着追求、忘我奉献、勇担责任……这些都是发扬"红色精神"的表现。我们的父母、亲人、老师，他们坚守自己工作岗位，兢兢业业做好自己的本职工作，无私地奉献奋斗，这也是传承"红色精神"、担当使命责任的表现。

【设计意图】本环节从革命战争年代到当代，让学生能够从身边发现"红色精神"，让学生深切体会到，青年一代有担当，"红色精神"在当下，"红色精神"在身边，"红色精神"代代传。

## 环节四：畅想未来，勇担责任使命

### 活动1：呈现调查，解决困惑

2021年是建党100周年，也是两个百年奋斗目标历史交汇的关键节点，在党的领导下，我们实现了第一个百年奋斗目标，今后呢？守护我们美好的祖国、建设我们可爱家园，实现第二个百年奋斗目标的重任将落在谁身上？（我们青少年一代）

1. 出示习近平总书记的寄语。

新时代的中国青年要以实现中华民族伟大复兴为己任，增强做中国人的

志气、骨气、底气,不负时代,不负韶华,不负党和人民的殷切期望!

——习近平总书记 2021 年 7 月 1 日在庆祝中国共产党成立 100 周年大会上的讲话

2. 出示前期班级"践行'红色精神'"调查问卷上学生的几个典型困惑。

(1)我要写作业,没有时间去了解"红色精神"。

(2)我想去做公益,但爸爸妈妈让我在家学习。

(3)我去社区宣传"红色精神",但社区工作者不热情。

班级同学集思广益,帮助解决这些困惑。

3. 分小组讨论:我们应该如何去践行"红色精神"?(小组派代表发言)。

4. 教师小结。

我们应该传承"红色精神",勇担责任使命。作为一名普通的中学生,要坚定理想信念,学好知识,磨炼意志,从身边的小事做起,对自己负责,对他人负责,对社会负责。我们在小事、细节中都可以践行并传承"红色精神"。

**活动 2:确定目标,勇担责任**

1. 学生制作目标卡片并贴在"星"愿墙上。(完成第一个目标,即可以到教师这里换第二种颜色的目标卡片,继续制定其他责任目标并贴在墙上,依此类推。)

2. 班级将按期进行评比反馈,激励大家奋进。

**活动 3:共唱赞歌,激情澎湃**

师生齐唱《我们是共产主义接班人》。

【设计意图】此环节,通过呈现本班学生在"传承'红色精神'、承担责任使命"上的困惑,引导学生从知到行,不忘初心、牢记使命,践行"红色精神",落实在点点滴滴。以写卡片的形式,激发学生的奋斗情怀,传承"红色精神",明确自己的责任使命,将"小我"与国家紧密联系在一起,树立自己的目标抱负。最后,齐唱赞歌将班会推向高潮,学生爱党爱国之情喷薄而出。

**教师总结**

同学们!惟其艰难,方显勇毅;惟其磨砺,始得玉成。青春是用来奋斗的,奋斗是青春最亮丽的底色。习近平总书记在庆祝中国共产党成立 100 周年大会上的讲话中指出:"未来属于青年,希望寄予青年。一百年前,一群新青年高举马克思主义思想火炬,在风雨如晦的中国苦苦探寻民族复兴的前途。一百年来,在中国共产党的旗帜下,一代代中国青年把青春奋斗融入党和人民事业,成为实现中华民族伟大复兴的先锋力量。新时代的中国青年要以实现中华民族伟大复兴为己任,增强做中国人的志气、骨气、底气,不负时代,不负韶华,不负党和人民的殷切期望!"通过本节班会课的学习,相信大家定能赓续"红色精神",勇担责任使命,为实现中华民族伟大复兴而努力奋斗!

## 五、活动延伸

1. 制作行为目标计划书,评选出最佳计划书。
2. 组织"传承'红色精神',勇担责任使命"宣讲活动,分小组进行讨论策划,全班共同制订宣讲策划方案,包括宣讲内容、在哪里宣讲、怎样宣讲,并在课后进行落实。

## 六、班会反思

"人生的扣子从一开始就要扣好。"青少年是祖国的未来与希望,青少年要传承"红色精神",从中汲取智慧力量,厚植爱党爱国情怀,开创美好未来。

本次班会按照知、情、意、行的步骤循序渐进地进行,将"红色精神"与青年的奋斗拼搏紧密联系,引导学生明确自己肩负的责任,从小事做起,从身边做起,将小我与国家相联系,树立远大理想,立报国之志。活动前,我先摸底了解学生对"红色精神"的认识,对他们在学习、生活等方面存在的问题进行梳理,并联系"担当奋斗"主题,确立班会教育的侧重点。通过寻找红色记忆、分享红色故事、观看视频、唱响赞歌、确立目标等活动环节,激发学生爱国爱党的热情,激发学生为国奋斗的志向。班会过程中,注意倾听,恰当引导,才能更好地实施教育。通过本次活动,学生能坚定理想与信念,赓续"红色精神",将个人理想与国家命运结合起来,勇担责任使命,为实现中华民族伟大复兴贡献自己的力量。

【作者简介】

魏倩,南京市浦口区第三中学教师,浦口区语文学科带头人,南京市德育优秀青年教师,南京市和江苏省中小学班主任基本功大赛一等奖获得者。

# 15 与国共成长,立志正当时
## ——八年级主题班会

赵思曦

## 一、背景分析

### 1. 主题解析

实现民族复兴是中国人民百年来的伟大梦想。根据《新时代爱国主义教育实施纲要》的要求,要引导学生从感性到理性、从自在到自为,凝聚奋进新时代、实现民族复兴的磅礴伟力。"青年有理想,国家有前途",青年立志,才能为国家发展提供源源不竭的动力。在新时代的发展背景下,中国面临新的机遇与挑战;国际形势瞬息万变,各种各样的信息充斥着我们的生活。青少年作为祖国的未来一代,应当树立正确的理想信念,了解祖国发展的艰辛历程,理解认同国家大政方针,将自身学习和职业生涯规划与祖国发展相结合,理解变化发展的外部世界环境,采取积极有效的应对策略。

### 2. 学情分析

初中阶段的学生正处于世界观、人生观、价值观形成的关键时期,加强这一阶段学生的理想信念教育和爱国主义教育尤为重要。八年级学生正处于形象思维向抽象思维过渡发展的阶段,对未来社会的发展有感性的憧憬和梦想,对个人的发展也有美好的愿望,这是学生学习的起点,也是开展这次班会课的目的。

## 二、班会目标

### 1. 认知目标

通过回顾新中国史、改革开放史等"四史"内容,了解中华民族复兴百年征程;通过感知现在的幸福生活,明确立志目标;通过展望祖国发展长远目标,认识志向的重要作用。

### 2. 情感目标

通过了解国家发展中的人和事,理解自己与国家的关系,形成对国家大政方针的认同。

### 3. 行为目标

通过亲身参与,情景模拟,培养实践能力和责任担当,做合格公民。将生涯规划和祖国发展结合起来,积极践行,做好每件小事。

## 三、班会准备

1. 教师准备:(1)对中国发展的历史脉络进行简单梳理;(2)对学生暑期实践作业完成情况进行初步调研;(3)剪辑相关视频;(4)设计制作"立志卡";(5)课前进行小组分工。

2. 学生准备:(1)完成暑期实践作业,和父母一起观看影片《觉醒年代》《1921》;(2)了解一位中国发展过程中"立志者"的故事;(3)回顾历史课本中新中国史、改革开放史的相关内容;(4)关注近期国内国际新闻;(5)简单介绍个人理想。

## 四、班会过程

1. 导入:(展示2021年东京奥运会奖牌图片)大家暑假一定关注了东京奥运会,还记得我们中国获得了多少枚奖牌吗?

(学生回答:38枚金牌,88枚奖牌)

2. 分享:奥运会的颁奖典礼上,每当国歌响起,每个中国人心中都无比自豪。我们每天看着金牌榜上中国数字的变化,深切感受到每一块金牌背后的分量,这是国家实力的象征。

3. 呈现材料。1908年,《天津青年》杂志提出三个问题:中国,什么时候能够派运动员去参加奥运会?我们的运动员什么时候能够拿到一枚奥运金牌?中国什么时候能举办一届奥运会?(如图1所示)

大家想想,我们用了多久做到了三个问题中提到的事情?(学生回答)

4. 拓展:《一个人的奥林匹克》讲述的是 1932 年的上海码头,人声鼎沸,欢呼的人群簇拥着中国参加第十届奥林匹克运动会的体育代表,登上前往美利坚合众国的威尔逊总统号邮轮。这是中国人第一次站在世界奥林匹克的舞台上,而肩负这一历史使命的只有一名运动员,他就是刘长春——当时已刷新亚洲多项短跑纪录的中国短跑名将。

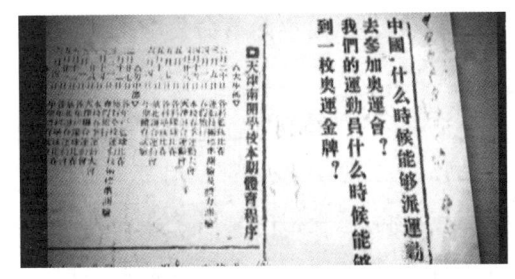

图 1 《天津青年》杂志提出的三个问题

5. 教师小结。

回看中国的奥运征程,几多不易,几多艰辛,中国,这个东方古国经历了重生、蜕变、成长,一路走到现在。作为新时代的中国人,我们理应走近它,探索它,与它一同成长,这节课就让我们与国共成长,立志正当时。

【设计意图】通过奥运时事进行导入,透视国家发展的历程,明确本节班会所讨论的主题。通过对史料的介绍和解读,引出本节课的讨论线索:从过去到现在,从现在到未来。

### 环节一:历史孕初心,立爱国志

引言:"朋友!中国是生育我们的母亲。你们觉得这位母亲可爱吗?我想你们是和我一样的见解,都觉得这位母亲是蛮可爱蛮可爱的。"——方志敏《可爱的中国》

活动 1:回顾历史,寻找爱国初心

1. 教师导入:回忆一下本学期历史课本中所学的知识,以及暑期大家和父母一起观看的影片《觉醒年代》《1921》,谈谈你感受到的救国先烈们的初心与志向。

2. 学生分享。

3. 教师小结。

从同学们的表述中,可以看出中国在经济、政治、文化等各方面都曾经是世界强国,但落后就要挨打,在 19 世纪到 20 世纪中的很长一段时间,我们被欺负被打压,被迫与西方列强签订丧权辱国的不平等条约。现在,我们的国家重新站起来,离不开革命先驱们的苦苦求索,离不开他们的一腔爱国之志与奉献之心。

**活动2:观看视频,感受先辈之志**

1. 播放视频《我们都是追梦人》,让学生用历史长卷的形式感受复兴路上的点点滴滴,感受祖国复兴之路的艰难不易,感受诸多仁人志士在复兴之路上苦苦求索,才取得了今天的成绩。

2. 分享交流:看完视频,你觉得他们的远大志向是什么?(学生讨论并分享交流观点。)

3. 教师小结。

因为对这个国家和民族爱得深沉,才会有那么多仁人志士前赴后继,用他们的初心照亮未来。作为中国人,我们爱这个古老的国家,我们的志向也会因爱国心而变得了不起。

【设计意图】依托史实,学生感受中国民族复兴的不易。活动1调动了学生的已有学习认知,所用的知识大多来自历史课堂,需要学生有迁移和表达能力;活动2采用视频和图片形式,生动呈现和梳理了先辈们的救国历程,帮助学生从榜样身上感受爱国之心的磅礴之力。

**环节二:从古走到今,立报国志**

引言:"并世列强,虽新而不古,希腊罗马,有古而无今,唯我国家,亘古亘今,亦新亦旧。"——冯友兰《西南联合大学纪念碑》

**活动1:数字点击,找寻发展足迹**

1. 在祖国的发展历程中,一个个数字背后是先辈们走过的坎坷历程。

提示:(1)屏幕上会出现一串数字;(2)每个数字都和国家发展的某个方面存在联系;(3)小组竞猜,答对的小组有相应的奖励。

预设:

数字"100"——建党一百年、两个"一百年"复兴目标……

数字"12"——"神舟十二号"航天飞船返回舱、"一国两制"基本国策……

数字"11"——淘宝"双十一"购物节、"一带一路"……

数字"5"——5G技术发展、联合国五大常任理事国、五大战区、"十四五"规划……

2. 教师小结。

在这个游戏中,不知不觉地发现,原来我们无形之中已经享受了那么多国家发展的成就硕果,我们的国家咬紧牙关,勉力前行,在经济、政治、文化、制度等各方面取得长足发展。作为青年一代,生逢盛世,我们没有过过一天缺衣少食的日子。青年立志,应怀感恩心,立报国志。

**活动2:父辈故事,体悟报国使命**

1. 热点延伸:"轻舟虽晚,终回家国"。在党和人民的亲切关怀和坚定支持下,孟晚舟在结束被加拿大方面近三年的非法拘押后,乘坐中国政府包机顺利回到祖国。

2. 从华为被技术"卡脖子"到孟晚舟回国,请学生思考以下两个问题。

问题一:祖国发展到今天,还有哪些领域亟待突破?

问题二:祖国是中国公民的坚强后盾,那么中国公民又是祖国的什么呢?

3. 教师小结。

我想每个人心中都有关于这两个问题的答案。在看到发展成就的同时,不可回避的是祖国的发展进入了深水区,一些关键领域需要接力者继续突破,这既是自我实现的过程,也是实现报效祖国的宏图之志的时机。

4. 聆听父辈的故事:走进他们的世界,说说他们的奋斗故事。

分享一:工作中的"小气鬼"——爸爸的科研故事。

分享二:我的爸爸和妈妈——我对父母工作的新理解。

分享三:与"骨头"打交道的爸爸——前沿科技的新发展。

5. 想想自己作为中学生,该如何奋斗?

6. 教师小结。

祖国的发展离不开每一个中国人的聚力奋斗,离不开每一种角色的人在岗位上一步一个脚印去创造成绩。我想,作为中学生,我们要清楚自己的使命与责任,感恩今天的美好生活,迎接未来更大的挑战。

【设计意图】这一环节侧重于在祖国概念下进行具象认识和辩证思考。首先,通过游戏形式,让学生作为课堂主体探索祖国发展的系列成就;其次,以"孟晚舟事件"为引子,带领学生辩证思考成就之外的发展挑战,以及个人成长和国家发展之间的关系;最后,通过父辈故事的讲述,让学生了解到中国人正在努力突破发展难题,青少年应当接过接力棒,树立报国之志。

**环节三：未来我同行，立强国志**

引言："当代中国青年是与新时代同向同行、共同前进的一代，生逢盛世，肩负重任。"——习近平在清华大学考察时的讲话

**活动1：说说他们，听听别人14岁的故事**

1. 别人的14岁。

周恩来14岁耳闻目睹中国人在外国租界，受洋人欺凌却无处说理，周围的人都敢怒不敢言，从中深刻体会到伯父说的"中华不振"的含义，从而立志"为中华之崛起而读书"。

华罗庚14岁那年就辍学回家帮助父亲看店，不过，他的心里一直没有放弃对于算术的热爱，工作之余都在自学。华罗庚用了5年的时间，自学完了直到大学的课程。

全红婵14岁在奥运赛场三跳满分，上演"水花消失术"，一举夺得金牌。

2. 分享、交流。14岁是个美好的年纪。他们在14岁时，有的已经为日后的职业发展确定了方向，有的甚至已经付出了诸多努力……想一想，我们该如何度过有意义的14岁，又该如何树立远大的理想呢？

**活动2：想想我们，描绘志向蓝图**

1. 教师导入：在中国复兴道路轴状图（如图2所示）上的不同时间节点，计算出自己的年龄，并描述那时自己的目标。

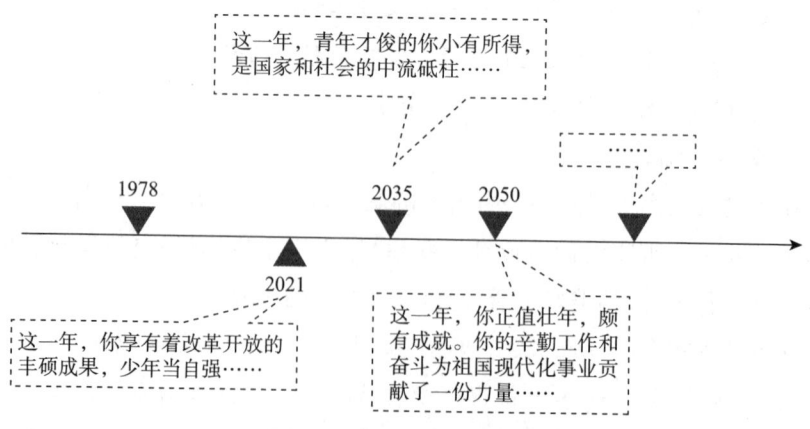

图2 中国复兴道路轴状图

提示：(1) 认真观察中国复兴道路轴状图上的未来时间节点，计算自己的

年龄;(2)结合国家复兴征程的具体时间点,畅想未来,写下自己的阶段性目标;(3)请将你要为实现这一目标做出的努力也写在旁边。

2. 点拨提升:将个人的人生发展目标与祖国的发展相结合,光荣又神圣。每个人都有自己的使命与担当;因此,请将你要为实现这一目标做出的努力也写在旁边。

3. 学生分享并交流各自的成果。

4. 教师小结。

2050年,老师已经退休了。我将在你们这代人的奋斗成果中安享晚年生活,而你们这代人也将和祖国共同成长,祖国会因为你们的努力而屹立于世界强国之列,也祝愿大家铭记今日的初心,未来都能梦想成真!

【设计意图】这一环节的设计将祖国发展和个体志向发展紧密结合起来,实现课堂教育落实到行动的最终目的。通过课堂上的构想,让学生明确个人在不同年龄段是可以将学业成长、职业规划与祖国的强国命运结合起来的。

## 五、活动延伸

1. 找寻立志榜样,聆听奋斗初心

寻找一位学生身边的立志偶像,采访他的奋斗故事,和他分享自己绘制的志向蓝图,交流心得。

2. 细化目标计划,制定生涯规划

通过21天习惯养成法,跟踪学生的目标实现情况。21天后通过班会课进行交流和分享。分享计划实现过程中的成功经验和遇到的阻力,为下一步奋斗制订更加细化和可行的方案。与父母共同商议,制订符合个性发展和梦想蓝图的生涯规划方案。

## 六、班会反思

这节班会课从设计、逻辑上看,按由远及近、由大到小的逻辑梯度推进。从素材上看,兼顾国家社会的时事素材和学生真实生活图景中的问题解决,最终落脚于学生生活实际;从活动组织上看,通过视频、画面、故事等多种形式调动学生的视觉、听觉、知觉等多维度感官积极性；从具体实施上来看，在课堂的导入环节，学生回应较好，和预设基本相符，因为导入素材具有较强的时效性且辐射面较广，学生有话可说，因而导入部分成功切入，点明了课堂主题。

在第一个环节的活动推进过程中，以学生暑期社会实践的经验，在家观看影视作品等作为切入口，调动其已有生活经验，使课堂形成了一个自如的"学习场"，学生的答案互为补充，现身说法，灵动而深刻。

在第二个环节活动推进中，第一个活动是教师呈现，学生参与，第二个活动是学生呈现与表达，这体现了教学的主体性和主导性兼顾。在游戏体验和故事讲述中，学生浸润其中，很多道理不言自明，这比枯燥单调的数字文字，或是教师"一言堂"的说教来得有意义、有价值。

在第三个环节活动推进中，通过对他人14岁经历的了解，投射自身14岁的规划，实现一种由远及近的过渡，将本节课的习得由"点"的感受，升华成"面"的规划。通过绘制志向蓝图的活动，学生直观感受个人发展与国家发展的脉络紧密相连。在这个环节中学生呈现了很多有趣生动的答案，真实动人。

作为八年级的学生，他们对未来充满了美好的想象，但对于社会的认识还比较浅，一节有关国家前途命运和个人奋斗使命的班会课，一方面能点燃他们的爱国情，另一方面能帮助他们树立爱国志向，最重要的是坚定走好爱国路。

【作者简介】
赵思曦，南京外国语学校政治教师，校德育优秀青年教师，南京市和江苏省中小学班主任基本功大赛一等奖获得者。

# 16　自信的中国，自信的我
## ——八年级主题班会

季晓梅

## 一、背景分析

### 1. 主题解析

众所周知，民族的进步与国家的崛起，离不开自信的精神品质。有了自信，才能"千磨万击还坚劲，任尔东西南北风"，才能百折不挠，勇往直前。习近平总书记强调："坚持不忘初心、继续前进，就要坚持中国特色社会主义道路自信、理论自信、制度自信、文化自信，坚持党的基本路线不动摇，不断把中国特色社会主义伟大事业推向前进。"自信是民族发展的根基，引导青少年坚定服从党的领导，坚定奋斗担当，将对祖国的热爱，对民族的认同，融入强国有我的情怀之中，将对未来的展望，对美好生活的向往融入奋进有为的强国之行之中，是当下德育课程的主旋律。

### 2. 学情分析

八年级是青少年生理和心理成长的关键时期，也是他们人生观、价值观、世界观形成的重要时期。新时代的中学生，从小接受社会主义核心价值观的教育，热爱祖国，有较强的民族自豪感；同时他们思维活跃，有着追求新鲜事物的冲劲，但是对事物辩证认识的能力仍有待提高。西方文化的渗入，对他们的思想有一定的影响，部分学生出现盲目崇外的现象，缺乏坚定的信念支撑和远大的理想信念。基于此，开展国家民族自信教育，落实个人自信品质教育势在必行。本次班会课将国家自信与个人自信自强紧密结合在一起，引导学生将"生逢盛世，吾辈当自信自强"的意识根植于心。

## 二、班会目标

### 1. 认知目标

通过回望历史、对比古今等活动,引导学生意识到中华民族崛起的不易,意识到自强是国家自信的根本,增强民族认同感。

### 2. 情感目标

通过欣赏课本剧《邓稼先》等活动,引导学生更好地去体会国家自信与个人自信的密切关系,增强使命感,同时感悟自信带来的中国力量。

### 3. 行为目标

通过思辨、自省,引发学生内心深处的共鸣,激励学生剖析自我、激励自我、完善自我,从而变得更自信强大,树立建设更强中国的决心。

## 三、班会准备

1. 教师准备:(1)制作教学需要的视频及 PPT;(2)设计制作课堂所需要的信息表;(3)辅导学生排练课本剧等。

2. 学生准备:(1)课前排练课本剧《邓稼先》等;(2)以小组为单位,搜集行业先锋的故事。

## 四、班会过程

**环节一:品大国之自信**

**活动 1:领略大国风范**

1. 播放中国形象宣传片《China》。

2. 说一说:根据视频内容,请用一个词形容中国。

预设:美丽富饶、日新月异、国泰民安、高速发展……

3. 追问:能否再用一个词表达你此刻的心情?

预设:开心、骄傲、自豪、无比自信……

4. 教师小结。

我们骄傲,我们自信,因为我们是中国人。近年来,我们完成了一项项超级工程的建设，它们是强盛国力的符号；我们开启了精准扶贫、乡村教师等的一个个专项计划，它们极大地改善了民生；我们努力保护青山绿水，绘就天地大美的生态画卷。这些都体现了中国气质、中国自信。今天，我们就一起来讨论"中国自信"这个话题。（呈现课题：自信的中国，自信的我）

**活动 2：寻找自信瞬间**

1. 情景导入：在中国共产党的领导下，在一代又一代中国人的努力下，中国人民真正站在了世界前端！新时代的中国，孕育了自信的中国人。

2. 小组讨论交流：在你的脑海里，有哪些最能展现国人自信的瞬间或者是镜头呢？

预设 1：2023 年 9 月，英国伦敦大学学院的毕业典礼上，一名中国女生身着汉服，自信优雅地走上典礼的红毯，成为全场的焦点，她想通过自己的行动，让西方人了解到中国的传统美学和服饰文化。她举手投足间落落大方、得体从容，展现了中国人的自信。

预设 2："一带一路"标志性项目雅万高铁正式通车时，雅万高铁承包商联合体指挥长辛学忠骄傲地介绍说："雅万高铁采用的全部是中国最先进和成熟的技术。"雅万高铁让世界感受到中国智慧和中国速度。驰骋的高铁展现的就是我们中国人骨子里的自信。

3. 追问：说得真好，那你能展望一下中国高铁的未来吗？

预设 3：在 2021 年的中美高层战略对话中，美方作为东道国，未奉行待客之道、不遵守外交礼仪在先。中方正面回击："美国没有资格居高临下同中国说话，中国人不吃这一套。""美国的这个老毛病要改一改了！"这番表态字字铿锵、掷地有声。我想这就是最能体现中国自信的瞬间。

4. 教师小结。

听完同学们的分享，老师的眼前仿佛也闪过那一幕幕场景、一个个瞬间，太空"出差三人组"从"天宫一号"给全国人民带来新春祝福，"中国天眼"向全世界的天文学家发出邀请，接受他们的观测申请。作为中国人，我们感到由衷的骄傲和自豪。

**活动 3：感受崛起的力量**

1. 导入：近代，我们中国人也曾被西方列强肆意欺辱，中国也曾有过"任人宰割"的惨痛历史。请看两组图片（如图 1、图 2 所示），对比并思考。

图1:百年前,清政府签订不平等条约《马关条约》。

图2:今天,中国外交天团拒绝无理要求。

图1 百年前 　　　　　　　　图2 今天

2. 思考:中国为什么变得有底气了?

预设:国家富裕了,民族崛起了。

3. 教师小结。

百年风雨,百年沧桑,中国从一个人人都能欺负的赢弱之国,变成了一个在国际事务中有话语权的国家,一个有底气与强权抗衡的大国、强国。只有祖国强大了,每一个中国人才能更加自信、更加自豪。

【设计意图】感性认识是认识过程的起点,也是不可缺少的过程。通过大气磅礴的视频画面展示以及鲜活瞬间的重现,学生感悟到国家的强大及大国自信的力量,由此激发学生的民族自豪感,也为后续活动的开展做好铺垫。

### 环节二:寻自信之根源

#### 活动1:听自信的声音

1. 情景导入:中国在短短的70年间,改变了在国际舞台上的地位,国家富裕强大起来,人民安居乐业。我们一起来听听这两个声音。

画外音1:中国人民从此站起来了!

画外音2:70年来,全国各族人民同心同德、艰苦奋斗,取得了令世界刮目相看的伟大成就。今天,社会主义中国巍然屹立在世界东方,没有任何力量能够撼动我们伟大祖国的地位,没有任何力量能够阻挡中国人民和中华民族的前进步伐。

2. 讨论:这两个声音分别来自谁?你能谈谈当时的背景吗?

预设1:1949年,中华人民共和国成立,革命领袖毛泽东站在天安门城楼上对世界宣告:中国人民从此站起来了!当时的中国,经受了战火的考验和苦难的磨砺,屹然挺立在世界东方,毛主席的那一声呐喊,给了中国人建设新中国的勇气和信心。

预设2:2019年,习近平总书记在庆祝中华人民共和国成立70周年大会上谈道:没有任何力量能够阻挡中国人民和中华民族前进的步伐。那一刻,作为中国人,我感到无比骄傲和自豪,我们也坚信中国的未来会更加美好。

3. 交流:虽然不在同一个时代,从他们的声音中,你听出了这两位领导人身上有什么样共同的特质?

预设:对国家前途的自信,对社会主义道路的坚定。

4. 教师小结。

70年的变迁,同一个地点,同样的宣告,民族的自信从哪里来?首先来自中国共产党的正确领导,党的自信和豪迈给了14亿人民勇气和斗志。(板书:自信的中国,源于党的正确领导)

**活动2:读先锋的故事**

1. 引导思考:中国的发展不是一蹴而就的,在党的领导下,中国已经在很多领域中跻身世界前列,国家的发展除了离不开正确的路线,还离不开什么呢?

2. 根据课前搜集的信息,每组以不同的形式呈现某一领域行业先锋的故事。

预设1:表演课本剧《邓稼先》。

预设2:现场沙画表演《摘星星的科学家》。

预设3:配乐诗朗诵《禾下乘凉梦,一稻一人生》。

3. 分享、交流。

(1) 国家的飞速发展还离不开那些拼搏奋进、乐于奉献的行业先锋。我们的国家发生了翻天覆地的变化,实现了"可上九天揽月,可下五洋捉鳖",中国人站起来了。邓稼先、袁隆平、钟南山这一批又一批的时代精英,努力建设让世界刮目相看的中国。(板书:自信的中国,源于行业先驱的引领)但是,仅依赖行业先锋就能实现国家富强吗?

预设:不能。国家富强,依赖于每一位努力奋斗的中国人。

(2) 我们身边有很多普通人,没有光辉伟大的事迹,没有让人惊叹的高光时刻,但是他们同样很重要。

预设1:新冠疫情暴发期间,奋战在一线,为我们保驾护航的医护人员。

预设 2：无论是在烈日下还是寒风中，总能坚守岗位，保证人们出行安全的交警叔叔。

预设 3：几乎全年无休的快递小哥，他们也很了不起。他们每天奔波在路上，有了他们，我们的生活更加方便、快捷、舒适。

（板书：自信的中国，源于 14 亿人的共同奋斗）

### 活动 3：悟自信之本源

1. 情景导入：自信的中国，离不开自信的中国人。无论是改变时代的科学家还是我们身边的普通人，都可以是了不起的自信的中国人。

2. 小组讨论：你们能找到自信的中国人的共同特征吗？

预设：坚持梦想不放弃、拼搏努力敢创新、敢为人先勇担当、乐于奉献能合作……

3. 各组将关键词写在白色磁条上，然后贴在黑板上。

4. 教师小结。

国家自信则国人自信，国人自信则国家更自信！

【设计意图】国之自信值得每一位中国人骄傲。作为新时代的青少年更应该明晰这一切来之不易，明晰中国的自信来自党的正确领导，来自行业先锋的努力奉献，来自每一位中国人的自信。如此，从而顺利过渡至第三环节。

## 环节三：成就自信的我

### 活动 1：展望中寻找方向

1. 我们"00 后"是幸运的一代，也应该是"敢教日月换新天"的一代，更应该是能担大任的一代。20 年后，我们一定会成为国之栋梁，成为更加自信的一代。我们该怎么做呢？

预设 1：让自己变得更强大、更优秀。

预设 2：不断学习，完善自己。

2. 讨论、交流：首先我们都应该正确认识自己，不狂妄自大，也不妄自菲薄。不断完善自己，然后才能变得强大自信。20 年后，自信的你应该是什么模样呢？我们又该如何努力呢？

请填写表格"20 年后的自己"（如表 1 所示），说说 20 年后你要成为什么样的人。

表1　20年后的自己

| 20年后自信的我 | 努力的方向 |
| --- | --- |
|  |  |

预设1：20年后,我想成为像妈妈一样的人民教师,自信地站在讲台上,讲述悠悠历史,讲述普通人的故事,培育下一代年轻人。所以,我现在要苦读书,写好汉字,练好口头表达能力。

预设2：我想自己开一个药膳馆,将中国传统中草药融入美食,让人们吃得更健康,生活得更加有品质。我觉得那样的我是自信的,因为我也在为社会做贡献。我现在做事要更细致,要有耐心,改掉毛躁的习惯。

预设3：我想成为一名通信工程师,投身技术研究,说不定将来还会有6G、7G时代。我觉得自己现在最大的问题就是,不够坚持,搞科研,要坐得住冷板凳,我想我需要沉下心来做事情,不能太浮躁。

3. 教师小结。

自信的中国需要自信的我们。反思自省而后完善自己,才能更强大、更自信。

**活动2：激励中坚定信仰**

1. 播放复旦大学张维为教授的演讲《中国人你要自信》视频片段。

2. 学生齐读:"中国是一个文明型的国家,这个国家的崛起,它的深度、广度、厚度、强度、力度,它所能够提供的机遇,整个人类历史上都没有见到过。中国人你要自信。中国的年轻人更要自信,只要你努力奋斗,一定能够梦想成真!"

【设计意图】实现德育的"落地",是班会课的归旨。将自信的要素与学生个体紧密结合,能鼓励每一位学生坚定信仰,在自我剖析中完善自己,激发学生的生长力,真正实现"中国自信,有我"的目标。

## 五、活动延伸

### 1. 开展书画评比活动

鼓励学生从各个角度观察生活,描绘"我眼里的自信中国",开展手抄报、宣传画等设计比赛,选择优秀作品展示在学校专栏。

### 2. 撰写个人计划

围绕"少年自信则国自信",学生立足当下,写好个人年度规划,具体细化完善自我的行动路径。邀请家长组成助力团,协同做好激励工作。

## 六、班会反思

本节班会课主题较为宏大,通常这样的主题易让学生产生一定的距离感,易让学生在课堂上成为"听客"和"看客"。因此,本节课通过多种途径增强学生的感悟,多种体验走进现实生活,旨在让学生抬头看路的同时,不忘低头奋进,引导学生立大志,做好小事。

### 1. 从大国到"小我",明确目标

本节课的"自信"并非局限于传统意义上的"自己相信自己",这里的"自信"更为宽泛,更强调国家认同感和民族自豪感。从"大我"到"小我",为学生铺好台阶,顺势而下,引导学生认识到国家自信的来源,以及树立"中国自信,有我"的理念,摒弃"躺平"心理,目标指向明确,让班会课真正有指向。

### 2. 从感性到理性,激发内驱

唤醒并激发内驱力,是教育永恒的追求和目标。从感性的视频、音频的演绎等过渡至生生之间的思想碰撞,从故事分享到自我反思,不断激发学生理性思考"何为自信"及"如何自信",真正让学生成为班会课的主导,在对比、反思中激发内驱力。

### 3. 从畅想到行动,落地生根

班会课的魅力在于有效生成。课堂活动不是高高在上的空中楼阁,必须扎到学生的心里去。本课设计"展望中寻找方向",让生成更有抓手,让学生更加明确方向,将课堂生成延伸至课外,延伸至日常生活,将"做好自信中国人"的理念根植于心。

---

【作者简介】

李晓梅,南通市通州区金郊初级中学教师,南通市首批德育工作带头人,南通市德育名师工作室领衔人,被评为南通市"优秀班主任"、南通市"五一创新能手"。曾获江苏省中小学班主任基本功大赛一等奖、长三角地区中小学班主任基本功大赛二等奖。

▪专家点评▪

# 树人：主题班会的核心价值与追寻
## ——初中篇主题班会设计方案点评

张俊平

教师不能只做传授书本知识的教书匠，而要成为塑造学生品格、品行、品味的"大先生"。对于中小学校教师来说，同样也必须把"做大先生""塑造学生品格、品行、品味"作为自己在新时代的新追求。在学校教育教学生活中，班级是最基层也是最基本的组织，作为这个组织的"领衔主演"，班主任不仅要努力做教书育人的"大先生"，更要做带班育人的"大先生"。班主任实现自己这个特殊角色的使命有许多载体，主题班会就是其中最常用也是最主要的一种，设计与实施的好坏，直接关系并决定着教书育人和带班育人使命的完成与否。

显然，德育专家黄正平先生主编的这本《主题班会》，正是将此作为核心靶向。书中16篇初中学段的主题班会设计方案，由近年来江苏省中小学班主任基本功大赛一等奖获得者并代表江苏省参加长三角地区中小学班主任基本功大赛的16位初中班主任撰稿。深入研读这16位初中班主任设计的主题班会方案，不难发现在以下几个方面都表现得非同一般。

第一，站位高。所谓"站位"，是指政治立意和价值追求。16位初中班主任设计的这16个主题班会方案，无一例外都表现出极高的政治立意和价值追求：树人，树真正、完整和健全的人。教书育人和带班育人是班主任这个角色的核心使命，其应当也必然体现在作为班主任设计的主题班会方案里。在这16篇主题班会设计方案中，"树人"的政治立意和价值追求聚焦在三个点上：一是聚焦党的新时期教育方针，培养德、智、体、美、劳全面发展的社会主义建设者和接班人；二是聚焦社会主义核心价值观，在国家层面致力培养"富强、民主、文明、和谐"精神，在社会层面致力培养"自由、平等、公正、法治"精神，在个人层面致力培养"爱国、敬业、诚信、友善"精神；三是聚焦习近平总书记对思政课教师提出的新要求,着力塑造初中学生的品格、品行和品位。16篇初中主题班会设计方案的这种站位,体现了作为设计者的初中班主任的政治自觉。也正是因为有了这种政治自觉,通过他们设计的主题班会方案,才可能实现班主任教书育人和带班育人的角色使命。

第二,多元化。所谓"多元",是指选题与内容丰富多样。从某种意义上说,主题班会也是一门课程,对初中学生的成长具有不可替代的作用。这16篇主题班会方案,在选题方向与内容上,有的指向理想信念(如金晶的《筑梦前行,共赴未来》),有的指向劳动教育(如张丹凤的《扬工匠精神,习劳动品质》、冯锟的《弘扬劳动精神,奏响青春乐章》),有的指向生活礼仪(如孙艳的《舌尖上的文明》),有的指向责任担当(如卢凌的《勇担时代责任,熔铸不凡青春》),有的指向青春奋斗(如刘晓丽的《未来已来:用拼搏定义青春》),有的指向家国情怀(如赵思曦的《与国共成长,立志正当时》),有的指向人性光辉(如胡春美的《寻善,向善,尚善》),等等。虽然选题方向与内容组合各不相同,但是把它们放在一起,恰恰构成了初中学生品格、品行、品位塑造的"课程图谱"(也可谓之"营养菜单")。有了这样一份丰富多样的"课程图谱"或者"营养菜单",初中班主任教书育人和带班育人角色使命的实现也就有了落地载体。

第三,合规律。所谓"规律",是指结构和过程科学。初中学生正处在青春发育初期,随着身体的发育,其心理也在悄然变化。总体而言,他们在半成熟与半幼稚、独立性与依赖性、自觉性与冲动性等错综复杂、矛盾交织及内心激烈震荡中寻求着身心的平衡与发展。因此,初中班主任通过主题班会对初中学生进行主题教育,应当也必须遵循这一阶段学生的身心发展规律。从这16篇主题班会方案来看,无论是结构还是过程,基本上把握了初中学生的身心发展特点和认知规律,主要通过情境再现、讨论辨析和亲身体验等自主教育的方式,让初中学生的道德认知、情感和行为水到渠成地深化与提升。由于这种主题教育不是机械、教条、生硬的灌输和强加,受教育者的认知、选择和行动是在其自我觉醒后自主发生的,因此也就更加由衷、更加主动和更加可能持久。

第四,讲艺术。所谓"艺术",是指方式或者方法独到。教育是一门科学,也是一门艺术。就这16篇主题班会方案而言,在方式或者方法上大多有自己的独创和独到之处。《扬工匠精神,习劳动品质》主题班会的设计者张丹凤,通过问卷调查呈现、课前采访、课上讨论的方式，引导学生了解劳动的内涵，知晓劳动对于自我、他人、社会、国家的意义；通过观点辨析、观看视频、价值澄清等方式，引导学生明确工匠精神的内涵，树立正确的劳动价值观。《传承航天精神，追寻青春梦想》主题班会方案的设计者王才花，通过畅谈分享，引导学生了解中华民族的飞天梦想以及中国航天事业的飞速发展史；通过故事讲述，引导学生感受航天事业和航天精神的伟大，激发学生的敬仰之情。《"红色精神"永传承，勇担使命向前进》主题班会方案的设计者魏倩，通过观看视频、分享故事、打卡红色地标、聆听红色家书等活动，引导学生了解"红色精神"的内涵与意义；通过小组讨论、连线家长、邀请嘉宾参与等活动，引导学生感悟"红色精神"就在身边，自己就是传承者和接班人，增强爱党爱国之情。《舌尖上的文明》主题班会方案的设计者孙艳，通过引导学生观看《中华餐饮之礼》，使之体验、感知餐饮之礼，体会中国传统文化内涵；通过"餐饮文化大家谈"，引导学生认识餐饮之礼不仅是中国传统文化的一部分，更是一种道德情操，以此增强学生的文化自信。应当说这些设计都别出心裁、独具一格，让人眼前一亮。主题班会教育一旦抵达艺术的境界，也就有了打动人心的力量。

第五，重躬行。所谓"躬行"，是指身体力行并形成习惯。先贤曰：纸上得来终觉浅，绝知此事要躬行。这16篇主题班会方案，有一个共同的教育追求与归宿，就是引导、推动学生践行。在《中国式的浪漫》主题班会方案中，设计者曹斯旻致力通过头脑风暴与团队合作，引导学生结合中国传统文化，设计富有中国式浪漫的文创产品。在《这张名片叫"燃烧的雪花"》主题班会方案中，设计者刘菁致力通过"雪花炼成记"以及课后延伸活动，激发学生积极参加志愿者行动，从身边做起，从小事做起，淬炼青春担当。在《舌尖上的文明》主题班会方案中，设计者孙艳致力通过组织观看就餐视频和图片，结合《朱子家训》相关内容，让学生反思自身不合餐饮之礼的行为，践行在校文明就餐之礼；以习近平总书记在庆丰包子店就餐为榜样力量，推动学生为家庭和社会餐饮文明做贡献。在《"红色精神"永传承，勇担使命向前进》主题班会方案中，设计者魏倩致力通过调查问卷、班级讨论、制作目标卡、共唱红色歌曲等活动，引导学生践行"红色精神"，明确责任担当，勤奋刻苦学习。在《扬工匠精神，习劳动品质》主题班会方案中，设计者张丹凤致力通过岗位认领、同伴互助、主动劳动，引导学生在劳动的过程中涵养专注、精益求精、严谨等品质。

在《传承航天精神,追寻青春梦想》主题班会方案中,设计者王才花致力通过情境表演,引导学生明确拥有梦想与实现梦想之间的关系,落实实现梦想的具体做法与行动策略。教为导行,知后力行。这样,就把主题班会教育的出发点与归宿统一到身体力行并养成习惯上,最大限度地实现了教育者的初心与使命。

作为读者和学习者,只要深入研读,就一定会从中获益,从而提升自己主题班会的设计水平和作为班主任的专业能力,倘若在研读中能发现、提出问题,并结合自己的实践研究生成更加富有创意的设计方案,也就达到了"向青草更青处漫溯"的理想境界。对此,我满怀期待。

【作者简介】
　　张俊平,江苏省教育报刊总社《江苏教育》杂志编审;现任江苏省教育新闻工作者协会秘书长、江苏省教育学会教育管理专业委员会副理事长、江苏省教育学会班主任专业委员会副理事长。

# Senior High School 高中篇

# 导　语

高中学生年龄一般在15—18岁，在少年和青年之间。高中阶段是人生的第二次生长高峰期，是人一生中身心发展最迅速、最关键的时期。高中生生理上趋于成熟，心理上逐渐"断乳"，存在着阶段性、不平衡性、连续性等特点。随着心理发展日趋成熟，高中生的思想也越来越成熟，他们渴望得到信任与尊重，崇尚民主、追逐时尚、张扬个性，价值观趋向务实化、功利化。了解高中生身心发展的特点和规律，按照这些特点和规律对高中生进行教育，将使班主任工作更有针对性和科学性，更有利于高中生在德、智、体、美、劳等方面全面发展，成为新时代高素质的有用人才。

《中小学德育工作指南》指出，高中学段德育目标是："教育和引导学生热爱中国共产党、热爱祖国、热爱人民，拥护中国特色社会主义道路，弘扬民族精神，增强民族自尊心、自信心和自豪感，增强公民意识、社会责任感和民主法治观念，学习运用马克思主义基本观点和方法观察问题、分析问题和解决问题，学会正确选择人生发展道路的相关知识，具备自主、自立、自强的态度和能力，初步形成正确的世界观、人生观和价值观。"

高中阶段，随着年龄的增长，从高一到高三，学生的心理呈现出不同特点。如何使高中学生顺利度过高中的各个阶段并健康成长是一个需要研究的问题。16位高中班主任老师精心设计主题班会方案对此进行了探索，本书将其分为"拥抱奋斗人生""共建和谐社会""厚植家国情怀"三个部分。

# 第一部分　拥抱奋斗人生

1. 踔厉奋发，执梦而行
    ——高一年级"中国梦·我的梦"主题班会

2. 时间里面"挤"空间
    ——高一年级"珍惜学习时光"主题班会

3. 纳百川碧水，奏青春华章
    ——高二年级"劳动教育"主题班会

4. 唤醒学生的学习内驱力
    ——高三年级主题班会

5. 立志·守心·有得
    ——高三年级"理想与坚持"主题班会

# 1 踔厉奋发,执梦而行
## ——高一年级"中国梦·我的梦"主题班会

于 婕

## 一、背景分析

### 1. 主题解析

在党的二十大报告中,习近平总书记强调"全面建设社会主义现代化国家,必须充分发挥亿万人民的创造伟力",要"不断巩固全国各族人民大团结,加强海内外中华儿女大团结"。中国梦的实现需要每一个人的努力,我们青少年更要敢为人先。为此,就需要我们深化对中国梦的宣传和教育。可以通过主题班会的形式,以"梦想"为话题,引导学生认识中国梦的本质与内涵,在"我"的梦与中国梦关系的辨析中激发学生的责任感与使命感,培育社会主义核心价值观,提高学生核心素养。将中国梦的宣传教育融入高中德育工作、融入校园文化建设,构筑中华民族共有的精神家园,这是高中德育工作的目标追求。

### 2. 学情分析

高中阶段是青少年成长的重要时期,也是思想的迅速成长期,对问题、事情逐步形成自己的看法和见解。因而对高中学段初始年级的学生开展中国梦主题教育活动具有重要的现实意义。根据高中生的年龄特点、学习习惯及心理特征,教师在设计中国梦主题班会时以学生为主体,立足学生的情感体验与感悟,找到"我"的梦与中国梦的契合点,引发学生的共鸣。

## 二、班会目标

### 1. 认知目标

通过此次班会活动,引导学生明确自己的梦想追求,认识到梦想在前方,唯有不断拼搏才能实现。正确理解中国梦的本质与内涵,分析中国梦与"我"的梦的辩证关系,使个人的梦想与国家的发展紧密相连。

2. 情感目标

以"梦想"为主题,引导学生理解中国梦与"我"的梦的内在联系,进而激发学生的责任感与使命感,促使其心怀梦想。帮助学生树立正确的三观,坚定理想信念,正确看待"小我"梦想和"大我"情怀,正确处理个人奋斗和国家需要之间的关系。认识到必须把个人成长融入国家发展中,增强爱国情感。

3. 行为目标

引导学生在心怀梦想的同时要契合实际,立足时代,着眼大局,盯准目标,悟透道理,锻造情怀,脚踏实地,自觉地将"我"的梦融入实现中国梦的伟大征程中。

### 三、班会准备

1. 教师准备:(1) 制作 PPT;(2) 设计并下发"梦想调查记录卡"。

2. 学生准备:(1) 课前认真思考并完成"梦想调查记录卡";(2) 做好情景剧角色扮演、分组合作讨论等的相关准备。

### 四、班会过程

**环节一:追寻光明的引领者——感受先辈们奋斗中浸润着的梦想**

学生观看"历史小剧场",注意思考这些故事中体现出哪些共性。

**故事 1:《真理的味道》**

在那个动荡的年代,社会的矛盾复杂而剧烈。妇孺在宗族前的弱势、乞丐在大雨中的迷茫、知识分子在救国方案选择上的彷徨……在这样的时代大背景下,陈望道的内心是不平静的,而他最终找到了属于未来的光明的路——接受翻译《共产党宣言》的任务,向更多中国人传达新思想。他对年少的伙伴说道:"你梦里的那条小道,没有光亮,没有尽头。但在这本书里,我寻找的希望大道就在其中。"陈望道在翻译时因为过于专心,将母亲送来的粽子蘸着墨水吃了,还说了句:"够甜了。"

**故事2:《守护》**

中共早期党员之一张人亚委托其父亲,在假造的衣冠冢中秘密保存重要文件直至中华人民共和国成立,此后20余年,父亲张爵谦虽不能完全理解这份嘱托的重大意义,但他坚信儿子所说,"红色的中国一定会实现"。深深的父子之情,成就了一诺千金。

…………

无数这样的先辈,在艰难中崛起,因着强烈的家国情怀,从事着存亡绝续的伟业。

【设计意图】通过"历史小剧场"的展示,以百年中众多人物小故事将学生带入那段激情燃烧的岁月,促使学生真切感受到这些人物都是党和国家重要历史事件的参与者,是照耀着年轻一代的追梦人,他们身上体现着不同历史时期中国共产党人的理想信念,展现了新时代全国人民为实现中华民族伟大复兴中国梦不断奋斗的精神风貌。

**环节二:逐梦路上的践行者—— 寻找身边人奋斗中延续着的梦想**

时光划过百年,今日,我们同样追梦在路上。请观看微纪录片《中国梦365个故事》,再用一句话概括每则故事的梗概。

示例:脚下带泥,身上带"味儿",立足南疆做科研的吴翠云;三载坚守高原,助力山村脱贫的志愿者冲郎加;带领"国产盾构"走出国门的王杜鹃;在300米"长路"上坚守18年的"一微米大师"陈亮;冒着狂风暴雨冲向码头抢险,用生命奏响英雄赞歌的"十二勇士"群体……

教师小结:罗曼·罗兰曾说"要撒播阳光到别人心中,总得自己心中有阳光"。而榜样正是这样一种力量,犹如一面彰显进步的旗帜,更像是一座充满希望与信念的灯塔,时刻为我们指明人生的方向,不断推动我们向着精彩的人生奋进。一个个普通人追求梦想的故事,诠释了中国梦归根到底是人民的梦,每个人都有梦想成真的机会。

【设计意图】纪录片中的主人公都是普通人,有80岁的退休老人,急救室的护士,社区的修锁匠,卖水果的小贩,快递员……每一个个体将个人梦想与中国梦相融合,通过观看和揣摩他们的境遇、命运、梦想和心路历程,学生能够深切地感知到社会主义核心价值观在中国人身上的融合与贯通。引导学生学习先进人物或英雄人物的事迹，可以激发他们向榜样学习的热情，以榜样的力量引领学生主动追梦，进而自发养成良好的行为习惯。

### 环节三：继往开来的创造者——守护自己心目中所期待着的梦想

**活动 1**

梦想是对人生的憧憬与向往，梦想最大的意义在于给人以目标和方向。下面，我们邀请三位同学来谈谈自己的梦想。

预设1：我大学毕业以后想成为一名警察。但我深知目前自己的身体素质还达不到标准，为此我开始每天加强体育锻炼，好好学习，争取努力考上警校。

预设2：我的梦想是成为一名救死扶伤的医生。新冠疫情期间，无数的医务工作者不顾个人安危，舍小家为大家，夜以继日，与时间赛跑，用责任、初心、勇敢和坚守为人民的生命健康构筑了一道安全防线。他们的博爱与医者仁心深深感染着我，我愿意成为这样的人。

预设3：我的梦想是成为一名科学家，我想要研发一款新型交通工具，在保证速度、缓解交通堵塞的同时还能够降低空气污染。

教师小结：无论同学们的梦想是当警察、医生、教师，还是成为飞行员、科学家等，这些都是了不起的，都是对社会有益的规划。祖国的建设与发展需要各行各业人员的共同参与，而我们的每一份付出都饱含着个体对于祖国的无限热爱。

**活动 2**

从同学们的畅谈中可以得知，我们每个人都有意无意地将自己的梦想与中国梦有机结合，我们来看看同学们在课前填写的梦想调查记录卡。（PPT展示带有签名的"梦想调查记录卡"图片）

教师小结：我们青年学生的梦想可以很大，也可以很小，但可以肯定的是，我们的梦想会对他人、对社会、对国家乃至对全人类产生积极的影响。正如习近平总书记所说，"青年一代有理想、有本领、有担当，国家就有前途，民族就有希望"。

【设计意图】以"梦想"为由，增强学生爱国情感，树立远大志向，激发学习热情，培养社会责任感。设计"你的梦想是什么？"这一问题，能够引起同学们的思考和参与，使得学生在开放轻松的氛围中进入情境思考和讨论，进而明确"我"的梦与中国梦紧密相连。

**环节四：点燃"我"的梦，铸就中国梦——在光荣与梦想中不断前行**

（播放《光荣与梦想》音乐）同学们，习近平总书记给予广大青年学生谆谆教诲，希望我们能够"坚定前进信心，立大志、明大德、成大才、担大任，努力成为堪当民族复兴重任的时代新人，让青春在为祖国、为民族、为人民、为人类的不懈奋斗中绽放绚丽之花"！

今天的班会课大家都能够积极参与，乐于表达，但我们的讨论不能仅仅停留在表面，还应该更加理性地深入思考。

活动1：如何理解中国梦

从名人榜样的事例中，我们不仅感受到梦想的力量，它也时刻提醒着我们，个人的梦想要和社会、国家、世界联系在一起。下面请同学们朗诵《我的中国梦》，思考并讨论：何为中国梦？

预设1：在我看来，中国梦就是实现祖国统一和中华民族的伟大复兴，在这个过程中，我们每个人都要主动参与，做好自己。一个人的力量是有限的，但一批人、一代人的力量是无限的，每个人能够自觉把个人梦融入中国梦中，就可以凝聚人民的力量，形成实现中国梦的磅礴气势。

预设2：我认为中国梦既是过去的，也是现在的，同时也是面向未来的，它是一个动态的、发展的过程，在这个过程中，我们不断发展强大。中国梦不仅仅是理想、是目标，更是现实，它反映在我们每个人的生活中。

学生观看习近平总书记深情阐述中国梦的视频片段。

活动2：如何实现梦想

每个人都有自己的梦想，追梦，我们一直在路上。追梦的过程中有泪水、有欢笑、有委屈也有自豪。前进的路途也许荆棘丛生，困难重重，这时你会如何选择？是退缩放弃，还是咬牙坚持？请就"如何实现梦想"这一话题展开讨论。

预设1：每一个人都有梦想，但真正能实现梦想的人是少数。那些没有实现梦想的人不是不够聪明，而是他们认为梦想是遥不可及的，从未真正想过为其奋斗拼搏。在梦想实现的过程中，难免会遇到诸多困难与挫折，但我坚信只要行动起来终会有成功的一天。困难永远伴随着梦想，只有勇敢地将困难变成一架向上攀爬的梯子，我们才能朝着自己的梦想更进一步。

预设2：在梦想的征途中，决定出发，就已经完成了旅行中最困难的部分。在我看来，真正的失败不是"做了"，然后"错了"，而是"想了"，但没有"去做"。

学生明确实现梦想需要自信、勇敢、坚毅、实干、方法……

**活动3：中国梦与"我"的梦的关系是怎样的？**

学生思考交流。

预设1：个人梦成就中国梦，只有我们每个人都活出精彩的人生，中国梦才能实现。作为新时代的青年，我们应勇敢地追求梦想，将个人梦想的实现与国家的命运联系在一起，做好分内的事，为中国梦的实现贡献自己的一份力量。

预设2：我认为"我"的梦与中国梦二者联系紧密。首先，个人的奋斗离不开国家，离不开中国梦的实现。其次，中国梦的实现又有赖于每一个个体最大限度地发挥出自己的聪明才智。

教师小结：我们要让奋斗的青春在中国精神的凝聚中闪光。实现中华民族伟大复兴是中华民族近代最伟大的中国梦。这个梦想凝聚了几代中国人的夙愿，它是所有中华儿女的共同期盼。我们首先要做的就是通过努力奋斗去实现个人梦想，唯有成为更好的自己才能更好地去影响周围人，个体强大与团结才能最终实现国家富强、民族复兴，进而实现中国梦。

【设计意图】中国梦的主题教育活动如若只是向学生灌输相应的理论知识，那效果是远远不够的，唯有在活动中引导学生真正参与进来才能引发其思考和感悟，进而将"我"的梦与中国梦相结合，将个人志向与为祖国、为人民奋斗联系起来，增强学生的使命感与社会责任感。

## 五、活动延伸

**1. 诵读《少年中国说》**

配乐诵读《少年中国说》，将文字诉诸声音，激励学生明志，以远大的志向为前进鼓足动能；自强，树立坚韧不拔的拼搏精神；自立，勇于承担人才强国的重任。

**2. 与梦想签约**

结合本节班会课所得，以诗歌等形式重新描绘自己的梦想，小组内互相分享，并在手稿的最后郑重地签下自己的名字。

**3. 抓拍"逐梦"瞬间**

抓拍校园内师生为梦想而努力、坚持的动人瞬间，将照片贴在"追梦"宣传栏中，同时通过校园微信公众号进行定期推送。

### 六、班会反思

主题班会是学校德育的主阵地，应采用多种形式确保学生能够在轻松且有趣的环境中树立正确的价值观念。本次主题班会目标明确，内容充实，环环相扣。整节课以学生为主体，全班学生积极参与，课堂气氛活跃，学生能够真实地畅谈自己的梦想，表达自己的感想。

高中是人一生发展的关键时期，同时也是价值观念形成的转折点。高中生是最富有梦想、最奋发向上的群体，他们无疑是中国梦的传承者和实践者，因而通过主题班会的形式引导学生理解中国梦、认同中国梦进而践行中国梦就显得尤为重要。作为教育者，我们应抓住学生这一理想信念形成的黄金时期，引导其将为中华民族伟大复兴而奋斗的理想植入心中，把个人的理想和行动与国家富强、民族振兴、人民幸福的中国梦紧密联系起来。

中国梦的内涵无疑是丰富且深刻的，但高一学生由于自身年龄及生活阅历限制无法完全理解，这就要求本次主题班会的设计要注重联系学生实际，帮助学生认识到只有将个人命运与国家命运相连，将个人梦与中国梦有机结合起来，才能让个人价值得到最大限度的发挥。当然，主题班会最终产生的教育效果不仅要具有实效性，还应具有持久性，因而，本次班会后还延伸出一系列相关的活动来引导学生自主思考，促使他们持续参与到构筑中国梦的行动中去。

需要注意的是，真正的德育不是灌输，而是让学生内心自主生发出深刻感悟，这就需要充分发挥学生的主动性和积极性，通过体验、交流来达到提高教育质量的目的。在班会的开展过程中，通过视听结合、小组讨论、自主发言等形式，一步步将学生带入畅谈分享的氛围中，不断加深对个人梦与中国梦关系的认识和理解，从而激发学生将"小我"融入"大我"的价值追求。

【作者简介】

于婕，连云港市新海高级中学教师，江苏省青年联合会委员，"港城名师"，连云港市第六期"521"工程第二层次培养对象，于婕中学班主任工作室主持人，连云港市心理卫生协会副会长。曾获国家级教学成果二等奖、江苏省中小学班主任基本功大赛一等奖、江苏省思政课教师教学基本功展示交流活动一等奖、江苏省高中思想政治优质课评比一等奖等。

# 2 时间里面"挤"空间
## ——高一年级"珍惜学习时光"主题班会

何欢兰

## 一、背景分析

### 1. 主题解析

教育部公布的《中国学生发展核心素养》中,提出"自主发展"的两项内容是"学会学习、健康生活",这两项内容都涉及学生学习生活的安排、业余时间的分配等内容。学会管理自己的时间是高中生的一项重要能力。

对于青年学生,习近平总书记在多种场合都提到要好好珍惜学习时光,例如 2020 年 2 月 21 日,习近平总书记给正在北京大学首钢医院实习的西藏大学医学院学生的回信中写道:"希望你们珍惜学习时光,练就过硬本领,毕业后到人民最需要的地方去,以仁心仁术造福人民特别是基层群众。"

### 2. 学情分析

不少刚入学的高一新生,还停留于初中时被动学习的状态,如何引导学生合理安排自己的学习时间,做一个高效学习的人,是高一阶段最重要的目标之一。如果学生在高一阶段能学会合理利用时间、高效管理时间,会为整个高中阶段的学习奠定良好的基础。

## 二、班会目标

### 1. 认知目标

了解自己的学习现状,懂得珍惜时间的重要性,能合理安排自己的业余时间。

### 2. 情感目标

能认识到高效管理时间的重要性,认识到时间的价值,树立惜时如金的信念。

### 3. 行为目标

明确学习需要奋斗,只有管理好自己的时间,才能实现人生理想,唯有付出实际行动,才能报效祖国。

## 三、班会准备

1. 教师准备:(1)材料准备:准备一个广口瓶、一袋大石头、一袋小石头、一袋沙子和一瓶水,放在学生看不到的地方;(2)分组准备,学生在班主任的指导下分成若干小组;(3)理论准备,复习第二象限知识,了解日本心理学家松原达哉计划表。

2. 学生准备:(1)宣传组准备好黑板布置;(2)电教组准备好展示课件;(3)辩论组准备好辩论词;(4)摄制组准备好拍摄的作品。

## 四、班会过程

**游戏导入:"找钟点"**

活动过程:全班学生分成6人一组,小组围绕着桌子坐好,每个学生按照时钟的方位坐好,分别代表2、4、6、8、10、12点,主持人随机报出时间数字,每个小组相应方位的学生必须马上站起来跟大家挥挥手,如果弄错了,就要站起来,向大家鞠躬,并且说:"对不起,我刚才睡着了!"游戏在一片笑声中结束。

**环节一:时间"陷阱"——时间都去哪儿了?**

1. 试一试:一个关于时间的实验。

主持人拿出一个广口瓶,先往里面放大石头,一边放一边问:"还能再放吗?"放不下之后再往里面放小石头,一边放一边问:"还能再放吗?"又往里面倒沙子,一边倒一边问:"还能再倒吗?"最后,倒满水展示给学生看。

提问:看了这个小实验,大家有何感慨?如果把广口瓶比作你的生活,你放在里面的是时间,那么,你的生活中能装下多少时间?

预设1:如果把广口瓶比作我的生活,大石块是睡觉时间,或者是在学校的学习时间,小石块是游戏、运动等的时间,水像是我与同学聊天的时间。

预设2:如果把广口瓶比作我的生活,大石块是晚上,小石块是白天,因为白天是丰富多彩的,晚上主要就是睡觉。那些水大概是我发呆的时间,我喜欢发呆。

追问:如果这个实验我们倒过来做,又会怎样?你放下的时间会一样多吗?

2. 分一分:你的时间分布图。

提问:我们日常的时间可以分为几类?

预设:我们日常的时间分为三类,一是在校学习的时间,比如上课;二是受日常生活制约的时间,比如吃饭、睡觉;三是自己可以自由支配的时间,比如自习课、周末等。

学生将自己的时间按照比例画出分布图。

3. 想一想:业余时间很重要。

讨论:在校学习的时间,我们要完成规定任务;受日常生活制约的时间,我们能自由支配的很少。那么,我们能够支配的是什么时间呢?

明确:唯有我们的业余时间,可以用来自由支配。

4. 列一列:业余时间巧安排。

你的业余时间是怎样安排的?从下列选项中选出三项(　　)。

A. 上网　B. 玩游戏　C. 购物　D. 阅读　E. 打球　F. 跑步

G. 健身　H. 其他

主持人展示统计结果,分析业余时间安排的合理性。

【设计意图】由一个小实验导入,让学生对于时间安排有空间的意识,感知到时间安排的不同,导致的结果也不同。由此,学生进一步明确业余时间属于自由支配的时间,我们要巧安排。

### 环节二:时间价值——"为自己挖一口井"

1. 讲一讲:"为自己挖一口井"。

故事:从前有座山,山上有两个庙,庙里各有一个小和尚,山上没有水,每天两个小和尚都要到山下去挑水。有一天,山前的小和尚没见着山后的小和尚下来挑水,很疑惑。这样过了几天,山前的小和尚以为山后的小和尚生病了,决定去看看。他来到山后,只见山后的小和尚面色红润,正在练武。山前的小和尚非常不解,山后的小和尚带他来到一口井旁,说,我每天除了下山挑水,就是挖这口井,如今,水井已经挖成,我再也不用下山去挑水了。

提问:我们常常被日常琐事所烦扰,根本就没有想过,应该为自己挖一口"井"。"井"是一个喻体,这口"井"代表着什么?

预设1:发展自己的业余爱好,做自己感兴趣的事情。

预设2:发挥自己的潜能,积累自己的实力。

预设3:多学一门技能,给自己多留一条路。

教师小结:一个人不要被眼前的杂事所遮蔽,应该长远地打算,应当志存高远。

2. 证一证:第二象限优先法则。

| 第二象限 不紧急但重要的事 | 第一象限 紧急又重要的事 |
|---|---|
| 第三象限 不紧急且不重要的事 | 第四象限 紧急但不重要的事 |

图1 四象限法则

时间管理四象限法则(如图1所示):四象限法则是美国管理学家科维提出的关于时间管理的理论。即把要做的事情按照紧急和重要的排列组合分成四个象限,这有利于我们对时间进行深刻的认识及有效的管理。

第二象限优先法则:第二象限是围绕业余时间安排的,它处理的是不紧急但重要的事情,处理这样的事情决定了一个人将来的高度和宽度。

提问:你在日常生活中是如何安排时间的?如果对应到四个象限中,它们分别是哪些事情?

预设:既紧急又重要的事,如上课、写作业等;重要但不紧急的事,如阅读、练字、锻炼、发展兴趣等;紧急但不重要的事,如回电话、赴约等;既不紧急也不重要的事,如上网、闲谈、逛街等。

3. 辩一辩:时髦的碎片化阅读。

(1) 情景导入:展示事先拍摄的学生在课间的各种安排,如听音乐、背单词、讨论题目、看电子书……再展示一组公交车站台、地铁上人们低头看手机的图片。

(2) 引出辩题:随时随地可以阅读,这样的碎片化阅读深得年轻人的喜爱,有人说这样的阅读又时髦又方便,但又有人说这样的阅读根本进入不了深阅读。

(3) 小型辩论。

辩题:电子阅读是深阅读还是浅阅读?

正方:电子阅读是浅阅读。

反方:电子阅读是深阅读。

预设:

正方主要观点:电子阅读是碎片化阅读,电子阅读因为有各种不同的链接,读者在不同的链接中自由跳转,根本无法主动思考,阅读无法深入,这样的碎片化阅读只能给人以浮光掠影式的印象。阅读没有真正发生,因此看上去这种阅读能利用碎片化的时间,其实阅读没有深入。

反方主要观点:电子阅读随时随地可以展开,不仅方便,而且可以利用碎片化的时间,是一种新颖而时尚的阅读,它正在被年轻人所接受。电子阅读是大势所趋,阅读链接还能提供相关专题阅读,能够将一个问题向纵深方向拓展,是深阅读。手机是工具不是玩具,在会利用时间的人手里,阅读不仅产生了,而且可以深入进行。

教师引导:手机阅读,的确能更好地利用碎片化的时间,但评判阅读有没有真正发生的标准是思考。阅读需要主动思考,主动取舍,不能被动去读,不能被链接牵着鼻子走。只有扬长避短,才能将这一时髦的阅读方式利用好,让它成为我们业余时间中的得力助手。

【设计意图】进一步引导学生对业余时间的价值做深入思考,如何支配自己的业余时间影响着自己的未来,通过辩论,让学生学会合理使用碎片时间与电子设备。

**环节三:时间管理——时间就像海绵里的水**

1. 看一看:事务有轻重缓急之分。

日本心理学家松原达哉发明了一套制订计划的方法:先将每天所必须做的事情罗列出来,将每件事按照其完成的可能性($P$)和重要性($I$)进行打分(最重要的为100分,可能性最大的为100分),然后根据每件事的 $P$ 和 $I$ 的得分算出平均分($M$),$M=(P+I)/2$。按照每件事 $M$ 的最终得分由高到低排列。$M$ 值越高,说明该件事实施的可能性越大,应最先去做,其余类推。

2. 列一列:我的事务重要性排列。

根据自己事务的重要性排列,拟出一周学习计划表(如表1所示)。

表1　一周学习计划表

| 事务 | 可能性($P$) | 重要性($I$) | 平均分($M$) | 排序 |
|---|---|---|---|---|
|  |  |  |  |  |
|  |  |  |  |  |
|  |  |  |  |  |

3. 做一做:谁是我惜时的督促者。

提问:谁是我惜时的督促者?

学生自由发言(可以是人,也可以是物)。

预设1:收集古今惜时名言,摘录自己最喜爱的句子,贴在桌上作为座右铭来时刻提醒自己。

预设2:收集名人惜时如金的故事,用名人的故事激励自己。

预设3:请家长或者同桌督促。

教师小结:明确了惜时的重要性,掌握了时间管理的方法,最重要的是要有坚定的执行力。制订计划不是实施一周就结束了,要长期坚持,希望大家能够养成习惯。

【设计意图】该环节是为了让学生用高效管理时间的理念时时提醒自己,通过列计划表将自己一周的事务安排好,并持之以恒地坚持下去,在实践过程中提高执行力。

## 五、活动延伸

1. 触摸似水流年

古人有多种记录时间的工具,比如日晷、沙漏等。他们观察日晷或者沙漏,在日影的移动或者沙子的流逝中感受时光之匆匆,产生时不我待的紧迫感和舍我其谁的使命感。

2. 统筹安排时间

国内外的企业管理专家在如何利用和支配时间,使时间的浪费减少到最低方面做了许多研究,提出了"时间统筹法"。请你通过网络去查找相关资料,了解"时间统筹法",学习统筹运用时间的方法,减少时间消耗,并且运用到学习生活中。

### 3. 传递惜时观念

根据《青少年网络行为调查报告》的数据显示，青少年网络成瘾率为10%左右，其中13岁到17岁的青少年网瘾最大。你的同学、朋友可能就是沉迷于网络游戏的人，请你用"××同学，请你珍惜学习时光……"开头，写一封信，运用本次班会活动所学的理论知识，劝诫他珍惜学习时光，远离游戏。

## 六、班会反思

"珍惜学习时光"是一个老话题，如何老题新做，达到与众不同的效果，需要在设计上做出创意。当然，创新不仅仅是形式上的改变，还要从立意、谋篇、布局等方面综合考虑。

首先，班会活动的设计需要结合学生的学习生活，具有针对性，解决的是学生迫切关注的具体问题，这样的设计才不会空洞。高一新生入学之后，学习科目增加，学习内容容量和难度加大，如何调整好学生的状态使之尽快适应高中的学习，关键在于学习方式的改变。从被动学习到主动学习，其中最重要的一项能力就是要学会合理安排时间。因此，在高一学生进校之后开展以"珍惜学习时光"为主题的班会活动，有助于学生调整状态，更快地适应高中学习生活。

其次，班会活动需要遵循学生"认知→理解→辨别→实践"的规律来设计，思路清晰、层层递进，内在逻辑性要强，不能停留于表面的标题新颖、小标题整齐和句式的漂亮，当然，这些是可以锦上添花的，但不能成为唯一的追求。另外，班会的创新还表现在多种形式的运用上：实验、故事、情景模拟、辩论等，形式多样，能满足不同学生的需求，吸引更多的学生参与活动。

同时，很重要的一点是，班会设计除了要在逻辑性强、环环相扣之处下功夫外，还应该在理论积累上下功夫。本设计在理论上尝试有所突破，时间管理四象限法则和松原达哉计划表，让设计多了几分科学性。"四方上下曰宇，古往今来曰宙"，宇宙由空间和时间构成，在"时间"里面寻找"空间"，具有一定的哲学意味。

【作者简介】

何欢兰，江苏省扬州中学教师，扬州市特级班主任，扬州市语文学科带头人，被评为扬州市"高中教育先进个人"、扬州市"先进工作者"、扬州市"十佳班主任"。江苏省和长三角地区中小学班主任基本功大赛一等奖获得者。

# 3 纳百川碧水，奏青春华章
## ——高二年级"劳动教育"主题班会

瞿 雯

## 一、背景分析

### 1. 主题解析

习近平总书记在全国教育大会上号召："要在学生中弘扬劳动精神，教育引导学生崇尚劳动、尊重劳动，懂得劳动最光荣、劳动最崇高、劳动最伟大、劳动最美丽的道理，长大后能够辛勤劳动、诚实劳动、创造性劳动。""功崇惟志，业广惟勤。"通过劳动教育，提高广大中小学生的劳动素养，促进他们形成良好的劳动习惯和积极的劳动态度，引导他们明白"生活靠劳动创造，人生也靠劳动创造"的道理。"中国学生发展核心素养"中的"实践创新"也包含了热爱劳动，重点是具有积极的劳动态度，广泛参加各种形式的家务劳动、生产劳动、公益活动和社会实践，具有动手操作能力等。

### 2. 学情分析

高中学生由于学习压力增大，客观上缺乏劳动时间；同时受到家庭和学校的悉心照顾，主观上缺乏劳动意识。经过前期调查发现，本班学生存在不尊重劳动、不愿意劳动、不会劳动的现象。因此，本次主题班会旨在帮助学生树立正确的劳动观，杜绝好逸恶劳、不劳而获等错误的观念，强调劳动创造幸福这一观念对人生的影响，以及对国家、社会发展起到的举足轻重的作用。

## 二、班会目标

### 1. 认知目标

通过情景剧表演、视频和图片展示，让学生意识到劳动的光荣、崇高以及对个人成长和社会发展的重要性。

#### 2. 情感目标

通过故事分享和讨论,引导学生理解劳动的内涵,了解不同的工作种类,激发尊重劳动者及其劳动成果的情感。

#### 3. 行为目标

通过劳动服务倡议书、"我是南博志愿者"等活动形式,让学生参与劳动实践,树立公共服务意识。

### 三、班会准备

1. 教师准备:(1) 搜集学生在假期中做家务和职业体验的照片、视频等图片、影像资料;(2) 和南京博物院志愿者取得联系,并邀请其出席班会。

2. 学生准备:学生分组进行准备。第1组:在校园的食堂、走廊、垃圾存放处等地拍摄照片,拍摄校园清洁前后的对比照片,记录身边劳动者的故事;第2组:查找一些为国家、社会做出卓越贡献的伟大劳动者的先进事迹;第3组:邀请几位家长在班会当天视频连线,一起谈"劳动";第4组:排演小品《我在南京博物院那些事儿》。

### 四、班会过程

**环节一:明劳动之义,燃劳动之情**

**活动1:穿越时空,引出主题**

1. 情景剧表演《当马克思遇上陶渊明》。

主要剧情:劳动是中华民族的优良传统,但是在陶渊明所处的魏晋南北朝时期,社会却掀起了一股轻视劳动的风潮。陶渊明不与世俗同流合污,毅然回归田园。一次时空穿越,马克思来到了陶渊明的世界,赞扬其是懂劳动、爱劳动的先驱,两人成为挚友。

提问:陶渊明继承和发扬了中华民族的什么优良传统?为什么马克思会赞扬陶渊明?

**活动2：作业呈现，感悟劳动**

1. 图片展示：假期前，学校布置劳动作业时，同学们怨声载道，QQ群里各种吐槽，同学们非常不愿意完成劳动作业。

2. 展示学生的假期劳动作业的照片和视频。作业：学做一道菜；记录自己假期职业体验的视频，例如"理发师的一天""我是修理师""社区小主任"等。

预设1：我和妈妈学习了一道菜——糖醋排骨。从去市场买肉，到回家清洗，再到烧肉、勾芡等等，着实感受到妈妈每天换着花样做菜的不易。做好的菜与家人一起分享，特有成就感。

预设2：我在亲戚的车行帮忙做一些清洗汽车、简单维修的工作。单就汽车清洗就需要几十个步骤，师傅手把手地教我使用抹布、洗车液、水枪等，一天下来累得腰酸背痛。不过，看着被我清洗后焕然一新的汽车，我心里别提有多开心了。

3. 提问：从一开始的"我拒绝"，到后来完成任务的兴奋，以及现在的欢笑，你们从劳动中感受到了什么？体验到了什么？收获到了什么？还有什么值得反思？

【设计意图】先从情景剧入手，提升学生对劳动的兴趣。接着，从学校布置的劳动作业出发，让学生从自身的劳动中感受劳动价值，激发劳动情感，增强劳动信念，同时反思过程中的不足，逐步树立"劳动创造价值"的观念。

**环节二：尊劳动之人，惜劳动之果**

**活动1：讲述身边事（第1组）**

1. 讲述宿管李阿姨的故事。宿管李阿姨不仅负责女生楼层的地面清洁和女厕所、浴室的打扫，还经常帮同学们打水、热饭。上次小婷身体不适，李阿姨一直在宿舍里陪着，直到小婷家长来接。当问到为什么这么认真对待工作时，她说："我通过自己的努力，获得了稳定的工作，换来生活条件的改善，还可以服务师生，这对我来说是幸福的，我很满足。"

提问：从这位普通的劳动者身上，我们能够感受到什么？

2. 展示学生在校园中拍摄的照片，包括食堂倒饭处、垃圾站、走廊等清洁前后的对比照片以及平时学生在教室劳动的场景，让学生对此进行分组讨论：平时自己的劳动是否认真到位？如果校园没有像李阿姨这样的劳动者，会变成什么样？我们应该如何对待劳动这一日常事务？

3. 学生分组进行讨论并发表观点。

4. 教师小结。

最美的劳动者一直都在我们身边，只是我们太习以为常而往往忽略他们。我们不仅要尊重劳动者，更要尊重他们的劳动成果，只有人人爱劳动，我们的班级、学校乃至社会才会更美好。

**活动2：介绍"时代楷模"（第2组）**

1. 小组介绍事迹。

预设1：王继才、王仕花是一对守岛卫国32年的夫妇。王继才生前是江苏省开山岛民兵哨所所长。开山岛位于我国黄海前哨，虽然面积只有两个足球场大，但战略位置十分重要。在守岛第3年，他曾申请离岛，但老政委重病，嘱托他一定要守好这座岛，他便留了下来。之后老政委病逝，他为了这句承诺，一守就是一辈子。

预设2：探索宇宙的奥秘，是南仁东一生的浪漫追求。他曾写下过这样的诗句："感官安宁，万籁无声。美丽的宇宙太空以它的神秘和绚丽，召唤我们踏过平庸，进入它无垠的广袤……"为了这个瑰丽的科学梦想，南仁东耗费生命中最后22年的时光，在平塘县克度镇大窝凼，带领我国科学家，自主建造了一个"观天巨眼"——500米口径球面射电望远镜FAST。2016年9月26日，FAST落成启用，这个"观天巨眼"成为世界上最大最强的射电望远镜，让中国的天文探索事业赶超世界先进水平。南仁东实现了自己奋斗一生的梦想，建成了探寻美丽宇宙太空的"利器"天眼。

预设3：11年前，一场家庭变故让张桂梅从大理来到丽江山区。原本只想忘却爱人过世的悲伤，但当她看到山区贫困孩子一张张渴望知识的纯真面庞时，爱的本能让这位女教师在山区扎下了根。为了改善孩子们的生活、学习状况，她节衣缩食，每天的生活费不超过3元，省下的每一分钱都用在学生身上。日积月累，张桂梅先后捐出了40多万元。最令她引以为豪的是，她的学生没有一个因贫穷而辍学。2001年起，她义务担任丽江华坪县"儿童之家"的院长，成了54名孤儿的母亲。为了孩子们，她全身心投入教学，将病痛置之度外；她把学生送进中考考场后才去医院手术，医生从她腹腔中切出一个超过2公斤的肿瘤。她把青春献给了这片贫瘠的土地，献给了教育事业，献给了山里的孩子们——如果我是小溪,就流向沙漠,去造就一片生命的绿洲。

2. 学生思考交流。看完他们的事迹介绍,你有什么感触?这几位时代楷模的事迹告诉了我们什么?不同职业、不同年龄的人们为什么可以感动大家?他们通过自己的劳动为我们带来了什么?

**活动3:连线我们的父母(第3组)**

1. 现场连线:了解过时代楷模的伟大事迹后,第3组邀请了两位家长代表,现场连线分享他们工作中有意义或者有危险的事情。其中有在海关每日进行出入境检查的警察父亲;也有在华为工作,做着前端科学研究的实验员母亲。

2. 思考讨论:我们了解自己父母的工作吗?他们辛苦地工作有何意义?有什么值得我们学习的?

3. 教师小结。

榜样的力量是无穷的。正如习近平总书记指出的,"人世间的一切幸福都需要靠辛勤的劳动来创造"。劳动创造美,劳动创造价值。在平凡的岗位上兢兢业业、默默奉献的劳动者是最美的。我们的父母、时代的楷模都是我们学习的榜样。时代楷模身上反映出来的高尚品德,根植于中华民族深厚的道德积淀,是社会主义核心价值观的生动诠释,值得我们每位同学学习。

【设计意图】从身边的普通人到伟大人物,从卫生劳动到奉献祖国,该环节从多方面、多角度向学生展示劳动的不易和伟大。通过普通劳动者的故事教育学生,劳动不分贵贱,要尊重他人劳动成果,更要尊重劳动者;通过对于伟大人物先进事迹的了解,让学生懂得我们社会的美好都是由劳动者带来的。

**环节三:树劳动之魂,行劳动之举(第4组)**

**活动1:表演情景剧《我在南京博物院那些事儿》**

故事内容:一天,小张同学参观南京博物院,因为大声喧哗、插队等不文明行为,扰乱了参观秩序,被志愿者发现并及时制止。但小张对志愿者的教育嗤之以鼻,觉得不就是个志愿者嘛,有什么资格来教育自己。

提问:对于这件事,同学们怎么看?后续该如何处理?

学生讨论,并给出意见。

**活动2:教师志愿者现身说法**

1. 我校组建了一支志愿者团队,一直以来在博物院提供志愿服务,政治老师是志愿者队伍中的一员。政治老师向同学们介绍、分享了他在博物院做志愿者的点滴。

政治老师和学生继续表演上述情景剧,纠正了小张的观点,并邀请小张号召班级同学也组建一支志愿者团队,大家一起进行志愿服务。

2. 学生现场可参加志愿者报名,政治老师介绍志愿者面试时间、内容、培训等事宜。

**活动 3:发出劳动倡议**

1. 班长带领大家发出倡议:我是一名高二学生,我会_____劳动,为_____做出努力!

预设:我是一名高二学生,我会辛勤劳动,为班级环境整洁做出努力。

2. 将倡议书张贴在班级的"荣誉家园",以此共勉。

【设计意图】学生在志愿活动中,认识现实社会生活,体验服务他人的快乐。通过倡议,将劳动观念融入日常的学习生活中,用实践和行动真正崇尚劳动、尊重劳动。

## 五、活动延伸

想要在一节班会课的时间里完全让学生树立劳动的观念,是不太可能的,所以要在后续开展一些相关活动,实现教育的延续性。

1. 评比"劳动之星"

在班级再次确立卫生劳动的值日和评比,让劳动习惯能够一直在班级维持。

2. 霍兰德职业兴趣自测

霍兰德职业兴趣自测,是由美国职业指导专家霍兰德根据他本人大量的职业咨询经验及其职业类型理论编制的测评工具。霍兰德认为,个人职业兴趣特性与职业之间应有一种内在的对应关系。根据兴趣的不同,人格可分为研究型(I)、艺术型(A)、社会型(S)、企业型(E)、传统型(C)、现实型(R)六个维度,每个人的性格都是这六个维度不同程度的组合。学生先在课后进行自测,下一节班会课对自测结果进行分享和解析,帮助学生再次强化职业选择和劳动创造价值的观念。

### 3. 志愿者活动

坚持定期开展志愿者活动，不仅与南京博物院形成长期的志愿服务关系，也要纵向延伸，如去社区、敬老院等，组建有学校特色的志愿服务团队，为周边的社区贡献力量。

## 六、班会反思

高中阶段正是青少年劳动价值观形成的重要时期。从一定意义上说，学生德行的养成、奋斗精神的培养始于劳动教育。引导学生在成长过程中能辛勤劳动并以此为荣，树立劳动最光荣、劳动最崇高、劳动最伟大、劳动最美丽的信念，这是教育的方向，也是本节班会课的重点。

首先，通过学生自己参与劳动实践，让他们在劳动中体验生活，掌握技能，感受劳动的价值和意义，形成勤俭节约、踏实肯干、意志坚定的优良品质，以体验式活动使学生感悟自身的变化与成长，理解辛勤劳动对于丰富和发展自我的重要性，激发学生在未来学习生活中努力奋进、自主追求与实现梦想的勇气。

其次，通过寻找身边的榜样，了解敬业实干的意义，从而在今后能够热爱并踏实做好自己的工作。将踏实劳动提升到劳动者的义务与使命的高度，从更深的层次提高学生的劳动素质。品德修养不是一蹴而就的事，需要在长期的社会实践与日常生活的点点滴滴中踏踏实实地磨炼而成。

最后，通过参与社会公益活动，帮助学生在自主实践中发现自我，通过双手改变和创造自己的美好生活。同时，更进一步体会帮助他人、奉献社会的劳动意义，最终成为有大爱大德大情怀的人。

总之，劳动教育最终要让学生感受到劳动使自己聪慧，使自己强健，使自己充实，使自己懂得合作、知道珍惜，获得智力、体力和精神等多方面的锻炼，最终成长为一个健全的人，为社会、为国家贡献力量。

【作者简介】

瞿雯，南京田家炳高级中学教师，南京市优秀青年教师，南京市德育优秀青年教师，鼓楼区德育学科带头人，南京市五一劳动奖章获得者，被评为南京市"教育先进个人"、南京市"青年岗位能手"、南京市"技术能手"。曾获南京市、江苏省中小学班主任基本功大赛一等奖，长三角地区中小学班主任基本功大赛二等奖。

# 4　唤醒学生的学习内驱力
## ——高三年级主题班会

江　虹

## 一、背景分析

### 1. 主题解析

习近平总书记说:"青年一代有理想、有本领、有担当,国家就有前途,民族就有希望。"青年一代肩负使命,需要坚定信念、志存高远。所以,当我们的学生出现自我认知模糊或规划不明确的困惑时,在他们学习、生活处于迷茫时,如何帮助他们树立正确的理想信念、养成良好的思想品德和行为习惯、激发内在的奋斗力,是教育者要解决的实际问题。

### 2. 学情分析

步入高三,即将面临高考,但有些学生依然意志消沉,行为懒散,为了帮助他们认识自我、确立目标、制订计划、落实行动,从而激发持续的奋斗力,故召开本次班会。

## 二、班会目标

### 1. 认知目标

了解自己的学习现状,懂得学风端正的重要性,了解调整学习状态的步骤。

### 2. 情感目标

能认识到设定个人奋斗目标的重要性,能认同学习同伴的力量,增强信念。

### 3. 行为目标

学会为自己确立学习目标,尝试在小组内展开合作,相互激励、改善学习行为。

### 三、班会准备

1. 教师准备:(1)指导学生分成各学习小组;(2)韦纳归因论、目标设置"smart"法。

2. 学生准备:(1)游戏纸条、彩色卡纸、彩笔等;(2)美工组准备好黑板布置,电教组准备好 PPT、视频;(3)完成问卷调查,做好数据的归纳整理与分析。

### 四、班会过程

**游戏导入:"时不我待"的体验**

活动内容:每人发一张纸条,如果将纸条比作人生,请在纸条上画出时间刻度——你的生命长度,再画上你最想实现梦想的时间点。然后撕掉已经度过的时间长度,再撕去梦想后面的长度,最后撕掉睡眠、吃饭、娱乐等并不是为梦想拼搏的时间长度,观察纸条还剩下多长。

教师引导:"节物风光不相待,桑田碧海须臾改。"世事沧桑,面对短暂有限的生命,我们不必讶异,也不必害怕。因为"种一棵树,最好的时间是十年前,其次是现在"。任何时候,只要你愿意努力,都不算晚。

**环节一:问题现状——正视自己**

1. 投影回顾:班风学风。

班风:尊重,信任,理解,团结。

学风:苦学,勤思,好问,求实。

全班齐诵,回顾内涵。

2. 测一测:审视自我。

设计匿名自我调查表(如表1所示),课前让每位学生参与填写,表格填写要求如下:

(1)认真填写,在"现实中的我"一栏中填写自己的真实情况,在"理想中的我"一栏中可以填写自己想象中的表现。

(2) "别人眼中的我"一栏可以请家长、同学或老师填写。

(3) 只需概述做了哪些事或填写形容词,不用具体阐述。

表1 自我调查表

| 特征 | 现实中的我 | 理想中的我<br>(未想过可以不填) | 别人眼中的我 |
|---|---|---|---|
| 早读时 | | | |
| 上课时 | | | |
| 体锻时 | | | |
| 自习时 | | | |
| 课间、课余 | | | |

3. 析一析:问题呈现。

(1) 呈现班级学风问题。

班长主持串词:把握当下,要从整理自我开始。课前我们每位同学认真填写了一份调查表,我们眼中的自己、别人眼中的我、我们想象的自己是否一致,又不同在哪里?让我们一起来看一下。

(2) PPT呈现调查表中反映的问题。

① 学习习惯不佳;② 学习无规划、无目标;③ 缺少自我认识;④ 有认识,但缺少行动。

【设计意图】用问卷的形式让学生自我审视,自己发现问题,从而为下面解决问题的环节提供内驱力。

## 环节二:分析价值—— 指点迷津

罗素有句话说得好,"有理智的人会通过更充分地认清这类行为的不可取,或者是通过在可能时避开促成这类行为的环境"。理智的我们来辨认一下,是什么原因导致了问题,又怎么去改变呢?

(一) 专家助力

1. 学一学:理论学习。

邀请学校心理老师现场解读美国心理学家韦纳归因论要素(如表2所示)。

**表2　归因论要素**

| 类　型 | 内部因素 | 外部因素 |
|---|---|---|
| 稳定因素 | 能力 | 任务难度 |
| 不稳定因素 | 努力 | 运气 |

2. 论一论：剖析原因。

辩论：有了理论的分析，反思一下自己。你认为现在的问题主要是什么原因造成的？

预设1：一个人的能力比较重要，比如记忆力、自制力、理解力等个人素养，决定了现在、将来的成功。

预设2：能力确实重要，但是能力作为内部稳定的因素，一时半会儿就能改变吗？能力不是我们能控制的。

预设3：我认为运气很重要，比如考试中一道选择题就会影响排名甚至高考能否被录取。

预设4：但根据韦纳归因论来看，只有努力是自己可以决定的，所以我认为越努力的人越幸福。

3. 想一想：需要努力。

（1）演示一段运动员攀登珠峰的小动画，说明外部条件和内部条件的关系。

（2）主持人总结：如果把问题归于任务难，就只会抱怨环境，但高考无法为我们降低门槛；如果归因是运气问题，只会让我们存有侥幸心理；如果归因为我们能力不足，我们就不会在中考中取得这么优秀的成绩而来到这里读书。所以，请直面自己是否努力。

（3）教师引导：归因会影响到我们的行动方向，只要能认识到努力的重要性，接下来就是寻找科学的方法去开始行动了。

**（二）目标导向**

1. 讲一讲：目标的故事。

（1）"止"字的演变。

出示"止"字演变图（如图1所示），借《大学》中的"知止而后有定，定而后能静，静而后能安，安而后能虑，虑而后能得"这句话，讲解"人生远行要从有目标开始"的道理。

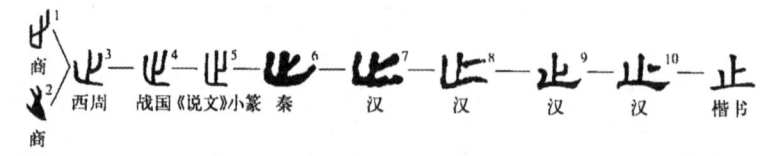

**图1 "止"字演变图**

(2) 名校的数据调查。

通过调查数据引导学生思考"人生目标"对人生发展的意义,为下一个讨论环节做好铺垫。

① 说数据。

主持人1:1953年,耶鲁大学、哈佛大学先后对即将毕业的学生进行了一项有关人生的调查。结果显示(如图2所示),有3%的学生有清晰且长期的人生目标,并且能写下来。

主持人2:教育部对北京30所中学的学生跟踪调查,结果显示(如图3所示),也只有3%的学生有十分清晰的长远目标。

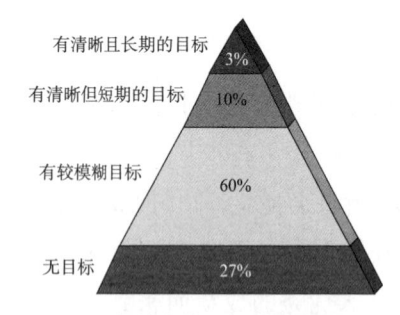

**图2 有关人生目标的调查结果** 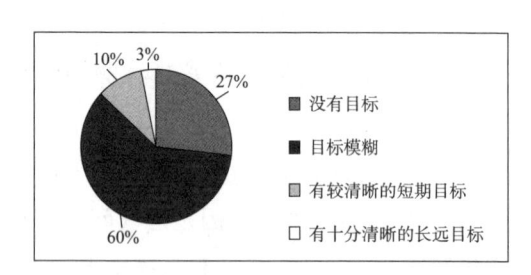　　**图3 关于目标对人生影响的跟踪调查结果**

② 说结果。

预设1:20年后,研究人员发现耶鲁大学当年有清晰且长期目标的那3%的人所拥有的财富居然超过了余下97%的人的总和。哈佛大学25年的跟踪研究发现,那3%的人从未改变目标,几乎都成了社会各界的精英和领袖;而没有任何目标并且经过25年仍然没有任何目标的人,几乎都生活在社会的底层,靠救济过活。

预设2:我们国内的调查显示,25年后那3%的人几乎都成了社会精英。

那 10%的人大都生活在社会中上层。剩下的 27%的人几乎生活得都不如意,常失业,总是抱怨。

2. 说一说:目标的作用与设置方法。

(1) 目标的影响。

主持人:由调查报告看,目标对我们有什么影响呢?

预设 1:我们打个比方,科学家们在成功之前,不一定有明确目标,许多科学发现是在不断地摸索中无意出现的,所以非要设置一个目标会对自己的发展造成阻碍。

预设 2:但从更多的数据看,有长远规划和目标的人对社会有更大的贡献,对未来有把控力、有长远的规划目标的人,才能在各个领域成为"领头雁"。我们要对未来有远大的抱负,需要有明确的目标和规划。

(2) 目标的作用。

主持人展示调查数据:确实如同学所说,相关数据也能说明这个结果。那么大家继续思考,目标对我们而言到底有哪些"威力"?

预设 1:可以给人的行为设定明确的方向。

预设 2:知道什么是重要的,合理安排时间。

预设 3:使人能清晰地评估自己每个行为的进度。

预设 4:把注意力从工作本身转到工作的成果上。

预设 5:产生持续的信心、热情与行动力。

(3) 问题解决:如何设置我们的目标?

主持人介绍目标设置"smart"法:具体的(Specific)、可衡量的(Measurable)、可实现的(Attainable)、相关的(Relevant)、有时间限制的(Time-bound)。

3. 做一做:完成大学梦想卡。

教师引导与组织:请同学们根据所学方法以及课前查阅的大学信息,完成大学梦想卡(如图 4 所示)。

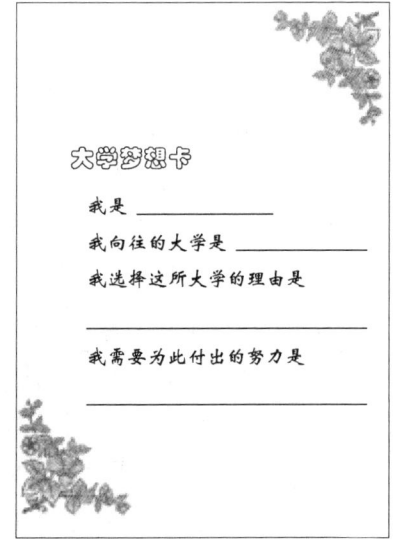

**图 4 大学梦想卡**

【设计意图】多角度引导学生思考并拟定高考目标,明白目标与自己未来的关系。

### 环节三:践行目标——共同成长

**(一) 小组管理**

1. 演一演:问题再现。

情景剧表演《组长,好难》。情景再现学习共同体在小组活动时的高耗低效现象:组长只负责布置任务、人员分工,而组员敷衍应付,学习小组活动徒有形式,缺少实效。

2. 听一听:前辈经验。

观看视频:毕业学长谈学习小组给自己带来的好处,以及回顾过往的小组活动内容。

3. 理一理:制度细化。

各小组讨论,理清并进一步细化小组活动机制与实施,如活动组织、竞争考核、奖励制度与推行保障机制,设计好打分表(如表3所示)。

表3 打分表

| 活动时间 | 活动内容 | 活动负责人 | 活动保障 | 活动效果(10分制) |
| --- | --- | --- | --- | --- |
|  |  |  |  |  |
|  |  |  |  |  |

**(二) 小组互助**

1. 谈一谈:转益多师是汝师。

(1) 在组里分享梦想卡,并谈谈自己的感想。

(2) 组员相互提建议或信息分享。

2. 列一列:少壮工夫老始成。

(1) 将实现梦想的路径以阶梯的方式呈现出来,写在大学梦想卡的反面。

引导:一学期内,实现什么样的目标? 一学期内,采用什么样的学习方式? 如何达成目标? (哪些科目的训练能使我成为一名优秀的学生? 我该学习哪些领域的知识? 老师能提供给我什么帮助? 需要排除哪些人际关系上的障碍?)

(2) 每组选出最有代表性的作品,在全班展示。

预设 1:本学期期末进入年级前 200 名。要做的是打好基础,减少失误。高三后期能进入年级前 150 名,要做的是稳定状态。冲刺阶段进入年级前 120 名,要做的是调整心态,目标明确。

预设 2:本学期期末能稳定在年级前 50 名,后一阶段进年级前 30 名,冲刺阶段能进年级前 15 名。要做的是重视基础,以课本为主,还要兼顾拓展,最后还要提高效率,避免熬夜。

教师引导:同学们的阶梯目标都很真实,也很务实。以阶段的年级名次作为自己的目标,这固然可以,但我要提醒大家,除了名次和分数,更重要的是按照阶梯目标调整自己的日常作息、行为习惯、心理情绪。掌握自己的状态更为重要。

3. 说一说:我辈不是蓬蒿人。

组员重温学习小组的学习条约以及互相监督机制。组长代表全组发言,并带领全组同学重温本组宣言。

各组宣言如下:

自信创造奇迹,拼搏书写神话。

知识改变命运,现在决定未来。

我自信,我出色;我努力,我成功。

脚踏实地山让路,持之以恒海可移。

走进教室,满怀信心;走出教室,意气风发。

信心百倍,斗志昂扬,全力以赴,铸我辉煌。

【设计意图】用同伴的力量相互鞭策、相互激励,小组合作列出规划,明确行动步骤并能持之以恒地坚持下去。

**教师总结**

海明威曾说:"鸡蛋,从外打破是食物,从内打破是生命。"这个比喻展现了人的两种命运:从内打破,是主动成长、成才,只有这样才能成为生命的主人;从外打破,是不得已地被操纵、被使用,失了尊严,沦为他人的工具。既然两种"打破"的过程都会痛苦的,为什么不选择更有价值的方式呢?同学们,行动起来,打破自我惰性,打破畏缩的状态,打破性格上的怯弱。唯有主动出击，唤醒心底的自己，方能成就自己！

## 五、活动延伸

1. 过去的你也许有许多遗憾，今天的你想要从头开始，请你用"爸爸妈妈，请你听我说……"为开头，给父母写一封信，告诉他们你的学习规划并请他们监督。

2. 请根据学习规划制作可供监督的量化考核表，交给父母每周做好记录，并请他们写下评价或鼓励的话。

3. 每个月在班级 QQ 群里晒一晒自己的"成长足迹"，比如计划实施、计划达成、和父母的交流等，可以以图片或视频的形式在班级群里展示和交流。

## 六、班会反思

本节班会课的特点较为鲜明，主要表现在以下几个方面。

第一，聚焦性强，能有针对性地解决班级出现的实际问题。首先，聚焦行为，设定目标。从学生迷恋网游、沉迷爱情等这些纷杂的现象中分析出背后其实是他们的目标不明，从而导致学风不正，进而确定"树目标，正学风"的班会主题。其次，聚焦心理，重点突破。"知为行之始"，只有学生心理上认识"自我与目标"，认同"正己的意义"，才能在行动上予以践行。据此，班会课的开展流程分为"自我认知""指点迷津""践行目标"三大板块，应该说，设计思路是清晰有效的，可以满足学生的实际需要。

第二，情境感强，能调动学生的内驱力和共情。让学生警醒于现状、重新回顾自己的初心、设计自己的梦想，这几个点是让学生进入情境的突破口。开场时，"撕纸条"的游戏能形象地让学生感受到高三时间的紧迫；调查问卷的填写让学生身临其境地来一场自我审视；暖场音乐《最初的梦想》以及填梦想卡的环节让学生为自己描绘出精彩的明天；情景剧表演，取材于身边，生动真实，让学生在笑声中幡然惊醒，在紧张、追悔、反思、希望中激发出改变自己的能动性。

第三，资源全面，教育影响深远。为学生提供了许多可复制、可迁移、可借鉴的教育资源。班会中就适时给出了韦纳归因论、目标设置"smart"法等理论支持，并且寻找和提供了全方位、多层次的教育途径，有同学合作，有专家解疑，有校友传承，有家庭延伸等，用最贴近学生的方式，让学生领悟与实践。

当然，班会中的环节设置与目标设定，还可以更具个性和针对性。同时，在课后延伸环节和日常教育中应继续对学生进行教育与引导。

【作者简介】
江虹，江苏省扬州中学语文教师，扬州市学科骨干、先进工作者。江苏省和长三角地区中小学班主任基本功大赛一等奖获得者，入选2021年全国中小学班主任基本功展示交流活动典型经验名单。

# 5 立志·守心·有得
## ——高三年级"理想与坚持"主题班会

易 劲

## 一、背景分析

### 1. 主题解析

党的二十大报告对办好人民满意的教育作出了部署,提出了要求,指出"在加快推进教育现代化的新征程中培养担当民族复兴大任的时代新人"。教育是民族振兴、社会进步的基石。国务院办公厅《关于新时代推进普通高中育人方式改革的指导意见》中明确提出,要引导学生在增长知识见识上、在培养奋斗精神上下功夫。中共中央、国务院《关于深化新时代教育评价改革总体方案》中指出,"坚决纠正片面追求升学率倾向","坚持把立德树人成效作为根本标准","坚决克服重智育轻德育、重分数轻素质等片面办学行为,促进学生身心健康、全面发展"。因此作为教育工作者,应践行立德树人的教育理念,帮助学生树立正确的价值观。

### 2. 学情分析

在瞬息万变的信息社会中,除了学习,学生极容易受到外部环境的影响,产生困惑情绪。这种困惑情绪会导致学生专注力下降、目标动摇,不利于学习或备考,为此,通过本次班会,引导学生树立正确的目标,增强自强精神和奋斗精神。

## 二、班会目标

### 1. 认知目标

通过视频和相关照片,帮助学生发现自身在学习观念与行动上的不足,认识到坚持理想与坚定目标的重要性。

2. 情感目标

通过师生沟通、连线家长等活动,让学生切身感受到家长与老师的期待,从而唤醒学生的目标意识,激发坚定前行的内在动力。

3. 行为目标

通过小游戏、辩论、小组合作等形式,引导学生围绕自我发展目标,制订个体和班级的实施计划和措施,形成共同宣言,共筑优良班风。

## 三、活动准备

1. 组织准备:确定主持人,学生分组,明确小组分工。

2. 素材准备:(1) 学生填写《理想调查问卷》(见附件),分析相关数据,初步了解学生缺乏目标的原因;(2) 邀请家长与任课老师,做好线上线下沟通准备;(3) 准备土豆、吸管若干;(4) 学生围绕辩题进行相关准备;(5) 准备"行动巴士"相关材料。

3. 氛围准备:(1) 出一期主题为"坚定信念 放飞理想"的黑板报;(2) 班级座位提前排好,腾出表演场地。

## 四、班会过程

**导入环节**

播放学生日常生活的视频片段,如自习课讲话、沉迷网络游戏……

**环节一:寻梦——年少滋味,欲说还休**

活动 1:明现状——认识自我

1. 展示《理想调查问卷》的数据统计结果,从数据结果可得出本班学生目标意识淡薄的主要原因是面对挑战畏难逃避,缺乏恒心和毅力。

2. 调查数据的结果统计示意图如图 1 所示。

活动 2:云家访——以爱连线

1. 视频连线家长,家长代表分享家庭生活的点滴,回忆孩子曾经的理想,说出孩子的优点,表达对孩子的鼓励。

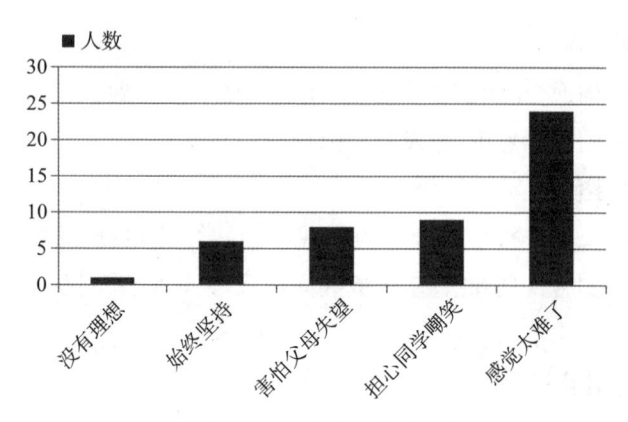

图 1　调查数据的结果统计示意图

2. 邀请学生最喜爱的老师，亲临课堂讲述学生的学习优势和潜能，表达对学生的殷殷期盼。

【设计意图】通过对《理想调查问卷》的数据分析，确定班级中部分学生目标意识淡薄的主要原因；通过家长连线、教师寄语，以情动人，唤醒学生的初心。

### 环节二：立志—— 独上高楼，立志为先

#### 活动1：树理想—— 从心出发

1. 观看视频《再一次，为平凡人喝彩》，鼓励学生成为敢于再来一次的人。
2. 高三年级是新起点，引导学生找回最初的理想（学生代表发言）。

#### 活动2：追梦人—— 头脑风暴

1. 小辩论：如何在高三这一年有建树？
2. 学生辩论、交流。

#### 活动3：连线毕业生，讲述高三这一年努力的意义

选择一名进入高三后努力奋斗并成功考入理想大学的毕业生进行分享交流。

【设计意图】视频导入，调动学生兴趣，启发学生思考平凡人的理想与目标；通过辩论，引发学生思考，切实感悟理想目标与坚持努力之间的关系，促使学生自觉从自身做起、从现在做起，把观念转化为行动；通过毕业生讲述，坚定学生的信念。

**环节三：守心——衣带渐宽，贵在必行**

1. 齐动手，用吸管穿土豆：理想就是一块土豆，实现理想的努力是一根普通的吸管。吸管穿土豆启示我们只要敢想、敢做、努力、持之以恒，没有什么是不能实现的。

2. 主持人总结：坚定信念、创新方法、珍惜机会、团结协作等。

3. 齐读习近平总书记寄语：我国广大青年要坚定理想信念，培育高尚品格，练就过硬本领，勇于创新创造，矢志艰苦奋斗，同亿万人民一道，在矢志奋斗中谱写新时代的青春之歌。

【设计意图】通过游戏环节，引导学生主动思考，理性看待学习生活中的困难，激发学生努力拼搏的内在动力。

**环节四：有所得——蓦然回首，水到渠成**

**活动1：推及己——制订计划**

学生分析自身优势劣势，小组合作，群策群力完善自我发展规划表（如表1所示）。

表1 自我发展规划表

|  | 优势 | 劣势 | 掌握技能 | 达成目标 |
| --- | --- | --- | --- | --- |
| 高三第一学期 |  |  |  |  |
| 高三第二学期 |  |  |  |  |

**活动2：共前行——行动巴士**

1. 小组合作。

每名学生在本组的"行动巴士"（如图2所示）上写下一条助力理想的行动

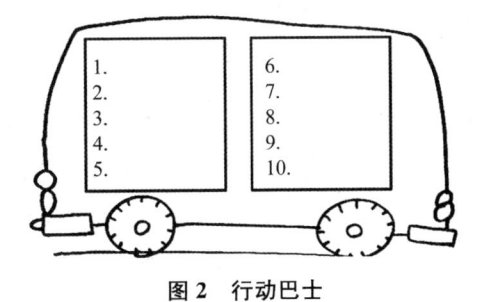

图2 行动巴士

口号,可以涉及学习生活的方方面面,写完后请小组成员评价这一行动口号,并附上一条成员自己的行动口号,依此类推,直至"行动巴士"开完整组。

2. 小组讨论。

以完成的"行动巴士"为蓝本,提炼一句小组行动宣言。

3. 谱写并宣读班级宣言。

(1) 9个小组,9条行动宣言,共同谱写班级宣言。

(2) 学生代表宣读自我发展规划。

(3) 班长宣读班级宣言。(播放歌曲《真心英雄》)

【设计意图】通过制订自我发展规划,将高三学生的理想与目标落到实处,有计划、有方向地向终点拼搏。个体与集体相互依存,通过制作"行动巴士",突出小组合作,以群体带动个体,形成良好的班级氛围。

### 教师总结

高尔基说过:"一个人追求的目标越高,他的才能就发展得越快,对社会就越有益。"树立起拼搏奋斗的理想与目标,将成为高中时代最大的财富。理想、目标、坚持,会让你们发现自己越来越优秀!

## 五、活动延伸

1. 学生课后进一步完善自己的发展规划,并在回家后把规划讲给自己的父母听,请父母督促自己的日常学习生活。

2. 要求学生每天写备忘录,把目标落实在每天的规划中。

## 六、班会反思

本节班会课针对的是高三学生。他们面临着学业上的压力,受到一些负面信息的影响后,有的学生会产生困惑、目标迷失等情况,这不仅对班级氛围产生了不良影响,也不利于学生自身的成长发展。本节班会针对这种情况,旨在帮助学生找回初心,坚定信念,付诸行动,并将现阶段的发展与未来的发展、自我的发展与国家的发展相联系,激励学生为了中华民族的伟大复兴而不懈奋斗。

如果时间充足,班会课的辩论环节可以给学生更为充足的时间,让学生充分表达意见,通过思维碰撞,让学生更深刻地理解努力的意义;另外,关于如何落实行动也应该给学生更多的时间思考,让学生制订出更具个性化的自我成长规划,以更好地促进学生发展。

**附件**

**理想调查问卷**

1. 你还在坚持自己当初的理想吗?

   A. 一直坚持,理想很明确

   B. 努力坚持,偶尔淡忘

   C. 经常忽略,偶尔想起

   D. 几乎忘记,很难想起

   E. 没明确理想

2. 你坚持的理由是什么?

   A. 实现自我价值

   B. 父母的期待

   C. 其他

3. 你不能坚持的理由是什么?

   A. 一再失败的打击

   B. 担心他人的嘲笑

   C. 理想过高,难以实现

---

【作者简介】

易劲,江苏省邗江中学德育室副主任,中学高级教师。2021 年获评扬州市"特级班主任",从事班主任工作 17 年。曾多次获评扬州市"十佳班主任"、扬州市"教育先进个人"等。曾获扬州市和江苏省中小学班主任基本功大赛一等奖,江苏省德育论文二等奖,扬州市班会课设计一等奖,扬州市"我的教室最有范"创意设计评比特等奖,扬州市及全国教学比赛一等奖等。

# 第二部分　共建和谐社会

6. 美丽的自由，自由的美丽
　　——高一年级"社会主义核心价值观之自由"主题班会

7. 蓝白韵里绘匠心
　　——高二年级"珍惜青春，锤炼过硬本领"主题班会

8. 月是故乡明
　　——高三年级主题班会

9. 事老以情，敬老以心
　　——高三年级"中华优秀传统文化教育"主题班会

# 6　美丽的自由，自由的美丽
## ——高一年级"社会主义核心价值观之自由"主题班会

金丹丹

## 一、背景分析

### 1. 主题解析

党的二十大报告提出，用社会主义核心价值观铸魂育人。自由是人类文明发展的共同成果，是人类价值认识中的共识元素，是人类共同的价值追求。自由作为社会主义核心价值观，既高度体现了人类文明发展的共同成果和人类社会的共同价值追求，又高度体现了现实目标与理想目标的有机统一。习近平总书记指出，中国人历来讲求自由和自律统一。自由应建立在自律、自强的基础上，将个人的自由与社会进步、国家未来主动关联，以更好地追求人生理想。对高中生进行社会主义核心价值观教育是学校德育的重要内容，《中小学德育工作指南》将其作为中小学德育的重要内容。引导学生将自己的世界观、人生观、价值观与国家命运密切关联起来，使人生理想的实现与中国特色社会主义道路建设联系起来，是学校德育的应然取向和目标追求。

### 2. 学情分析

高中阶段是青少年世界观、人生观、价值观形成的重要阶段，青春期的高中生比较注重个人形象，一些人在追求时尚等方面花费大量的时间和金钱，并认为这是他们的自由；他们对自由的认识相对狭隘，没有认识到自由发展与遵守规范的辩证统一，没有理解自由对于国家、社会和个人发展的作用。基于此，本次班会课旨在引导学生理解在中国特色社会主义的伟大事业中，个人自由与国家建设、社会发展应高度统一。

## 二、班会目标

### 1. 认知目标
认识自由的内涵,理解自由发展与遵守规范的辩证关系,理解"小我"的自由与"大我"的自由的辩证关系。

### 2. 情感目标
增强理性看待自由的意识,激发学生对社会主义核心价值观中自由的价值认同。

### 3. 行为目标
提高学生辩证看待自由的能力,改正对"自由"有认识偏差的行为,在遵守规范中发展个性特点,养成自我约束的好习惯。

## 三、班会准备

1. 教师准备:组织召开班委会,布置分工任务;准备调查问卷;准备座位席卡。

2. 学生准备:搜集学习生活中同学们追求自由的相关照片,编排情景剧,剪辑视频,学习制作饼状图。

## 四、班会过程

**环节一:我们的"自由"——直面问题识自由**

**活动1:走进情景剧**

1. 学生表演情景剧。

表演人员:第一小组同学。

内容概要:一天,小华与妈妈去商场买衣服,两人因挑选衣服的观点不同而起了争执,小华认为妈妈的眼光不好,选择什么是他的自由,穿什么衣服也是他的自由,不想要别人约束他。

2. 小组讨论:在情景剧中,小华认为自由是什么?

3. 学生分享观点。

预设：特立独行、标新立异、随心所欲、奇装异服……

### 活动2：观己议自由

1. 快问快答：你想要的自由是什么样的？

2. 分享课前学生搜集的追求自由的照片：窝在被子里打卡上网课、打着瞌睡写作业、天天"葛优躺"、睡到自然醒、无节制玩手机、无限制追剧……

【设计意图】选择贴近时代、贴近生活、贴近学生实际的情景剧开展话题导入，能吸引学生注意力，引导学生说出他们心中的自由。

## 环节二：我们的自由——话题微辩明自由

### 活动1：问卷调查

1. 讨论：你认为爸爸妈妈要求你注意服饰穿着的主要原因是什么？

A. 浪费时间，应该把时间花在学习上。

B. 浪费金钱，不能盲目攀比。

C. 对服饰审美观念不同。

D. 防止个性发展出现偏差。

E. 其他

2. 课前整理分析家长问卷调查结果并做成饼状图，课上学生完成纸质调查表，班长汇总全班数据后绘制饼状图。

3. 班长展示全班数据分析情况（如图1、图2所示）。

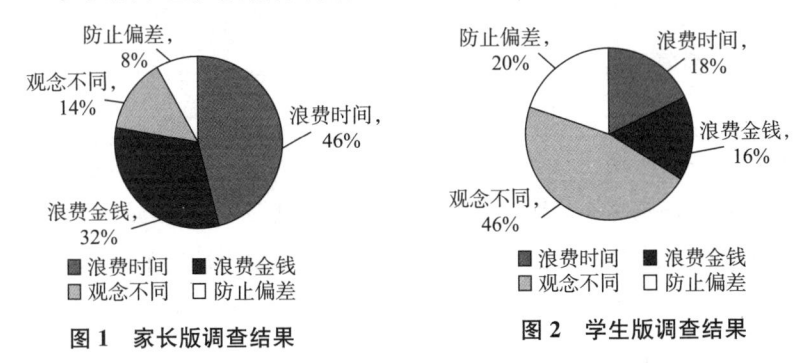

图1 家长版调查结果

图2 学生版调查结果

家长问卷调查的结果：要求学生注意服饰穿着的主要原因中，46%的家长认为"浪费时间，应该把时间花在学习上"，32%的家长认为"浪费金钱，不能盲目攀比",14%的家长认为"对服饰的审美观念不同",8%的家长则是为了"防止个性发展出现偏差"。其中,认为"浪费时间,觉得应该把时间花在学习上"的家长占比最大。

学生问卷调查的结果:选择"浪费时间,应该把时间花在学习上"的学生占18%,选择"浪费金钱,不能盲目攀比"的学生占16%,选择"对服饰审美观念不同"的学生占46%,选择"防止个性发展出现偏差"的学生占20%。其中,认为父母要求注意穿着的原因是"对服饰审美观念不同"的占比最大。

由此可见,家长与学生选择注意服饰穿着的主要原因差异很大,产生差异的原因是什么呢?

**活动2:话题微辩**

1. 老师、家长认为青少年着装应以朴素、简单为要,遵守规范;而学生认为青春应彰显个性,自由发展。

出示辩题:自由发展与遵守规范哪个更重要?

正方观点:自由发展更重要。

反方观点:遵守规范更重要。

2. 正方、反方陈述观点。

预设1:个性自由发展与遵守规范对立统一,相互促进。

预设2:遵守规范是养成良好习惯、增强集体归属感、树立良好形象的充分条件。

预设3:刚健、干练、阳光都是青春个性之美,不会因规范而被抹杀。

预设4:青少年不仅要追求自由发展,更要独立思考,善辩、善立、善举。

**活动3:情境再现**

表演人员:第一小组同学。

内容概要:放假期间,妈妈因天气转凉想给小华添几件衣服,小华与妈妈再次来到商场,妈妈为小华挑选了衣服,小华试穿后感觉很合适,母子经过商量买下了衣服。走出商场后,小华就前几天买衣服发生冲突的事情与妈妈敞开心扉地交流。

**活动4:反思我的自由**

1. 学生反思自我,填写表格(如表1所示)。

表 1　自我反思表

| 对自由认识有偏差行为 | 已产生或将产生的后果 | 反思原因 | 拟采取措施 |
| --- | --- | --- | --- |
|  |  |  |  |
|  |  |  |  |
|  |  |  |  |

2. 学生分小组展示填写内容。

【设计意图】通过调查问卷了解家长、学生的想法,通过话题微辩让学生自主探索自由发展与遵守规范的辩证统一关系,从而找到解决情境导入中事件冲突的方法,同时引导学生反思对自由的认识是否存在偏差并寻找对策,学会辩证地认识自由。

### 环节三:最美的自由——"小我""大我"同自由

#### 活动 1:时事热议

1. 时事链接。

材料一(图片):2023 年 8 月 25 日,黄女士推着婴儿车在小区楼下散步,路过电梯厅附近斜坡时,一个未熄灭的烟头从天而降,刚好砸在孩子身上,孩子的脖子被烟头烫伤。为了抓住元凶,警方对事发单元楼的所有住户进行了 DNA 采集,并与烟头上的 DNA 进行了比对,最后成功锁定了乱扔烟头的嫌疑人。

材料二(视频):2023 年 12 月,一名拥有 300 多万粉丝的网红在直播间因对甘肃地震灾难中的同胞言语不当,引起网友不满,账号被永久封禁。

2. 小组讨论。

(1)"随手一抛"是个人"自由"吗?

(2)自媒体时代,你如何看待网络言论的"自由"?

3. 观点陈述。

(1)高空抛物,不仅是一种不文明行为,也会给别人造成身体伤害。《民法典》第一千二百五十三条:建筑物、构筑物或者其他设施及其搁置物、悬挂物发生脱落、坠落造成他人损害,所有人、管理人或者使用人不能证明自己没有过错的,应当承担侵权责任。所有人、管理人或者使用人赔偿后,有其他责任人的,有权向其他责任人追偿。

(2)自媒体时代是指以个人传播为主,以现代化电子化手段,向不特定的大多数或者特定的单个人传递规范性或非规范信息的媒介。言论自由是指公民通过各种语言形式,针对政治和社会中的各种问题表达其思想和见解的自由。《宪法》中规定,有害于国家和社会利益,损害他人权利或侮辱他人的各种言论,均不属于言论自由的范畴之内。

活动2:今日说法

1. 邀请法治副校长到班,与同学们共学《宪法》《民法典》等。

2. 观点总结:我们不应追求狭义的自由,而要将自由建立在自律、自强的基础上,将个人的自由与社会进步、国家未来主动关联,从而获得追求人生理想的自由。每一个人的自由,不是衣着光鲜,而是要努力装扮出最美的人生!

**教师总结**

同学们,自由是我们终身的必修课,今天我们因为一件衣服发生冲突,将来走入社会,大家会经历物质和名利的诱惑,要面临踏实本分与虚荣势利的选择,到那个时候,你们要坚持不计较个人的安逸和享受,追求自由和自律的统一。现在,你们要明确目标,努力求知,拓宽眼界,提升知识水平,练就过硬本领,在持之以恒中提升辨别自由的能力,尽己所能,争取为社会与国家做出更多的贡献,让青春在不懈奋斗中绽放绚丽之花!

正如一位名人所说:自由,不是你想做什么就做什么,而是你不想做什么就可以不做什么。

【设计意图】从个人、社会、国家不同层面与学生共同探讨自由的真谛,通过"今日说法",加强法治教育,从法律层面引领学生加深对社会主义核心价值观之"自由"的理解。引导学生将"小我"融入"大我",同时培养与提高学生辩证分析问题的能力。

## 五、活动延伸

### 1. 绘制名人录

收集整理中国发展历程中为国家民族的发展鞠躬尽瘁、夙兴夜寐的伟人,分航空航天、经济发展、医学研究、自然环境等不同领域进行介绍,整理绘制名人录。

## 2. 规划人生路

学生根据名人录,交流展示研究成果,并规划个人的发展方向,将自己的人生理想与走中国特色社会主义道路结合起来,力求在民族大义中实现真正的自由。

## 六、 班会反思

本节班会课源于一名高中生想按照个人喜好穿着打扮,他认为这是他的自由。由此我们开设了一节关于自由的主题班会,旨在提高学生对社会主义核心价值观中自由的认识,让学生明白自由的真谛。

### 1. 取乎其上,得乎其中

本方案设计从美丽切入,围绕自由,主题明确,语言凝练,从"我们的'自由'、我们的自由、最美的自由"三个维度深入探讨这一话题,方案设计合理,有层次,有梯度,循序渐进,符合学生的认知规律。通过实践为生生互动搭建平台,思维的火花由此充分迸发。本节课情景剧表演者的表现令人印象深刻,他们通过肢体语言、情境对话将设计中的人物冲突、前后转变等展现得淋漓尽致,赢得了一致好评。

### 2. 厚积薄发,重在过程

在课前,师生都做了充分的准备,如设计问卷、发放问卷、回收问卷等都由学生分组合作完成,不仅锻炼了学生的动手能力,而且体现了团队合作的重要性。课堂中,对自由的相关话题的思辨性探讨有利于培养学生的辩证思维能力、语言表达能力、人际沟通能力。整节课按照设计方案顺利开展,环节流畅,衔接自如。

### 3. 师生共悟,实效显著

本节课学生表现积极踊跃,小组交流热烈,学生代表争先恐后地发言。在分析热点话题尤其是开展话题微辩的过程中,学生思路清晰、观点鲜明,引经据典,表现超出教师预期。最后生成环节,如果能有更好的举措促进学生把本节课所想所感付诸实践,效果则会更好。

---

【作者简介】

金丹丹,江苏省通州高级中学英语教师,中小学一级教师,校学生处主任、团委书记,被评为江苏省"优秀共青团干部"、南通市"德育工作新秀",南通市五一劳动奖章获得者。曾获江苏省和长三角地区中小学班主任基本功大赛一等奖。

# 7 蓝白韵里绘匠心
## ——高二年级"珍惜青春,锤炼过硬本领"主题班会

黄 颖

## 一、背景分析

### 1. 主题解析

习近平总书记在致全国青联十三届全委会和全国学联二十七大的贺信中指出:"我国广大青年要坚定理想信念,培育高尚品格,练就过硬本领,勇于创新创造,矢志艰苦奋斗,同亿万人民一道,在矢志奋斗中谱写新时代的青春之歌。"新时代中国青年如果没有过硬的本领,理想的实现、责任的担当就会变得虚无缥缈。无论是成就自己的人生理想,还是肩负时代的神圣使命,青年都要努力学习掌握科学知识,提高内在素质,锤炼过硬本领。

### 2. 学情分析

中小学阶段是青少年良好道德品质形成的关键期,也是学习科学文化知识、做好知识储备的关键期,要正确引导青少年学生扣好人生第一粒扣子,为将来成为新时代建设者做好各种准备。当前青少年群体中,存在理想信念缺失、意志品质薄弱等现象,为此要引导和帮助青少年学生树立正确的人生理想,锻造优秀的品质,向优秀学习,向优秀看齐。

## 二、班会目标

### 1. 认知目标

通过亲手制作的环节和优秀人物推介,让学生对锻造过硬本领有直观的感受,并且从优秀人物事迹身上感悟其人格魅力,勉励学生向楷模学习。

## 2. 情感目标

通过人物访谈,让学生切身感受到能工巧匠就在我们身边,让学生对手艺人的娴熟技艺、社会担当、家国情怀等,有更感性的认识。

## 3. 行为目标

通过探究学习,对锻造过硬本领有更加深刻的认识,使之成为学生的行为自觉,激励学生在个人成长和时代担当中,锤炼自己的过硬本领。

## 三、班会准备

1. 教师准备:(1)根据教学需要制作 PPT;(2)准备刻刀、印有蝴蝶纹样的纸张;(3)剪辑新闻视频、新媒体内容;(4)搜集优秀人物资料、图片;(5)邀请传承人参与班会。

2. 学生准备:(1)调查研究,"我"心中的大国工匠,以及"我"如何看待"大国工匠";(2)现场采访准备,事先与嘉宾做好对接。

## 四、班会过程

**环节一:导入篇——初识"过硬本领"**

1. 做一做。

每位学生的桌子上放置一把刻刀,学生利用刻刀,依据样品的纹样,进行刻画。屏幕上倒计时一分钟。

2. 比一比。

邀请南通蓝印花布传承人和学生一起现场制作,倒计时结束时比较学生和传承人刻出来的成果。

3. 聊一聊。

请几位学生简单谈一谈自己的感受。

生1:看上去非常简单,操作起来却没有那么容易。

生2:普通人跟能工巧匠的差距太大了。

生3:要想把事情做好,就要勤加练习。

学生集体分享、交流。

**【设计意图】**通过新颖的活动导入,达到暖场的目的,增强学生对班会课的期待和投入。学生事先并不知道嘉宾的到来,通过现场的比试,为后续的教学活动埋下伏笔。学生畅所欲言,建立对过硬本领的初步感性认识,为接下来的深入理解和探讨打下基础。

### 环节二:展开篇——畅谈"过硬本领"

1. "平语"近人。

习近平总书记在致全国青联十三届全委会和全国学联二十七大的贺信中指出:"我国广大青年要坚定理想信念,培育高尚品格,练就过硬本领,勇于创新创造,矢志艰苦奋斗,同亿万人民一道,在矢志奋斗中谱写新时代的青春之歌。"

2. 资料展示。

资料一:大国工匠——王进。

19岁,王进从临沂电力技工学校毕业,进了山东送变电公司。他坚信"只要踏踏实实干,练就一身真本领,当工人一样可以出彩"。日常的刻苦和钻研使他拥有了一身过硬本领,使在1 000千伏高压下带电操作成为可能,因为突出贡献而登上了"大国工匠"的领奖台。工作19年来,王进始终把确保输电线路可靠供电作为自己的首要责任。他长期扎根特高压、超高压输电线路带电作业一线,参与500千伏线路带电作业100余次,累计减少停电时间210多个小时。参与执行抗冰抢险、奥运保电等重大任务,带电检修300余次实现"零失误",为企业和社会创造了巨大经济价值。

"王进没有很高的学历,但他拥有乐观的心态、坚忍的意志和谦虚的品质。他的成长轨迹告诉我们,一个人只有敬业才能精业,只有精业才能最终立业。态度决定成败,责任成就未来。先进人物离我们并不遥远,只要持之以恒地认真做好本职工作,人人都有机会成为王进。"国家电网山东检修公司总经理李猷民表示。

资料二:传奇机长——刘传健。

2018年5月14日,一个平常的日子,在飞机前挡破裂、完全与地面失去联系的情况下,拥有过硬本领和"乘客生命高于一切"情怀的刘传健机长,沉着冷静地分析情况并手动操作,最后将飞机成功降落在成都双流国际机场,机上乘客无一伤亡,创造了伟大的奇迹。

资料显示,当人体进入海拔3 000米以上的高原时,低压低氧环境会导致人体出现呼吸困难、恶心呕吐等,严重情况下甚至可能导致死亡,这就是高原反应。飞机处于高空中,人之所以能在飞机上正常活动是因为客舱被加压,人体不会因为氧气不足出现缺氧反应,但驾驶舱破损会导致飞机内部失去压力,而舱内失压可比高原反应厉害得多,如果不带氧气面罩,人在几分钟内就可能缺氧而死。

机长刘传健与副驾驶徐瑞辰就这样顶着零下几十摄氏度的低温和每秒几百公里的风速,在机组人员的帮助下,成功备降成都双流国际机场,挽救了飞机上128人的生命。

后来,民航局经过调查发现,刘传健此次迫降堪称教科书般的特情处理。从飞机发生故障到成功降落,一共36个操控动作,但凡有一个动作不准确都可能导致飞机失去控制。民航局进行的10次模拟实验结果都是飞机坠毁,可以说刘传健将不可能变成了可能,创造了难以复制的奇迹。

3. 你言我语。

如何理解"过硬本领"?

生1:我认为过硬本领就是一门手艺。

生2:过硬本领,应该是我与别人不一样的地方,是一种特长。

生3:把学习搞好,也是一种本领。

生4:各行各业的过硬本领是不一样的。

学生集体分享、交流。

4. 青春语言。

展示奋斗在各行各业的"90后"们的青春语言:

"过硬的本领是核心竞争力,实打实学到的东西、增长的本事,无论走到哪里,都是最轻便、最有用的行囊。"

"我想让自己的技术配得上生命的韧性。"

"年轻人向前冲锋,不能仅靠一腔热情,担当得起来,还得有知识技能。"

"青春的力量不仅有蓬勃的色彩,更应该有含金量。"

5. 现场访谈。

学生对南通蓝印花布博物馆的倪馆长进行现场采访。

主持人：倪老师，您为什么会从金融专业转行到非物质文化遗产行业？

嘉宾：我毕业于河海大学商学院金融财会专业，与吴灵姝（南通蓝印花布吴家染织第六代传人）相遇后，辞去银行的工作，泡进"染缸"，跨界转行。冯骥才先生曾鼓励我，"中国有上百万的金融从业者，但民间手工艺的传承人却少之又少，你的改行意义很重要，希望你能将蓝印花布好好传承下去"。所以我从一点一滴开始，从头学习。

主持人：从零开始，到如今拥有精湛的技艺，您一定付出了常人难以想象的艰辛，能否请您具体说一说。

嘉宾就这一话题进行具体阐述。

### 6. 教师总结

我们感受了倪馆长从金融业转行到非物质文化传承工作的情怀，聆听了他从零开始到如今拥有精湛技艺的努力和艰辛，了解了传承与创新之间的关系，这些都让我们收获良多，思索万千。希望同学们能够向这样的大国工匠学习，学习他们的优秀品质，并且努力践行。

【设计意图】从学生不太熟悉的人物，到电影人物的原型，再到身边的典型，浸入式的情境教育能让学生领悟到普通工人、担负乘客生命安全的机长、传承文化的工匠们都在用自己的点滴努力，锤炼过硬本领，成就自己的人生，更担负着时代的使命。由此激励学生向典型、模范学习。

### 环节三：探究篇——解读过硬本领

1. 合作探究。

通过了解大国工匠王进、传奇机长刘传健的事迹，并且聆听了倪馆长的介绍后，以小组为单位，思考下面两个问题。

问题一：他们为什么都能练就过硬本领？

小组1：坚强的意志品质，是他们能够练就过硬本领的关键。

小组2：枯燥而又不断重复的练习。

教师小结：练就过硬本领需要敬畏与热爱、潜心研究、甘于寂寞、不怕输、服务于实践、注重学习并有家国情怀、有创新意识等品质，总而言之要能做到德行兼备、知行合一。

问题二：我们为什么需要练就过硬本领？

各小组分享、交流。

师生小结：从个人发展角度来说，可以实现自己的人生理想，追寻有成就的幸福感；从社会发展角度来说，是传承和弘扬中华优秀传统文化的需求，是我国正处于社会主义初级阶段基本国情的必需，是新时代、新形势、新业态所赋予的历史使命。

2. 视频展示。

播放习近平总书记在纪念五四运动100周年大会上对青年人的寄语视频片段。

【设计意图】通过讨论和分享，小组合作探究学习，学生对锻造过硬本领有更加深刻的认识，使之成为学生的行为自觉，为日后打下基础，激励学生在个人成长和时代担当中，锤炼自己的过硬本领。

### 环节四：践行篇——练就过硬本领

1. 释疑解惑。

我们还只是学生，如何为社会做贡献，怎样去练就一身过硬本领呢？

2. 畅所欲言。

生1：从作息时间入手，养成良好习惯，坚持做到按时起床，按时休息，尽可能地避免熬夜和打疲劳战。

生2：坚持体育锻炼，养成健康的体魄，为从事一切活动打好基础。精力充沛的人，展现给大众的外在气质也是有活力的。

生3：钟南山院士曾在给孩子们的信中写道，"用知识缝制铠甲，不远的将来，当你们走进社会，在各行各业都将由你们披甲上阵"。

生4：专注于一些事情，比如做好笔记和错题的整理。

生5：积极参加社会和家庭的劳动，在劳动中培养自己吃苦耐劳的精神，为将来走上工作岗位做准备。

学生自由发言，分享交流。

3. 教师总结。

学生时代的首要任务是学习。学会学习，在学习与实践中，学真知、悟真谛；坚定"读万卷书"的志向，葆有"行万里路"的气魄；懂得学习没有完成时，只有进行时，还需保持加速度；保持学习的热情，既读有字之书，也读无字之书；在学习过程中磨炼自己的心性，锤炼自己的意志，培养自己的兴趣爱好，形成良好的行为和思维习惯。做好了这些，便有了锤炼过硬本领的功底。

【设计意图】这一环节，让学生明确锤炼过硬本领不仅仅是走上社会后的需求，而是从学生时代就要有的品质，以此激励学生懂得学习的重要性，并进一步正确理解学习的含义，认识到锤炼过硬本领本身就是一种学习的过程。

## 五、课后延伸

以班级为单位，向全校发出一份倡议书，倡议同学们从具体小事入手，努力做到最好，磨炼意志。

## 六、班会反思

南通蓝印花布，是江苏省南通市特产、中国国家地理标志产品。本节班会课以"蓝白韵里绘匠心"为标题，以"珍惜青春，锤炼过硬本领"为主题，引导学生勇于承担时代使命的重任。

要想上好一节班会课，班主任一定要思考两个问题，一是"我要通过这节班会课把我的学生带到哪里去"，二是"我要通过何种方式和手段，把我的学生带到那里去"。高中阶段是学习的黄金期，高中生要把学习作为首要任务，不仅要学书本上的知识，更要学实践中的知识。要在面向现代化、面向世界、面向未来的大局中不断提升体能、技能和智能，要在感悟新时代、紧跟新时代、引领新时代的新际遇中持续提高自身的素质和能力，通过学习使自己成为新知识、新观念和新思维的集成体。这也是我想通过这节班会课引发学生思考、触动学生灵魂的地方。

一节班会课虽然只有短短的 45 分钟，但是从学生的困惑点和盲点入手，遵循高中生的认知规律和水平，层层推进去设计一节班会课，才能达到预期的理想效果。从班会实际的推进过程看，学生普遍对身边他们熟知或者不熟知的工匠的事迹，感到深深的震撼和敬佩；学生对我设计的问题能够积极阐发自己的见解，进而尝试去修正过往的不正确的认识和反思自身存在的问题。

一节班会课只是班主任理念和艺术的一个缩影。对学生的价值引领体现在班主任工作的方方面面。我们要用"小火慢炖"的方式彰显班会课的影响力，让班会课能够陪伴、见证学生自我成长和自我感悟，在追求"养成"而非"速成"，"内化"而非"外塑"，"润泽"而非"浇灌"的课堂中，达至立德树人的境界。

【作者简介】
　　黄颖，南通大学附属中学教师，中学一级教师，被评为南通市"优秀教育工作者"、南通市"优秀班主任"。2018年获江苏省中小学班主任基本功大赛一等奖，2019年获江苏省高中政治基本功大赛一等奖，2020年获南通市青年五四奖章。

# 8　月是故乡明
## ——高三年级主题班会

戚逍逍

## 一、背景分析

### 1. 主题解析

"露从今夜白,月是故乡明。"杜甫在异乡的戍鼓和孤雁声中观望着秋夜月露,平添思乡之情。情系故土的乡土文化,是中华民族集体记忆里的血脉羁绊,凝聚着人们对故乡人情、风俗、建筑、山水等的追思,饱含着丰富的地方历史人文信息,滋养着中国人深厚的家国情怀。从历史到现实,中华民族历来崇尚家国大义。小家与国家紧密相连,国与家、社会与个人,密不可分。家国情怀几千年来扎根在中国人内心深处,强调个人修身、重视亲情、心怀天下,与行孝尽忠、民族精神、爱国主义、乡土观念、天下为公等传统文化内容有重要联系,又是对这些传统文化内容的超越,在增强民族凝聚力、提高公民意识、筑牢爱国主义根基等方面有重要的时代价值,也是中小学生德育工作的重要内容。

### 2. 学情分析

临近高考,无论师生还是家长,重心都放在课业学习的最后冲刺阶段,在涉及高考志愿填报和成长规划时,也侧重于目标导向,以对未来生活的向往作为动力,激励学生学习。在持续紧绷的学习状态下,高三学生难免有疲惫之感,家长也有着自身的压力。在生生、师生、亲子互动中,由于更多追求短期、功利的目标,难免传递焦虑情绪,更有甚者,关系会变得剑拔弩张。事实上,大多数学生会在高考后离开家乡,有些学生尚未意识到,自己和父母好友朝夕相处的时间余额不足,对学校、对家庭、对家乡,没有形成深刻的情感认知,也忽视个人成长和外界环境的有机联系。因此拟组织一次主题班会,让学生"慢"下来,把投向远处的目光转移到自己的成长环境,感受亲情友情和乡土人情,学会珍惜拥有。根扎得深沉,方长得茂盛。

## 二、班会目标

1. 认知目标

（1）通过绘制"大学到家的距离"路线图，计算一生中我们陪伴父母的时间有多少，感受上大学后与家人的时空距离。

（2）通过"你将如何向新同学介绍你的家乡"活动，加深个人情感与家乡形象的联系，引发对"我能为家乡做什么？"这一问题的思考。

2. 情感目标

引导学生意识到家乡和家人的重要性，增强爱家爱乡的情感，感念个人前途与家乡、国家命运的同频共振。

3. 行为目标

调研家乡历史人文遗存，唤醒保护乡土文化和环境的意识，增强社会责任感。

## 三、班会准备

1. 教师准备：（1）公布班会主题，进行活动组织"招标"，邀请班委会和学生代表共同评选出适合开展的班会活动构思，并给予其他创意方案奖励。根据"中标"活动构思形成最终班会活动方案，确定本次班会主题"月是故乡明"；（2）对主题班会承办团队进行统筹安排，根据学生意向和特长进行分工，并对承办团队给予必要支持。

2. 学生准备：（1）根据班会主题，全体同学参与创意设计，通过开展讨论会的形式，形成班会活动方案；（2）根据方案需求进行分工，确定总策划、主持人、文案组、摄影组、道具组、外联组等；（3）做好关于理想大学的主题调查，确定活动方案及主持稿，制作PPT，准备相关视频和道具，布置教室、制作宣传海报、邀请嘉宾等。

## 四、班会过程

**环节一：上篇——即将远行**

**活动 1：眇眇远行客**

1. 绘制"大学到家的距离"路线图。

道具组拿出准备好的中国地图或世界地图，每名学生标注自己准备报考的大学，在地图上画出大学到家的大概路线，查询所需乘坐的交通工具、计算路上要花费的时间。

同时播放自制视频：用动图演示从所在城市出发，到部分国内外知名高校的路线。

2. 主持人现场采访。

问题 1：在填报志愿时，距离会不会影响你的选择？影响程度有多大？为什么？

问题 2：考上大学后你打算多久回家一次？每次回家你的安排可能有哪些？在家待的时间有多长？

**活动 2：绵绵思故乡**

1. 一生中我们陪伴父母的时间有多少？展示该话题，学生进行估算，在纸上写出时间并展示。

（1）这是一道"残忍"的亲情计算题。

据某网站调研数据显示，工作后仅有 34% 的人每年能回家陪伴父母超过 30 天，20% 的人陪伴时间不足 30 天，24% 的人陪伴时间仅有 7 天至 9 天，而 22% 的人陪伴父母的时间竟然不到 7 天。也就是说工作之后，66% 的人常年在外，不能陪伴在父母身旁。

（2）这是一个难以置信的数据。

读大学开始，你回家能待多久，除去吃饭和睡觉的时间，你能和父母相处多久？如果父母还能健健康康地活 50 年，你计算一下，你们还有多少共处的时光？

如果你跟父母住在一起，每天在一起是几个小时？如果按每天 4 个小时算，你和父母相处的时间，其实也只剩下 50 年的 1/6。

如果你在外地求学，又在外地工作，你回家的时间很可能从每周回家一次,到每个月回家一次,到几个月,到半年,再后来就可能变成了每年过年的时候才回家,甚至因为各种原因几年才回家一次。如果按平均每年回家1次,每次5天,减去应酬、工作、吃饭、睡觉等时间,真正能陪在父母身边的大概只有约24小时。那么按50年来计算也就只有50天。

2. 主持人现场采访。

问题1:在计算之前,有没有想到会是这个数字?

问题2:说说此刻的感想。

(1) 播放提前录制的视频《目送》,视频内容为班级部分同学的家长对即将远行的孩子说的话。

(2) 主持人小结。

我们模拟着回家的路,计算了距离;我们用生命的倒计时,计算了时间。想象的时空变得具体,路途遥远,却相处短暂。

纪伯伦曾劝慰父母们这样看待与儿女的关系:你可以庇护的是他们的身体,却不是他们的灵魂,因为他们的灵魂属于明天,属于你做梦也无法到达的明天。你是弓,儿女是从你那里射出的箭。弓箭手望着未来之路上的箭靶,他用尽力气将你拉开,使他的箭射得又快又远。

我们对父母说"不必追";父母对我们说"但问前程,莫问归路"。一方面,漫漫长路,远方有我们的星辰大海;另一方面,时不我待,我们应当珍惜和家人在一起的分分秒秒,陪伴着我们的家人总是用最温情的目光护送我们阔步向前,让我们不惧前路,奔赴自己的梦想。

【设计意图】用即将离别的伤感引出对家和家乡的不舍情感,通过两个活动,将模糊的想象中的远行具化成空间和时间的数据,使学生真切感受到上大学——迈入人生的新阶段,需要调整状态,做出一定的心理准备和调适。通过对回家之路的沉浸式感受,强化学生对理想院校志在必得的情绪,也激发了学生对未来生活的美好期待。

**环节二:下篇——爱我故土**

**活动1:君自故乡来**

1. 展示话题:你将如何向新同学介绍你的家乡?

(预设+随机)展示三组,学生可用PPT、短视频、实物呈现等方式,多角度、全方位地展示家乡的风土人情、名人特产,也可选取某个自己最感兴趣的方面进行介绍。每组介绍时间控制在3分钟以内。

2. 展示为家乡制作的名片。

请学生提前制作好并在教室里展示,主持人提示学生和嘉宾观看现场的名片。主持人请嘉宾选出吸引自己的名片并点评。

### 活动2:应知故乡事

1. 主持人现场采访。

问题1:第一个假期,你邀请自己的新朋友到家乡来玩,你最想带他去哪里呢?为什么?

问题2:你知道家乡最古老的建筑在哪里吗?

问题3:毕业后你更愿意留在大城市还是回到家乡工作?为什么?

预设1:部分学生会关注家乡的历史文化、遗址遗迹等,针对这些学生的回答追问问题2。

播放古村落公益宣传片(90秒),交流如何保护家乡历史文化遗存,如何对待古街古建筑。

预设2:部分学生会介绍家乡现代化发展的方面,如吃喝玩乐、网红打卡地等,针对这些学生追问问题3。

2. 播放纪录剧《假装我们在城市》,展示经典台词。

将"城市""故乡"作为关键词搜索,展示出现的高频关联词句,如"回不了的故乡,融不进的城市""新市民""小镇做题家""高房租""996"等。学生对这些高频词句进行交流,主持人随机访谈:我们能为家乡做什么?

每个城市在改造过程中,都可能面临现代化创新和城市遗迹保护的问题,结合保护古村落的公益视频,讨论对家乡建设的看法和建议。

3. 教师小结。

我们中的大多数同学,即将离开家乡,成为异乡人,数年后,我们有人留下,有人离开,有人回到家乡。我们可能是在陌生城市闯荡的后来者,也可能是回到熟悉小城的主人翁。我们会在不同的城市过着不同的生活,也许会有抱怨但一定饱含着对生活无穷的热爱,因为热爱,所以才希望自己生活的城市无比美好。他乡是故乡,心安即是家。没有到不了的远方,没有回不了的故乡,这才是我们的"露从今夜白,月是故乡明"。

【设计意图】调研家乡历史人文遗存,留住青山绿水,保护好古井老屋、小桥古树、民间文化等,学生既留住了乡愁,又唤醒了保护乡土文化和环境的意识,增强了社会责任感,进而滋养出深厚的家国情怀。本环节引导学生深入思考历史与现实、理想与现实之间产生冲突时该如何应对,培养积极乐观的人生观。

## 五、活动延伸

### 1. 开展研究性学习及相关实践活动

学生以"乡土资源开发"为主题展开研究性学习,围绕历史文化遗存、古村落古建筑等研究对象进行考察调研;将"保护古村落古文明、合理开发乡土资源"的意识外化为模拟政协提案进一步深化;制作宣传海报与短视频,向大众科普保护历史文化遗存的意义。

### 2. 基于研究性学习成果开发校本课程

基于研究性学习成果,师生合作进行相关主题的校本课程开发,结合学科教学和德育教育,丰富主题班会内容。

### 3. 初步形成职业生涯规划

在主题班会活动的基础上,学生初步形成职业生涯规划,人生有目标,行动有计划,进一步明晰理想和实践,为高三复习冲刺提供精神动力。

### 4. 整合社会资源,设计有意义的"毕业旅行"

挖掘博物馆、民俗馆、文旅相关机构等社会资源,学生设计以"月是故乡明"为主题的毕业活动,深入体验家乡的风土人情、历史文化。

## 六、班会反思

高三学生将在高考后步入新的人生阶段。在进行关于理想信念的主题班会时,学生的目标高校多集中于一线城市,大多数学生会离开家乡奔赴前程。此时组织家国情怀主题的德育活动,融家庭情感、家乡情感、爱国情感为一体,增强学生乡土意识,使其感念个人前途与家乡、国家命运的同频共振,意识到个人价值和社会价值的有机统一,这既有助于理想信念教育效果的加强,也有助于增强学生的社会责任感。在梦想启航之时,有学生个人追求,亦心怀天下;既有对亲人挚友的不舍眷念,更有对故土家国的远大抱负。

以"月是故乡明"为主题将班会分为上、下篇,上篇"即将远行"立意"远行",下篇"爱我故土"呼应"归来",形成结构与内容上的闭环,情节推进有始有终,情感酝酿饱满充沛。

总的来说,课堂学生参与面广,完成度较高,整个设计对主持人的应变要求较高,可以不同环节由不同学生来担任,让更多学生深度参与,使群体教育和个人体验相结合。这节课的耗时较长,如果需要充分展开、深度讨论,最好上、下篇分开,形成系列班会。

【作者简介】

戚逍逍,浙江省海亮实验中学教师,常州市学科带头人,常州市教师华英奖获得者。2013年获江苏省高中历史基本功比赛一等奖,2015年获江苏省和长三角地区中小学班主任基本功大赛一等奖。

## 9 事老以情，敬老以心
### ——高三年级"中华优秀传统文化教育"主题班会

陈蓓蓓

### 一、背景分析

#### 1. 主题解析

国家教育部为贯彻落实党的十八届三中全会关于完善中华优秀传统文化教育的精神，落实立德树人根本任务，进一步加强新形势下中华优秀传统文化教育，出台了《完善中华优秀传统文化教育指导纲要》(简称《纲要》)，用于指导中小学教育教学工作。中国优秀传统文化的当下认同是中小学教育教学的主要内容之一，是青少年践行社会主义核心价值观的需要，是时代的需要，更是响应未来号召的需要。《纲要》针对不同学段的学生有具体要求。以高中阶段为例，要"以增强学生对中华优秀传统文化的理性认识为重点，引导学生感悟中华优秀传统文化的精神内涵，增强学生对中华优秀传统文化的自信心"。

#### 2. 学情分析

高中阶段是学生世界观、人生观、价值观形成的关键时期。学生尽管已经具备了一定的是非判断能力，但在很多时候还是不能合理理解自身与外在世界的关系，不能给出能够解释并引导自身行为的理想价值标准。而事实上，学生都能从中国优秀的传统文化之中汲取营养，寻求到合适的价值依据，来解释并引导自身行为，为克服高中阶段的价值茫然做出应有的努力。

### 二、班会目标

#### 1. 认知目标

通过对"摄影师杨鑫三年来为超过2 000位农村老人免费拍摄并冲洗'老人像'"事件的分析，引导学生认识到关爱老人，人人皆有责，人人皆可为。

#### 2. 情感目标

通过对社会生活中老人典型状况的分析,引导学生看重老人的生活及其情感需求,引发学生的情感共鸣,进而引导学生关爱老人。

#### 3. 行为目标

通过拓展性思考,引导学生主动借鉴中国优秀传统文化,解释生活中的现象,并给出最佳解决方案。

### 三、班会准备

1. 教师准备:(1) 给班会策划组织团队提供素材,即"摄影师杨鑫3年来为超过2000位农村老人免费拍摄并冲洗'老人像'"事件,供班会课讨论;(2) 开列对相关问题有启发、引导意义的文章、著作等。

2. 学生准备:(1) 班会策划组织团队在班主任的指导下制订班会活动计划;(2) 根据班会讨论,形成统一认知,向全校提出倡议;(3) 制作展板,宣传并鼓励大家将对关爱老人的思考展示出来。

### 四、班会过程

#### 环节一:老吾老,以及人之老

##### 活动1:平凡之中的伟大

1. 作为陕西省商洛市的一名摄影师,杨鑫在2018年底发起"老有所忆"免费拍摄活动,为当地农村60岁以上的老人免费拍照。"虽然现在手机的拍照功能已经十分强大了,但在山区、在农村,还是有很多老人除了身份证照片外,没有一张正式的证件照。甚至有老人去世了都找不到一张体面照片可用作遗像。"从拍摄到后期制作,甚至包括裱贴以及装框,老人们能享受全程免费服务。

评一评:对于杨鑫的这一行为你怎么看?

预设:杨鑫利用自己的职业技能,力所能及地为老人送去关爱与温暖。这样的行为,虽然算不上是惊天动地,但却值得我们普通人学习。杨鑫身上榜样的力量,令人动容。

2. 作为一名摄影师,在杨鑫看来,给山区老人拍摄证件照有很多困难:有的老人自理能力差,杨鑫和她团队的志愿者们会帮老人梳头并收拾好衣领;有的老人有帕金森病,志愿者们就蹲在一旁扶着老人,帮其稳定身体;杨鑫还会就照片是否需要后期调整或修改征求老人们的意见。(见 2022 年 4 月 21 日新浪新闻,有删改)

吾乡吾民,故土难忘。农村是亿万国人的精神原乡,承载着割舍不掉的乡愁乡情,珍藏着关于过去和历史的记忆与眷恋。……那些对准一草一木、一砖一瓦的镜头和画面,那些针对农村老人群体的善行善举,总能触动人们心中最柔软的地方。(《人民日报》2022 年 4 月 28 日)

想一想:杨鑫这一行为的社会价值是什么?

预设:她让人看到了志愿精神的伟大与志愿行为的可贵。作为社会的一分子,关爱身边的老人,"老吾老,以及人之老"不是一件十分困难的事情;她让人看到了,在年轻人聚集于经济发达地区务工的现状之下,留在农村的老人是需要精神关爱的;她让人看到了,老年人的"体面"问题,事实上就是年轻人的"体面"问题,就是整个社会的"体面"问题。

追问:社会上很多摄影师没有像杨鑫这样做,他们是不是道德水平不高?

预设:不能这样说。我们可以对自身有道德要求,也可以对人群进行道德号召。一旦将道德要求诉诸其他个体,就会陷入"道德绑架"的困境。我们可以借杨鑫这一榜样,号召全社会所有人在力所能及的范围之内关爱老人。

**活动 2:事老以情,敬老以心**

1. 近些年来,信息社会越来越发达,但很多老人不会使用智能手机,无法用打车软件叫车,不会电子支付。

想一想:老人们还正在经历什么样的社会生活?给你什么启发?

预设:信息社会中,一些老人很难参与智能化社会生活。电子支付、呼叫网约车等都是他们无法解决的问题。他们被迫逐渐脱离社会生活,陷入信息鸿沟,这在无形当中会加重他们的老年性孤独。事实上,老人们不仅需要远方的子女提供经济援助,更需要精神关爱。

追问:老人们逐渐老去,我们仅仅出于同情才需要关心他们吗?

预设 1:一个社会的文明程度,取决于它如何对待弱势群体。

预设 2:由于在漫长的社会生活中获取了相当多的经验,老人们可以为我们提供经验借鉴,所谓"家有一老,如有一宝"。更重要的是,老人是一个家庭的精神象征,是年轻人的精神寄托。所谓"父母在,不远游,游必有方"。

2. 讨论:年轻一代对年长一代的文化影响被称为"文化反哺"。在高速发展变化的当今社会,年轻一代获得了前所未有的反哺能力。他们在网络消费、饮食习惯、娱乐消遣、公共卫生等社会生活的方方面面,越来越明显地影响着年长一代。你如何看待这种现象?

预设:在进入信息社会之前,人类经历的是一种经验型社会。两千多年来社会格局几乎不变,长辈的经验在晚辈解决人生问题的过程中,显得尤为重要。但是进入信息社会,年轻人由于学习能力强,适应社会生活比老人们快,事实上可以对老人进行"文化反哺",帮助老人更好地融入信息社会。

3. 教师小结。

在当今社会,关爱老人不能只是停留在口头上的口号,而应当成为我们年轻人社会生活的重要方面。老人是构成"我们"不可或缺的一部分,在关爱老人、实现"利他"的过程中,我们不仅实现了"利己",更重要的是提升了整个社会的文明程度。

【设计意图】高中生面临成人、真正步入社会的关键阶段。如何养成正确的价值观,如何理解并处理好社会生活,是他们必须要解决的人生命题。事实上,中国渐渐进入老龄化社会。老人们如何融入社会生活,如何获取有效的精神赡养,是全社会都在关注的问题。我们所有人都会面临老去的一天。这样的问题,也需要高中生关注并思考。

**环节二:历史深处的智慧**

1.《孟子·梁惠王上》:"老吾老,以及人之老。"《陈情表》:"乌鸟私情,愿乞终养。"《本草纲目·禽部》中有"慈乌:此鸟初生,母哺六十日,长则反哺六十日"。

思考:这些经典说法对你有什么启发?

预设:年轻一辈对年老一辈的反哺,不是今天才有的。中国传统文化中提倡的这种"反哺式"赡养,凝聚了千百年来人类的共同认知,是智慧的结晶。只是,今天提倡的"文化反哺"与之相比,形式和内容上略有差异而已。作为年轻人,我们既可以帮助老年人在电子支付、公共卫生、娱乐习惯等方面,更好地融入社会生活；更可以在价值理念方面，向老人们传递符合现代社会的价值与认知。

2. 子曰："君子和而不同，小人同而不和。"君子追求和而不同，是指君子追求与人和谐相处而不是放弃自我、盲目附和，小人则相反。亚里士多德说："吾爱吾师，吾更爱真理。"

思考：以上两条箴言都在谈论一个什么样的话题？

预设：努力思考、追求理性认识的过程是可贵的。理不辩不明，但辩理不等于为利益站队，也不能裹挟不必要的情绪。因此我们必须明白，关爱老人并不是流于形式的口号，也不应当是学校教育强加的教条。我们应当在公开、平等的对话交流中获取共同认可，将"关爱老人"这一共同目标嵌入日常生活的诸多细节中。

思考：这两条箴言有没有高下之分？

预设：两种不同的说法没有高下之分。中国传统文化中有非常优秀的智慧，值得今天的人们大力传承，但并不意味着就此否认其他民族文化的成就。世界各民族文化之间有差异，才能构成世界文明的多样性与丰富性，才能让世界文明内部存在交流与沟通的可能性与必要性。我们不鼓吹社会达尔文主义，不认同文化领域里所谓优胜劣汰的理论。这一点，也正符合我们所坚持的"君子和而不同"理念。

3. 端午吃粽子赛龙舟，中秋赏月吃月饼。这些传统节日对于现代人来讲，只剩下仪式本身，似乎没有什么实际价值。我们为什么要过传统节日？

预设：对于现代人而言，虽然传统节日只剩下仪式本身，但这些仪式由千百年来固有的传统生活方式凝结而成。过好传统节日，事实上是让我们铭记历史，铭记我们从何处来，从而找到文化自信的来源，让我们在现代快速生活中找到心灵归属，能够更有力量地走向未来。

教师小结：我们应当在日常生活中，传承中华优秀传统文化，并在现实应用中将其发扬光大。

【设计意图】虽然我们今天物质生活水平有了很大的提升，但是精神生活在一定程度上还与过往极其相似。完善中华优秀传统文化的当下认同，事实上就是让历史的智慧回归当下的日常生活中，使其拥有旺盛的生命力；而不是让其只停留在书本之中，只是让青少年死记硬背，实现一种景观性的复兴。同时,我们这代人有责任将中华优秀传统文化在当下发扬光大,并传承下去。

**环节三:我们的共同决定**

1. 出示预先准备的展板。"事老以情,敬老以心"在展板的最上方居中。展板主体部分是一个树形图案。请所有人将自己所认可的关爱老人的理由和做法写在小贴纸上("理由"小贴纸贴到树形图案左边枝杈上,"做法"小贴纸贴到右边枝杈上),使同学之间的看法在共同的主题下形成碰撞、互补。

2. 我们在生活中给出的绝大多数理由,几乎都不是一锤定音式的终极理由。有很多理由也许不是那么的充分,但是它们已经足以让我们毅然决然地采取行动了。(周濂《苏格拉底为什么不肯越狱》)

说一说:这句话给你怎样的启示?

预设:理性思考的价值并不是最终能够给予我们终极智慧,事实上终极智慧也是不存在的。理性思考不因为所谓不完备,而缺乏给予我们行动依据与动力的可能。我们要更多地承认理性思考的价值。

【设计意图】教室是允许公共说理的地方。因此,班主任不应当被视作教室里的唯一权威,而应当在学校德育工作中扮演重要的引导角色,激发学生的理性思考,引导学生合理理解生活,理解自身与世界的关系。班主任应当成为青少年理性认识中华优秀传统文化的领路人。

## 五、活动延伸

1. 撰写倡议书,对全校发出倡议

学生充分认识关爱老人的必要性与重要性,以班级名义向全校发出倡议。倡议大家在日常生活中,处处要"尊重老人、关爱老人",倡议大家重视培养自信说理、合理表达的能力。

2. 制作成果展板

学生宣传将中华优秀传统文化运用到当下生活的优秀案例,引导大家思考并重新发现中华优秀传统文化的价值。

3. 开展对传统文化中"慎终追远"观念的思考交流活动

学生在班级内部发起对传统文化中"慎终追远"观念的讨论,引导大家找到支持或者反对这一观念的价值依据,并鼓励展开有效的公共说理。

## 六、班会反思

班会课是德育工作的主战场之一,与学科教育教学虽然有差异,但仍然可以让班主任将自身所属的学科特色充分纳入其中。德育与学科教学彼此不分家。

青少年在高中阶段大多面临世界观、人生观和价值观重建的问题。如何让高中生建立起复杂、有效的价值体系,是高中阶段教育的关键任务。因此,引导学生理性认知,引导他们从优秀传统文化中获取理论支撑,就变得无比重要。

1. 以日常话题为切入,找寻理性的认知路径

日常问题的解决之道,不是仅仅停留在身边。优秀传统文化中的智慧其实已经融入我们的生活中,成为我们的生活哲学。因此从优秀传统文化中找寻解决的路径,是激发学生形成理性认知的最佳方式之一。如此获取解决方式,很大程度上能够提升学生解决问题的能力,同时,对于引导学生开阔自身的知识视野、获取厚实的精神积累、形成有价值的理性认知,本节课做出了非常大的努力。

2. 用当下的眼光,重新发现传统文化中的智慧

完善中华优秀传统文化教育,不能流于空洞说教。传统文化不仅仅是书中要刻意诵读涵泳的经典,也不仅仅是周期性出现的节日庆典。我们要用发展的眼光、批判的眼光来重拾传统文化中的智慧。本节课的目标之一就在于,突破时间的限制,为中华优秀传统文化进入现代生活提供范本,从而赋予优秀传统文化新的生机。

【作者简介】
陈蓓蓓,南京师范大学附属中学语文教师,中学高级教师,南京市普通高中教育教学先进个人,南京市五一劳动奖章获得者,担任班主任11年。曾获江苏省和长三角地区中小学班主任基本功大赛一等奖。

# 第三部分　厚植家国情怀

10. 爱我中华,强我国防
　　——高一年级"爱国主义教育"主题班会

11. 百年报国志,一生爱国情
　　——高一年级"爱国主义教育"主题班会

12. 小小的我,大大的国
　　——高一年级"爱国主义教育"主题班会

13. 学习弘扬"新旅精神",争做新时代好青年
　　——高一年级主题班会

14. 赓续"红色精神",争做红色种子
　　——高二年级"传承'红色精神'"主题班会

15. 以奋斗青春,共绘祖国绚丽版图
　　——高二年级"珍惜青春,锤炼过硬本领"主题班会

16. 以信念之光,照亮理想之路
　　——高三年级主题班会

# 10 爱我中华，强我国防

## ——高一年级"爱国主义教育"主题班会

胡有红

### 一、背景分析

1. 主题解析

习近平总书记强调，要加强国防教育，增强全民国防观念，强化全民国家意识、国防意识和国土意识，筑牢中华民族伟大复兴的精神长城。国防建设基础在教育，因此要提高青少年学生综合国防素质、国家意识和忧患意识，培养学生家国情怀和社会责任感，传承红色基因和红色精神，培养德、智、体、美、劳全面发展的社会主义建设者和接班人。

2. 学情分析

高中教育是基础教育的终端，高中生的身体发育和生理机能逐步接近成熟，人生观、价值观趋于形成，社会意识和参与意识迅速增强。国防教育，要培养高中生居安思危、爱军尚武的爱国情感，培养挺起脊梁担事的担当精神，激发学生积极投入自身学业，学好知识、掌握技能、强健体魄，未来积极投身于祖国的各行各业，成为社会所需的栋梁之材，为我国的国防建设再添保障力量。

### 二、活动目标

1. 认知目标

通过活动，学生认识到国无防不立，民无防不安。家是最小国，国是千万家，国防关乎着我们每一个人，关心国防，就是关心我们自己。

2. 情感目标

青年的责任担当与国家发展紧密相连，个体是国家的一个细胞，少年强则国强,少年智则国智,使学生树立爱国主义情怀,培养学生挺起脊梁担事的担当精神。

### 3. 行为目标

在平时的学习、生活中不畏挫折、直面困难,锤炼自己的品德修养,增长才干,形成以知识建国防,以体魄促国防的情感意识,为国家发展、祖国强大贡献自己的力量。

## 三、活动准备

1. 教师准备:联系人武部教官,以及大学期间选择参军的学生。

2. 学生准备:(1)准备新鲜鸡蛋;(2)了解"感动中国"人物王继才夫妇的事迹;(3)课前观看电影《长津湖》,并将其中经典片段剪辑成短视频;(4)制作《逆行英雄》MV;(5)学唱歌曲《我和我的祖国》。

3. 环境准备:(1)布置教室,营造氛围;(2)桌椅呈"U"形摆放,便于开展活动。

## 四、活动过程

### 环节一:初体验,知国防知识

1. 实验导入,让学生体验边界感。

(1)学生活动:每个小组发一枚新鲜鸡蛋,学生敲开鸡蛋,将蛋清与蛋黄分开,鸡蛋里只有一个细胞,那就是蛋黄,由于有细胞质膜的包裹,蛋黄里面的黄色物质不会流出来;当拿一根牙签戳破蛋黄的细胞质膜,里面的黄色物质就会流出来。

(2)小组交流发言。通过实验前后观察到的现象,说说细胞质膜的作用。

预设:细胞质膜可以将细胞与外界环境分隔开,起到保护作用。

(3)进一步追问:细胞质膜作为细胞的边界,它还有哪些功能?

学生课前查阅资料,课堂加以补充,比如还有控制物质进出细胞,进行细胞间信息交流等功能。

2. 以微知著,学生知道边界概念。

(1) 提问:细胞的边界是细胞质膜,那么,人体的边界是什么?校园的边界又是什么?

(2) 学生观察自身皮肤,思考后交流发言:人体的边界是皮肤和黏膜,这是保卫人体的第一道防线,可以在一定程度上抵御病原体,具有防卫和保护的功能。校园的边界是围墙,可以使学生有归属感和安全感,确保学生在校园内自由、安静地学习和生活。

(3) 主持人小结:《战狼2》里面有一句经典台词——犯我中华者,虽远必诛!这是因为国与国之间有边界,不可随意侵犯、越界。国界是确定国家领土范围的界限,划分一国领土与他国领土、一国领土与公海或专属经济区以及一国领空与外层空间的界限,可分为陆地边界、水域边界、空中边界和地下层边界。

3. 现场开讲座,学生学国防知识。

(1) 邀请人武部教官,开设小讲座。内容包括:国防的含义;国防日的由来;国防的重要性;我国国防武器的发展状况。

(2) PPT呈现有关国防的问题,分小组抢答,得分高的小组获胜,并颁发奖状。

(3) 主持人小结:通过讲座,我们深刻体会到强大的国防是国家、民族生存与发展的基本条件,国家的统一和民族的团结是国防强大的关键。作为一名身处和平年代的高中生,要有"天下虽安、忘战必危"的忧患意识,要有"国家兴亡,匹夫有责"的担当意识。

【设计意图】开展实验,使学生意识到边界的保护作用,抽象概念形象化;以微知著,引入国界的概念;开设现场讲座,让学生学习国防的知识,进一步增加对国防的了解。

**环节二:析案例,明国防重要**

1. 生于忧患,一战立国威。

(1) 学生观看电影《长津湖》片段。燎原战火燃至一江之隔,中国的主权遭受严重威胁,中国人民以战止战,以武止戈,以胜利赢得和平、赢得尊重,向世界彰显了中国"吓不倒、压不垮"的民族风骨。正如毛泽东主席所言:"打得一拳开,免得百拳来。"

(2)学生交流感悟体会。

预设1:电影中让我们看到了中国人民坚忍不拔的意志力,展现了人民军队炽热的爱国情怀,生动诠释了伟大的抗美援朝精神。

预设2:伟大的抗美援朝战争,弘扬和光大了中国共产党和人民军队的革命精神,这种强大的精神永远是中国人民的宝贵财富。

2. 死于安乐,国不可无防。

(1)学生查阅资料,知道民富而国不强的历史。宋朝的纺织业、冶炼业、造船业等异常繁荣,海外贸易达到高峰。引入国内生产总值(GDP)这一概念,当时宋朝的GDP约占全球总量的70%,经济发展繁荣,但是在军事上十分薄弱,最后钦宗、徽宗两帝被俘。

(2)学生对此发表看法。

预设:以史为鉴,可以知兴替。历史告诉我们:强大的军事力量对于大国崛起不可或缺。当今国际局势波诡云谲、错综复杂,尚存许多不稳定因素。在此形势下,做好国防教育工作,尤为重要。

3. 不舍昼夜,深情守孤岛。

(1)主持人讲述时代楷模王继才夫妇的守岛事迹。

(2)根据宣讲内容,学生进行填空。

开山岛位于我国黄海前哨,战略位置十分重要。____岁的王继才接受了守岛任务,与妻子王仕花守护海岛____年,开山岛距离最近的陆地燕尾港____海里,面积只有____平方公里,____级台阶。在每一个天气晴好的日子里,夫妻俩第一件事就是升国旗,自己掏钱买了____多面国旗。王继才曾说:"岛再小,它是我们祖国的一部分,国旗插在哪里,哪里就是我们的国土。"(答案:26;32;12;0.013;508;200)

(3)学生谈谈以上数据带给自己的震撼。

预设1:王继才用生命铸就的"开山岛精神",用无怨无悔的坚守和不求回报的付出,在平凡的岗位上书写了不平凡的人生华章,成了后来者追寻的方向和赓续的精神。

预设2:哪有什么岁月静好,只不过有人替我们负重前行。作为新时代的青少年,要有主动作为的担当精神和心系国防、献身国家的赤子情怀。

【设计意图】回望历史,学生知道了国防对于国家安宁、发展强大的重要性;王继才夫妇的故事介绍,使学生懂得和平年代同样要居安思危。"国无防不立,民无兵不安",学生由此树立"国防建设,人人有责"的观念。

**环节三:落行动,做追光少年**

1. 连线学长,探军营生活。

(1)连线入伍的学生。由于从小就向往军旅生活,渴望在部队的大熔炉中锻炼自己、磨砺自己,于是大学期间他选择了参军,成为一名大学生士兵。来到部队之后,他认真训练,还利用自己所学的专业知识,和战友一起完成视频拍摄、新闻采编、公众号投稿等工作。采编的新闻视频被多家媒体采用,获得了"优秀新兵""十佳优秀义务兵"等荣誉称号。

(2)学生分享感悟。

教师小结:携笔从戎的学长,是大家学习的榜样,希望同学们从学长的成长历程中获得启发,增强关心国防、热爱国防的意识,将来能够积极投身于国防建设的行动中,在各自的岗位上奉献自己的一束微光。

2. 视频燃情,学身边榜样。

(1)播放由班级同学原创的MV《逆行英雄》。填词、谱曲、演唱、后期编辑等都是学生利用课余时间完成的,表达了他们对抗疫工作者的崇高敬意。

(2)教师小结:从视频中可以看出同学们利用课余时间,发挥自己的特长,抒发了浓浓的爱国之情,激发了自己对于时代、国家和人民的责任感,争当挺起脊梁担事的时代青年。

3. 知行合一,做追光少年

(1)利用"SWOT"法分析自己,确立自己的目标,初步制订人生规划。坚持"每天一个小目标,每天一个小希望,每天一个小进步",最终成为一个有理想、有信念、有担当的社会主义建设者和接班人。

(2)思考:作为高中生,在接下来的学习、生活中,你打算如何行动?

预设1:坚定理想信念,积极参加社会实践、公益劳动、志愿者服务等活动,在活动中培养社会责任感,加强自身品德修养的提升。

预设2:学习方面打好基础,夯实基本功,有克服困难的勇气,不轻言放弃,努力学好文化知识,实现学习强国。

预设3：体育运动方面，课间跑操步伐一致、排面整齐、口号响亮；上好体育课和活动课，坚持每天运动1小时，强健体魄，文体兼重。

预设4：劳动方面，学会整理自己的个人物品，积极参与班级劳动、家务劳动，每周为家人做一顿饭。

（3）共唱歌曲，做追光少年。全班同学齐唱歌曲《我和我的祖国》，在歌声中结束班会。

【设计意图】入伍学长的介绍和原创视频赏析，使学生懂得作为新时代的青年，可以通过自己的思想和力量，积极落实爱国之行动，培养爱国情怀；使学生在学习、生活中严格要求自己，遇到困难不退缩，形成良好的道德品质，勇做新时代的奋进者、搏击者和坚定者。

**教师总结**

范仲淹"啖粥而读"是因为"先天下之忧而忧，后天下之乐而乐"的责任；杜甫"穷年忧黎元，叹息肠内热"是忧国忧民的一腔热血；戚继光"繁霜尽是心头血，洒向千峰秋叶丹"是深厚的爱国主义情怀。同学们，你们是幸福的一代，也是责任重大的一代，要努力锤炼品德修为、勤奋刻苦学习，强身健体，积极参与劳动、志愿服务，时刻准备着，为我们伟大祖国的和平与发展贡献自己的力量！

## 五、活动延伸

1. 出一期主题为"请党放心，强国有我"的主题黑板报。

2. 将活动整理成文，推送至学校微信公众号，大力宣传"知识建国防，健体促国防"，提升学生的国防意识。

3. 确保每天锻炼1小时，养成运动的好习惯，增强体质，锻炼体魄。

4. 寻访社区老党员，听老党员谈初心、讲党史，学生话感悟、促实践，激发爱国之情与报国之志。

### 六、班会反思

本节班会课通过国防教育这一切入点展开爱国主义教育。

"国防"对于高中生而言,是个比较抽象的概念,要通过主题教育让学生入脑入心,真正做到内化于心、外化于行。因此,本节主题班会侧重从"'身'临其境,触摸边界感""'声'临其境,滋养爱国情""'生'临其境,自强报国行"三个方面实施,培养学生成为担当民族复兴大任的时代新人。

本节班会偏重于理论宣讲,因此在日常生活、学习中还需要有更多的实践环节来增强高中生的国防意识,促进学生形成科学的世界观、崇高的人生观和正确的价值观,让爱国主义这颗种子在学生心中长成参天大树。

【作者简介】

胡有红,江苏省扬州中学教师,扬州市"十佳班主任",《班主任》《江苏教育》杂志封面人物。2020年获江苏省中小学班主任基本功大赛一等奖第一名、长三角地区中小学班主任基本功大赛论文评比一等奖,2021年获江苏省高中生物优质课评比一等奖、扬州市"最有范教室"创意设计评比特等奖第一名。

## 11  百年报国志，一生爱国情
### ——高一年级"爱国主义教育"主题班会
庞 冉

### 一、背景分析

#### 1. 主题解析

爱国主义是中华民族优良传统，是中国特色社会主义核心价值体系的一个重要方面。核心价值观从公民个人层面要求践行"爱国"。《中小学德育工作指南》中明确提出"要深入开展爱国主义教育"；《中小学生守则》中提出要"爱党爱国爱人民"，珍视国家荣誉。《中华人民共和国爱国主义教育法》2024年1月1日正式施行，从法律层面上规定了学校应履行的职责。

#### 2. 学情分析

在学业压力下，一些高中生"两耳不闻窗外事"，升旗仪式上也不认真唱国歌，同时觉得爱国离自身较远，爱国和当下学习生活之间缺乏联系。家长对学生的要求也以学业发展为主，对其缺少爱国主义教育。了解国家历史，增强国家意识，提高国家认同感，维护国家权益，成为教育的迫切需求。因此，开展以爱国主义教育为主题的班会，"注重教育，加强引导"，不断深化学生的爱国情感与理性认识，是中学阶段培养与提高学生思想道德品质的重要途径。

### 二、班会目标

#### 1. 认知目标

引导学生了解党史、新中国史、改革开放史、社会主义发展史、中华民族发展史，认识爱国主义是中华民族优秀传统，感受领会国家对个人的意义和个人对国家的责任。

2. 情感目标

深刻认同爱国的重要意义,激发爱国之情。

3. 行为目标

贯彻《中华人民共和国爱国主义教育法》的相关规定,自身践行爱国,并带动身边人一起爱国。

## 三、班会准备

1. 教师准备:(1)一封家书(1919年);(2)一张合影(1949年);(3)三份成绩档案(1979年)。

2. 学生准备:(1)自己的信和父母的信(2019年);(2)课前调查并填写关心国事调查表。

**环节一:博学篇——于1919明爱国之识**

**活动1: 读"五四"家书知前人**

1. 主持人出示闻一多先生于五四运动后(1919年)写给父母的信。

背景介绍:1919年,五四运动爆发后,闻一多积极投身其中。其间,他接连收到家中两位哥哥的来信,说父亲希望他回乡度假。此时远在湖北老家的父亲,由于无法了解北京的形势,出于对爱子的担心,要求他暑假返乡。

然而,对于父亲的此番催促,闻一多却没有答应。1919年5月17日,他寄给父母一封长篇家书作为回答。信中向父母解释自己参加运动的原因。

2. 请同学们品读其中语句,并畅谈对家书内容的理解。

"男在校中,颇称明大义,今遇此事,犹不能牺牲,岂足以谈爱国?……今日无人作爱国之事,亦无人出爱国之言,相习成风,至不知爱国为何物。"

闻一多的这封家书字数很长,有1200多字,刚才我们读的只是其中的一部分。他在这封信中围绕回乡还是留校、尽孝还是尽忠所坦露的情怀,可以说是"五四"时期的青年最突出的特征。我们都知道,闻一多是伟大的爱国主义者,是坚定的民主战士,也是有名的诗人。但是写这封家书的时候,闻一多年仅20岁,当时正在清华大学读书,是一个普通的大学生。当国家和民族的根本利益与个人安危发生冲突的时候,他毫不犹豫地选择了前者!

3. 主持人小结：由闻一多先生的家书，我们能真切理解爱国主义精神的伟大。闻一多先生之后还创作了《七子之歌》《红烛》等爱国诗作，直到被反动派杀害。他用自己的生命践行了自己的爱国之心、报国之志。

**活动2：做调查问卷思自身**

1. 主持人导入：闻一多先生所说100年前的现象"今日无人作爱国之事，亦无人出爱国之言，相习成风，至不知爱国为何物"，100年后的我们改变了多少呢？

2. 展示课前同学们填的关心国事调查表（如表1所示）。

表1 关心国事调查表

| 升旗仪式时是否大声唱国歌 | 本月关注的国家大事 | 和什么人讨论关于国家的话题 | 哪种情况下有国家意识 |
|---|---|---|---|
|  |  |  |  |
|  |  |  |  |

调查结果大致如下：(1)学生过半数不高唱国歌，有的学生很少关心国事；(2)少数学生会跟同学和网友讨论关于国家的话题；(3)在观看奥运会等体育赛事和国家在海外救助中国公民时最容易产生国家意识。

学生讨论：高中生为什么很少谈论国事？

预设：(1)离生活太远，不想关心政治；(2)学习压力大，没时间关心；(3)爱国往往流于形式，不符合实际需要。

【设计意图】对普通人而言，国家是归宿、是后盾，一个没有祖国的人，像一个没有家的孩子，永远都是孤独的。本环节通过诵读家书创设情境，激发学生对个人与国家关系的认识；通过调查，让学生反思自己对爱国的认识。

**环节二：审问篇——于1949思爱国之念**

**活动1：两条分岔的人生路**

1. 主持人出示1949年的杨振宁、邓稼先、杨振平在美国芝加哥大学拍摄一张合影照片。

据《杨振宁传》记载，杨振宁、邓稼先少年时代共同在崇德中学求学，并成了好朋友，常常在一起聊天、玩耍。抗战爆发后，清华、北大、南开合组为西南联合大学。两人又先后考入西南联大，成为不同年级的同学。

杨振宁考上公费留美，于1945年8月赴美国留学，1948年在芝加哥大学获博士学位，而后到普林斯顿高等研究所从事博士后研究。邓稼先于1948年秋与杨振宁的弟弟杨振平同船赴美国，当年10月进入普渡大学研究生院学习。他成绩优异，不足两年便读满学分，并通过博士论文答辩，于1950年8月获得博士学位。两人在美国期间虽不同校，但一直联系密切、常有来往，保持着深厚的友谊。

杨振宁在普林斯顿高等研究所进行了一年多的博士后研究，而后继续留下工作。他先后创立了"杨-米尔斯规范场"论，提出了"杨-巴克斯特方程"，并与李政道一起因共同提出弱相互作用中宇称不守恒原理而荣获1957年诺贝尔物理学奖。1964年，杨振宁加入美国国籍。邓稼先于1950年获得博士学位后不久，就与百余名留学生一起回到刚刚成立的中华人民共和国，投入了中国科学院近代物理研究所的建设。1958年后，他隐姓埋名，参与领导原子弹、氢弹研制工作，做出重大贡献。由于当时东西方冷战和"两弹"研制工作严格保密，杨振宁和邓稼先从此天各一方，长时间失去了联系。

2. 学生讨论：你会选择哪条路？讨论并整理观点，填写在下列表格中（如表2所示）。

**表2 讨论记录表**

| 思考角度 | 祖国需要 | 社会价值 | 自我追求 |
| --- | --- | --- | --- |
|  |  |  |  |
|  |  |  |  |

通过交流讨论，引导学生全面、深入思考爱国的内涵，不以二元对立的思维简单地把特定时期的特定行为作为判定一个人爱国与否的全部依据，要以长远发展的眼光来权衡判断，从而达成兼顾祖国需要和自我追求的综合选择。

3. 主持人补充：其实杨振宁和邓稼先的人生路可以说是殊途同归，杨振宁先生于2003年回国定居，在多个大学讲学并创办物理研究中心，推动国内科技发展，并于2017年正式恢复中国国籍。科学没有国界，但一个科学家总要找到自己的精神归宿。

在邓稼先百年诞辰的庆祝会上，杨振宁深情回顾1971年邓稼先写给他的信，特别是末尾的两句诗"但愿人长久，千里共同途"。他深有感触而又无比欣慰地说："我觉得今天，50年以后，我可以跟邓稼先说，稼先，我懂你'共同途'的意思。我可以很自信地跟你说,我这以后50年是符合你'共同途'的瞩望,我相信你也会满意的。"

**活动2:一颗相同的爱国心**

1. 寻访不同的人群,了解他们对祖国的理解,寻找他们和爱国的联系,搜集每个人身上的爱国基因,把搜集到的内容填在以下表格中(如表3所示)。

表3 调查记录表

| 职业 | 如何看祖国 | 如何行爱国 |
| --- | --- | --- |
| 留学生 | | |
| 运动健儿 | | |
| 边防战士 | | |
| 青年学者 | | |
| 其他 | | |

2. 分享爱国故事:整理爱国经历、爱国故事,如留学生在国外某个场合某个时间和祖国的故事,全班交流分享。

3. 主持人小结:爱国情感人人都有,只是往往深藏内心,在某些特定的场合和时刻就会涌上心头,我们要把这份珍贵的情感始终留存在心间。

**活动3:观点碰撞辩论场**

1. 出示课前对家长的调查与结果反馈。

(1) 调查问题:你希望孩子为什么而读书?

(2) 出示结果:70%的家长选择为了个人幸福和发展,25%的家长选择为了做个对社会有用的人,5%的家长选择为了无所谓。

2. 各抒己见:为国读书是今天高中生的责任吗?

【设计意图】在这个环节中,学生再结合或针对家长的意见想法,进行进一步思考和辩论。还可以邀请家长代表走进课堂参与交流,这样能促使学生站在不同的视角和立场思考问题。教师也可以引导同学,认识到满足社会需求和实现个人幸福并不矛盾。此时,可以引介心理学家马斯洛"存在需求金字塔"理论,说明个人自我实现的同时也是社会价值的实现,个人的幸福感也孕育其中。

环节三:明辨篇——于1979担爱国之责
活动1:家电"三巨头"启示录

1. 主持人出示三张1979年的学生成绩档案。这些档案的主人分别是华南理工大学无线电1978级的三位同班同学:李东生、陈伟荣、黄宏生。日后,他们分别主掌TCL、康佳、创维三大家电企业,当时号称为家电"三巨头"。

1977年,广州的华南工学院(1988年更名为华南理工大学)迎来了恢复高考后的第一批学生。当时不会有人想到,未来30年内中国家电领域叱咤一时的领军人物很多出自无线电系无线电技术专业班。李东生(TCL集团总裁)、黄宏生(创维集团创始人)、陈伟荣(原康佳集团总裁,现宇阳控股总裁),盛极之时,他们带领的三家公司的彩电产量占全国总产量的40%。

2. 出示李东生2018年被党中央、国务院授予"改革先锋"称号时的采访报道。李东生在采访中说实业报国、实业强国是他毕生追寻的使命与目标。

在2018年12月庆祝改革开放40周年纪念大会上,李东生被党中央、国务院授予"改革先锋"称号。在《人民日报》刊发的改革开放杰出贡献拟表彰对象介绍中,对李东生的评价为:他主导TCL开展重大跨国并购,开创了中国企业全球化经营的先河,在全球设有28个研发机构和22个制造基地、产品行销160个国家和地区;曾创下我国第一台按键免提电话、第一代大屏幕彩电等多个第一,带领团队建成完全依靠自主创新、自主团队、自主建设的高世代面板线,实现我国视像行业显示技术的历史性突破,让中国成为继日韩之后掌握自主研制高端显示技术的国家;曾荣获"全国劳动模范"等称号。

伴随着波澜壮阔的改革开放大潮,李东生引领TCL风雨兼程,澎湃前行,将坚守实业、自主创新和全球化发展作为与伟大时代同行的座右铭。

37年来,李东生一直坚守实业报国梦,从大学毕业进入TCL,他拒绝从政的机会,放弃了房地产赚大钱之路。在他看来,实业是一种积累,要耐得住寂寞,要持续不断地努力;唯有发展实业,才能撑起中国经济的脊梁。

(1)学生搜集有关在时代大潮中书写传奇的"改革先锋"的人生故事。

(2)学生交流:当代青年学生如何实现报国志与个人志的统一?

预设:同为青年学生,李东生等三位同班同学共同走上实业报国之路,这既是历史的巧合,也是一代青年的使命。正是因为符合了改革开放的时代需要,才有了李东生三人人生梦想的实现,达成了个人梦和中国梦的统一。在李东生等人身上,我们看到了实业报国、科技报国的实践路径,同时他们也通过奋斗实现了个人的人生理想。

**活动2:理性反思"低级红"**

1. 展示图片:某些大学生打砸日本家电、日本车,松下、索尼等品牌的产品都是打砸的对象。

2. 思考交流:创立国产家电与打砸日本家电在爱国层面的区别是什么?

3. 主持人小结:爱国是每个人天生的本能与内在的情愫,爱国不是要损毁同胞的财产,泄愤式的爱国捍卫不了国家的利益和民族的尊严。文明理性的爱国是一种强大的精神力量,是我们自尊、自信、自强的体现。真正的爱国应该是技术上的超越、素质上的提升。

引进不同国家的物质产品、文化产品,是国际经济、文化交流的正常形式。爱国不能沦为地方保护主义,更不能演变为对世界先进技术、先进产品的抵制和破坏。

【设计意图】在这个环节中,对比实业报国的李东生和非理性爱国的"低级红",引导学生把爱国落实在高质量的工作和生活实践中,而不是对同胞的排斥和伤害;引导学生认识到理性爱国的价值,进而实现从爱国情感到爱国行为的提升。

**环节四:笃行篇——于2024践爱国之行**

**活动1:传承辉煌,延续爱国行**

1. 课前准备好父母写给自己的家书。

2. 选读父母书信,以"爱国"为话题,以书信为载体,和父母交流,听一听父母在成长过程中感受到的家国情怀。

3. 各小组交流、分享父母对改革开放以来爱国行为的理解,由父母的切身体会与经验对下一代在新时代实践爱国提供建议和指导。

4. 各组整理好各自的观点、事例、建议后,用海报形式在全班进行汇报分享。

**活动 2：展望未来，书写新历史**

1. "写给 20 年后的我"：每位同学给自己写一封信，描述自己今后 20 年的生涯规划，分析自己可能在哪个领域推动社会进步。

2. 班会结束后，全班录制《我和我的祖国》视频，上传至班级微信公众号。

【设计意图】在这个环节中，通过家校共育，学生了解改革开放 40 多年来普通人的爱国方式；通过个人生涯规划，树立为中国进步发展而奋斗的远大理想。学生用录制视频的方式完成自我教育，传递正能量。

## 五、活动延伸

1. 借助中学社会实践活动，参与社会劳动，在实践岗位上体现国家需要、社会需要，落实爱国的实践行为。

2. 在国庆节的庆祝活动中，在校园里或网络平台上展示班会活动制作的海报、宣传视频，带动更多同学参与到爱国报国的行动中来。

## 六、班会反思

一代代青年成长史就是一部国家百年发展史，本次班会串联了四个历史阶段，展示了四个时期的爱国情感、爱国行为，形式有差异，情感有共性，逻辑有梯度。

在环节一中，以解读闻一多家书来对比和反思当下自身的不足，从而更好地体验爱国精神、健全家国认知；在环节二中，借助杨振宁和邓稼先的不同人生之路的比较，深入地探讨爱国的内涵与实质，爱国不仅仅是一时的言语和行为，更是长久的挂念和奉献，爱国具有多种表现形式，但我们应把握其内核特质；环节三中，通过家电"三巨头"的事例，把"爱国"这一概念落实在实处，也与实业报国、科技报国的国家号召相呼应；环节四中，设计了自己给父母的信、给未来的信，在结构上呼应了一百年前闻一多的家书，形成了百年传承的架构，把爱国由外在引入自身，促进了学生自身的实践行动。

通过四个环节，学生体验爱国情感、思辨爱国内涵、寻找爱国策略、落实爱国行为,从而在爱国主义教育中更好地传承爱国传统,承载青年使命。

　　作为爱国主义教育主题班会,本节课力求让爱国变得更具体可感、更贴近实际,同时更富有理性认知,这在一定程度上改善了类似课或务虚性或盲目性的问题。但本课容量偏大,如果设计时加以取舍或设计成系列课,应该会有更好的教育效果。

【作者简介】
　　庞冉,南京师范大学附属中学教师,中学高级教师,担任班主任工作13年,被评为南京市德育带头人、南京市学科带头人、南京市"教育先进个人"等。曾获江苏省中小学班主任基本功大赛高中组一等奖第一名、长三角地区中小学班主任基本功大赛一等奖、江苏省基础教育语文学科基本功大赛一等奖。

## 12　小小的我，大大的国
### ——高一年级"爱国主义教育"主题班会

徐　蕾

### 一、背景分析

#### 1. 主题解析

十四届全国人大常委会第六次会议表决通过《中华人民共和国爱国主义教育法》，自2024年1月1日起施行。党的十八大以来，以习近平同志为核心的党中央高度重视爱国主义教育、固本培元、凝心铸魂，作出一系列重要部署，推动爱国主义教育取得显著成效。开展爱国主义教育的目的是振奋民族精神，增强民族凝聚力，树立民族自尊心和自豪感，培养有理想、有道德、有文化、有纪律的社会主义公民。本节班会课选择"小小的我，大大的国"为主题就准确契合了这一目标，引导学生正确把握自我发展与国家发展的辩证关系，传承好爱国情感，彰显青年学生的强国志向，从现在做起、从小事做起，践行报国之心。

#### 2. 学情分析

本节班会课面向高一新生开设，作为学生进入高中学习的第一节课，本节班会课旨在引导学生树立正确的人生观，将个人发展融入国家发展之中。

在这个自媒体发达的时代，人人都能够在网络上发表个人见解，网络信息良莠不齐，价值冲突暗流涌动，青年学生如果不能擦亮双眼，就容易在网络言论中被误导。班会课作为思政育人的主阵地，要联系当下实际引导学生做出正确的价值判断和价值选择。

根据前期学情调查，不少学生对爱国主义存在一些认知上的偏差，比如有些学生认为爱国主义是抽象的而非具体的，有些学生认为在学习阶段只需要学知识练本领，爱国是成年后的事情，还有些学生认为爱国是内在的情感不需要外在的行为表现等。本节班会课设计基于学情，设计情境，引导学生自主思考,小组讨论,合作生成,实现发展。

## 二、班会目标

1. 认知目标

了解爱国主义的基本内涵,能辩证分析关于爱国情感的网络言论,掌握有序参与政治生活的方法与途径。

2. 情感目标

树立坚定的爱国情感,维护民族尊严;培养学生将个人理想融入国家发展伟业的信念。

3. 行为目标

引导学生关注身边的爱国行为和爱国榜样;培养学生理性看待社会现象的能力;提高学生运用所学知识分析现实问题和解决现实问题的素养,并确定爱国主义需要内化于心、外化于行。

## 三、班会准备

1. 教师准备:(1) 布置课前准备工作,促进班会有效开展;(2) 预设合理情境,引导学生深入思考;(3) 设置多元评价,鼓励学生互相学习。

2. 学生准备:(1) 通过查阅资料了解相关时事素材,如高考满分学子以突破"卡脖子"技术为己任,青年学生投身于志愿活动等;(2) 通过网络搜索及访谈,调查了解当下民众对于爱国情感的看法。

## 四、班会过程

**环节一:传承爱国情**

1. 观看《新时代爱国主义教育实施纲要》公益广告宣传片《榜样篇》。

2. 辨析网友对爱国主义的观点。

新闻播报员:最近我在网上浏览到这样一则新闻,某网红在旅顺博物馆前,身穿日系洛丽塔(Lolita)服饰跳舞,遭到全网斥责。大家知道旅顺是个什么样的地方吗？这里曾经见证过一段惨痛的历史，然而这位网红竟然身穿日系服饰跳舞，这简直是践踏了我们民族的尊严，这样的事情，怎么能以一句"我不知道，我无知"就一笔带过！历史不容忘却，尊严不容践踏，身为中国人我们应该铭记历史，砥砺前行。

3. 小组交流讨论对网友观点的看法，并与大家分享。

（1）出示网友观点。

网友1：爱国是中华儿女最自然、最朴素的情感，是不容推卸的责任，绝不允许有人践踏民族尊严，伤害民族感情！

网友2：我赞同爱国，但我认为爱国是内心深处的情感，没必要强调外显，个人认为升国旗、唱国歌这些形式可以休矣！

（2）小组交流讨论并发表观点。

预设：

① 第一小组：爱国是我们内心深处的情感，但我们不能仅仅空喊爱国的口号，我们要把爱国落到实处，爱国要从每一件小事做起。

② 第二小组：爱国需要仪式感，仪式可以让我们更加深刻地理解我们内心的情感，它可以深化我们对国家的热爱，可以让我们的爱国之情更加浓厚。

③ 第三小组：爱国是我们每一个中国人的责任和义务。生活可以佛系，但爱国不能佛系，有爱就要表达出来。

【设计意图】选用网红事件引导学生关注社会，理性看待社会新闻现象，树立正确的民族观。选摘网友观点，引发思潮碰撞，让学生在真实场景下做出选择，并阐释自己的看法。通过观点评析，学生知道爱国主义不是抽象的而是具体的。

**环节二：树立强国志**

1. 了解2021届高考考生将个人志愿融入国家发展伟业的故事。

吴京泰，2021年海南省高考生，在此次高考中取得了满分900分的好成绩，让人惊喜的是，吴京泰通过国家强基计划被清华大学未央学院录取，录取的专业是数理基础科学和微电子科学与工程，属于理工双学士学位。

从学校2021届毕业生录取情况来看，曾经以去上海从事金融行业为人生目标的小吴，在了解到国家发展急缺基础软件研发人才时，毅然将自己的志愿锁定为软件研发;往年报考医学类的学生占总考生人数不足两成,2021年提升为四成。

2. 配合入学初的生涯规划,学生确定职业理想,树立强国之志。

生1:长大后我想进入国安工作,在一线为国家保驾护航。

生2:我将以成为一名军人为职业理想,镇守疆土,保家卫国。

生3:我将以消防员为职业理想,在洪涝、火灾等灾害来临之际,挺身而出,赴汤蹈火,誓死保卫人民生命财产安全。

生4:我将以科技研发为终身理想,为国家建设奉献一生。

生5:我将以医生为理想,兢兢业业,救死扶伤。

生6:我以教师作为职业理想,在三尺讲台上,努力实现梁启超先生所说的,"少年强则国强,少年智则国智,少年胜于欧洲,则国胜于欧洲,少年雄于地球,则国雄于地球"。

生7:我宣誓,我将以医人救命为未来理想,拯救被病痛折磨的人们,让他们重归美好的生活。

生8:我宣誓,我将以教书育人为职业理想,誓将以自己的生命影响几代人,以几代人影响全中国。

生9:我宣誓,我以成为一名基层医务人员为梦想,治病救人,矢志不渝。

3. 朗读教师自创主题诗《小小的我,大大的国》。

【设计意图】高中学生将在高二年级进行选科,在高考后进行专业选择,本环节设计配合高一新生入学时的生涯规划展开,让学生在国旗下宣读个人职业理想,激发强国之志。通过朗读原创主题诗《小小的我,大大的国》,学生唤起心中的爱国之情,并将这份情感转化为报国的动力。

## 环节三:实践报国行

1. 就学生关注的文明乱象及法治乱象进行分析讨论。

(1) 文明乱象——校门口拥堵。

① 家长接送学生大多使用机动车,导致车流量大。

② 为了孩子少走路,家长们都把车挤到学校正门口,导致道路拥堵。

③ 家长在接送完学生后,随即调头,导致交通不畅,加剧拥堵。

(2) 法治乱象——针对老年人的诈骗。

① 老年人防范意识薄弱,很难识别诈骗"套路"。

② 老年人缺乏关怀,容易被诈骗分子的"温情"所迷惑。

③ 老年人法治意识欠缺,被诈骗后担心被子女知道,不敢求助相关部门。

(3) 学生分析讨论,并提出整改建议。

① 针对文明乱象有如下建议。

第一小组:发出一份详细的倡议,建议同学们选择步行、骑自行车等绿色出行方式。

第二小组:通过信访渠道向有关部门建议,在特定时段对学校门口的路段实行单向限行;加强执法力度,对这种随即调头违反交规的行为予以处罚。

第三小组:在学校周边设置多个接送点,疏散车流,缓解压力。

② 针对法治乱象有如下建议。

第一小组:作为子女要多关怀老年人,另外要将《中华人民共和国老年人权益保障法》落到实处,让老年人能够老有所依、老有所养、老有所伴。

第二小组:"老吾老以及人之老,幼吾幼以及人之幼。"关爱"空巢"老人不仅仅是子女的责任,社区的一些工作人员也可以上门多关心他们,可以举办一些讲座来增强老年人的法治意识。

第三小组:国家要加强力度,严厉打击诈骗的团伙,减少老年人受骗的概率。

2. 利用课余时间进行社会实践,助力国家的美好发展。

【设计意图】这一环节的活动,让学生深刻认识到爱国主义是深刻的情感,也是具体的行动,爱国主义离我们不远,就在我们的一言一行之中。青年学生既要学知识、练本领为将来报效祖国做好准备,又要在当下关注社会,以自己的学识和智慧为和谐社会建设贡献自己的力量。

## 五、活动延伸

1. 策划以"爱国,能力更重要"与"爱国,热情更重要"为主题的辩论赛,进一步深化学生认知。

2. 编排以"爱国情,强国志,报国行"为主题的黑板报,将各组同学班会课前准备的及班会课上生成的内容融入其中。

3. 利用社会实践活动，就课堂上讨论的针对几种"乱象"的对策加以落实，培养学生的参与感与责任感。

## 六、班会反思

贴合学情才能有效育人。本节班会课的设计均基于前期学生们进行的问卷访谈调查中暴露出的认知或情感问题，从学生的真实学情出发，符合维果斯基"最近发展区"理论，并在后期的班会课设计与组织实施中也进一步落实此要求。

体验感悟胜于单一说教。本节班会课尊重学生的主体地位，让学生在教师创设的场景下进行思考、讨论与展示，学生以新闻播报员身份对时事进行评析，给出自己的看法；以公民身份对社会上的一些"乱象"进行分析并给出对策，于体验感悟中达到潜移默化的育人效果。

爱国主义教育既要走进学生的内心世界，又要注重仪式感，通过对着国旗宣读个人职业理想，树立学生的强国之志，起到了良好的育人效果。后期在班团课中我们将进一步加强这方面的教育。

项目式学习，是为了实现全员参与、全员发展，虽然课堂上只有小组代表模拟网友答复及给出对策，但在本节班会课的前期准备过程中，小组内分工使得每位学生都领到了自己的任务，学生利用周末时间搜索信息，准备资料，遇到疑问及时与同学或老师沟通，切实提升了自身能力，实现了发展进步。

爱国主义教育只有进行时，没有完成时。作为班主任要对此常抓不懈，充分利用好生活的素材进行教育引导，进而持续开发适合高中学情的校本化爱国主义教育系列课程。

【作者简介】
徐蕾，江苏省姜堰第二中学教师。曾获全国思想政治优质课比赛"授课·说课"一等奖、江苏省思想政治优质课比赛一等奖、江苏省中小学班主任基本功大赛一等奖、长三角地区中小学班主任基本功大赛一等奖、泰州市团委书记个人风采大赛一等奖。

# 13 学习弘扬"新旅精神",争做新时代好青年
## ——高一年级主题班会

殷 俊

## 一、背景分析

### 1. 主题解析

在2021年的"六一"国际儿童节到来之际,淮安市新安小学的少先队员们收到了一份特别的礼物——来自习近平爷爷的回信。信中习近平总书记对他们予以亲切勉励,希望新安小学的少先队员们结合自身成长实际学好党史,以英雄模范人物为榜样,从小坚定听党话、跟党走的决心,刻苦学习,树立理想,砥砺品格,增长本领,努力实现德、智、体、美、劳全面发展。从1935年成立开始,"新安旅行团"不怕艰苦,以文艺为武器,唤起民众抗日救亡,宣传党的主张,展现了爱国奋进的精神风貌。在贯彻党的二十大精神的开局之年,以学习弘扬"新旅精神"对学生进行爱国主义教育,可以坚定学生报效祖国的决心。

### 2. 学情分析

高中阶段是人成长成熟的重要阶段,也是思维活跃的时期,是意识观念形成和逐步稳定的时期,学生的价值观和人生观在不断地形成并趋于稳定,需要对他们进行积极的引导,用社会主义核心价值观、优秀传统文化、爱国主义精神进行教育,引领学生进行正确的价值判断并做出正确的价值选择,赓续精神、启程未来,走正确的道路,做新时代优秀青年。高中生可以独立自主地搜集资料,可以有体系地生成思考与想法,也可以用成熟的文字将想法写下来。之前学校组织开展了"强国有我,我们都是收信人"的主题教育活动,所以在本次组织班会的时候有了一定的基础,因而班主任与学生一同构思班会课框架并实施的时候,尽量将组织与规划工作交给学生独立完成。

## 二、班会目标

### 1. 认知目标
了解"新安旅行团",感知"新旅精神",认识到革命先辈在奋斗中形成的伟大精神。

### 2. 情感目标
弘扬新旅精神,营造"崇尚英雄,学习英雄"的氛围,弘扬社会主义核心价值观,厚植爱党、爱国、爱社会主义的情感。

### 3. 行为目标
以英雄模范人物为榜样,坚定听党话、跟党走的决心,刻苦学习,树立理想,砥砺品格,增长本领,传承红色基因,争做担当民族复兴重任的时代新人。

## 三、班会准备

1. 教师准备:(1)根据教学需要制作PPT;(2)准备知识竞赛的题目,剪辑视频。

2. 学生准备:(1)查找有关"新安旅行团"的文字资料,准备好新安小学、"新安旅行团"的视频资料,丰富班会的内容;(2)弘扬"新旅精神",每位学生制作理想卡,在卡片上写下自己切实可行的理想。

## 四、班会过程

**环节一:红色征程**

**活动1:民族解放小号手——了解"新旅历史"**

学生用制作好的图片,介绍"新安旅行团"基本情况。

"新安旅行团"的母校是新安小学。1929年,著名教育家陶行知创办淮安河下古镇莲花街新安小学。1935年10月10日,国家危难之际,新安小学第二任校长汪达之决定,带着孩子们组成"新安旅行团",以长途修学旅行的方式,践行陶行知"生活即教育,社会即学校,教学做合一"的教育思想,将个人成长与国家命运结合起来,团结民众,宣传抗日救国主张。他们还组织了大批青少年救亡团体投入伟大的抗日洪流,成为上海、武汉、桂林、大西南、内蒙古、北平和苏北解放区等地的"孩子头",被著名作家冰心称赞为"民族解放的小号手"。

**活动2:用足迹丈量祖国——认识"新旅精神"**

1. 观看视频《习近平回信勉励江苏省淮安市新安小学的少先队员》和《用足迹丈量祖国》。

2. 分享交流:学生畅谈自我感想,教师引导学生围绕"新旅精神"进行思考。

(1) 其中蕴含的爱国主义精神:"为民族生存奋斗"的爱国情怀,"要把中国来改造"的报国信念,"把一切民族敌人都打倒"的救国理想。

(2) 其中蕴含的英雄主义精神:"人小志气大,爱国走天下"的豪情壮志,"不怕苦,不怕难,不怕敌人凶残"的英雄气概,"努力工作,继续前进"的与时俱进精神。

【设计意图】本环节旨在带领学生了解"新安旅行团"的历史,感受"新安旅行团"的爱国精神,通过图片展览、视频介绍、分享交流等生动形象的方式,让学生进入情境,感受历史。

**环节二:红色筑梦**

**活动1:学习最美人物,弘扬"新旅精神"**

在这片红色的沃土上,每一个平凡岗位上的奉献者,都是"新旅精神"的追随者。下面请小组内交流一下,说一说新时代"新旅人"是谁,他们是怎么说的?又是怎么做的?(学生分成四组,结合图片、视频、音频进行分享)

1. 城市的美容师——环卫工人。

介绍党的二十大代表、环卫工人蔡月英。环卫工人身穿红黄相间的马甲,在街头熙熙攘攘的人群中,总能看到点缀其中的一抹红,我们就是守护家乡洁净的环卫工人。工作不分高低贵贱,每一种职业都值得尊重,应该尊重、关爱环卫工人。每个人也要提高爱护环境、人人有责的意识,为建设绿色家乡贡献自己的力量。

2. 白衣天使——医生。

介绍2023年"最美医生"刘永生。作为一名乡村医生,谁家有患者、哪位患者急需照顾,刘永生心里都有数,只要乡亲们有需要,他会随叫随到。自1976年从医至今他已出诊10 000余次,先后接诊患者12万人次。"群众有需要,我就马上到。住在村卫生室已经成了我的习惯,就是要保证乡亲们在最需要的时候能找到我,只要我还干得动,我就要继续做好乡亲们身边的健康'守门人'。"刘永生说。

3. 人类灵魂的工程师——教师。

介绍张桂梅。身患疾病,却帮助1600多名女孩圆了大学梦,被女孩子们亲切地称为"张妈妈"。她像一束希望之光,照亮孩子们的追梦人生。她吃穿用都非常简朴,对自己近乎"抠门",却把工资、奖金捐出来,用在教学和学生身上。命运置她于高崖,她赠人间以芬芳!

4. 国家的脊梁——军人。

介绍"八一勋章"获得者杜富国。杜富国得知要组建扫雷大队的消息后,第一时间递交申请,主动请缨参加中越边境扫雷任务,刻苦训练掌握10余种排雷方法,三年多时间里累计进出雷场1 000余次,排除地雷和爆炸物2 400余枚,处置各类险情20余起。他在申请书中写道:"我思索着怎样的人生是真正有意义有价值的,衡量的唯一标准是真正为国家做了些什么,为百姓做了些什么……我感到这就是我的使命!"在一次执行扫雷任务时突遇爆炸,杜富国为保护战友,失去了双手双眼。

**活动2:感受时代变化,厚植爱国情怀**

新时代的"新旅人",为人民谋幸福、为中华民族谋复兴!努力实现中国梦!

分小组进行介绍。

第一小组:致富梦。从衣食住行等方面介绍人们生活发生的巨大变化。

第二小组:教育梦。播放采访视频《求学梦》,学生采访学校教师一家三代不同时期的教育理想以及教育现状,旨在了解强国之路上教育的变化,从而激发学生的爱国之情。

第三小组:航天梦。介绍中国航天事业发展情况,了解我国航天事业的发展。

第四小组:强国梦。通过数据介绍中国总体发展的情况,增强学生的民族自信心与自豪感。

【设计意图】将学生对"新旅精神"的学习与时代联系起来,联系学生的生活,让学生了解身边的"新旅精神",让学生感受到这些精神与我们的生活息息相关,同时,本环节中各小组成员自发组织、分工,从四个方面搜集时代变化的资料,明白中国是在中国共产党的带领下才发生了翻天覆地的变化。

**环节三:红色传承**

**活动1:明确奋斗目标,追随"新旅"脚步**

1. 教师导入:周恩来总理在少年时代就立下了"为中华之崛起而读书"的鸿鹄之志,最终他成了新中国的开国元勋;鲁迅为了国格精神的复兴,果断弃医从文,呕心沥血,从而成了中国现代文学的奠基人,他的方向就是中华民族新文学的方向。

2. 分享交流:请同学们拿出制作好的理想卡,一张贴在桌子上,一张贴在板报上,并大声读出来。

**活动2:践行个人理想,不负青春韶华**

1. 引导讨论:理想给人生以巨大的推动力。人类有了物质才能生存,人有了理想才谈得上生活,你了解生存与生活的区别吗?动物生存,而人才生活。埋葬理想的泥潭有两个:一是万念俱灰,二是踌躇满志。光有理想还不够,没有行动的理想就是空想,就是妄想。那么,同学们,为了理想应如何去做呢?

2. 请三名学生演讲,结合自身实际,抒发做新时代爱国奋进的好少年的情怀。

3. 教师小结。

第一,争当热爱祖国,理想远大的好少年。我们要树立报效祖国、服务人民,成为祖国栋梁的远大志向。第二,争当勤奋学习,追求上进的好少年。我们要热爱学习、学会学习、主动学习、积极进取,报效祖国。第三,争当品德优良,团结友爱的好少年。我们要诚实守信、尊重师长、关心他人、遵守法纪。第四,争当体魄强健、活泼开朗的好少年。我们要坚持锻炼身体,乐观对待生活,敢于克服困难,面对未来我能行。

对于高中生来说,当好社会主义接班人,报效祖国决不能成为一句空谈,我们将追随"新旅人"的脚步,脚踏实地地走好每一步,从树立切实可行的理想开始,让每一天都过得有意义,朝着心里理想的大学迈进。

班会在《歌唱祖国》的歌声中结束(全体师生合唱)。

【设计意图】此环节中,学生在了解、认知的基础上进行实践。以行动开路,变灌输为启发,通过具体的行动实践,引导学生真正了解"新旅精神";从感知到体验,变被动为主动,激励学生刻苦学习、成长成才,赓续"红色精神",让红色基因代代相传。

**教师总结**

当五星红旗升起时,我们从那满含泪花的凝视里,从自豪激昂的"起来"声中,从挺直腰杆、溢满喜悦的容颜上,体会到了做一个中国人的自豪,同时,也感受到我们跨世纪青少年肩头的重任:努力学习吧!祖国需要我们,世界需要我们,未来需要我们!

让我们一起树爱国之心、立报国之志,随时准备着,为我们伟大祖国的繁荣昌盛贡献力量!

### 五、活动延伸

1. 充分利用本地红色教育资源,开展参观周恩来纪念馆、吴运铎纪念馆等活动,走近英雄模范人物。

2. 走访身边在党50年的老党员,了解老一代党员身上的优良品质。

3. 阅读《群星闪耀》一书。了解各行各业党员的先进事迹。

4. 学习爱国谚语并交流。强化对"新安旅行团"爱国操行的认知,为青少年将来的人生指引方向。

5. 给心中的英雄写封信,表达自己的爱国之心。

### 六、班会反思

**1. 对班会目标的反思**

本次班会基本实现了教育目标,学生通过课前对新旅基本情况的搜集和整理,课中观看了视频、图片的系统展示后,已经对"新旅精神"有了完整的了解,切实感受到了英雄人物身上的爱国精神和坚定的责任与担当。通过活动,学生进一步懂得中国共产党一路走来的艰辛与不易,以及百年来带领中国人民创造的伟大成就,从心底产生对中国共产党的崇敬之情,自觉地向党靠拢,更加明白自己肩上的责任和使命,使之内化为学习的动力。

### 2. 对活动内容的反思

本节班会课活动形式较为丰富,根据活动情况,还可以进一步延伸、拓展。例如,对"新旅精神"的学习可以同其他学科进行融合,让活动的平台更加宽阔,让学生的参与更加深入;可以将语文课程与"新旅精神"学习相结合,进一步推动对学生学党史、感党恩、跟党走的思想教育;可以选择让学生诵读百年党史、红色经典、英雄故事等,声情并茂地表达对祖国、对党的热爱之情;还可以引导学生研究本地地标建筑、生态环境、民俗风情等,感受在党的领导下国民经济发展、人民文化生活水平提高,激发学生热爱家乡的情感。

### 3. 对活动载体的反思

在本节班会设计中,较多利用的是网络资源和课堂活动,对身边普通人与事的素材利用较少。如果能邀请到抗美援朝的老战士、抗洪救险的士兵、抗击疫情的医务工作者、默默奉献的志愿者,让党员与学生面对面进行红色故事宣讲,互动交流,能让学生更真切地感受到身边党员对"红色精神"的传承,引起内心深处的共鸣。

【作者简介】

殷俊,江苏省金湖中学教师,淮安市第四批高中历史学科带头人,被评为淮安市"优秀班主任"。曾获江苏省和长三角地区中小学班主任基本功大赛一等奖。

# 14 赓续"红色精神",争做红色种子
## ——高二年级"传承'红色精神'"主题班会

赵 健

## 一、背景分析

### 1. 主题解析

深刻领会党的二十大报告精神,挖掘"红色精神"的育人价值显得尤为重要。而高中生对"红色精神"价值的忽视,又警示我们必须将"红色精神"的赓续融入高中生的学习与生活之中,这样才能更好地让"红色精神"陪伴、指引高中生成长。《新时代爱国主义教育实施纲要》明确要求,要继承革命传统,弘扬革命精神,传承红色基因,结合新的时代特点赋予新的内涵,使之转化为激励学生誓做一颗红色种子的强大动力。

### 2. 学情分析

高中阶段是学生身心快速发展的时期,也是他们世界观、人生观、价值观形成的关键期,帮助学生用"红色精神"为自己的成长发展提供动力、指明方向,满足了高中生成长发展的需求。

本班学生虽然知道赓续"红色精神"的重要性,但是并不能深刻理解赓续"红色精神"对自己人生发展的重要性和指导意义,还没有形成自己的红色信仰。为帮助学生赓续"红色精神",学会用"红色精神"引领自身发展,特举行本次主题班会。

## 二、活动目标

### 1. 认知目标

懂得"红色精神"就是中国共产党领导中国人民在革命、建设、改革各个时期所形成的伟大革命精神。

2. 情感目标

激发用"红色精神"引领自己成长的热情。

3. 行为目标

用"红色精神"为学生的精神世界涂上底色,用红色坐标引领他们成长发展,引导学生将红色种子扎根到自己的学习与生活之中,扎根到理想与追求之中。

### 三、班会准备

1. 教师准备:(1)召开班委会,申明本次主题班会的重要意义,并布置任务与安排分工;(2)搜集"红色精神"的相关资料,在准备过程中引导学生和在最后做总结提升;(3)邀请一名有"红色精神"的家长,告知本次主题班会的设计意图,邀请其提前做好相关准备。

2. 学生准备:(1)自主查阅中国共产党人"红色精神"的相关资料,做好笔记并思考"我的精神坐标是什么?为什么是这个?"(2)制作PPT,配好相关背景音乐,剪辑《游"红色精神"展览馆》视频;(3)准备好"我的精神坐标系"专用纸,每人一张;(4)布置教室,四人一组摆好座位;(5)前黑板上板书班会主题"赓续'红色精神',争做红色种子"。

### 四、班会过程

**环节一:回望红色岁月,感悟红色基因——播下成长之种**

**活动1:观看视频,了解"红色精神"**

1. 播放视频,学生观看视频《游"红色精神"展览馆》。
2. 提问:视频中令你印象深刻的精神是什么?为什么?
3. 交流讨论:请至少三位同学说一说。
4. 教师小结。

"红色精神"是指中国共产党领导中国人民在革命、建设、改革各个时期所形成的伟大革命精神。在中国共产党百年历史中,形成了很多可歌可泣的"红色精神"。"红色精神"已经深深融入中华民族的血脉,成为鼓舞和激励中国人民不断攻坚克难、不断前进的强大精神动力。

**活动 2：现场访谈，说说游览红色展览馆之感**

学生课前参观学校红色展览馆。

1. 提问：走完这个长廊，你最深刻的感受是什么？为什么？

2. 交流讨论：学生小组内讨论交流，代表发言。

3. 教师小结。

井冈山精神、长征精神、遵义会议精神、延安精神、西柏坡精神、红岩精神、抗美援朝精神、"两弹一星"精神、特区精神、抗洪精神、抗震救灾精神、抗疫精神等都是伟大的"红色精神"，都值得我们学习传承。

**活动 3：案例呈现，说出你眼中的"红色精神"**

1. 出示网络新闻。

这几年，热门景点不再只是名山大川，红色旅游成了人们出游的新宠。数据显示，红色旅游客户群越来越年轻，"95 后"和"00 后"占比近 50%，其中"00 后"的红色旅游预订量同比涨幅超过 630%。

五一假期伊始，嘉兴南湖游人如织。在建党一百周年大庆的推动下，"95 后"和"00 后"成了红色旅游的主力军，红色旅游的发展快车道已然开启。

2. 提问：作为"00 后"的你，游览过哪些红色教育基地？了解过哪些"红色精神"？这些"红色精神"给你带来了什么深刻感悟？

3. 交流讨论：请三位以上同学发表观点。

4. 教师小结。

"红色精神"其实就在我们身边，"红色精神"激发了我们的理想和追求，指导了我们的学习和生活，为我们的奋斗和成长提供了强大的动力。

【设计意图】通过观看视频、呈现新闻的方式，引导学生明白什么是"红色精神"，"红色精神"有哪些，为什么要传承"红色精神"。

**环节二：明确使命担当，激发红色情感——丰盈成长之叶**

**活动 1：家长谈抗疫精神**

1. 新冠疫情之下，很多人加入了抗疫的行列，党员先锋队、志愿者服务队活跃在抗疫一线，有请一位家长为我们讲述他的抗疫故事。

2. 家长讲抗疫志愿者的故事，并谈自己对抗疫精神的理解。

作为志愿者，我是抱着一腔热情积极参加的，但是在过程中才真正明白了什么是抗疫精神中的生命至上、举国同心、舍生忘死、尊重科学、命运与共。国家为了保证大家的生命健康,防止病毒的传播,不惜一切代价,核酸检测晚上10点做完就10点结束,12点做完就12点结束。志愿者们穿着臃肿的防护服,虽不失可爱,但是其实非常憋闷,脱去防护服,汗水早已湿透衣背,尽管如此辛苦,也难掩嘴角的笑意。

3. 提问:故事里的什么地方让你感动,为什么?

4. 交流讨论:请三名以上同学谈感受。

5. 教师小结。

抗疫精神就是在抗击新冠疫情中形成的众志成城、守望相助的精神。

**活动2:同学讲奥运精神**

1. 班级一名体育生讲自己眼中的奥运精神。

作为一名体育生,我很关注这次的奥运会,当看到苏炳添在赛道上飞奔的时候,我受到很大的鼓舞和震动!亚洲人可以!中国人可以!在平常训练中勤学苦练、顽强拼搏、勇攀高峰不再是口号,是我对自己的要求。我相信,我也可以!

2. 学生交流分享。

预设:无论是奥运精神还是抗疫精神,都是新时代"红色精神"的传承。

前面几位的分享都体现了传承"红色精神"的使命担当,你们的身边肯定也有这样的事迹,一起来分享一下吧!

3. 不少于三名同学进行分享。

4. 教师小结。

新时代赋予我们新使命,要求我们有新担当,作为高中生的我们,应该主动明确使命担当,自觉传承"红色精神"。

【设计意图】家长讲抗疫经历,同学讲奥运精神,能让学生把"红色精神"和自己的实际生活相连,并明白"红色精神"就在身边,"红色精神"激励着每个人一定要明确自己的使命担当。

**环节三:定位红色坐标,践行"红色精神"——绽放成长之花**

**活动1:入情境,选坐标**

1. 情景再现:一天,学校播放了《精神坐标》,讲述了共产党人如何定位自己的精神坐标。课间,同学们就"红色精神"坐标议论纷纷。小明说:"我会选择红船精神,因为我们要在高一考虑好创造属于自己的精神生活。"小芳说:"我会选择长征精神。他能鼓舞我在坚持不下去的时候继续坚持!"

2. 提问:如果是你,你会选择哪种精神作为自己的精神坐标?为什么?

3. 交流讨论:请同学说一说自己为什么选择这个精神作为自己的精神坐标。

4. 教师小结。

"红色精神"已经深深融入中华民族的血脉,成为鼓舞和激励我们每一个中国人不断攻坚克难、不断前进的强大精神动力!传承"红色精神"也要与日俱进,我们要升华"红色精神",将"红色精神"融入我们的学习与生活之中,确立自己的精神坐标!

### 活动 2:画坐标,定精神

1. 请学生拿出"我的精神坐标系"专用纸,画出自己的"精神坐标"。

2. 提示:(1) 形式上,用自己喜欢的方式,可横可竖;(2) 内容上,规划好自己三年的"精神坐标",可以分三年,也可以分六个学期,也可以分事情,等等。

3. 交流讨论:学生组内交流,派代表向全班介绍自己的精神坐标系,班主任评点。

4. 教师小结。

同学们画的"精神坐标"让我感受到了"红色精神"的传承和发扬。班会结束后,班委会成员会把大家画的"我的精神坐标系"专用纸放入我们的班级陈列框,当我们遇到困难和挫折的时候,当我们想放弃和沉沦的时候,看看自己的坐标,努力坚持,奋斗不止!

### 活动 3:应倡议,埋种子

1. 出示学校倡议书。

---

**倡议书**

同学们:

今年是建党百年,了解"红色精神",传承"红色精神",对于每一个中国人都有着非同寻常的意义。作为新时代的中学生,我们更应该将"红色精神"与自己的生涯规划联系起来,积极汲取"红色精神"中的营养,强壮自己的精神。让我们一起用实际行动"赓续'红色精神',争做红色种子"!

校学生会

2023 年 9 月 16 日

2. 提问:要响应倡议,如果是你,你会怎么做?
3. 交流讨论:不少于三名同学在全班发言。
4. 教师小结。

响应倡议,就是要把倡议变为行动。言必行,行必果!落小,落细,落实!积极参加学校组织的各项活动,争做红色种子!传承红色基因!

【设计意图】选坐标、画坐标和谈自己的做法,如此,把学生的传承意识变为实际行动,同时为后面活动做好铺垫。

**教师总结**

同学们,通过今天这节班会,大家学到了如何承担起自己的使命担当,传承与发扬"红色精神",丰盈自己的成长之叶;又结合自己高中生活的实际,画出了自己的"精神坐标",努力绽放自己的成长之花。很高兴,大家用红色为自己的精神涂上了底色,学会了用"红色精神"鼓舞自己前进,希望大家铭记,将对"红色精神"的传承与发扬时刻落实到行动上。

## 五、活动延伸

1. 践行高二的"精神坐标",每周请一位同学在班级分享自己践行"红色精神"的故事。
2. 围绕自己的"精神坐标",规划研学旅行、志愿者服务等活动并付诸实施。

## 六、班会反思

### 1. 深入挖掘"红色精神"的内涵与价值

"红色精神"有着丰富的价值和现实指导意义,是一代又一代中国共产党人顽强拼搏、不懈奋斗形成的伟大精神,有助于指导中学生面对当下的学习生活,中学生自觉用"红色精神"构建自己的"精神坐标",有助于拓宽生命宽度、增加生命厚度。

### 2. 多一些案例导行

案例导行是重中之重，德育应落实到学生的行为改变上，多几个案例，多几次活动体验，才能够让学生收获更多。班会课可以有针对性地结合更多的案例导行，促使学生对"红色精神"有更深入的真实感悟。

### 3. 多一些身边榜样

平行教育重要的是营造良好的集体氛围，在活动中找出身边的榜样，这对于塑造个人良好形象、督促学生向前发展和营造良好班级氛围等多方面有着重要的意义。身边的榜样看得见、摸得着、学得来，本节班会课对身边的榜样还可以加以进一步的挖掘。

### 4. 序列化、常态化开展主题班会活动

"红色精神"能够丰富高中生精神世界的方方面面，开展序列化的"红色精神"主题班会，才能真正让学生找到"红色精神"照耀下自身的精神谱系。

---

【作者简介】

赵健，南京市宇通实验学校副校长，南京市五一劳动奖章获得者，被评为南京市"优秀青年教师"、南京市"优秀班主任"、南京市"技术能手"、南京市"青年岗位能手"。曾获江苏省中小学班主任基本功大赛一等奖、长三角地区中小学班主任基本功大赛二等奖。

# 15  以奋斗青春，共绘祖国绚丽版图
## ——高二年级"珍惜青春，锤炼过硬本领"主题班会

朱倩倩

## 一、背景分析

### 1. 主题解析

习近平总书记在党的二十大报告中强调："深入实施人才强国战略""培养造就大批德才兼备的高素质人才，是国家和民族长远发展大计"。当代青年正是将来实现中华民族伟大复兴的中坚力量，两个百年奋斗目标与中国梦一起，成为引领中国青年前行的时代号召。应当引导青年学生珍惜青春，坚定理想，志存高远，脚踏实地，把爱国之情和报国之心融于个人奋斗与拼搏。激励他们勇敢接过时代的接力棒，在挫折中学习成长，在逆境中锤炼意志，在实践中增长才干，努力成为祖国最需要的人才，扎根在祖国最需要的领域，为承载起国家和民族的光明未来而锤炼本领，奋斗不息。

### 2. 学情分析

高二阶段是学生世界观、价值观、人生观发展和变化的关键期，随着学习压力的加重，很容易产生一些负面情绪，有的学生甚至会感到迷惘，对前途失去信心。同时，部分学生思想上不稳定，易受不良信息的影响。

针对我班部分同学学习目标不明确、动力不足，学习不能持之以恒，部分男生沉溺于手机游戏、容易产生消极情绪的情况，班主任以共同设计成人仪式海报、献礼祖国为契机设计了本节班会活动课。本班会活动课旨在激发学生珍惜青春、热爱祖国的情感，激励他们努力学习、锤炼本领，树立为下一个百年目标燃烧青春、筑梦前行的远大理想；着力于引导学生厚植家国情怀、树立远大志向，让青春在为祖国、为民族、为人民的不懈奋斗中绽放绚丽之花。

## 二、班会目标

1. 认知目标

学生通过情境活动体验、理解青春的特点及内涵,认识青春的珍贵及在青春期树立远大理想的重要性。

2. 情感目标

学生通过活动交流和榜样示范,感受到珍惜青春、努力学习、不断锤炼自身能力的迫切性,培养坚定信念、战胜困难的意识和报效祖国的情怀。

3. 行为目标

引导学生紧跟时代脉搏思考和确定适合自己的短期目标与长远目标,并合理规划,在集体中成长,用实际行动担负起时代使命。

## 三、班会准备

1. 教师准备:(1)分解任务,指导学生分小组搜集班会课素材、辅助视频;(2)准备背景配乐与朗诵词;(3)准备PPT、指导学生对情景剧进行排练预演。

2. 学生准备:(1)策划班会形式、讨论流程、深化班会主题;(2)搜集班会课素材、辅助视频、撰写文稿与制作PPT;(3)准备场地、摆放桌椅、布置教室、营造氛围。

## 四、班会过程

**情景导入:播放音乐《星辰大海》。**

一曲《星辰大海》,让多少青年心情激荡。以歌词"赤子心热血澎湃,用青春谱写精彩"引出"以奋斗青春,共绘祖国绚丽版图"课题,师生共商如何珍惜青春,锤炼过硬本领,一起朝着中华民族伟大复兴的梦想进军。

### 环节一:不负韶华——珍惜青春时光

延续上节班会结束时"青春献礼祖国"的话题和课后延展活动的"献礼展板"设计布置,各小组分别介绍创意。

**活动 1:介绍创意,认识青春之美**

1. 讨论:学生通过讨论青春色彩、展示小组图腾或象征的方式来挖掘青春的意义与内涵。

(色彩1)绿色:中国文化中,"青"是生命的颜色。"青"表示经过了万物凋零的冬季,阳光回归,大地升温,地里的种子苏醒破土,扎根生长,广阔林野遍布新绿,一片生机勃勃的景象。青春的绿色,朝气蓬勃,所以我们选用绿色作为展板的底色。

(色彩2)红色:我们组选择红色,红色代表朝气蓬勃、蒸蒸日上,是充满活力和朝气的热烈的色彩。火红的青春,永不褪色!

(色彩3)黄色:我们组选黄色的心形来代表智慧。希,喜悦,光明。这个飞鹰是我们的组徽,寓意我们在广袤的天空自由翱翔。

(色彩4)金色:我们选择金色的奖杯形状,来预示向上的追求。

(色彩5)彩色:青春是五颜六色的,因为年轻人激情四射,青春就是什么颜色都有。

2. 教师小结。

青春真是多姿多彩,看来还是彩色最适合我们。青春充满活力、五彩斑斓、短暂易逝,青春是辉煌的起点,青春就是当下。

**活动 2:朗诵抒情,感悟青春内涵**

1. 写:课前描写青春心语,收集佳句、加工润色,创作诗歌《青春的样子》。
2. 品:有感情地配乐诵读,感悟青春的样子。

青春的样子

青春,生命的号角;

青春,信念的火炬;

青春,冲锋的鸣镝。

青春是一首歌,慷慨激昂,催人奋进;

青春是一面旗,召唤理想,攻城略地;

青春是一条河啊,奔腾向前,永不停息!

青春是稍纵即逝的梦,需要好好把握;

青春是五彩绚丽的花,需要细心呵护;

青春就要追逐梦想,青春就要奋力绽放!

注:本诗为课前准备,由全班学生的"金句"组合、加工润色而成。

3. 悟:挖掘青春内涵,体会奋斗初心。体悟青春的本质与内涵,认知青春的宝贵,引发珍惜青春的情感,为之后不负韶华、立志奋斗做好充分的准备与铺垫。

【设计意图】本环节以设计国庆节海报为切入口,各小组代表交流海报的颜色、内容。通过共商、提炼、诵读等环节引导学生理解青春的内涵,认识青春的宝贵,激发学生珍惜青春的情感。

### 环节二:明德立志——点燃时代梦想

**活动 1:情境微辩**

1. 演一演:终于周末了,好朋友打游戏"四缺一",喊小杨立即来组队,但是他的作业还没有完成。

2. 辩一辩:如果你是小杨,你去不去?说说理由。

思辨导行:高中生的爱好消遣与本领技能的区别是什么?

预设:有的学生认为游戏可以锻炼思维、培养团队精神、锻炼竞技能力等。大家进一步辨析,并引导学生形成正确的价值观。

展示新规:《关于进一步严格管理,切实防止未成年人沉迷网络游戏的通知》中要求所有网络游戏企业仅可在周五、周六、周日和法定节假日每日 20 时至 21 时向未成年人提供 1 小时网络游戏服务,其他时间均不得以任何形式向未成年人提供网络游戏服务。这项规定具体诠释国家对未成年人的关注。

3. 教师小结。

打游戏、刷短视频、看网络小说都不是高中学生要锤炼的本领。我们肩负时代使命,要珍惜青春,养成良好的学习习惯,培养积极的兴趣爱好,努力学习有助于我们实现理想目标的本领和技能。

**活动 2:榜样示范**

1. 时代楷模。

(1)猜一猜:青春靓照竞猜——她是谁?

(2)读一读:朗读"感动中国"人物张桂梅颁奖词。请学生有感情地朗读颁奖词,感悟张桂梅的大爱真情。

(3)学一学:张老师对我们青少年有什么示范作用?

学生各抒己见,谈谈自己从张桂梅身上学到了什么。

(4)找相似:她年轻时是青春靓丽的少女,和我们一样是普通人。

(5)找不同:她的伟大在于师者仁心,一生致力于欠发达地区女孩的教育事业。

她不畏艰辛,追求理想,燃烧自己,照亮别人,既是教育工作者的楷模,也是新时代青年的楷模。不管做什么选择,她的出发点一直是利于他人,利于贫困地区女孩完成学业。她排除千难万险,不顾病痛折磨,奉献自己的一生,就是为她们创设学习的一方净土,是我们青年一代的榜样。

教师小结:"眼中有光,心中有爱,点燃自己,照亮别人"的张桂梅老师也是我们的偶像,我们也要成为像她一样的人。

2. 青春偶像。

(1)群英荟萃。

材料一(学生讲述):闪亮的"金头盔"——刘飞的事迹。

材料二(学生讲述):身残志坚、永不放弃的同年级学生的事迹(我校高二年级一名患有白癜风的学生,眼睛高度近视,依然严格要求自己)。

材料三(短视频):主要介绍都市丛林中的行吟诗人,唱着《平凡之路》而人生不平凡的朴树(侧重其在艺术创作方面激情和通过不懈努力取得的成就)。

(2)青春启示。

思考讨论:这些青年锤炼的是什么本领?我们高中学生要学习他们身上怎样的精神?(这部分是本节课要解决的重点问题,学生经过之前的铺垫、讨论、辨析、学习、交流等,领悟到青少年要学习和锤炼的本领)

教师小结:高中生要明辨是非,发展正面的兴趣爱好;学习楷模,树立远大志向,将个人的发展与国家和民族的未来紧密联系在一起;在努力学习科学文化知识的同时,注重身心健康;不断创新思维、努力锤炼技能,在自己的岗位做出应有贡献。

【设计意图】搜集、分享伟大人物和时代青年模范志存高远、刻苦锤炼、服务人民、造福社会的故事,引导学生思辨反省,在心里深深埋下"为祖国未来而奋斗"的火种,从而端正态度、改变行为。

### 环节三：勇担使命——锤炼过硬本领

**活动1：聆听习语知使命**

1. 聆听"每日一席话"。

展示材料(图文、音频)：2022年3月30日，习近平总书记在参加首都义务植树活动时的讲话，勉励我们"从一点一滴做起，努力成长为党和人民需要的有用人才"。

2. 交流体悟。

思考：祖国需要什么样的人才？你准备成为祖国需要的哪种人才？

学生结合平时的积累和课前准备说出自己的志向：高新技术人才(芯片设计师、飞行器发动机设备)、农业科学家、军人、开发建设西部的人才……

**活动2：规划青春明目标**

1. 小组合作。

学生按照生涯规划相关知识，讨论、制订自己的个人发展目标。

(1) 相互交流：组内展示、描述各自的"锤炼本领青春规划轴"。

(2) 合作改变：按"smart"原则及长、中、短期目标特点改变目标。

2. 全班交流。

(1) 分享畅谈：小组推选代表进行展示，重点阐述如何通过锤炼达成目标。

(2) 教师点评：目标按由远及近、由大到小的规则设置，个人目标要与祖国建设的前景相结合、凸显关键年份(2035年、2050年)，近期目标要具体。

(3) 推荐上榜：各组将符合"青春献祖国"主题的规划轴贴在展板上。

**活动3：互学技能练本领**

1. 呈现问卷调查结果。

课前统计学生在目前学习中面临的主要问题，课堂呈现结果(如表1所示)。

表1 问卷调查结果

| 问题 | 投票总人数 | 得票数 | 占比 |
| --- | --- | --- | --- |
| 努力后学习没有明显进步，感觉很灰心，想"躺平" | 52 | 31 | 59.62% |
| 制定目标很容易，放弃目标也很容易 | | 27 | 51.92% |
| 学习成绩不能提升，情绪很压抑。糟糕的心情反过来又影响了学习，恶性循环 | | 25 | 48.08% |

2. 提出解决策略。

（1）小组讨论：每组任选一题，也可以就新的棘手问题讨论解决方法并记录。

（2）策略展示：每组推选汇报者，向全班展现本组讨论结果和解决策略。多个小组可能选择同一问题，形成"同题异解"，进一步碰撞，产生思维火花。

3. 表扬奖励。

（1）夸一夸。由学生自主选择班级中认真锤炼过硬本领、解决难题的优秀典型，在本环节对其进行点赞表扬，并简要说明点赞表扬的原因。

（2）奖一奖。点赞者给被点赞者脸上贴上红色的星形、方形国旗面贴，并把他的名字写在展板上。

教师小结：希望大家互帮互助、取长补短，齐心协力解决难题。请记住：不管遇到什么困难，都不要忘记老师、同学和家人永远在你们身边。

【设计意图】通过学习习近平总书记语录，学生明确青年一代肩负的时代使命；通过合作互动、交流分享、相互夸奖等活动调动学生的积极性，引导学生设计、修订自己的人生规划，学习践行使命和锤炼本领的方法，以实际行动报效祖国。

### 环节四：誓约未来—— 共绘绚丽版图

**活动1：畅想2050**

1. 2050，我想对自己说。

写一句话给2050年的自己，附上青春规划，时刻警醒自己。

2. 互相约定，分享美好。

（1）组内推选：组内交流，推选符合海报主题的誓约。

（2）全班分享：大声诵读，和全班分享并将符合本节班会主题的誓约呈现在展板上。

**活动2：激扬青春**

1. 共绘绚丽图，存誓约。

（1）完善展板：各组按讨论结果对展板进行完善与修饰。

（2）全班分享：每组派代表向全班展示各组完善后的展板。

（3）共绘版图：各组将小展板贴在中国地图上，装饰祖国绚丽的版图，课后送到校史馆保存。

**2. 共唱青春曲，表决心。**

合唱歌曲《五月的花海》，抒发建设新时代的决心。

【设计意图】通过交流、分享、封存、歌唱青春约定等方式激发学生憧憬未来，把锤炼过硬本领落实到未来的行动中，引导学生以实际行动报效祖国。

### 教师总结

在同学们的群策群力下，我们不仅完成了海报的设计，还学会了如何珍惜青春！没有一代又一代的热血青年燃梦前行，就没有我们现在的美好生活。"唯有少年多壮志，岁月方可绽芳华"，同学们的青春之花将绽放在祖国的大好河山里，我们一起加油！

## 五、活动延伸

**1. 成品展出**

按照上课生成的创意和内容进一步完善展板，请美术老师和语文老师对排版和内容进行润色和修改后展示在校园公告栏。

**2. 目标制定**

根据本节课讨论的锤炼本领的细则，各组填写设计好的"火热青春献祖国"记录卡（如图1所示）。小组成员对照记录卡上的具体目标，记录完成情况。

| "火热青春献祖国"记录卡 |||||
|---|---|---|---|---|
| 我的目标： ||||| 
| 我的措施： |||||
| 我的行为： |||||
| 周一 | 周二 | 周三 | 周四 | 周五 |
|  |  |  |  |  |
| 完成情况： |||||
| 我的感受： |||||
| 自我评价： |||||
| 小组评价： |||||

图1 "火热青春献祖国"记录卡

**3. 分享推广**

通过系列主题活动，分析得失、分享经验、撰写心得，持续更新班级微信公众号"燃梦号"的"青春献祖国"系列推文,在家校交流平台进一步推广。

## 六、班会反思

本节主题班会紧扣时代脉搏,结合高二学段及本班学生的学情,精心设计、组织开展了内容丰富、形式多样、全员参与的爱国主义和社会主义核心价值观教育,以正确的价值导向引领学生、以向上的榜样激励学生,继续丰富以学生成长为主线,涵育从个体品格到集体精神,再到成长共同体的育人体系。本节课充分凸显了班会活动中学生的以下几种角色。

### 1. 班会活动的开发者

班级活动是学生个体和集体精神成长的主阵地,由学生充分挖掘和调动各种资源,商定班会活动实施的形式和内容,大大提升了他们在班级事务与人际交往中的协调能力与解决问题的能力,极大地激发了学生对彼此及班集体的认同感。班主任则全程做好"扶"和"导"的工作,负责穿针引线,给予适时的点拨、指导。

### 2. 班会活动的设计师

学生延续上节课"为祖国庆生"的主题,全员参与到"以奋斗青春,共绘祖国绚丽版图"的活动过程中来。从诗歌的创作到节目的编排,以及流程的敲定、串词的编写、问题的汇总,各环节都在同学们创新设计下层层推进。"火热青春献祖国"的信念自然萌发,并在全员参与的准备、实施、评价、延展等具体活动过程中得到了升华。

### 3. 班会活动的组织者

为使活动准备更加高效,学生自发成立了"展板小策划""诗歌编写""情景剧编排""问题收集"等小组。活动中讨论和解决的问题均由个体访谈、问卷调查等方式收集,充分体现"从学生中来,到学生中去",以学生成长为中心的理念。最令人记忆犹新的是和学生一起创作《青春的样子》,每人贡献一句,大家一起加工润色,配上音乐,并自读、自悟,收到了良好的爱国主义教育的效果,每个人都因为积极投入而得到了成功的体验。

【作者简介】

朱倩倩,江苏省平潮高级中学学生处副主任,南通市首批德育工作带头人,南通市英语学科带头人,被评为南通市"优秀班主任""优秀德育工作者"。曾获江苏省中小学班主任基本功大赛一等奖、长三角地区中小学班主任基本功大赛二等奖、全国高中英语优课展示优秀奖、南通市高中英语优课评比特等奖。

# 16 以信念之光，照亮理想之路
## ——高三年级主题班会

王 涛

## 一、背景分析

### 1. 主题解析

党的二十大擘画了全面建设社会主义现代化国家、以中国式现代化全面推进中华民族伟大复兴的宏伟蓝图，充分展现了百年大党正青春、新的征程再出发、万众一心齐奋斗的宏阔气象。习近平总书记在党的二十大报告中指出："当代中国青年生逢其时，施展才干的舞台无比广阔，实现梦想的前景无比光明"，殷切寄语广大青年"立志做有理想、敢担当、能吃苦、肯奋斗的新时代好青年"。这是党的领袖对青年一代发出的伟大号召，为新时代中国青年成长成才指明了方向。党旗所指就是团旗所向，共青团要引领广大青年自觉沿着习近平总书记指引的方向茁壮成长，扛起时代责任，引领凝聚青年、组织动员青年、联系服务青年，让青春在全面建设社会主义现代化国家的火热实践中绽放绚丽之花。

### 2. 学情分析

带班中发现，一些学生处于被读书、被学习的状态，对学习的意义和价值认识不清，理想和信念缺失，处于一种缺乏精神内核的"空心人"状态。基于以上情况，班主任召开本次班会，引导学生明确学习的意义，树立理想信念，做一个内心坚定、目标明确的传承者，为中华民族的伟大复兴而读书。

## 二、班会目标

### 1. 认知目标

通过理想的畅谈，引导学生认识到信念对实现理想的重要性。

2. 情感目标

通过家书分享,激发学生为中华民族伟大复兴而读书的热情。

3. 行为目标

通过落实行动,引导学生树立正确而又坚定的理想信念,为中华民族的伟大复兴而读书。

## 三、班会准备

1. 教师准备:(1)根据教学需要制作PPT;(2)制作学生课前准备需要用的采访、调查记录单和理想卡。

2. 学生准备:(1)课前认真进行调查,按要求完成采访、调查,并填写调查记录单,小组进行学习成果的汇报准备;(2)可根据汇报需要制作汇报PPT,或带来与调查研究相关的物品。

## 四、班会过程

**环节一:点亮理想,感受信念**

**活动1：畅谈理想**

1. 教师导入。

同学们,我们今天班会的主题是"以信念之光,照亮理想之路"。首先大家一起"晒晒"我们的理想。

2. "晒"理想,交流讨论。

预设1:我们有过各种各样的梦想,但是很多梦想没有能够实现。

追问:为什么那么多梦想没有能够实现?

预设2:主要原因是我们没有坚持。

交流:听了他们的分享,说说你的感受。

同学们,理想是绳,升起饱满的帆;理想是帆,推动希望的船。理想信念是人的心灵世界的核心。在人生的历程中,理想和信念总是如影随形,相互依存。理想是信念的根据和前提,信念则是实现理想的重要保障。下面欣赏由4位同学给我们带来的诗歌朗诵《理想信念》(配音乐)。

3. 教师小结。

同学们都有自己的理想,有的理想是做医生,有的理想是做商人,有的理想是做军人,有的理想是从事科研工作,老师要为你们的理想喝彩,一个拥有理想的人是幸福的,一个拥有理想的人是充满希望的。

**活动 2:榜样故事会**

1. 分享名言警句。

请同学们分享展示有关理想信念力量的名言警句。

预设 1:展示苏东坡等名人的有关理想信念的名言警句。

追问:为什么这些名人能够让我们敬仰?为什么他们能够获得成功?

预设 2:因为他们目标坚定,用一生的时间去追寻和实现自己的梦想。

2. 教师小结。

榜样身处的高度,并不是一蹴而就的,是他们在旁人都庸庸碌碌的时候,一步步艰辛地向上攀爬。作为高中生,我们要面对一系列的困难,如人生目标的确定、生活态度的形成、知识才能的丰富、发展方向的设定、未来职业的选择,以及如何择友、如何面对挫折、如何克服困难等。要解决这些问题,就需要有一个总的原则和目标,因此我们要确立科学、崇高的理想和信念,这对今后的人生之路将产生重大的影响。(板书:以信念之光,照亮理想之路)

【设计意图】从教师的理想谈到学生的理想,再到伟人的理想,引发学生对理想的真关注、真思考。低起点,高落点,激发了学生的参与热情,让他们认识到只有坚持才能实现理想。

## 环节二:感受榜样,汲取力量

**活动 1:谈谈对"常立志不如立长志"的理解**

学生结合自己的所见所识,讨论常立志并不难,难的是立长志。

教师小结:同学们,理想固然重要,但如果内心不够坚定、目标感薄弱,没有强大的信念,那么理想将是一句空洞的口号,是一个空想。

**活动 2:分享家书汲取力量**

同学们,接下来我们分享两封家书,了解英雄人物因为存着执着的信念而坚定地朝着自己理想迈进的故事,感悟信念的力量。

1. 第一封家书:夏明翰的家书。(展示《与妻书》图片)

亲爱的夫人钧:

同志们常说世上惟有家钧好,今日里才觉你是帼国贤。我一生无愁无泪无私念,你切莫悲悲戚戚泪涟涟。张眼望,这人世,几家夫妻偕老有百年。抛头颅、洒热血,明翰早已视等闲。各取所需终有日,革命事业代代传。红珠留作相思念,赤云孤苦望成全。坚持革命继吾志,誓将真理传人寰!

问题1:夏明翰的理想是什么?

问题2:夏明翰为什么能视死如归?

预设:夏明翰烈士的理想是实现共产主义,他有着强大的精神世界,有着对共产主义事业执着的信念。

2. 第二份家书:赵春光的家书。(展示《与父母大人书》图片)

父母大人敬启:

儿领命离湘赴鄂,已有一周,衣甚暖,食颇饱,睡极安,父母勿念为盼。

⋯⋯⋯⋯⋯⋯

此役,万余白衣,共赴国难,成功之日,相去不远,苍苍者天,必佑我等忠勇之士,茫茫者地,必承我等拳拳之心,待诏归来之日,忠孝亦成两全;然情势莫测,若儿成仁,望父母珍重,儿领国命,赴国难,纵死国,亦无憾。赵家有死国之士,荣莫大焉。青山甚好,处处可埋忠骨,成忠冢,无需马革裹尸返长沙,便留武汉,看这大好城市,如何重整河山。日后我父饮酒,如有酒花成簇,聚而不散,正是顽劣孩儿,来看我父;我母针织,如有线绳成结,屡理不开,便是孩儿春光,来探我母。

惟愿我父我母,衣暖,食饱,寝安,身健。儿在他乡,亦当自顾,父母无以为念。时时戎马未歇肩,不惧坎坷不惧难。为有牺牲多壮志,不破楼兰终不还。

不孝儿春光顿首,顿首,再顿首。

问题1:赵医生的理想是什么?疫情笼罩的当时,赵医生害不害怕?

问题2:赵医生为什么还毅然决然地去武汉支援了?是什么在支撑着他?

预设:"有志者事竟成,破釜沉舟,百二秦关终属楚;苦心人天不负,卧薪尝胆,三千越甲可吞吴。"赵医生对于自己的理想有着坚定目标,他的坚持让他实现了自己的理想目标。

教师小结：正如习近平总书记所说，我们取得的一切成就，是一代又一代中国人民接续奋斗的结果。理想的实现，需要信念的支撑，需要强大的内心，需要明确的目标，需要持续地坚守。理想和信念是激励人们向着既定目标奋斗前进的动力，是人生力量的源泉。一个人有了坚定、正确的理想和信念，就会以惊人的毅力和不懈的努力成就事业、创造奇迹。古今中外众多英雄豪杰之所以能在充满困难的条件下最终成就伟业，一个重要的原因就在于他们胸怀崇高的理想信念，因而具有锲而不舍的动力。

【设计意图】家书是中国千百年来最传统、最深刻、最真挚的一种寄托情感的方式，这种刻在中国人骨子里的文化形式，通过最朴实但也最能打动人心的情感表达，让学生真真切切地感受到信仰和榜样的力量，让他们感受到，想要实现理想，必须要有强大的信念和明确的目标，克服困难，坚持不懈。

**环节三：砥砺信念，落实行动**

**活动1：展示4位同学的寻访活动**

1. 寻访凯旋的支援扬州抗击新冠疫情的医护人员。
2. 寻访一线交警孙警官。
3. 寻访"我"的老师。
4. 交流：同学们，参照我们身边的英雄，我们距离理想还有多远的距离？

预设："不忘初心，方得始终。"实现梦想的过程并不是轻松的，往往伴随着困难、阻碍，重要的是我们要明白当下最重要的是什么。所以，我认为要实现理想必须坚持初心。任何理想的实现都会伴随着痛苦，如果只想坐享其成，不想付出，那么理想最终只是空想。通过刚才大家的分享讨论，老师总结了实现理想的几个关键词：脚踏实地、专心致志、内心强大、目标感、坚定的信念……

**活动2：完善理想卡**

请学生填写理想卡（如表1所示）。

表1 理想卡

| 我的理想 ||
|---|---|
| 我的理想 | |
| 理想的开始 | |

续表

| 理想的实现 | |
| --- | --- |
| 遇到的困难 | |
| 采取的对策 | （脚踏实地、专心致志、内心强大、目标感、坚定的信念等） |

教师小结：同学们，你们很了不起，你们的努力从未停止过。请先完成理想卡的同学，把卡贴到我们教室的展板上，其余同学也请课后完成。

**【设计意图】**通过寻访活动的辨析，认识到理想的实现过程中坚持初心的重要性；通过发现同伴的优秀品质，发挥同伴教育和集体教育的作用；通过展示理想卡让学生正视自己与实现理想的距离，激励学生用信念坚持理想，用行动实现理想。

**环节四：接力责任，我来担当**

1. 情景导入。

同学们，习近平总书记在参观大型展览《复兴之路》时曾指出每个人都有理想和追求，都有自己的梦想。实现中华民族伟大复兴，就是中华民族近代以来最伟大的梦想。青年人当有梦想，青年的梦想要与祖国命运紧密相连。只要有坚定的理想信念，不懈的奋斗精神，脚踏实地把每件平凡的事做好，一切平凡的人都可以获得不平凡的人生，创造不平凡的成就。

而我们身边刚好就有这样一位女英雄给我们做出了完美的示范，她就是王亚平。（播放视频《从农村女孩到中国首批女宇航员》）

预设：作为新时代的高中生，应向我们的英雄看齐，把我们的理想信念融入到党和国家的征程中去。

2. 庄严宣誓。

老师提议，在这里我们向党和祖国做出庄严的承诺。（出示文字，配音乐）

我是新时代的中学生，是正直向上的热血青年，热爱祖国，维护祖国荣誉和尊严是我义不容辞的责任。在国旗下，我庄严宣誓：

梦在前方，路在脚下，我们都是追梦人。

时刻准备着为共产主义事业而奋斗。

不忘初心，青春朝气勇赞。

志在千秋,百年仍是少年。

奋斗正青春,青春献给党。

请党放心,强国有我!(女生)

请党放心,强国有我!(男生)

请党放心,强国有我!(全班)

**【设计意图】**德育的最终目标是知行合一。通过激情澎湃的宣誓,激发学生的爱国热情,增强学生的学习动力,增强集体的凝聚力和向心力,激发每一个学生的责任感、荣辱感和归属感。从价值上引领,从情感上共鸣升华!

### 教师总结

百年时间,中国由弱变强,逐渐枝繁叶茂,创造了"地球上伟大的奇迹",书写了人类历史上激动人心的发展篇章。习近平总书记道出了关键:"中国共产党人的初心和使命,就是为中国人民谋幸福,为中华民族谋复兴。这个初心和使命是激励中国共产党人不断前进的根本动力。"中国共产党用坚定的信念,不断带领中国人民为实现民族伟大复兴而不懈努力。

千秋伟业,百年只是序章。我们要不忘初心,用坚定的信念去实现"中国梦",把个人梦想融入党和国家的新征程。请党放心,强国有我!

## 五、活动延伸

### 1. 进行时事评论

关注社会热点,并提出个性化的见解。在班级或年级层面举行"我看时事"文化周活动,引导学生从爱国主义视角看待问题、分析问题。所选主题,既可切合校内或所在地区的民生实际,也可针对国家、国际的热点时事。时事评论,要符合透过错综复杂的表面现象,联系民族复兴新征程的核心要求。

### 2. 撰写倡议书

在校园网、微信公众号相应栏目内发布一份关于"以信念之光,照亮理想之路"的倡议书,倡议书要分条给出具体的行动建议,建议要契合当下社会背景、中华传统文化、社会主义核心价值观,具备一定的现实性、实操性、前瞻性。

## 六、班会反思

班会是学校德育的一种十分重要的形式。本节班会课主要达到了如下教育效果。

第一,发挥了正确的价值观导向和情感感染作用。学生在自己为谁读书的问题上有了明确的认知、感知和转变,进一步明确了为中华民族的伟大复兴而读书的光荣感和责任感。

第二,实现了学生进行自我教育。通过对两封红色家书的深入解读,学生们真切感受到了共产党员身上为人民、为国家鞠躬尽瘁死而后已的理想信念,并通过写给自己的理想卡,实现了"他育"向"自育"的转化。

第三,激发了学生的成就动机,促进学生全面发展。在填写理想卡环节,学生对自己未来做了初步的规划,能客观地剖析自己,找到问题所在,也能积极思考对策。

第四,德育工作是一个系统性的工作,理想信念教育不是一节班会就能完成的,因此,后续还需要让无声的文化墙"开口说话",利用周会、晨会让学生相互分享家乡先进人物的奋斗历程。此外,还需要家庭和社会的支撑,比如利用家长群分享资料、分享学生的点滴感悟等形式来维持良好氛围,让家长参与学生的成长,融入班集体的建设中来。同时,根据实际需要,可以把教育目标拆解到班级学期计划中,做到每周有活动,活动有成效。

【作者简介】

王涛,江苏省丹阳市吕叔湘中学教师,丹阳市学科带头人,丹阳市学科领军班成员,被评为丹阳市"优秀教育工作者"、镇江市"最美班主任"。曾获江苏省中小学班主任基本功大赛一等奖,代表江苏省参加长三角地区中小学班主任基本功大赛。

## ▪ 专家点评 ▪

## 主题班会：作为班集体建设主渠道的价值体现
### ——高中篇主题班会设计方案点评

齐学红

主题班会是指围绕一个专题，在班主任的组织和指导下，根据学生兴趣和身心发展特点，以班集体的智慧和力量为依托，以学生为主体，经过一系列精心设计、策划的班级教育活动。区别于日常的随机开展的"家常"班会课，主题班会的设计强调其计划性、针对性、整合性与创新性，实施过程则需要处理好预设与生成、学生主体与教师主导、情感体验与价值引领、遵循规范与开拓创新的关系。因此，作为班主任综合素质和教育实践智慧的集中体现，主题班会成为中小学班主任基本功大赛的一项重要内容。好的班会课体现在三个方面或具备三个条件，即内容、形式、效果三个方面，有好的主题、好的设计、好的效果。接下来，我将结合高中组主题班会设计与实施的具体案例，分析班主任的专业素养是如何通过这三个方面得以具体体现的。

### 一、贴近学生生活，准确把握班会主题

在高中组的班会课设计中，班主任老师能从高中生的生活与思想实际出发，围绕班会课的主题，从青少年品格发展的知、情、意、行四个方面，进行班级教育目标的设计，层次分明，切合学生实际。在班会课的实施过程中，通过运用情境创设、话题讨论、社会实践等多种教育手段，将资料呈现、理性思辨与价值引领有机结合起来，进而取得良好的教育效果。这表现出班主任老师对于国家政策的科学认识、对于高中生思想实际的准确把握，以及对于教育规律和青少年身心发展规律的自觉遵循。

胡有红老师的主题班会《爱我中华，强我国防》，将国防教育作为爱国教育的切入口。鉴于国防意识对于高中生而言，是个比较抽象的概念，如何从高中生生活实际出发，让国防教育的意识和能力入脑入心，真正做到内化于

心、外化于行,是这节班会课要突破的重点和难点。为此,胡老师运用实验法导入:让学生用牙签戳破蛋黄,具身体验细胞的边界——细胞质膜,层层深入地引入身体边界、校园边界、国防边界的意识和观念,增强高中生的国防安全意识,设计巧妙,耐人寻味。继而通过现场讲座、知识竞赛,以及一系列实践活动的拓展延伸,达到了"身"临其境、"心"临其境、"生"临其境的教育效果。

同样是爱国的主题班会,庞冉老师以《百年报国志,一生爱国情》为题,从高中生普遍认为爱国报国离自己的生活太遥远的思想实际出发,寻访四个不同历史时期的人的爱国情感,以及改革开放40多年来普通人的爱国行动,唤醒和激发新时代青年的爱国使命与责任,以情导入,情理交融,发挥了主题班会对高中生进行价值引领的作用。

徐蕾老师的主题班会则以《小小的我,大大的国》为题,选用学生关注的网红伤害民族感情事件为切入口,引导学生理性看待网络言论,不盲目,树立正确的民族观。选摘网友观点,引发思想碰撞,让学生在真实场景下做出选择,并阐释自己的看法,坚定爱国主义是自发的,是源于基本的利益观和良知,是不容产生偏差的。

由此可见,在对爱国主题的把握上,首先,班主任老师要有自己的切身感受与体会,只有自身的情感在场,才能唤醒和激发学生的爱国情感和爱国行动。其次,要有理性思考和辩证思维的能力,能够对纷繁复杂的社会现象和网络信息进行理性选择,自身要具备良好的媒介素养、科学精神和人文素养。

## 二、 创新教育手段,发挥综合育人优势

班会课作为一门综合实践活动课程,与学科教学相比,具有活动育人的独特优势。在班会课的设计与实施中,班主任老师应善于整合各种类型的教育资源,通过问卷调查、情境表演、知识竞赛、问题辩论等多样化的教育手段,对于学生资源、家长社区资源、任课教师(心理教师)资源等加以利用,做好精心设计与组织实施工作,以充分实现活动育人的独特价值。

何欢兰老师巧用《时间里面"挤"空间》这一题目开设高一学生"珍惜学习时光"的主题班会,通过一个关于时间的实验,引领学生绘制自己的时间分布图;介绍时间管理的四象限法则,引领学生规划自己的业余时间;通过对时髦的碎片化阅读的辩论,引领学生科学规划时间。内容设计科学合理,各环节

之间环环相扣,兼具科学性、趣味性与艺术性。通过创新性地运用实验、故事、情景模拟、辩论等多样化形式,满足不同学生的发展需求;通过采用多样化的班会形式,吸引更多的学生参与活动。而良好教育效果的达成,不仅体现在方法手段的多样性,更是建立在长期积淀的理论储备,以及在对学生学情的深入把握基础之上,进而达到知己知彼,百战不殆。

陈蓓蓓老师的中华优秀传统文化教育主题班会则以《事老以情,敬老以心》为题,选取摄影师三年来为超过 2 000 位农村老人免费拍摄照片,以及对社会生活中老年人典型状况的分析,引导学生思考传统与现代的关系,进而将中华优秀传统文化教育引入学生的日常生活。引导学生在解决当下观念冲突问题时,从中国优秀传统文化中汲取智慧;帮助学生完善中国优秀传统文化的当下认同,让历史的智慧回归到当下的日常生活中,使其拥有旺盛的生命力。陈老师通过不断设问,引领学生进行理性思考和行为选择,入情入理,发人深省。只有切中学生思想脉搏的教育,才能发挥价值引领作用。

### 三、指导学生行为:发挥价值引领作用

班会课的主题广泛涉及青少年世界观、人生观、价值观的教育,例如:理想与梦想、时间管理、人际交往、劳动教育等。班主任应充分认识进而发挥班会课的价值引领作用。其中,劳动教育对于青少年认识社会、了解社会,促进其自身的社会性学习与发展具有独特的教育意义和价值。但对于高中生而言,受到升学考试和学习压力的限制,轻视劳动、忽视劳动的现象普遍存在。劳动教育主题班会活动的开展,可以弥补学校中劳动教育的缺失,帮助学生树立劳动观念,培养劳动习惯,发掘劳动教育的意义和价值。

瞿雯老师以《纳百川碧水,奏青春华章》为题,从情景剧入手,提升学生对劳动的兴趣;从学校布置的劳动作业出发,让学生从自身劳动中获取劳动价值,激发劳动情感,增强劳动信念;从讲述身边劳动者的故事、时代楷模的事迹,到体会父母的劳动,引导学生树立正确的劳动观和职业观。最后,通过"我在南京博物院那些事儿"的志愿活动分享,体会公益劳动的意义和价值。通过一系列层层递进式的活动设计,实现了对学生从劳动观念到劳动实践的价值引领和行动指导。

综上所述,一节好的班会课往往是建立在班主任老师对学生思想脉搏的

准确把握,以及对于时代命题、社会问题的准确认知与把握基础之上,从学校教育的培养目标以及青少年身心发展规律出发,创造性地运用多种教育方法与手段,进而达成活动育人的教育目的。而一节优秀的班会课也是班主任老师综合素质和实践智慧的充分体现,非一招一式所能达成。除了这些优秀班会课的案例之外,班会课作为一种研究性课程,对于广大班主任老师而言,在对于班会课的主题解析、学生学情的深入分析,教育方法手段的科学性、丰富性,以及活动环节设计的层次性、逻辑性等方面,尚有进一步提升的空间。

【作者简介】

齐学红,南京师范大学教育科学学院教授、博士生导师,兼任中国教育学会班主任专业委员会副理事长,江苏省教育学会班主任专业委员会理事长。

# 后　记

为学习贯彻党的二十大精神和习近平总书记关于教育的重要论述,落实立德树人根本任务,经江苏省教育厅同意,我们组织编写了"班主任专业基本功书系"的系列读本《育人故事》《带班方略》《主题班会》《情景解析》。该系列读本力求体现近年来党和国家对教育改革发展与立德树人的新要求,反映班主任专业化理论与实践研究的新进展,紧扣近年来江苏省和长三角地区中小学班主任基本功大赛以及2021年开始教育部在全国举行中小学班主任基本功展示交流活动的新取向,贴近一线中小学班主任工作实际,对班主任专业发展具有较强的指导意义。本书自2022年7月出版以来,受到广大读者的欢迎与好评。2022年10月召开的党的二十大是在进入全面建设社会主义现代化国家新征程、向第二个百年奋斗目标进军的关键时刻召开的一次十分重要的会议,为学习贯彻党的二十大精神,与时俱进,体现时代性,我们组织作者对本书进行了修订。

主题班会是班主任德育工作的重要阵地,是新时代班主任必须上好的活动"思政课";主题班会的设计与实施是班主任工作中一项重要的专业基本功。

本书的作者系2012年以来江苏省中小学班主任基本功大赛获一等奖并参加长三角地区中小学班主任基本功大赛的选手,共48人,其中小学、初中、高中学段各16人。他们是江苏中小学班主任的优秀代表,其中有的已被评为江苏省特级教师,有的是市(区)名班主任(德育)工作室主持人,有的是五一劳动奖章获得者。他们提供的主题班会设计与实施方案注重理论与实践、传承与创新、引导与体验、经验与反思相结合,为中小学班主任老师提供了典型的工作理念与案例,为班级管理提供了有益的学习借鉴和实践智慧,必将助力中小学班主任提升主题班会设计与实施的专业基本功。这些主题班会方案中的多篇文章已在《江苏教育》(班主任)、《中小学班主任》、《德育报》等报刊上发表。

本书的主题班会案例注重落实《新时代爱国主义教育实施纲要》《中小学

## 后 记

德育工作指南》等文件要求，对中小学生开展爱党爱国、中国特色社会主义和中国梦、国情和形势政策、中华优秀传统文化等方面教育，引导学生践行社会主义核心价值观，树立正确的理想信念，养成良好的思想品德和行为习惯。案例内容比较丰富多元，为便于读者理解和把握，我们将主题班会按小学、初中、高中三个学段排列，每个学段的主题班会内容又从个人、社会和国家三个维度进行分类。这种分类是相对的，其间征求了一些作者和学者的意见，寻求"最大公约数"。本书48位作者和3位点评专家在书中都已注明，这里不再列出；前言、后记、各篇导语由黄正平撰写。

本书主题班会的框架结构按照教育部《2021年全国中小学班主任基本功展示交流活动方案》中的要求，文本结构包括班会题目、背景分析、班会目标、班会准备、班会过程、活动延伸和班会反思等。

本书的编撰与修订过程得到了江苏省教育厅领导的关心支持，得到了48位作者的积极响应，南京师范大学出版社张春编审从系列读本选题策划到编辑出版给予了悉心指导、倾注了大量心血，在此一并深表谢意！

由于时间仓促，水平有限，书中难免有疏漏之处，恳请广大读者批评指正！

编　者
2024年4月